그림을 통한
심리진단 및 평가 Ⅰ

| 김갑숙 · 이미옥 · 전영숙 · 기정희 공저 |

학지사

 현대인들은 그 어느 때보다 급격한 시대적 변화에 직면해 있고, 가정 및 사회구
조와 가치관의 변화는 많은 혼란을 초래하여 심리적 문제마저 야기하고 있다. 이
처럼 심리적 문제가 다양하고 복잡해질수록 심리검사에 대한 요구 또한 증가되고
있다. 심리적 문제를 객관적으로 평가하는 것은 임상장면에서 내담자를 이해하고
성장으로 나아가도록 돕기 위한 중요한 과정이다. 그뿐만 아니라 내담자 스스로
문제를 인식하도록 하는 한편, 치료계획을 세우고 적절한 처치를 할 수 있도록 돕
는 과정이다.

 특히 그림을 통한 투사적 심리검사는 유아·아동에서 노인에 이르기까지 모든
연령에 적용하기가 용이하며, 언어적으로 유창한 사람은 물론 언어적인 표현에
어려움을 겪는 사람들에게까지 적용할 수 있어 매우 유용하다. 즉, 자신의 생각
을 말로 충분히 표현하지 못하는 유아, 자폐 등 발달의 문제를 겪고 있는 아동, 정
신장애를 겪고 있는 사람, 다문화 대상, 치매노인 등의 심리적 문제마저도 그림을
통해 평가할 수 있다는 점에서 그림검사는 큰 주목을 받고 있다. 이에 그림검사에
대한 정확한 시행과 해석의 필요성이 절실히 요구되고 있다.

 한국에서의 그림검사는 한국 미술치료학(이하 미술치료)의 발달 과정과 맥을 같
이한다. 한국의 미술치료는 제도권 교육에서 전공학문으로 출발했다기보다는 학
회를 중심으로 미술치료사 양성을 위한 교육에서 시작되었다. 이러한 교육과정에
서 그림검사는 많은 비중을 차지하였다. 그러나 시간이 제한된 상황에서 검사의
실시방법과 평가를 중심으로 그림검사에 대한 교육이 실시된 탓에 그림검사에 대
한 전체적인 이해보다는 단편적인 지식을 전달하는 정도에 머물렀다. 이후 대학
원 과정에 미술치료 전공 과정이 개설되고, 그에 따른 심화된 교육과 연구를 통하
여 그림검사의 오류 중 많은 부분이 수정되고 보완되었으나 문제는 여전히 남아
있다. 그 문제는 미술치료의 교육과 연구의 측면으로 요약할 수 있다.

교육의 측면에서 볼 때, 그림검사의 문제는 대학원 과정과 미술치료 관련 기관에서의 교육과 연관되어 있다. 국내의 많은 대학에서 미술치료 전공 과정이 특수대학원을 중심으로 개설되었고, 그림검사에 대한 교육이 비전공자에 의해 행해짐으로써, 그림검사에 대한 단편적 지식이 전달되는 데서 오는 문제이다. 또한 일부 미술치료 관련 기관에서 행해지는 자격 취득만을 위한 교육의 문제이기도 하다. 단기간에 미술치료사 자격을 취득하기 위한 교육으로는 그림검사에 대한 내용을 부분적으로 학습할 수밖에 없어 이에 대한 이해가 상당부분 부족하다. 물론 단편적 지식의 전달과 내용에 대한 부분적 학습의 문제는 그림검사뿐 아니라 미술치료 교육 전반에 적용되는 문제라고 볼 수 있지만, 이러한 문제가 그림검사 영역에서 특히 강조되는 이유는 심리적 문제의 진단과 평가가 결코 소홀히 다루어져서는 안될 중요한 부분이기 때문이다.

연구의 측면에서 볼 때, 그림검사의 문제는 논문과 저서에 나타나는 연구의 내용과 방법에 관련되어 있다. 한국교육학술정보원의 자료에 따르면, 2018년 12월 현재 그림검사에 대한 연구는 1,000편 이상이 발표되어 있어 연구의 양적 측면에서는 매우 고무적이라고 할 수 있다. 그러나 질적 측면에서 볼 때, 그림검사의 개발 목적과는 관련성이 부족한 영역으로까지 확대 적용함으로써 타당화의 문제가 제기되고 있다. 또한 검사의 실시방법이나 해석에서의 잘못된 정보가 그대로 인용되고, 연구의 주제와 대상 및 방법이 단순 반복됨으로 인해 연구의 독창성과 질적 수준에 대한 문제도 제기되고 있다. 그뿐만 아니라 국외에서 개발된 그림검사를 국내에 도입하고 적용하는 과정에서 한국사회의 문화적 특성이나 윤리적 문제를 고려하지 않아 해석의 문제가 초래되는 경향도 있다.

이 책은 앞에서 언급한 그림검사의 교육과 연구에 나타난 문제들을 보완하기 위하여 기획된 것이다. 그런 만큼 이 책에서는 그림검사의 연구자와 검사자로 하여금 그림검사를 정확하게 이해하고 종합적으로 해석할 수 있도록 그림검사에 대한 정확하고 체계적인 정보를 제공하고자 한다.

이 책의 구성은 다음과 같다. 첫째, 그림검사를 종합적이고 체계적으로 이해하기 위한 전제로서 그림검사의 개념과 역사, 해석이론 그리고 시행과 평가를 검토하였다. 둘째, 그림검사를 단일검사와 시리즈 검사로 구분하고, 특히 단일검사를 주제에 따라 인물, 가족, 자연 등으로 유목화하였다. 셋째, 검사별로 구성 틀을 마련하여 개요, 시행방법, 평가기준 및 해석, 해석의 적용과 연구동향으로 나누어 기술하였다.

이 같은 방대한 내용을 정리하다 보니 부득이하게 이 책을 두 권으로 나누어 집필하게 되었다. 먼저 1권은 3부로 나뉘어져 있다. 제1부에서는 투사적 그림검사의 이해를 위하여 그림검사의 개념과 역사, 그림검사의 해석이론, 그림검사의 시행과 평가에 대해 기술하였다. 제2부에서는 인물이 있는 그림검사로 인물화, 빗속의 사람 그림, 사과나무에서 사과를 따는 사람, 다리 그림에 대해 기술하였다. 제3부에서는 가족 관련 그림검사로 동적 가족화, 동그라미 중심 가족화, 새둥지화, 모자화에 대해 기술하였다. 2권은 자연 관련 그림검사와 자극그림 및 시리즈 그림검사의 2부로 구성되어 있다. 제1부에서는 나무 그림, 집–나무–사람 그림, 동적 집–나무–사람, 풍경구성기법, 별 파도 그림, 좋아하는 날씨 그림에 대해 기술하였다. 제2부에서는 발테그 그림검사, 실버 그림검사, 그림이야기, 얼굴 자극 평가, 그림진단 시리즈에 대해 기술하였다.

이 책이 나오기까지 많은 시간과 노력이 소요되었다. 그림검사 개발자의 원 텍스트에 근거한다는 것이 저자들의 기본입장이었고, 그런 만큼 자료를 수집하는 데도 상당한 시간이 걸렸다. 이 책의 집필은 3년 이상의 기간 동안 매월 1회 스터디 형식으로 진행되었고, 그 후 몇 차례의 윤독 과정을 거쳤다. 저자들의 이러한 노력이 미술치료의 교육이나 연구 및 임상에서 그림검사를 제대로 이해하고 연구하는 데 작은 보탬이 될 수 있다면 참으로 다행일 것이다. 그리고 이 책은 대학원에 개설된 미술치료 전공수업에서 적절한 교재로 활용될 수 있을 것으로 기대한다.

이 책이 나오기까지 도움을 주신 분들이 많았다. 먼저, 책이 나올 수 있도록 사례와 그림을 제공해 주신 분들께 이 자리를 빌려 깊은 감사를 드린다. 아울러 이 책의 출판을 기대하며 협조를 아끼지 않은 학지사 김진환 사장님, 그리고 세심한 교정과 편집을 위해 수고해 주신 이영민 선생님과 편집부에 감사드린다.

2019년 3월
저자들 쓰다

제2부
인물이 있는 그림검사

제3부

가족 관련 그림검사

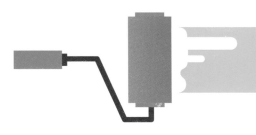

제**1**부

투사적 그림검사의 이해

제**1**장

투사적 그림검사의 개념과 역사

1. 투사적 그림검사의 개념

'투사적 그림검사'의 기본적인 개념을 정확하게 이해하기 위해서는 먼저 '투사'
가 어떤 의미를 갖고 있는지, 그리고 '투사검사'는 어떤 의미를 갖고 있는지에 대
한 이해가 필요하다. 따라서 투사와 투사검사의 개념에 대해 먼저 살펴본 후 투사
적 그림검사의 개념을 기술하고자 한다.

1) 투사의 개념

투사(projection)의 개념은 Freud가 심리학 문헌에 처음으로 도입하였다. Freud
는 원래 방어기제 중 하나로 정신병리에 속한 개념으로써 이 용어를 사용하였으
나, 얼마 후 성격의 정상적인 측면을 설명하는 데에도 이 용어를 사용하였다. 이
것은 투사가 방어기제일 뿐만 아니라 환경으로부터 제공된 정보를 해석하는 개인
의 양식(style)이기도 하다는 것을 의미한다.

  (전략) …… 그러나 투사는 방어의 목적으로만 특별히 새롭게 만들어
  진 것은 아니다. 이것은 갈등이 없는 경우에도 존재한다. 내적 지각을 외

부로 투사하는 것은 감각 지각(sense perceptions)에 영향을 미치는 것과 같은 일종의 원시적(primitive) 메커니즘으로, 이것은 우리의 외부 세계(outer world)를 형성하는 데 있어 가장 큰 비중을 차지한다. 아직 충분히 결정되지 않은 상태에 있는 관념적(ideational)·정서적(emotional) 과정의 내적 지각마저도 심지어 감각 지각처럼 외부로 투사되고 외부 세계를 형성하는 데 사용된다. 그리고 그러한 과정 중에도 그들은 내적 세계(inner world)에 머물러 있어야 한다(Freud, 1919, pp. 107-108).

즉, 투사는 방어기제로서의 투사와 환경으로부터 제공된 개인의 양식으로 볼 수 있다. 방어기제로서의 투사는 개인이 가지고 있는 소망이나 충동을 자신의 것으로 인정하지 않고 다른 사람의 소망이나 충동(외부 세계)이라고 지각하는 현상이다. 이와 같이 방어적 투사기제를 사용하는 이유는 개인이 자신의 감정이나 소망을 자신의 것으로 받아들이기 어려워 고통스럽기 때문이다. 즉, 위험스럽고 고통스런 소망이나 충동을 자신의 것이 아니라 타인의 것이라고 생각해야 불안과 고통에서 벗어날 수 있기 때문이다(박영숙, 2004에서 재인용, p. 14). 환경으로부터 제공된 개인의 양식으로 볼 수 있는 것은 우리 어린 시절의 경험이 무의식적으로 작용하여 현실의 생활에 영향을 미치는 것으로, 어떤 사람을 이유 없이 좋아하거나 싫어하고 혹은 부당하게 의심하는 경우, 외부의 반응에 대해 지나치게 예민하게 반응하는 경우 등이 여기에 해당된다. 즉, 우리의 내면적인 모습들이 우리도 모르는 사이에 우리가 일상생활을 하는 데 아주 많은 영향을 미친다는 것이다.

2) 투사검사의 개념

전통적인 투사검사는 종종 '투사 가설'에 기초하는데, 이는 주로 정신분석이론에서 비롯된 것이다. 투사 가설에 따르면 외부 세계에 대한 반응을 통해 내부 구조가 드러나는데, 종종 상징적인 표상으로 나타난다. 과정이 간접적이기 때문에 피검자들은 자신이 드러내고 있는 것에 대해 전혀 알지 못하게 되므로 거짓으로

꾸미거나 검열하지 않는다. 그 자료들은 최소한 의식적인 것에 해당하는 양만큼을 무의식에서 끌어낸 것이다(Cruz & Feder, 2015). Frank(1939)는 "외적 자극이 모호한 특징을 갖고 있을 경우, 그 자극을 지각적으로 입력하고 인지적으로 해석하는 과정에서 사람들은 자신의 욕구와 관심, 그리고 심리구조를 반영하게 된다."라는 투사적 가설을 정리하면서 자극 조건이 모호할수록 투사적 현상이 잘 일어난다는 점을 제시하였다. 그리고 심리검사가 이러한 자극 조건, 즉 자극의 모호성을 갖추고 있는 경우에는 검사 반응에 개인의 내적 욕구와 관심, 심리구조가 잘 반영되므로 이러한 조건을 갖춘 심리검사들을 투사적 방법(projective method)이라고 이름 붙일 수 있다고 제안하였다. Frank는 "검사가 덜 구조화되어(less structured) 있을수록, 모호한 자극(vague stimulus)으로 구성되어 있을수록 개인은 그의 감정과 욕구, 관심, 의미 등 심리구조를 검사하는 데 더 잘 투사하게 된다."라고 하였다. 이러한 점에서 박영숙(2004)은 "투사검사란 투사적 지각 과정이나 반응 내용을 분석해 봄으로써 개인의 심리적 특성과 심리적 상태를 알아보는 검사이며, 개인의 욕구뿐만 아니라 인지, 정서, 자아지각 및 대인지각 등 심리구조와 정신역동을 알아보고자 하는 검사"라고 정의를 내렸다.

이러한 투사검사는 비교적 구조화되어 있지 않고 자극이 모호하다는 점에서 객관적 검사와 구별된다. 이러한 이유 때문에 피검자는 자유롭게 반응할 수 있으며, 자신의 의도에 따라 방어적으로 반응하는 것이 어렵기 때문에 다양한 반응이 도출될 수 있다. 따라서 투사검사에서 개인이 자극을 지각하고 해석하는 방식, 또는 개인이 처한 상황(situation)은 심리적 기능의 중요한 측면을 반영한다고 할 수 있다. 즉, 투사검사는 자기 자신도 모르게 자신의 사고나 감정을 드러내게 하는 장점을 가진다.

비구조화 검사, 즉 투사검사의 특징을 가지고 있는 검사들은 로르샤흐 검사, 주제통각 검사(Thematic Apperception Test: TAT)를 비롯하여 인물화 검사(Draw-A-Person Test: DAP), 집-나무-사람 그림(House-Tree-Person drawing: HTP)검사 등과 같은 그림검사가 포함된다. 그러므로 넓은 의미로 본다면 투사적 그림검사는 투사검사에 포함된다고 할 수 있다. 그러나 투사검사는 전반적으로 신뢰도와 타당도가 객관적으로 검증되기 어렵다는 비판을 받고 있다.

3) 투사적 그림검사의 개념

투사적 그림검사가 투사검사의 일종이기 때문에 먼저 투사검사와 투사적 그림검사의 차이에 대해 간단하게 살펴보고 투사적 그림검사의 개념에 대해 살펴보고자 한다. 로르샤흐 검사, TAT, 문장완성 검사(Sentence Completion Test: SCT)와 같은 투사검사는 피검자가 제시된 그림을 보고 반응하거나 언어로 표현하는 방식으로 피검자의 심리 상태를 파악하려고 한다. 언어는 의식을 전달하는 데 중요한 표현수단이기는 하지만, 인간 내면의 무의식적 차원에 대한 접근은 쉽지 않기 때문에 피검자를 깊이 있게 알아보는 방법의 하나로 투사적 그림검사를 활용하고 있다. 특히 투사적 그림검사는 말로 자신의 감정이나 갈등을 잘 표현하기 힘든 장애인이나 유아 · 아동 피검자의 심리평가 및 치료에 유용하다. 그 외에도 지적 능력이 박약한 사람, 부끄러움을 심하게 타는 사람, 언어장애가 있는 피검자 등에 유용한 검사이다. 투사적 그림검사는 실시가 비교적 간단하며, 실시 시간이 짧고, 필요한 시간과 에너지에 비해 정보가 풍부하기 때문에 신속하게 피검자의 내면을 보다 정확히 이해할 수 있다는 장점이 있다. 그리고 피검자가 검사에 대한 두려움이나 실패에 대한 두려움을 가지지 않고 흥미를 가지고 접근할 수 있으므로 피검자의 방어를 감소시켜 피검자의 무의식에 더 가까이 접근할 수 있다. 따라서 투사적 그림검사는 심리진단 검사로서의 중요한 가치를 가지고 있다.

투사적 그림검사는 미술심리진단, 미술치료 평가, 미술심리평가 등의 용어로도 사용된다. 주리애(2015)는 '미술심리진단'이라는 용어를 사용하면서, 미술심리진단은 그림을 비롯한 미술작업을 통해 피검자의 심리 상태를 평가하는 것이라고 정의하였다. 진단(diagnosis)이라는 용어가 우리나라에서는 다양한 장면에서 광범위하게 사용하고 있지만, 진단은 흔히 환자의 병 상태를 판단하는 것을 지칭한다. 미국의 경우, 진단은 의사만 할 수 있는 고유 영역이므로 그림을 통한 심리 상태를 말할 때에는 평가(assessment)라고 한다. 이러한 이유 때문에 미국 미술치료협회에서는 '미술치료 평가(art therapy assessments)'라는 용어를 사용한다. 미술치료 평가는 전문적인 미술치료사가 미술 과제와 언어적(말하기 혹은 쓰기) 과제를 결합해서 내담자의 기능 수준을 평가하고 치료목표를 정하며, 강점을 평가하고 현재 문제에 대해 더 깊이 이해하며 변화 과정을 평가하는 것이라고 정의하였다(주리애, 2015). Arrington(1992)은 미술치료 평가가 지시적일 수도 비지시적일 수 있으며, 그리기, 색칠하기 또는 조각을 포함할 수 있다고 하였다.

이상과 같이 투사적 그림검사는 투사적 그림검사에 대한 훈련을 받은 전문가가 그림이나 미술작업, 미술매체를 활용하여 피검자의 심리 상태를 평가하여 치료목표를 설정하며, 피검자의 장단점을 평가하고, 현재 문제에 대해 더 깊이 이해하며, 치료적 변화 과정을 평가하는 등 효과적인 치료를 계획하고 준비하는 것이다. 이러한 내용들은 다섯 가지로 정리할 수 있다. 첫째, 투사적 그림검사의 실시 및 평가는 투사적 그림검사에 대해 충분한 훈련 경험이 있는 전문가에 의해서 이루어져야 한다. 둘째, 피검자의 심리 상태의 평가뿐만 아니라 피검자의 지적 기능 수준의 평가, 주의력, 집중력, 기억력 그리고 심리적 증상과 문제의 정도와 심각도 등을 함께 평가해야 한다. 셋째, 투사적 그림검사를 실시하는 이유는 피검자의 성격에 대한 철저한 분석을 통해 피검자에게 도움이 되는 치료목표와 치료전략을 세우기 위해서이다. 넷째, 투사적 그림검사 전문가들은 내담자가 겪고 있는 심리적 문제나 어려움을 해결하는 데 실질적인 도움을 주고자 하기 때문에, 이를 위해서 내담자에 대한 더 많은 이해가 필요하다. 다섯째, 내담자의 치료적 반응을 예상하고 치료 효과에 대한 평가에 도움을 주기 위해서 내담자의 변화 과정을 평가해야 한다.

따라서 투사적 그림검사는 투사적 그림검사에 대한 훈련을 받은 전문가가 피검자에게 직접 그림을 그리도록 하여 피검자의 그림과 그림에 대한 반응을 관찰하고 분석하여 피검자의 심리적 특성과 심리적 상태, 즉 피검자의 내적 욕구와 관심뿐만 아니라 인지적 측면, 정서적 측면, 대인지각적 측면 등을 이해하고, 내담자의 변화 과정을 평가하여 내담자의 치료에 도움을 주는 검사라고 정리할 수 있다.

2. 투사적 그림검사의 역사

투사적 그림검사의 역사에 대해 살펴보는 것은 투사적 그림검사가 미술치료 영역에 미치는 영향을 알 수 있게 한다. 심리학자, 정신과 의사, 문화인류학자, 교육자들은 100년 이상 평가와 치료, 그리고 연구에 미술작품을 사용해 왔다(MacGregor, 1989). 인간을 이해하는 방법으로 그림에 대한 관심을 가지기 시작한 것은 19세기 후반으로 추정된다. 1885년에서 1920년 사이에 교육자들은 아동의 작품을 수집하고 분류했다(Harris, 1963). 1887년에 심리학에 관심이 있는 미술 평론가인 Ricci는 처음으로 알려진 아동미술 책을 출판했는데, 이 책에서의 그림들은 심리진단도구로서의 가능성을 제시했다(Harris, 1996).

아동의 그림발달에 대한 초기 관찰은 Ricci(1887)에 의해 이루어졌다. Ricci는 아동이 서로 얽혀 있는 선을 그리기 시작한 후, 아동이 성장할수록 점점 더 섬세해져서 단순한 표상적 형태(representational forms)로 옮겨가고 있다는 것을 관찰했다. 비슷한 시기에 Barnes(1894)가 『어린 아이들의 예술(The art of little children)』을 발표하면서부터 아동의 그림은 많은 심리학자의 연구대상이 되었다. 그러나 Barnes(1894)의 연구결과는 아동의 연령에 따른 명확한 발달순서를 밝히지는 못했다.

1800년대 후반부터 1900년도 초반까지 유럽에서는 정신장애환자들이 그린 예술작품에 대한 관심이 증가하였다. 정신장애환자들의 그림은 곧 다양한 형태의 정신병리에 대한 진단기준을 추구하는 정신건강 관련 전문가 사이에서 논의의 틀이 되었다(MacGregor, 1989). 이 시대의 많은 작가는 미술 표현이 조현병과 같이 아주 심각한 정신장애에 대한 진단을 확증할 수 있다고 믿었다. Tardieu(1872)는 환자의 작품을 정서장애의 진단을 위한 법적 규준에 포함시켰으며, Lombroso(1895)는 정신장애환자들의 그림이 그들의 내적 상태에 대한 통찰을 제공한다는 것을 입증하려는 시도를 하였다(Malchiodi, 1998).

1906년에 정신장애환자들에게 그림검사를 사용하는 표준화된 절차와 방법을 확립하는 데 있어 Mohr의 연구를 포함해서(Gantt, 1992) 미술의 심리진단 가능성에 관한 여러 연구가 지속되었다(Klepsch & Logie, 1982). 독일의 한 연구원인 Mohr

는 19세기 문헌들을 재검토했다. 그의 연구는 집−나무−사람 검사(Buck, 1948a)와 주제통각 검사(Murray, 1943), 그리고 미술치료사들이 사용하는 몇 가지 평가 절차와 같은 특정한 심리적 투사도구들을 개발하는 토대가 되었다. Mohr는 미술작품의 구조적 요소들에 대해 특별한 관심을 가졌는데, 이는 그의 경험에 비추어 볼 때 이 요소들이 그림을 그린 사람의 사고 과정에 대한 정보를 나타내 주기 때문이었다. 그는 그림이 더 단편적일수록 사고 과정도 더 단편적이라는 것을 발견하였다.

1920년대에 미술사학자이면서 정신과 의사인 Prinzhorn은 유럽에서 정신병 환자들을 치료하면서 5,000점의 예술작품을 수집하였으며, 이를 바탕으로 1972년에 『정신장애환자들의 예술성(Artistry of the Mentally Ⅲ)』을 출판하였다. 이 책에서 미술표현이 진단적 가치와 재활에 있어서 중요한 역할을 한다는 인식을 심어 주었다. 또한 Freud(1933)는 명작과 그 창작자들에게 많은 관심을 보였다. 그는 보편적인 인간의 갈등과 신경증은 예술가들이 그들의 내적 경험을 캔버스에 창조하도록 동기를 부여한다고 추정하였다. 예술가와 환자의 최종 작품은 내적 · 개인적 노력(투쟁)을 반영하고 삶을 이해하는 독특한 방법으로 인식되었다.

이와 같이 20세기 초반까지는 주로 아동과 정신장애환자들의 예술작품을 통해 정신병리에 대한 진단적 가치를 파악하였으며, 예술가의 명작에 대한 분석을 통해 그림을 그린 사람의 마음을 해석하였다. 이후 20세기 중반부터는 투사적 그림검사도구가 본격적으로 개발되고 발전하였다.

이 장에서는 투사적 그림검사를 지능평가도구로서의 그림검사와 성격 · 정서평가도구로서의 그림검사로 나누어 투사적 그림검사의 역사에 대해 고찰하고자 한다. 투사적 그림검사의 역사를 검토하는 데 있어서 지능평가도구로서의 그림검사를 다루는 이유는 투사적 그림검사의 출발점이 지능평가도구이며, 많은 연구자가 지능평가도구와 성격 · 정서평가도구를 함께 사용한 경우가 많기 때문이다. 특히 이 장에서는 지능평가도구로서의 그림검사의 역사를 설명하는 데 있어서 각 검사의 개발과정과 대상, 신뢰도, 타당도 등에 대해서는 상세히 다루었지만, 성격 · 정서평가도구로서의 그림검사에 대해서는 상세히 다루지 않았다. 성격 · 정서평가도구로서의 그림검사에 대한 내용은 이 책에서 각각의 기법으로 상세히 다루고 있기 때문이다.

1) 지능평가도구로서의 그림검사

지능평가도구로서의 그림검사는 인지발달에 대한 수준을 측정하기 위해 Goodenough (1926), Buck(1948a), Harris(1963), Koppitz(1968), Naglieri(1988) 등에 의해 체계적으로 발전해 왔다. 이러한 검사들은 많은 아동이 나이가 들수록 인지발달 수준이 증가한다는 것을 증명하면서, 다양하고 많은 피검자를 활용하여 타당화와 표준화를 위해 특별한 노력을 해 오며 계속해서 발전을 위한 연구를 하고 있으나 아직도 여기에는 상반된 연구결과들이 있다.

심리학에서 아동의 그림에 흥미를 느껴 연구하기 시작한 것은 19세기 후반부터이며, 이후 1920년까지를 초기 단계라고 할 수 있다. 이 기간의 연구는 주로 아동의 그림에 대한 발달적 특성을 기술하려는 것으로서 아동의 개인차와 정신연령에 대한 연구에 공헌한 바가 있다(이은해, 1966). 아동의 지능측정으로서 초기 연구의 또 다른 양상은 프랑스 학자 Fay(1924)에 의해 이루어졌다. Fay는 '빗속을 걷고 있는 여성(A lady walking in the rain)'의 그림을 5분의 제한시간을 두고 그리게 하였다. 그리고 그림에서 나타나는 세부묘사의 수에 따라 채점하여 지능을 측정하고자 하였다.

그림으로 아동의 발달단계를 기술하려고 했던 초기의 흐름에서 Goodenough는 1926년에 『그림에 의한 지능측정(Measurement of intelligence by drawings)』을 소개함으로써 과학적인 방법과 새로운 이론을 가지고 아동의 그림에 대한 연구에 한 방향을 제시하였다. 그는 실험적 근거에 의해서 아동의 그림이 성격이나 흥미 등 어떤 요소보다도 지적인 요소와 밀접한 관계를 갖는다고 하면서 인물화를 가지고 '인물화 검사(Draw-A-Man Test: DAM[1])'라는 지능척도를 만들었다. Goodenough(1926)는 아동이 자발적으로 그리는 그림 중에서 모든 아동이 공통으로 흥미를 느끼고, 윤곽이 단순하면서도 세부적으로 복잡하며, 중요한 특징에

---

1) "남자를 그리세요."라고 지시함.

있어서 변화가 적어야만 한다는 조건을 만족하는 것으로 인물화를 들었다. 인물화 중에서도 여자나 어린아이 그림보다 남자의 옷 입은 그림이 비교적 균일성이 있어서 최초의 검사에 남자 그림을 택했던 것이다.

Goodenough는 뉴저지와 미국의 다양한 지역, 다양한 인종 집단의 만 4∼10세 아동 3,953명을 대상으로 40개의 채점기준이 되는 특성들을 정하여 인물화 검사를 표준화시켰다. DAM은 비언어적이면서 간편한 방식을 통해 지능을 평가하였다. DAM은 측정이 용이하도록 피검자에게 사람을 그리도록 요구하고, 그 그림을 보고 정신연령을 채점하였다. 점수는 머리, 팔, 발과 같은 부분에서 주어진 특성이 나타나면 1점, 없으면 0점을 주어 이러한 득점을 합산하여 산출하였다.

Goodenough의 방법을 사용한 여러 연구 가운데에는 통계적 평가를 주제로 한 것이 많았다. 그중에서 McCarthy(1944)는 386명의 아동을 대상으로 신뢰도에 관한 연구를 한 결과, 채점자 내 신뢰도는 $r=.94$, 채점자 간 신뢰도는 $r=.90$이었으며, 반분신뢰도는 $r=.89$, 재검사 신뢰도는 $r=.68$로 나왔다. DAM의 타당도에 관해서는 Ansbacher(1952)가 만10세의 초등학생 100명을 대상으로 굿이너프 검사와 지능검사 PMA(Primary Mental Ability)와의 상관관계를 본 결과, 추리($r=.40$), 공간($r=.26$), 수($r=.24$)의 순으로 나타났다. 이와 유사한 많은 연구가 1940년까지 특히 강조되었고, 현재까지도 계속되고 있다.

이제 Goodenough의 연구는 고전이 되었으며, 이 검사는 잘 표준화되고 타당한 것으로 간주되었다. DAM은 비네 지능검사와 웩슬러 지능검사 다음으로 미국에서 가장 많이 사용되었던 지능검사이다(Louttit & Browne, 1947). Goodenough의 연구가 이렇게 지지를 받을 수 있었던 것은 Goodenough 이전의 연구와는 달리 그림에 있어서 예술적 수준을 전적으로 무시하고 객관적으로 그림의 특성을 정의했다는 것과 정신발달을 판단하고 규준을 설정하는 기초로 생활연령과 학교성적을 사용했으며, 또한 표준화의 주제를 남자로 택한 것 등이었다(이은해, 1966). 이 검사는 아동들이 그린 인물화 속에는 그 그림을 그린 아동의 눈에 비치는 대상들이 분석되고, 여러 가지 요소 간의 관계를 탐지해 내는 지적 능력이 포함되어 있으며, 이러한 능력은 아동의 나이, 경험 그리고 시각적 분석력에 따라 크게 달라

질 수 있음을 전제한다(김상윤, 2005). Goodenough는 자신의 연구가 지능측정으로서 아동의 그림을 사용하는 것에 관한 것이었다고 말하면서 자신의 연구를 마무리하였으며, 자신의 연구가 인물화를 연구하는 데 있어서 아동발달, 아동의 흥미, 성격특성에 대해 더 많은 것을 고려하도록 길을 열어 줄 것이라는 희망을 가졌다(Maralynn, 2003). 이 검사는 1926년 이후 약 40년간 심리측정도구로서의 가치에 대해 많은 논란이 있어 왔고, 또한 많은 연구에 자극을 주었다.

　국내에서 인물화에 대한 실험적 연구는 1950년부터 시작되었으나 많은 연구자의 관심을 끌지 못했다. 우리나라에는 굿이너프 척도를 국내에 소개하고, 서울 시내의 만 5~10세 유치원과 초등학교 1~4학년 아동 1,295명을 대상으로 DAM을 실시한 박남인(1956)의 연구가 있다. 박남인의 연구에서 재검사 신뢰도는 $r = .92$, 반분신뢰도는 $r = .71 \sim .74$로 나타났다. 이 연구에 이어 이병림(1957)도 같은 방법으로 지방 중소도시 아동 1,567명을 대상으로 DAM을 실시한 결과 신뢰도는 $r = .62 \sim .86$으로 나타났다. 이러한 연구를 통해 Goodenough의 방법이 국내에 소개되었으나, 그 후 여러 심리검사의 대열에서 큰 발전을 이루지는 못하였다.

　Harris(1963)는 지금까지의 연구에 대한 철저한 검토를 통해 Goodenough의 지능과 개념 성숙도에 대한 아이디어를 수정하여 Goodenough의 DAM을 개정하고 표준화하였다. 그는 두 개의 형태를 추가하여 더 상세한 채점 체계와 광범위한 표준화를 위한 기초를 만들었다. Harris(1963)는 남자상, 여자상, 자기상 등 세 가지를 그리도록 했다. 남자상 73문항과 여자상 71문항에 대한 채점기준은 제시했으나 자기상에 대한 채점기준은 제시하지 않았다. 그리고 연구대상에 청소년을 포함시켰다. 굿이너프-해리스 그림검사(Goodenough & Harris, 1963)는 만 5~15세까지의 소년과 소녀 2,975명을 대상으로 표준화하였으며, 미네소타와 위스콘신 지역 도시와 교외 지역을 대상으로 하였다. Harris(1963)의 연구에서도 만 8세와 만 10세 연령 집단에서 신뢰도는 $r = .91 \sim .98$로 높게 나타났으나 각각의 문항 신뢰도의 범위는 $r = .89 \sim .94$에 이르렀다.

　굿이너프-해리스 그림검사(이하 G-H)는 많은 연구에서 점수 체계에 대한 높은 신뢰도가 보고되고 있으나 타당도에 대한 설명은 상반된다. 스탠포드-비네 검사와의 상관 계수가 .26~.92였고, 웩슬러 지능점수와는 .33~.77로서 타당도 연구에서 중간 정도의 타당도를 나타내고 있다(Aikman, Belter, Finch, 1992; Kahill, 1984). 임상집단을 대상으로 한 Abell, Horkheimer와 Nguyen(1998)의 연구에서는 200명의 남자 환자(만 14~15세)를 대상으로 G-H와 웩슬러 아동용 지능검사 개정판(WISC-R)의 타당도를 검증한 결과, .19~.37의 유의미한 상관을 보고하였으나 상관 계수의 점수는 낮았다.

이은해(1966)는 G-H를 우리나라에 소개하고, 이 검사를 우리나라에 맞게 재표준화하려는 목적으로 연구를 수행하였다. 이 검사는 지능측정도구로서의 타당도와 신뢰도를 갖추고 있으며, 문화적 요인에 의해 별로 영향을 받지 않고 사용될 수 있다는 점을 들어 이 검사를 우리나라에 표준화해서 사용할 수 있다는 결과를 도출하였다. 그 이후 김재은, 김동극, 여광응(1973)은 G-H를 한국 아동들에게 맞도록 개정하여 표준화시킨 『인물화에 의한 간편 지능 검사』를 출판하였다. 이 검사는 만 3~12세까지의 취학 전 및 초등학교 아동, 지적 장애아, 특수학교 및 특수학급 아동에게 사용할 수 있도록 만들어진 지능검사이다. 이 검사는 남자상과 여자상의 두 척도로 이루어져 있으며, 아동이 그린 남자상과 여자상을 각각 60여 개의 채점기준에 따라 채점한 후 규준에 비추어 지능지수를 산출한다. 김재은 등(1973)이 보고한 이 검사의 채점자 간 신뢰도는 $r=.93~.97$로 매우 높았으나 다른 연구자들의 타당도는 낮은 편이었다. 타당도를 확인하기 위해 지능성숙 검사(김난수, 1963)와 비교한 결과 두 검사에서 산출된 점수 간 상관이 $r=.37~.42$로 나타났으며, 이는 Harris(1963)의 척도에서 나타난 점수와 지능검사 PMA의 점수와의 상관이 .46으로 나타난 것과 비슷하다. K-WISC-Ⅲ와의 타당도를 비교한 황순택, 전영순, 노은정, 조윤진, 여상우(2007)의 연구에서는 $r=.30~.47$, KEDI-WISK와의 타당도를 비교한 이미순, 정승아(2009)의 연구에서는 $r=.36$, K-ABC 점수 간의 타당도를 비교한 이정호(1998)의 연구에서는 $r=.30~.41$로 나타났다.

1948년에 Buck은 집-나무-사람 그림에 대한 인지적 채점 체계를 도입하였는데, 그의 채점 체계는 성인을 대상으로 만들어졌고 개인의 인지적 능력을 평가하기 위해서는 인물 그림에 집-나무 그림 점수들을 부가적으로 더해야 한다는 점에서 G-H 채점 체계와 차이를 보이고 있다(김인주, 신민섭, 1999).

Koppitz는 발달적·분석적으로 아동의 그림을 이해하는 데 중요한 기여를 했다. 그녀는 아동의 자기태도와 자기이미지에 대한 분석적 해석을 하였다. 뿐만 아니라 Goodenough의 이론에 기초하여 코피츠 발달항목(Koppitz Development Item: KDI)으로 알려진, 보다 간편한 30개 항목으로 이루어진 만 5~12세 아동에 대한 광범위한 규준적 자료를 제공하였으며, 아동의 그림에서 특정 발달단계에 따라 특정 양상을 보인다고 하면서 발달성숙도의 중요성을 강조하였다. KDI는 광범위한 사회·경제적 배경과 다양한 문화적·민족적 집단인 공립 초등학생 1,856명을 대상으로 표준화되었다. KDI는 G-H보다 간편하고 쉽게 사용하기 위해 만들어진 것이다. 채점 항목은 간단하고 비교적 객관적이다. KDI는 아동에게 단순히 사람의 전신 그림을 하나 그리라고 한다. 그러나 Kellog(1969)는 아동의 그림 하나만을 가지고 아동의 발달적 지표를 설명할 수 있다는 핵심 가설에 의문을 제기하였다. 그리고 하나의 그림에 기초한 아동의 지적 발달에 대한 추론은 불가피하게 왜곡될 수밖에 없다고 주장하였다(Cruz & Feder, 2013, 2015).

Naglieri(1988)는 G-H 채점 체계의 검사와 규준이 시대에 뒤떨어진 것이라고 비판하면서 인물화 검사를 재평가하고 최신화할 필요성을 느꼈다. Naglieri(1988)는 Goodenough(1926), Harris(1963), Koppitz(1968)의 자료를 통합하여 나글리에리 인물화 검사(Draw-A-Person: DAP)를 개발하였다. Goodenough는 한 사람의 그림만을 사용했으며, Harris는 남성상과 여성상에 대한 채점기준을 다르게 사용했고, 앞서 언급한 바와 같이 자기상에 대한 채점기준은 완전히 개발되지는 못한 상태이다. Koppitz는 한 사람만의 인물상을 사용하였다. 그러나 Naglieri는 총점이 개별그림 점수보다 신뢰도가 높다는 점을 감안하여 여성상, 남성상, 자기상 세 개의 그림 모두에서 근거한 총점을 사용하였다. Naglieri는 DAP 표준화를 위해 연령·성별·지역·인종·민족 측면에서 인구를 적절하게 대표하는 만 5~17세 미국인 2,622명을 대상으로 선정하였으며, 세 개의 그림 모두에서 평균 100, 표준편차 15를 사용하여 DAP를 표준화하였다. DAP는 또한 최신 스타일의 의복의 영향을 줄이기 위해 설계되었으며, 특히 남자와 여자의 그림의 결과에 영향을 미칠 수 있는 영역에서 다른 검사보다 문화적인 영향을 미치지 않도록 설계되었다.

　김상윤(2008)은 김재은 등(1973)의 연구를 기초로 수년 동안의 연구(김상윤, 2000, 2004, 2005, 2007) 결과를 근거로 하여 유아 인물화 검사를 개발하였다. 김상윤(2008)은 인물화 검사를 정밀검사와 간편검사 두 가지로 구분하여 직접 지능지수의 원점수를 구하고 이를 지수 환산표에 대입하여 지수를 구하는 방법을 소개하였다. 김상윤의 유아 인물화 검사는 13개의 항목(얼굴, 몸통, 머리카락, 눈, 코, 입, 귀, 목, 팔, 손, 다리, 발, 기타)으로 이루어진 만 2세 6개월~6세 11개월 유아에 대한 규준적 자료를 제시하였다. 김상윤(2008)의 유아용 인물화지능검사의 신뢰도는 Cronbach $\alpha = .86$으로 다소 높게 나타났다.

　권연화와 김상윤(2015)은 부산광역시에 소재한 유치원과 어린이집에 재원 중인 만 3~5세 유아가 그린 302장의 자화상과 유아들의 생활연령, 성별 그리고 성호르몬의 지수를 진단하여 이들 간의 상관관계를 분석하였다. 그 결과, 유아의 연령 집단에 따라 유아 인물화의 하위점수에 영향을 주는 변인의 크기가 다르게 나타났다. 즉, 만 3세 유아의 경우에는 생활연령과 가장 높은 상관($r = .54$)을 보이는데 비하여 만 4세 유아는 생활연령과 상관이 없었으나 성역할에 대한 사회학습과 상관($r = .31$)을 보였다. 만 5세 유아는 성역할에 대한 사회학습과 가장 높은 상관($r = .33$)을 보였으며, 그 다음으로는 생활연령($r = .28$), 성호르몬의 영향 비율($r = .23$)로 나타났다. 만 4세 유아는 만 5세 유아 집단에 비해 성호르몬의 영향 비율이 높게 나타났다. 이러한 경향은 지능발달이 연령에 따라 발달하기는 하지만 이와 함께 성차와 그에 따른 사회적 기대 및 성역할, 그리고 생득적인 성호르몬이 함께 영향을 미치게 되며, 연령이 증가할수록 생득적인 성호르몬의 영향을 더욱 많이 받는다는 것을 추측했다.

　앞에서와 같이 지능평가도구로서의 그림검사는 Goodenough(1926)의 인물화 검사를 시작으로 발전되었으며, 주로 인물화 검사를 중심으로 발달의 정도나 지적 능력을 평가하는 양적인 접근을 하였다. 인물화 검사의 채점은 채점기준이 연구자의 주관성으로 인해 낮은 신뢰도와 타당도의 문제가 제한점으로 제시되고 있으며, 이러한 문제점들을 보완하여 체계적이고 객관적인 채점 체계를 마련한 새로운 검사들을 만들기 위한 노력들이 지속적으로 이루어지고 있다. 그러나 인물화와 지능평가도구 사이에는 정적상관이 있다는 주장에는 모두 동의하지만, 그 상관이 비교적 낮다고 보고하였기 때문에 지능평가도구로서의 인물화 검사에 대한 문제 제기가 지속적으로 있어 왔다. Flangan과 Motta(2007)는 인물화가 지적능력의 측정보다는 오히려 정서적 측면에 더 효용성이 있다고 주장하였다. 지적능력 사정도구로서의 인물화 연구를 시도했던 연구자들(Buck, 1948b; Koppitz, 1968; Naglieri, 1988)도 방향을 전환하여 성격적·정서적 지표로서 인물화를 연구하기 시작하였다.

2) 성격 · 정서평가도구로서의 그림검사

1940년을 전후하여 그림이 개인의 정서적 측면과 성격을 평가하는 도구로 사용될 수 있다는 주장이 대두되면서 그림은 개인의 심리적 현실 및 주관적 경험을 드러낸다는 인식에 바탕을 두고 '투사적 그림(projective drawing)'이라는 용어가 등장하였고, 투사적 그림검사가 발전하게 되었다. 그림을 내적 심리 상태에 대한 시각적 표상으로서 바라보게 된 것이다(신민섭 외, 2007).

가장 잘 알려진 투사적 그림검사 중의 하나가 Buck(1948a)의 집-나무-사람 그림(House-Tree-Person drawing: HTP)검사이다. HTP는 원래 지능과 성격을 측정하는 이중적인 목적으로 고안되었는데, 근본적으로는 투사도구이다. 그러나 인지능력을 알아내기 위한 상당히 번거로운 절차는 거의 이용되지 않았다. 이후 Machover(1949)는 정신분석의 원칙에 기초한 인물화 검사(Draw-A-Person Test: DAP)를 개발하였고, 『인물화를 통한 성격 투사(Personality projection in the drawing of the human figure)』를 출판하였다. 이 책은 정서적 갈등의 지표로서 그림에 대한 질적 평가의 단계를 설정하였다. Machover(1951)는 사람 그림은 그 그림을 그린 사람이 자신을 어떻게 지각하는가에 대한 표상이며, 종이는 그가 처한 환경에 해당된다는 가정에 근거하여 DAP가 성격을 평가하는 매우 유용한 방법이라고 생각했다. 그 이후 Hammer(1958), Urban(1963), Koppitz(1968)가 개정하고 확장하면서

DAP는 오늘날 성격측정의 목적에 가장 광범위하게 사용되는 투사검사가 되었다.

Machover의 이론을 임상 실제에 적용하면서 불만을 느낀 Koppitz(1968)는 전통적인 정신분석이론 대신 자아심리학을 강조하는 Sullivan의 대인관계이론을 기반으로 하여 그림을 통해 아동의 발달단계와 대인관계 능력을 탐색하고자 하였다(신민섭 외, 2007). Koppitz(1968)는 아동이 다양한 요구와 수행을 조정할 때 나타나는 두려움, 근심, 스트레스뿐만 아니라 나이의 발달적 특징을 그림에 반영해야 한다고 하여 30개의 정서지표와 30개의 발달지표를 개발하였다. 그 외에도 Koppitz(1968)는 성취도 여부와 인물화 표현의 관계를 탐색했고, 아동의 성향(수줍어하는지 공격적인지)에 따라 인물화에서 어떤 차이를 보이는지 등에 관한 연구도 하였다.

Naglieri, NcNeish와 Bardos(1991)는 Koppitz의 HFD(1968)을 발전시켜 만 6~17세 아동, 청소년의 정서·행동 문제 선별을 위한 인물화 검사(Draw-A-Person Screening Procedure for Emotional Disturbance: DAP:SPED)를 개발하였다. 이 연구자들은 HFD 정서지표보다 더 객관적이며, 쉽게 활용할 수 있고, 심리적 평가가 가능한 지표를 만들려는 노력으로 명목척도로 된 55개의 채점기준을 개발하였다. DAP:SPED는 투사검사로서 인물화 검사가 가지는 낮은 신뢰도와 타당도를 보완할 수 있도록 표준화된 것으로, 심리측정 면에서 가장 우수한 인물화 검사로 알려져 있다(Matto, 2002). 이영주(2009)와 유경미(2011)는 DAP:SPED를 활용하여 국내 아동을 대상으로 정서·행동 문제의 선별을 위한 신뢰도와 타당화 연구를 하였다. 이후 김상윤(2008)은 유아 인물화 검사를 통해 13개의 지능척도와 5개(크기, 위치, 균형, 필체, 왜곡)의 정서척도를 개발하였다.

가족 그림에 대해 최초로 발표된 연구는 Hulse(1951)의 가족화 검사(Draw-A-Family Test: DAF)이다. Hulse(1951, 1952)는 아동에게 한 사람을 그리게 하는 대신에 자신의 가족을 그리도록 할 때, 아동의 가족에 대한 지각, 부모와 형제자매에 대한 지각, 자신에 대한 지각, 가족 안에서 자신의 위치에 대한 중요한 정보를 얻을 수 있다고 보았다. Hulse(1951)의 DAF는 가족 초상화처럼 가족구성원이 보는 사람을 향해 일렬로 늘어서 있는 비교적 정지된 그림이었다. 이러한 난점을 극복하기 위하여 Burns와 Kaufman(1970)은 Hulse의 DAF에 움직임을 첨가하여 동적 가족화(Kinetic Family Drawing: KFD)를 개발하였다. KFD는 아동에게 자기 자신을 포함한 가족구성원 모두가 무엇인가를 하고 있는 그림을 그리도록 함으로써 각 인물에게 움직임을 도입했다. 활동적인 그림에 움직임을 첨가하는 것은 아동의 자아개념의 측면과 대인관계의 영역에서 아동의 감정을 표출하도록 이끄는 데 도움을 주리라는 가정을 했기 때문이다. Knoff와 Prout(1985)는 KFD를 보완하기 위해 '임상노트: 동적 학교생활화(A Clinical Note: Kinetic School Drawing)'에서 KFD의 해석방법과 동일하게 적용하여 사용할 수 있는 새로운 도구로 학교생활화(Kinetic School Drawing: KSD)를 처음으로 소개하였다. KSD는 아동과 청소년들로 하여금 학교 내에서 그들과 관계되는 인물, 즉 자신, 친구, 교사가 무엇인가를 하고 있는 그림을 그리게 하여 학교 환경 내에서의 친구, 교사와의 상호관계 및 학업성취를 알아보는 투사기법이다.

이후 Burns(1987)는 '동적 집-나무-사람 검사(Kinetic House-Tree-Person Test: KHTP)'를 개발하였는데, 여기서는 HTP와 달리 한 장의 종이에 집, 나무, 사람을 모두 그리되, 어떤 움직임이 들어가도록 그리라고 지시한다. 이렇게 한 이유는 로르샤흐 검사에서 운동 반응이 가지는 의미처럼, 그림에 표현된 움직임을 통하여 개인 내적 욕구들에 대한 단서를 얻을 수 있다고 보았기 때문이다(권기덕 외, 1993). 동적 그림에서의 움직임의 반응은 한 개인 스스로의 내적 작용과 그의 환상 및 심상으로의 출입 가능성을 반영하므로 개인의 내적 인생의 풍요로움의 정도에 대한 가장 중요한 단서가 될 수 있다.

KFD, KSD, KHTP는 한 맥락에 속한다. KFD는 가정이라는 영향력(KSD는 학교라는 영향력)의 기반 위에서 자신에 대한 시각적 상징을 주었다. KHTP는 나무 상징의 보편성을 보편적인 인간 형태와 그 집에 결합시켜 사람의 생명력(자아)에 대한 시각적 상징을 주었다. 이 세 가지 동적 그림 체계로부터 이끌어 낸 정보를 합하면 개인에 의해 창조되는 더 큰 시각적 상징을 얻을 수 있을 것이다.

그 외에 가족화 관련 검사로 Burns(1990)의 동그라미 중심 가족화는 부모와 자기와의 관계를 이해하기 위해 고안되었다. 동그라미 중심 가족화는 원의 중심에 인물상(부친상, 모친상, 자기상)을 각각 따로 그린 뒤, 원 테두리 주변에 상징물(시각적인 자유연상을 기본으로)을 그리는 방법(Family-Centered Circle Drawings: FCCD)과 부모상과 자기상을 한꺼번에 하나의 원 안에 그려 분석하는 방법(Parents-Self-Centered Drawing: PSCD)이 있다. 그리고 1989년에 미국의 임상심리학자 Gillespie가 어머니상과 아이상의 그림을 통해 자기와 타자의 관계양상을 이해하기 위하여 개발한 모자화(Mother and Child Drawings: MCD)가 있다.

미국에서 미술치료가 시작된 것은 20세기 중반 무렵이었지만, 그 이후로도 정신건강 전문가들은 상당기간 동안 심리치료 분야의 그림검사를 그대로 가져와서 사용했다. 기존의 그림검사를 사용하게 되면 결과 비교라든가 해석에 있어서 장점도 있지만, 연필로 그리는 그림의 표현이 제한적인 면도 있었다. 그래서 보다 풍부한 표현을 가능하게 하는 그림검사에 대한 요구가 생겨났고, 규준화된 방식에 의해 검사를 실시하고 많은 사람의 자료를 모아서 표준화시키고자 하는 움직임이 시작되었다(주리애, 2015). 이러한 움직임의 결과로 탄생한 것이 Cohen(1985)의 '진단적 그림 시리즈(Diagnostic Drawing Series: DDS)'이다. 이 검사는 처음부터 정신과 환자들을 대상으로 개발되었고, DSM-III, DSM-III-R, DSM-IV 진단들과 연계하기 위하여 고안되었으며, 구조적인 그림(나무)과 비구조적인 그림(자유화, 감정)을 그리게 하여 개인의 반응을 사정한다. DDS는 내담자에 대한 인지 능력뿐 아니라 행동과 정동 상태에 관한 정보를 제공한다.

1983년에 개발된 실버 그림검사(Silver Drawing Test: SDT)는 교육적 · 심리적 검사(AERA, APA, NCME)를 위하여 표준화된 미술평가 중의 하나이다. SDT는 개인의 인지 능력과 적응력을 측정하는 검사로, 평가 분야에서 폭 넓은 인정을 받아 왔으며, 이 평가의 신뢰도와 타당도를 지지하는 많은 연구가 실시되어 왔다(Brooke, 2007). 또한 Silver(1983, 1988)는 실버 그림검사(Silver Drawing Test: SDT)와 그림이야기(Draw-A-Story: DAS)검사를 개발하였다.

Gantt와 Tabone(1998)이 '사과나무에서 사과를 따는 사람(Person Picking an Apple from a Tree: PPAT)' 그림검사를 개발하였다. PPAT 그림검사는 한 장의 그림으로 피검자의 문제해결 방식과 임상적 상태, 치료에 대한 반응을 진단한다.

PPAT 그림검사의 결과 평가는 형식적 요소 미술치료 척도(Formal Elements Art Therapy Scale: FEATS)라는 채점지표를 사용한 형식요소 평가와 내용지표에 따라 그림의 내용을 살펴보는 것이 있다. FEATS는 그림에 나타난 여러 요소 중에서 내용이나 인상에 근거하지 않고 보다 객관적으로 평가 가능한 요소를 모아서 열네 가지 채점 항목을 제시한 것이다. FEATS의 이러한 특징 때문에 이 검사가 표준화되고 객관적인 척도로 평가받고 있다(Betts, 2006). FEATS는 PPAT 그림검사를 기반으로 해서 만들어지고 발전되어 왔지만 다른 그림검사 결과의 형식적 요소(formal elements) 측정에도 활용될 수 있다는 가능성을 열어 주었다(Gantt, 2001).

1999년에 Horovitz는 자신의 문제에 대한 원인을 알기 위해 '미술치료 꿈 평가(Art Therapy Dream Assessment: ATDA)'를 고안하였다(Brooks, 2004, 2007). Levick은 2001년에 아동의 정상적인 정서·인지발달을 측정하기 위해 '레빅 정서·인지 미술치료 평가(Levick Emotional and Cognitive Art Therapy Assessment: LECATA)'를 개발하였고, 2009년에 이를 표준화하여 도구의 타당도를 보다 강화시켰다(Levick, 2009). 2002년에 Horovitz는 '신념 미술치료 평가(Belief Art Therapy Assessment: BATA)'도구를 개발하여 애도와 상실에 대한 문제를 탐색하고자 하였다.

이후 Betts(2003)는 SDT의 영향을 받아 '얼굴 자극 평가(Face Stimulus Assesment: FSA)'를 개발하였다. Betts(2003)는 문화적으로 다양한 인종이 거주하는 도시의 발달장애청소년들은 인물화 검사와 같은 간단한 검사도 잘 이행하지 못함을 발견하였다. 그래서 Betts(2003)는 피검자에게 시각적 자극물을 제공하여 보다 쉽게 자발적 표현을 이끌고자 FSA를 개발하였다. 이 외에도 다양한 투사적 그림검사가 존재하며, 투사적 그림검사에 대한 채점 및 해석 체계 개발과 그 신뢰도와 타당도 검증을 위한 연구들이 계속 진행되고 있다.

앞에서 언급한 투사적 그림검사들은 피검자의 성격과 정서를 이해하는 데 도움을 주지만, 그 신뢰도와 타당도의 문제가 계속 제기되어 왔다. 그러나 다양한 피검자의 그림 자료를 반복해서 확인하는 작업을 통해 신뢰도를 확보한다 하더라도 투사적 그림검사에서 타당도에 대한 의문은 항상 과제로 남아 있다(Flangan & Motta, 2007). 이러한 측면에서 표준화된 평가도구로 Sliver(2002)의 SDT와 Levick

(2009)의 LECATA가 있다. 그리고 최근에 표준화되고 객관적인 척도로 평가받고 있어서 그림검사의 해석에서 많이 활용되고 있는 FEATS(Formal Elements Art Therapy Scale)가 있다.

한편, 투사적 그림검사의 평가를 위해 컴퓨터를 활용하여 인공지능의 한 분야인 전문가 시스템을 개발하거나 모바일을 활용한 연구들이 새롭게 이루어지고 있다.

김성인, 황준오, 류현정, 배준, 송승욱(2004)은 그림을 통한 심리진단의 전문가 시스템을 설계하였으며, Kim, Ryu, Hwang 그리고 Kim(2006)은 미술치료에서 경험적, 주관적인 방법의 단점을 해결하기 위한 수단으로 전문가 시스템의 방법론을 제시하였다. Kim, Kim, Lee, Lee 그리고 Yoo(2006)는 미술치료사가 진단하는 복잡한 의사결정 과정을 몇 개의 단계와 피드백(feedback) 과정으로 모델화하였다. 그들은 시스템이 결정하는 각각의 진단 사이에 일관성을 유지하는 방안을 고안하였고, 시스템의 지능을 향상시키는 기능을 부여하였다. 이후, Kim, Bae 그리고 Lee(2007)와 Kim(2008)은 미술치료 평가에서 가장 중요한 요인 중의 하나가 그림에 사용되는 색이라고 생각하여 이 요인들을 분석할 수 있도록 컴퓨터 시스템을 개발하였으며, 나아가 보다 다양한 정보로 색깔별 면적, 색깔별 클러스터(cluster)의 수, 색깔의 윤곽선 등을 정량적인 데이터로 제공하였다. Kim, Kang 그리고 Kim(2009)은 만다라 문양 색칠하기 분석 및 활용을 위한 컴퓨터 시스템을 선보이면서 그림에 나타난 정확도, 색깔의 수, 클러스터의 수, 완성도, 주제색, 부제색을 기본 골격으로 하여 그림을 그리는 사람의 집중도를 회귀분석을 통하여 찾아내는 작업을 보여 주었다. 또한 Kim, Betts, Kim 그리고 Kang(2009)은 치매 증상의 정도를 예측하는 컴퓨터 분석 모형을 소개하였다. 계속적으로 Kim, Han, Kim 그리고 Oh(2011)는 문양이 주어진 KFD에 대한 컴퓨터 해석 체계 및 미술치료 시스템의 개발을 통하여 컴퓨터를 이용한 치료모델의 가능성까지 보여 주었다. 이 외에도 컴퓨터 시스템을 기반으로 한 많은 연구가 이루어지고 있다(Kim, Ghil, Choi, Kwon, & Kong, 2014; Kim, Kang, Chung, & Hong, 2012; Kim, Kang, & Kim, 2008; Kim, Kim, & Kim, 2008; Kim, Kim, & Hong, 2013).

최근에는 모바일 기반 앱 개발을 위한 표준화 연구를 통해 사용자가 보다 유동적이고 편리한 환경에서 그림심리검사를 진행할 수 있도록 하고 있다. 모바일 디바이스를 기반으로 한 그림심리검사는 모바일용으로 개발된 그림심리검사 결과 해석용 어플리케이션 개발에 관한 연구를 한 박성빈 등(2014)의 연구를 시작으로 하여 HTP 그림검사를 활용하여 윤영인(2015)은 아동을 대상으로, 손성희(2015)는 만 20세 이상의 일반인을 대상으로 앱 개발을 위한 표준화 연구를 하였다.

미술치료에 앱을 활용하기 위해서는 직관성 및 사용의 용이성, 단순성 그리고 응답성이 있어야 할 뿐 아니라 미술치료에서 치료사가 앱의 선택 및 통제가 가능하며, 개인정보 보호 및 비밀유지를 위한 별도의 보완 포토폴리오가 있어야 한다. 또한 작품 제작 과정을 녹화할 수 있는 혼합 미디어 및 멀티미디어와의 혼합, 그리고 평가기능을 갖출 필요가 있다(Choe, 2014). Malchiodi(2009; Mattson, 2015에서 재인용)는 미술치료 내담자들은 디지털 미디어를 빠르게 도입하고 있지만 미술치료는 새로운 미디어와 커뮤니케이션 플랫폼의 이해 및 도입이 뒤처진다고 주장하였다. 미술치료사들은 미술치료에 있어 디지털 사용에 대한 교육을 거의 받지 않았는데, 이는 윤리적 문제와 관련이 있다(Orr, 2012). 이는 디지털 미디어 및 해당 기술(보조 장치, 앱 및 프로그램)과 결과물(소셜 미디어, 온라인 치료 및 디지털 기록 보관)은 매우 공격적인 인터넷에 쉽게 연결되어 윤리적 딜레마를 불러일으키기 때문이다. 따라서 미술치료사들을 위한 디지털 미디어 사용 교육과 사용 윤리에 관련된 교육이 필요하다(Choe, 2014).

이와 같이 초기의 성격·정서평가도구로서의 그림검사는 주로 인물화 검사를 중심으로 이루어졌다. 그 이후 다양한 투사적 그림검사가 개발되고, 채점 및 해석 체계 개발과 그 신뢰도와 타당도 검증을 위한 연구들이 계속 진행되고 있으나 신뢰도와 타당도 검증 문제가 계속 제기되고 있다. 이러한 문제를 해결하기 위한 노력 또한 지속적으로 이루어져 표준화된 평가도구로 인정받는 검사(SDT, LECATA)와 해석방법(FEATS)들이 등장하고 있다. 컴퓨터 공학이나 모바일 앱이 지닌 객관성, 정확성, 정밀성을 잘 활용하는 노력들이 함께 이루어진다면, 지금까지 투사적 그림검사 평가가 가진 문제들을 해결하여 앞으로는 긍정적인 방향으로 많은 변화가 이루어질 것으로 기대된다.

참고문헌

강차연(2006). 미술치료에서의 심리평가−미술치료평가와 투사적 그림검사를 중심으로.
　　심리치료, 6(2), 137−159.

권기덕, 김동연, 최외선(1993). 가족미술치료의 이론과 실제. 서울: 특수교육.

권연화, 김상윤(2015). 유아인물화검사를 통한 지능과 생활연령, 성차 및 성호르몬 지수
　　(2D:4D) 간의 상관연구. 인지발달중재학회지, 6(1), 129−148.

김난수(1963). 지능성숙검사 실시요강. 서울: 중앙교육연구소.

김상윤(2000). 유아의 인물화지능검사에 관한 연구. 아동연구, 9, 1−10.

김상윤(2004). 아동심리검사법. 부산: 고신대학교 출판부

김상윤(2005). 유아의 인물화지능검사에 관한 종단연구. 아동연구, 14, 79−100.

김상윤(2007). 온라인상의 유아용 심리검사에 관한 연구. 아동연구, 16, 1−51.

김상윤(2008). 유아 인물화 검사. 서울: 학지사.

김성인, 황준오, 류현정, 배준, 송승욱(2004). 그림을 통한 심리진단의 전문가 시스템 방법
　　론. 미술치료연구, 11(1), 81−99.

김인주, 신민섭(1999). 인물화 검사와 KEDI−WISK 공통성 소검사를 통한 소아 정신과 아
　　동의 구체적 사고와 추상적 사고의 평가. 소아·정신의학, 10(2), 186−194.

김재은(1968). 인물화에 의한 지능측정−지적발달의 연구 및 몇 가지 기술보고. 한국문화
　　연구원 논집, 12, 137−166.

김재은, 김동극, 여광응(1973). 인물화에 의한 간편 지능 검사. 서울: 교육과학사.

박남인(1956). Goodenough Scale에 의한 서울시 아동들의 인물화검사 표준화. 이화여자
　　대학교 창립 70주년기념 논문집.

박성빈, 김보애, 박한울, 최준호, 정경렬(2014). 해석된 그림심리검사 결과 이미지를 활용
　　한 모바일용 스트레스 평가 콘텐츠 개발에 관한 연구. 한국콘텐츠학회 추계종합학술대회
　　논문집, 11, 383−384.

박영숙(2004). 투사적 검사와 치료적 활용. 서울: 하나의학사.

박주령(2016). 협력그림요소 척도(Collaborative Art Elements Scale: CAES)개발 및 타당화. 경희대학교 대학원 박사학위논문.

손성희(2015). 모바일 기반 HTP 그림검사 앱 개발을 위한 표준화 연구. 대구대학교 대학원 박사학위논문.

신민섭, 김수경, 김용희, 김주현, 김향숙, 김진영, 류명근, 박혜근, 서승연, 이순희, 이혜란, 전선영, 한수정(2007). 그림을 통한 아동의 진단과 이해 – HTP와 KFD를 중심으로. 서울: 학지사.

유경미(2011). 아동기 정서ㆍ행동 문제의 선별을 위한 인물화검사 타당화 연구. 대진대학교 대학원 박사학위논문.

윤영인(2015). 모바일 디바이스 기반의 아동용 HTP검사 어플리케이션 개발. 디자인융복합연구, 14(4), 293–311.

이미순, 정승아(2009). 인물화검사로 측정된 아동의 지능지수와 사회성 발달과의 관계. 아동과 권리, 13(1), 89–107.

이병림(1957). Goodenough Scale에 의한 한국지방아동들의 인물화검사 표준화. 이화여자대학교 석사학위논문.

이영주(2009). 정서ㆍ행동 문제 선별 인물화 검사(DAP–SPED)의 신뢰도 및 타당도 연구. 정서ㆍ행동장애연구, 25(4), 99–116.

이은해(1966). 인물화에 의한 아동의 지능측정: Goodenough–Harris Drawing Test 표준화를 위한 예비연구. 이화여자대학교 대학원 석사학위논문.

이정호(1998). 아동지능측정도구로서의 인물화검사 적용연구. 경희대학교 대학원 석사학위논문.

주리애(2015). 미술심리진단 및 평가. 서울: 학지사.

최정윤(2010). 심리검사의 이해(2판). 서울: 시그마프레스.

황순택, 전영순, 노은정, 조윤진, 여상우(2007). 인물화 지능검사의 타당도. Korean Journal of Clinical Psychology, 26(3), 793–803.

Abell, S. A., Horkheimer, R., & Nguyen, S. E. (1998). Intellectual evaluations of adolescents via human figure drawings: An empirical comparision of two method.

Journal of clinical psychology, 54(6), 811−815.

Abell, S. C., Von Briesen P. D., & Watz, L. S. (1996). Intellectural evaluations of children using human figure drawings: An empirical investigation of two methods. *Journal of clinical psychology, 52*, 67−74.

Aikman K. G., Belter, R. W., & Finch, A. J. (1992). Human figure drawings: Validity in assessing intellectual level and academic achievement. *Journal of clinical psychology, 48*, 114−120.

Ansbacher, H. L. (1952). The Goodenough Draw-A-Man Test and Primary Mental Abilities. *Journal of Psychology, 16*(3), 176−180.

Arrington, D. (1992). Art−based assessment procedures and instruments used in research. In H. Wadeson (Ed.), *A Guide to Conducting Art Therapy Research* (pp. 141−159). Mundelein, IL: The American Art Therapy Association.

Barnes, E. (1894). The art of little children. *Pedagogical Seminary, 3*, 302−307.

Betts, D. J. (2003). Developing a projective drawing test: Experiences with the Face Stimulus Assessment(FSA). *Art Therapy, 20*(2), 77−82.

Betts, D. J. (2006). Art Therapy assessments and rating instruments: Do they measure up? *The Arts in Psychotherapy, 33*(5), 422−434.

Brooke, S. L. (2007). 미술치료를 위한 평가도구(Tools of the trade: A therapist's guide to art therapy assessments). (김종희 역). 서울: 시그마프레스. (원저는 2004년에 출판).

Buck, J. N. (1948a). *The H−T−P test. Journal of Clinical Psychology*, 4(2), 151−159.

Buck, J. N. (1948b). The H-T-P technique. A qualitative and quantitative scoring manual. *Journal of clinical psychology, 4*(4), 317−396.

Burns, R. C. (1987). *Kinetic house−tree−person(KHTP) drawings: An interpretative manual.* New York: Brunner.

Burns, R. C. (1990). *A Guide To Family−Centered Circle Drawings FCCD With Symbol Probes and Visual Free Association.* New York: Brunner/Mazel.

Burns, R. C., & Kaufman, S. H. (1970). *Kinetic Family Drawing(K−F−D) an introduction to understanding children through kinetic drawings.* New York:

Brunner/Mazel.

Burt, H. (1996). Beyond practice: A postmodern feminist perspective on art therapy research. *Art Therapy: Journal of the American Art Therapy Association, 13*(1), 12–19.

Choe, S. (2014). An exploration of the qualities and features of art apps for art therapy. *The Arts in psychotherapy, 41*(2), 145–154.

Cohen, B. M. (1985). *The diagnostic drawing series handbook*. Unpublished handbook.

Cruz, R. F., & Feder, B. (2015). 예술치료에서의 평가와 연구(Feders' the art and science of evaluation in the arts therapies: How do you know what's working?). (한국예술심리치료학회 역). 서울: 학지사. (원전은 2013년에 출판).

Fay, H. M. (1924). Le depistage des arrieres à l'école. [The tracking of school underachievers]. *La Medecine Scolaire, Décembre*, 282–290.

Flangan, R., & Motta, R. W. (2007). Children's Rorschach: Description and prediction. *Journal of Personality Assessment, 49*(1), 13–20.

Frank, L. K. (1939). Projective methods for the study of personality. *The journal of psychology, 8*(2), 389–418.

Freud, S. (1919). *Totem and taboo*. New York: Moffatt, Yard & Co.

Freud, S. (1933). *New introductory lectures on psychoanalysis*. New York: W. W. Norton & company.

Gantt, L. (1990). *A validity study of the Formal Elements Art Therapy Scale(FEATS) for diagnostic information in patients' drawings*. Doctoral dissertation, University of Pittsburgh, PA.

Gantt, L. (1992). A description and history of art therapy assessment research. In H. Wadeson (Ed.), *A Guide to Conducting Art Therapy Research* (pp. 119–139). Mundelein, IL: The American Art Therapy Association.

Gantt, L. (2001). The Formal Elements Art Therapy Scale: A Measurements System for Global Variables in Art. *Journal of the American Art Therapy Association, 18*(1),

50−55.

Gantt, L., & Tabone, C. (1998). *The Formal Elements Art Therapy Scale*: The rating manual. Morgantown, WV: Gargoyle Press.

Gillespie, J. (1989). Object relations as observed in projective mother−and−child drawings. *The Arts in psychotherapy, 16*(3), 163−170.

Goodenough, F. L. (1926). *Measurement of intelligence by drawings*. New York: Harcourt, Brace, & World.

Goodenough, F. L., & Harris, D. B. (1963). *The Goodenough-Harris Drawing Test*. New York: Harcourt, Brace & World.

Koh, S. D. (1954). On the Relationship between the Goodenough Scale and the Thorndike Scale in Drawing of a Man. *Studies in Psychology, 1*, 54−66.

Guertin, W. J., & Sloan, W. A. (1948). A Comparision of the H−T−P and Weschsler Bellevue IQs in mental defectives. *Journal of clinical psychology, 4*, 424−426.

Hammer, E. (1958). *Clinical applications of projective drawings*. Springfield, IL: Charles C. Thomas.

Harris, D. B. (1963). *Children's drawings as measures of intellectual maturity*. New York: Harcourt, Brace, & World.

Harris, J. B. (1996). *Children's drawings as psychological assessment tools*. Retrieved April 19, 2003, from http://www.iste.org/jrte/28/5/harris/article/introduction.cfm.

Harris, D. B., & Goodenough, F. L. (1963). *Goodenough: Harris drawing test manual*. New York: Harcourt, Brace, & World.

Heidi, S. L. (1996). *The Person−In−The−Rain projective Drawing as A Measure of children's coping capacity: A concurrent Validity study using Rorschach, Psychiatric, and Life History Variables*. Unpublished doctoral dissertation. The california school of psychology at Alameda.

Horovitz, E. G. (2002). *Spiritual art therapy: An alternate path* (2nd ed.). Springfield, IL: Charles C. Thomas.

Howell, K. W, Zucker, S. H., & Moorhead, M. K. (1985). *Multilevel Academic Survey*

Test. New York: The Psychological Corporation. http://www. arttherapy.org/aata-resources.html

Hulse, W. C. (1951). The emotionally disturbed child draws his family. *Quarterly Journal of Child Behavior, 3*, 152−174.

Hulse, W. C. (1952). Childhood conflict expressed through family drawings. *Journal of Projective Techniques, 16*, 66−79.

Kahill, S. (1984). Human figure drawing in adults: An update of the empirical evidence, 1967−1982. *Canadian Psychology/Psychologie canadienne, 25*(4), 269−292.

Kellogg, R. (1969). *Analyzing Children's drawings*. Palo Alto, CA: Mayfield.

Kim, S, I., Ghil, J. H., Choi, E. Y., Kwon, O. S., & Kong, M. (2014). A computer system using a structured mandala to differentiate and identify psychological disorders. *The Arts in Psychotherapy, 41*(2), 181−186.

Kim, S. I., Kang, H. S., Chung, S. J., & Hong, E. J. (2012). A statistical approach to comparing the effectiveness of several art therapy tools in estimating the level of a psychological state. *The Arts in Psychotherapy, 39*(5), 397−403.

Kim, S. I. (2008). Computer judgment of main color in a drawing for art psychotherapy assessment. *The Arts in Psychotherapy, 35*(2), 140−150.

Kim, S. I., Bae, J., & Lee, Y. (2007). A computer system to rate the color−related formal elements in art therapy assessments. *The Arts in Psychotherapy, 34*(3), 223−237.

Kim, S. I., Betts, D. J., Kim, H. M., & Kang, H. S. (2009). Statistical models to estimate level of psychological disorder based on a computer rating system: An application to dementia using structured mandala drawings. *The Arts in Psychotherapy, 36*(4), 214−221.

Kim, S. I., Han, J. H., Kim, Y. H., & Oh, Y. J. (2011). A Computer Art Therapy System for Kinetic Family Drawing(CATS_KFD). *The Arts in Psychotherapy, 38*(1), 17−28.

Kim, S. I., Kang, H. S., & Kim, K. E. (2008). Computer determination of placement in a drawing for art therapy assessments. *The Arts in Psychotherapy, 35*(1), 49−59.

Kim, S. I., Kang, H. S., & Kim, Y. H. (2009). A computer system for art therapy assessment of elements in structured mandala. *The Arts in Psychotherapy, 36*(1), 19–28.

Kim, S. I., Kim, J. H., & Hong, E. J. (2013). A computer system for the face stimulus assessment with application to the analysis of dementia. *The Arts in Psychotherapy, 40*(2), 245–249.

Kim, S. I., Kim, K. E., Lee, Y., Lee, S. K., & Yoo, S. (2006). How to make a machine think in art psychotherapy: An expert system's reasoning process. *The Arts in Psychotherapy, 33*, 383–394.

Kim, S. I., Kim, Y. H., & Kim, E. J. (2008). An expert system for interpretation of structured mandala. *The Arts in Psychotherapy, 35*(5), 320–328.

Kim, S. I., Ryu, H. J., Hwang, J. O., & Kim, M. S. H. (2006). An expert system approach to art psychotherapy. *The Arts in Psychotherapy, 33(1)*, 59–75.

Klepsch, M., & Logie, L. (1982). *Children draw and tell: An introduction to the projective uses of children's human figure drawings*. New York: Brunner/Mazel.

Knoff, H. M., & Prout, H. T. (1985). The kinetic drawing system: A review and integration of the kinetic family and school drawing techniques. *Psychology in the Schools, 22*(1), 50–59.

Koppitz, E. M. (1968). *Psychological evaluation of children's human figure drawing*. New York: Grune & Stratten.

Levick, M. F. (2009). *Levick Emotional and Cognitive Art Therapy Assessment*: A normative study. Indiana: Author House.

Lombroso, C. (1895). *The man of genius*. London: Scott.

Louttit, C. M., & Browne, C. G. (1947). The use of psychometric instruments in psychological clinics. *Journal of Consulting Psychology, 11*(1), 49–54.

Luquet, G. H. (1927). *Le Dessin enfantin*. Paris: Alcan.

MacGregor, J. M. (1989). *The discovery of the art of the insane*. Princeton, NJ: Princeton University Press.

Machover, K. (1949). *Personality projection in the drawing of the human figure*. Springfield, IL: Charles C. Thomas.

Machover, K. (1951). Drawing of the human figure: A method of personality investigation. In H. H. Anderson & G. L. Anderson (Eds.), *An introduction to projective techniques* (pp. 341−369). New York: Prentice Hall.

Malchiodi, C. A. (1998). *Understanding children's drawings*. New York: Guilrord Press.

Malchiodi, C. A. (2009). Art therapy meets digital art and social media. http://www.psychologytoday.com/blog/the-healing-arts/200911/art-therapy-meets-digital-art-and-social-multimedia.

Maralynn, M. H. (2003). The use of the Naglieri Draw−a−Person Test of Cognitive Development: A study with Clinical and Research Implications for Art Therapists Working with Children. *Journal of the American Art Therapy Association, 20*(2), 67−76.

Matto, H. C. (2002). Investigating the validity of the Draw A Person: Screening Procedure for Emotional Disturbance: A measurement validation study with high−risk youth. *Psychological Assessment, 14*(2), 221−215.

Mattson, D. C. (2015). Usability assessment of a mobile app for art therapy. *The Arts in Psychotherapy, 43*, 1−6.

McCarthy, D. (1944). A study of the Reliability of the Goodenough Drawing Test of Intelligence. *Journal of clinical psychology, 18*, 201−206.

Murray, H. A. (1943). *Thematic apperception test manual*. Cambridge, MA: Harvard University Press.

Naglieri, J. A. (1985). *Matrix Analogies Test−Short Form*. New York: The Psychological Corporation.

Naglieri, J. A. (1988). *Draw−a−Person: A quantitative scoring system*. San Antonio, TX: The Psychological Corporation.

Naglieri, J. A., NcNeish, T. J., & Bardos, A. N. (1991). *Draw a person: Screening Procedure for Emotional Disturbance: DAP−SPED*. Austin, TX: Pro−ED.

Orr, P. P.(2012). Technology use in art therapy practice: 2004 and 2011 comparision. *The Arts in Psychotherapy, 39*(4), 234−238.

Ricci, C.(1887). *L'Arte dei Bambini*. Bologna. N. Zanichelli.

Silver, R. A. (1983). *Silver Drawing Test of Cognitive & Creative Skills*. Special Child Publications.

Silver, R. A. (2002). *Three Art Assessments*. New York: Brunner−Routledge.

Tardieu, L. (1872). *Etude medico−legale sur las folie*. Paris: Bailliere.

Tardieu, A. (1886). *Etudes médico−légales sur la folie*. Paris: JB Baillière.

Urban, W. H. (1963). *The draw−a−person catalogue for interpretative analysis*. Los Angeles: Western Psychological Services.

미국미술치료사협회 www.arttherapy.org/aata-resources.html.

43

투사적 그림검사의 해석이론

제**2**장

투사적 그림검사는 심리치료 장면에서 특정한 목적을 가지고 내담자에게 연필이나 크레파스 등을 제공하여 용지에 무엇인가를 그리게 하는 것이다. 투사적 그림검사는 왜곡이 어렵고 검사반응이 사회적 가치의 영향을 적게 받음으로써 피검자의 무의식적 동기나 갈등에 관한 많은 정보를 제공해 준다. 또한 투사적 그림검사는 피검자가 자발적으로 창조하는 것으로서, 자기보고형 질문지 검사에서 간과되는 내면 세계를 보다 깊이 파악할 수 있다는 장점이 있다.

투사적 그림검사가 자기보고형 질문지 검사와 다른 것은 자극의 구조와 비언어적 의사소통이라는 점에 있다. 투사적 그림검사에서는 피검자 스스로 자극을 구조화해야 한다. 이러한 사실은 투사적 그림검사에서 자발적이고 적극적인 반응을 구성하는 자기표출의 심리 과정이 나타난다는 것을 의미한다. 의사소통에서는 자신의 욕구와 감정을 명확하게 표현할 수 없거나, 말로 표현할 수 없는 내용이나 무의식적 내용이 비언어적 의사소통에서는 그림으로 표현되거나 상징적으로 나타나는 경우가 많다(Leibowitz, 1999).

이와 관련하여 Freud는 정신의 영역에서 무의식을 발견하여 예술가와 예술작품을 정신분석의 대상으로 삼아 무의식의 문제를 중심으로 예술창조의 과정을 해명하였으며, 그의 욕동이론은 HTP를 비롯한 투사적 그림검사의 제작과 해석에 근거를 제공하였다. Jung은 그림의 상징을 집단무의식에서 초래된 것으로 간주하였으며, 일반인의 그림에 심리학적 해석을 적용하여 그림해석의 기본이론을 제시하였다. Kohut은 그림을 그린 사람의 자기표상과 자기대상의 경험이 투사된 것으로 간주하였으며, 투사적 그림검사의 해석에서 기초가 되는 이론을 제공하였다 (Leibowitz, 1999). 뿐만 아니라 Husserl에서 시작된 현상학에서는 그림검사의 해석을 치료사와 내담자의 관계성의 수립에 의해 가능하게 되었음이 시사되었다(杉浦, 香月, 鋤柄, 2006).

이런 맥락에서 이 장에서는 무의식에 관한 정신분석학, 상징과 관련된 분석심리학, 자기와 자기대상에 관한 자기심리학, 그리고 의식의 흐름을 중시한 현상학을 투사적 그림검사 해석의 기초이론으로 간주하며, 이 이론들을 중심으로 투사적 그림검사의 해석 근거를 제시하고자 한다.

1. 정신분석학: 무의식의 표현으로서의 그림

Freud(1856~1939)는 무의식이라는 정신 영역을 발견한 20세기의 가장 영향력 있는 정신의학자 중의 한 사람이다. Freud는 초기 이론인 지형학적 모델 (topographic model)에서 인간의 정신을 의식(conscious)과 무의식(unconscious)으로 구분하고, 그 중간단계로 전의식(preconscious)의 개념을 제시하였다.

Freud에게서 출발하는 정신분석학의 기본 태도는 정신의 과정을 무의식적 과정으로 간주하는 것이다. 따라서 정신분석학의 과제는 무의식이 의식에 이르기까지의 모든 정신의 움직임을 밝히는 것이며, 이런 맥락에서 정신분석학에서 예술의 논의는 예술작품이 실현되기까지의 모든 정신의 움직임을 밝히는 것이다. Freud는 무의식적 정신의 활동을 지배하는 일정한 법칙을 정신분석적 작업의 원리로 삼아 예술작품을 분석하였다. Freud는 이 일정한 법칙을 고려함으로써 환자에 따라 달리 적용하는 심리학은 없다고 생각하는 것과 마찬가지로, 일반적인 정신활동과 예술창조로서의 정신활동을 구별하지는 않았다. Freud는 『레오나르도 다 빈치의 유년기의 기억(Leonardo da Vinci and a memory of his Childhood)』(1964)에서 Leonardo(1452~1519)를 연구대상으로 삼은 이유를 다음과 같이 밝혔다. "모범이 되는 위대한 사람들을 이해하는 것은 보통 사람들을 이해하는 것과 같고, 심지어 병든 사람들을 이해하는 것과도 같다. 그리고 위대한 사람도 자신이 병든 사람의 행위를 지배하는 엄밀한 법칙에 똑같이 종속되어 있다는 것을 수치스럽게 여기지 않을 것이다." 이러한 생각으로 Freud는 위대한 예술가인 Leonardo의 삶에서 그의 행동을 지배하는 정신의 엄밀한 법칙을 찾으려고 했다. 비록 정신분석학을 통하여 Leonardo가 예술가가 된 이유를 설명할 수는 없다고 하더라도, 최소한 Leonardo의 예술적 표현과 그 범위들을 이해할 수는 있다. Leonardo는 자신의 유년기로 인해 〈모나리자〉(1503~1506)와 〈성안나와 성모자〉(1510)를 그릴 수 있었고, 자신의 작품세계에 그러한 운명을 부여할 수 있었으며, 또한 자연에 대한 연구자로서 탁월한 창조력을 가질 수 있었던 것이다.

Freud가 예술가나 예술작품을 정신분석의 대상으로 삼은 이유는 예술이 정신분석학의 목표인 보편적 무의식의 활동에 속하기 때문이다. 그는 예술현상이라는 고유한 영역을 고려하여 다루었다기보다는, 예술이 무의식적 정신의 움직임을 형상적으로 가장 잘 표현한 정신의 활동 영역이기 때문에 정신분석학의 대상으로 삼았던 것이다. 무의식에서 유래하는 본능적 충동(욕동)은 객관적으로 파악할 수 없으며, 파악하더라도 자의식에 의해 모두 형상화될 수는 없다. 그래서 이두 조건이 예술가를 만드는 특성이 된다. Freud는 『레오나르도 다 빈치의 유년기의 기억』에서 Leonardo가 신경증 환자가 되지 않고 자신의 유년기의 공상을 실현한 것과 관련하여 Leonardo의 강한 성애적 충동이 성공적으로 승화되었음을 강조하였다. 다시 말해, 〈모나리자〉의 미소나 〈성안나와 성모자〉에서 성안나의 미소는 Leonardo의 성애적 충동이 성공적으로 형상화되었음을 말해 주는 것이다(Spector, 1974).

Freud가 예술작품과 예술가의 개인사 등에서 지적하는 오이디푸스 콤플렉스(Oedipus Complex)는 인간의 보편적인 정신구조를 반영한 내용에 관한 것이다. 예술가는 자아의 영역에서 작품을 형상화한다. 자아의 영역은 근원적 무의식(어머니)인 이드로부터 분화된 것(아들)에 해당되는데, 특히 예술가가 어머니에 고착되

어 있는 것으로 보이는 것은 예술가의 창조적 충동이 근원적 정신(어머니)의 영역
에서 유래하기 때문이다. 이러한 강한 어머니적인 것과의 친화력이 예술가를 동
성적이거나 양성적으로 만든다. 그래서 예술가에게 오이디푸스 콤플렉스가 있다
는 것은 예술가의 본질인 내면의 충동에 대한 수용성이 있음을 의미하는 것이다.

　Freud는 예술을 무의식적 정신의 움직임이 형상화되는 장(field)으로 간주했다.
따라서 그에게서는 예술의 세계 그 자체가 바로 무의식의 세계가 실재한다는 증
거가 된다. 예술가는 남다른 정신의 수용성과 조형적 능력으로 내면, 정신의 움직
임을 객관적으로 파악할 수 있고, 그것을 다른 사람들에게 전달할 수 있도록 형상
화하는 사람이다. Freud에게서 무의식은 억압된 것이며, 이것은 의식에 이르지 못
한 무의식적 정신 전체를 의미한다. 여기에는 한 번도 의식에 도달하지 못했거나
한번 의식되었다가 다시 무의식화된 것이 모두 포함된다. 이는 억압된 것은 의식
에 도달하기 위하여 끊임없이 작용한다는 것을 의미한다. 억압된 것이 의식에 도
달하기 위해서는 먼저 표상되어야 하며, 억압된 것은 표상된 이미지로 알 수 있다.
Freud에 의하면 무의식 속에 존재하는 욕구를 자아가 받아들이기 어렵거나, 그대
로 표출됐을 때 자아의 존재를 위협하는 경우, 위장된 표상으로 자아에게 의식된
다. 이 위장된 표상이 상징이다. 상징은 언어로 표현하는 것이 어려운 관념적 내
용의 도식과 자아방어에 의한 위장이라는 두 가지의 심리적 작용을 의미하는 만
큼, HTP 검사의 이론적 근거가 되었다(Leibowitz, 1999). 예컨대, 전신주나 굴뚝은
남성의 생식기를 상징하고, 배는 어머니를 상징하며, 이러한 상징은 그림에 표현
될 뿐만 아니라 꿈에도 잘 나타난다.

　꿈은 내담자의 무의식 세계에 접근할 수 있는 하나의 방법으로, 내담자의 핵심
문제와 갈등을 파악할 수 있게 해 주어 꿈의 분석은 정신분석 기법의 초석이라고
할 수 있다(Saul, 1973). Freud는 꿈에 무의식적 염원, 욕구, 두려움이 표출되기 때
문에 꿈을 무의식에 이르는 왕도로 보았다. 잠자는 동안에는 내담자의 방어기제
가 약화되어 억압된 욕망과 갈등이 의식의 표면에 떠오른다. 그런 만큼 꿈 분석
은 그 특성을 활용하여 내담자의 꿈을 분석하고 해석하여, 그의 문제와 갈등에 대
해 통찰을 얻도록 하는 방법이다(최외선 외, 2006). Freud의 꿈 분석의 기본원리는

발현몽(manifest dream)으로부터 꿈 단편 등에 대한 자유연상을 통해 잠재몽(latent dream)에 도달하는 것이다(Saul, 1973). Freud는 무의식은 이미지를 통해서 언어화할 수 있는 것으로 인식하였지만, 내담자들에게 말로 이야기하기 어려운 것들을 그림으로 그리도록 제시하지는 않았다. 그러나 미술치료에서는 이러한 내적인 경험의 표현을 격려한다. 미술치료는 내적인 이미지들을 외적인 그림에 투사함으로써 희미한, 그러면서도 재빨리 잊어버리는 꿈과 환상의 기억을 고정시켜 주거나 정화시켜 준다(Naumburg, 1966). 그림을 통한 꿈 분석에서 내담자는 치료시간에 자신의 꿈을 그림으로 시각화하여 표출한다. 이러한 꿈의 내용은 자신의 핵심 문제와 아동기의 갈등 및 전이 문제를 압축하고 있기 때문에 치료회기마다 작품으로 남김으로써 기억에서 쉽게 잊혀지지 않는다(공마리아 외, 2006).

　꿈 분석과 마찬가지로 자유연상(free association)은 정신분석적 방법의 본질과 핵심 그 자체로서, 내담자의 무의식에 억압되어 있는 욕구나 갈등, 감정을 의식화시키기 위하여 내담자로 하여금 떠오르는 생각이나 느낌을 의식적으로 검열하지 말고 떠오르는 대로 모두 이야기하도록 하는 것이다. 이 목적은 내담자가 자유연상을 하는 동안에 연상의 흐름을 살펴서 무의식 속에 억압되어 있는 내용을 찾아내는 것이고, 이것을 내담자에게 설명해 줌으로써 무의식적인 심리 과정을 점차 이해하도록 터전을 마련해 준다(영남대학교 미술치료연구회 편, 2011). 정신분석학을 근거로 한 정신분석적 미술치료에서 Naumburg(1966)는 자유연상을 활용한 자신의 임상경험을 다음과 같이 설명하였다. "나의 임상경험에서 몇몇 내담자는 미술치료를 시작할 때에는 언어가 차단되어 있었다. 그러나 미술치료를 하면서 꿈이나 환상을 이미지로 그린 후, 그림에 대해 자유연상을 함으로써 언어적으로 유창해진 것을 보았다." 이런 맥락에서 미술치료는 언어화 과정을 반대하는 것이 아니라 언어를 자발적 표현과 결합하여 사용하면 내담자들이 창조한 자발적인 이미지들을 언어로 자유롭게 연상할 수 있음을 말하는 것이며, 이것은 확실히 치료 과정을 촉진한다고 할 수 있다(공마리아 외, 2006).

　요컨대, Freud는 정신의 영역에서 무의식을 발견하여 예술가와 예술작품을 정신분석의 대상으로 삼아 무의식의 문제를 중심으로 예술창조의 과정을 해명하였으며, 그의 욕동이론은 HTP를 비롯한 투사적 그림검사의 제작과 해석에 근거를 제공하였다. DAP를 개발한 Machover, HTP를 개발한 Buck과 HTP의 발전에 크게 공헌한 Hammer는 고전적 정신분석의 개념(Freud의 욕동이론)을 넓은 의미와 좁은 의미의 양쪽으로 사용했다. 여기서 넓은 의미는 개인이 자신의 원망과 갈등 및 방어를 그림에 투사한다는 일반적인 생각을 말하고, 좁은 의미는 특정한 그림의 어떤 측면은 고유한 상징적 의미를 가지고 있다는 것이다. 이를 조금 더 구체적으로 살펴보면 다음과 같다.

Buck은 HTP를 피검자의 감수성, 성숙성, 유연성, 효율성, 통합성과 성격과 환경의 상호작용 등에 관한 정보를 획득하여 임상가를 도와주는 기법으로 간주하여 다음과 같이 주장하였다. "주거로서의 집에는 가정생활과 가정 내 인간관계에 관한 피검자의 연상이 표현될 수 있고, 환경에서 많은 억압을 받는 살아 있는 물체로서의 나무에는 피검자가 통상의 환경에서 경험하고 있는 기본적 관계와 관련되는 연상이 떠오를 것으로 예측되며, 사람에게서는 특정한 인간관계와 일반적인 인간관계를 포함하는 관계의 연상내용이 표현되는 것이다"(Buck, 1948). 또한 Hammer는 집, 나무, 사람은 무의식 속에 있는 중요한 것에 관하여 풍부한 상징성을 가지고 있음에 주목하였으며, 집은 피검자에게 지각된 가정환경과의 관계, 나무는 비교적 깊게 보다 무의식적인 자기상과 자기에 대한 감정, 사람은 의식에 가까운 부분에서의 자기상과 환경과의 관계를 나타내기 쉽다고 주장하였다(Hammer, 1958).

이와 같이 집은 가정과의 관계, 나무는 보다 무의식적인 자기상, 사람은 보다 의식적인 자기상을 나타낸다는 것이 HTP를 해석하는 기본적인 사고방식이다. 집과 나무와 사람의 상호관계에 자기와 외부 세계, 의식과 무의식의 관계성이 선명하게 투사되기 때문에 성격에 대한 보다 중요한 판단기준이 된다(高橋, 1967). 그러나 집을 자기상의 투사로 보는 경우도 있고, 사람을 자기상뿐 아니라 특정한 타인으로 그리기도 하며, 일반인을 그리는 경우도 있음에 주의할 필요가 있다(三上, 1995, 2001).

📝 2. 분석심리학: 상징으로서의 그림

Jung(1875~1961)은 Freud의 초기 이론인 지형학적 모델의 확립에 기여하였으나, 이후 Freud의 리비도 견해에 반대하여 그와 결별한 후 독창적인 정신분석학 이론인 분석심리학(analytical psychology)을 제창하였다. Jung은 Freud의 정신분석학이 서양의 전통적인 종교와 문화를 전반적으로 부정한 것과는 달리, 그 연속성을 중요시했다. 또한 Jung은 개인의 역동에 초점을 맞추며 언어를 중시했던 Freud와 달리, 집단무의식을 중심으로 상징(symbol)을 통해 형성되는 이미지를 중시하였으며 그것을 통한 무의식의 발현을 주장하였다. Jung은 그림의 상징을 집단무의식에서 초래된 것으로 간주하였으며, 일반인의 그림에 심리학적 해석을 적용하여 그림해석의 기본이론을 제시하였다.

물론 Jung 이전에 그림해석에서 선구적인 역할을 한 사람은 Freud이다. Freud는 Leonardo의 〈모나리자〉와 〈성안나와 성모자〉 및 Michelangelo Buonarroti(1475~1564)의 〈모세상〉(1513~1516)을 분석하면서 예술작품에는 만드는 사람의 마음이 상징적으로 표현되어 있음을 주장함으로써 그림해석에서 선구적인 역할을 하였다. 그러나 Freud는 그 해석을 예술가가 아닌 일반인들의 그림에는 적용하지 않았다. 반면에 Jung은 일반인들의 그림에 심리학적 해석을 적용하였으며, 거기서 치료와 그리는 사람의 창조적 삶의 방식을 인도하는 가능성을 발견하였던 것이다 (杉浦, 香月, 鋤柄, 2006).

Jung은 그림에는 그림을 그리는 사람 개인의 내면이 반영될 뿐만 아니라 인류 공통의 이미지와 상징도 표현된다고 보았다. 다시 말해, 그림에 표현되는 내용의 원천은 개인무의식과 집단무의식의 영역이다. 집단무의식은 개인무의식의 가장 하부에 존재하며, 문화와 지역, 시대에 관계없이 모든 인류에게 공통되는 기반이고, 마음의 심층에 존재하는 풍부한 신화적 모티프와 상징이 활약하고 있는 영역이다. 그 영역은 종교, 꿈과 환상, 그림과 문학 등 다양한 예술작품에서 이미지와 상징으로 모습을 나타낸다. 집단무의식은 인류의 창조적인 심적 집단이고, 거기서 생겨나는 이미지와 상징은 꿈과 그림 등 표현형식은 다르지만 그 원천은 동일하다. 이런 맥락에서 무의식에서 유래하는 그림해석에 대한 Jung의 입장은 꿈 분석에서의 상징의 이해와 신화적 모티프를 해석하는 입장과 같다(Abt, 2008). 그런 만큼 Jung의 분석심리학에서 그림검사의 용도는 그림에서 개인무의식의 투사를 분석하는 것에서 나아가 그림에 나타난 상징의 의미에 주목하여 집단무의식을 깊이 탐구하는 것이다.

　　Jung에게서 상징은 집단 원형(collective archetype)이 개인적으로 구체화되는 것으로서 불분명하고 미지의 것이거나 눈으로 볼 수 없는 것으로, 인간의 이해능력 이상을 요구하기에 인간의 이성으로서는 결코 정확하고 완전하게 설명할 수 없는 그 이상의 의미를 지닌다. Jung은 상징을 강조했는데 그 이유는 상징이 집단무의식, 즉 인류 공통의 창조성을 가진 무의식에서 오는 표현형식이기 때문에 상징이 그리는 사람에게 치유력을 불러일으킨다고 생각했기 때문이다(杉浦, 香月, 鋤柄, 2006). 집단무의식은 창조적 무의식이라고도 말할 수 있는 것으로, 여기에는 자율적으로 작용하고 있는 마음의 평형을 유지하는 항상성(homeostasis) 및 의식을 보상하는 기능이 있다. 인간의 창조성이 발휘되는 것에 치료의 목표를 두는 Jung의 관점에서는 이러한 작용을 하는 인간의 창조성이 충분하게 발휘된다면 그 인간의 증상과 고통은 저절로 없어질 것이다. 따라서 창조적 무의식에서 만들어지는 그린다는 행위 자체에는 마음의 균형과 평형을 회복하는 치료적인 작용이 있고, 그런 만큼 그림에 나타난 이미지와 상징은 신중하게 다루어져야 한다.

　　Jung의 경우, 자기분석을 하면서 그림을 포함한 이미지의 창조적 활동에 몸을 맡긴 시기가 있었고, 그 과정에서 만다라를 그린 경험이 있었다. Jung은 Freud와 결별한 이래, 자신의 방향성을 잃고 독자적인 심리학의 입장을 추구해야 했다. Jung에게 그것은 고통스런 길이었고, 한때는 정신병에 걸릴 정도였다고 토로한 적이 있다(山中, 2000). 그 고통 속에서 Jung은 자신의 무의식에 떠오르는 공상과 그 내용을 파악·이해하려고 하였으며, 마음이 원하는 대로 따라가기로 작정하였다. 이를테면 돌을 쌓아 작은 집이나 성을 짓는 것, 돌로 조각하는 것, 마음에 떠오르는 이미지를 그림으로 그리는 것 등이었다. Jung은 그 이미지로 그림에 표현된 것은 개인적 내용이라기보다는 신화적 성질을 띤 마음의 심층에서 유래하는 것이라고 생각하였다. 그리고 그 경험이 집단무의식으로 연결되었다. 그 후 Jung은 만다라를 그리게 되었는데, 그는 만다라를 인간의 전체성의 상징 혹은 개성화의 자기표현으로 해석하였고, 만다라를 그리는 과정에서 자신이 가야 할 길을 발견하였다. Jung은 여기서 창조적 무의식이라는 그림에 내포된 치유성, 다시 말해 그림을 그리는 사람 자신을 치유할 가능성을 발견하였다(杉浦, 香月, 鋤柄, 2006). 그리고 이런 입장에서 Jung은 환자들에게 마음속에 떠오른 이미지를 그림으로 그리도록 권하였던 것이다. Jung에게서 그림은 내면의 이미지를 창조하기 위한 노력이며 무의식과 접촉하게 하는 길, 다시 말해 정신적 배경인 알려지지 않은 정신에 이르는 다리가 됨으로써 오늘날 정신과 병원과 미술치료 영역에서 널리 이용되고 있다(Abt, 2008). 그리고 이러한 그림의 해석을 통하여 분위기, 갈망, 욕구, 강박, 충동 뒤에 있는 독특한 정신의 창조적 힘을 이해할 수 있는 것이다.

Jung에게서 그림을 해석하는 방법은 그림으로 하여금 감추고 있는 의미를 스스로 드러나게 하는 것, 그림이 스스로 우리에게 말을 걸 수 있도록 우리가 그림에게 질문을 던지는 것이다. 그림의 해석은 대화를 통해 그림으로부터 의식을 창조해 내는 행위로서, 해석을 통해 그림에 내재하는 의미를 추출하는 작업이다. Jung은 무의식 세계에 내면의 다리를 놓는 이미지의 의인화된 형상인 아니마가 무의식의 이미지를 의식의 마음으로 전달하는 것으로 보고, 아니마가 전달하려던 이미지에 관해 아니마와 대화를 하려고 하였다. 뿐만 아니라 Jung은 내면의 이미지의 의미가 해방되어 의식이 된 후에 무의식의 심연에서 획득된 통찰력은 개인적 현실성과 통합되어야 한다고 보고, 이미지의 의미를 숙고하여 얻은 통찰력을 그의 생활로 가져오고자 노력했다(Abt, 2008).

Jung(1971)은 그림해석과 관련하여 주체 자체에 관심을 집중하는 내향형과 외부대상에 관심을 가지는 외향형이라는 두 가지 태도와 감각, 감정, 사고, 직관이라는 의식의 네 가지 기능에 기초한 새로운 유형론을 제안하였다. 이 유형론은 의식을 창조하는 기술에 유용하며, 사물을 보는 방식에 강한 영향을 미친다. 네 가지 기능은 다음과 같다. 첫째, 감각기능은 우리가 의식적으로 그림에서 발견한 사실들을 새기는 기능이다. 이를테면 종이의 질, 표현매체, 구조, 색상, 요소 등에 관한 것을 질문할 수 있다. 둘째, 감정기능은 그림 속의 가치질서를 평가하는 기능이다. 그린 사람에게서 중요하거나 중요하지 않은 것 혹은 중심이 되는 것, 그린 사람의 에너지가 집중된 곳 등에 관한 것을 질문할 수 있다. 셋째, 사고기능은 그림의 요소 사이의 구조적 측면과 논리적 질서를 살펴보는 기능이다. 이를테면 요소들의 비례, 요소들의 조직방법, 운동성, 공간의 상징성과 색상의 관련성 등에 관한 것을 질문할 수 있다. 넷째, 직관기능은 무의식을 통과하여 지각과 같은 형태로 나타나서 우리에게 그린 사람에 대한 감(각)을 갖도록 하는 기능이다. 이를테면 그림의 발생원인이 되는 무의식에서의 배치 또는 그림의 향후 방향 등에 관한 것을 질문할 수 있다. 이 네 가지 기능은 우리가 그림의 내재적 의미를 의식으로 끌어올리고자 할 때 전적으로 기초가 되는 방향을 제시한다. 따라서 우리는 네 가지 기능에 상응하는 네 가지의 서로 다른 방식을 적용하여 그림을 살펴볼 수 있다.

네 가지 기능은 감각기능 → 감정기능 → 사고기능 → 직관기능으로 진행한다. 이 진행 과정은 이미지를 그릴 당시에 그리는 사람의 무의식에 무엇이 배열되었는지에 대한 하나의 전제 또는 가설에 도달하는 것이다. 그러나 이러한 가설은 그림해석의 다른 견해를 배제할 가능성이 있어 그림을 이해하는 또 하나의 가능성으로서의 반대가설이 필요하다. 이 반대가설은 건전한 의심을 갖게 하는 것이다. 그림의 해석은 가설과 반대가설을 통하여 계속적인 반성을 자극하는 해석이 되며, 그것은 네 가지 기능에서 비롯된다. 이를 통하여 다음과 같은 질문에 대답하게 된다. ① "어떤 것들이 배치되어 있는가?" "그림은 어디에서 비롯되는 것인가?" 여기서 우리는 무의식에서 배치된 무엇이 그림을 생성하게 하였으므로 그 무엇에 대해 가능한 대답을 하려고 할 것이다. ② "무엇이 여성원리와 관계되는가?" 여기서 우리는 현실과의 관계, 즉 어머니인 자연, 신체, 그리고 당연히 일반적인 여성적 개인성과의 관계를 이해하게 된다. ③ "무엇이 남성원리와 관계되는가?" 이 질문에 대한 대답은 그림을 그린 사람이 어떤 정신 영역에 살고 있는가에 대한 생각을 갖게 해 준다. ④ "어떤 방향으로 전개되어 갈 것인가?" 여기서는 긍정적 또는 부정적, 파괴적 또는 건설적 잠재성을 고려하여, 그것이 우리에게 암시하는 것은 무엇인가를 생각하게 한다. ⑤ "그림의 본질(essence)은 무엇인가?" "해석작업의 결론은 무엇인가?" "그 귀결은 무엇인가?" 이 질문에 대한 대답은 무의식적 양식의 배치에서 얻은 통찰을 의식과 연결시키는 것이다. 요컨대, 그림해석에 대한 분석심리학적 관점은 모든 요소를 확충하여 모든 관점의 상징성을 고려하는 것으로, 무의식의 상징적 의미를 가슴에 간직하고 그것에 대한 진정한 의미를 찾아내는 태도를 요구한다(Abt, 2008).

　뿐만 아니라 분석심리학의 입장에서 그림을 해석할 때 간과할 수 없는 것이 집단적 인간경험에 근거를 두고 있는 공간상징이며, 이것은 앞에서 언급한 네 가지 기능에 따른 해석의 이론적 배경이 된다. 텅 빈 종이는 단순히 텅 빈 공간이 아니라 공간에 대한 원형적 경험으로 채워진다. 왼쪽은 어두운 면과 과거와 관련이 있는 반면에, 오른쪽은 밝은 면과 미래와 관련이 있다(Abt, 2008). 왼쪽 아래 영역은 집단무의식 또는 무의식과 관련이 있고, 그 예로 원형의 상징으로서의 물과 바다를 들 수 있다. 이 영역은 내성, 퇴행, 부인 및 죽음의 영역이지만, 퇴행이 부정적인 것만은 아니다. 억압된 콤플렉스가 상징으로 표현된다는 의미에서 미래에 대한 전망을 나타내기 때문이다. 즉, 이 영역에서 드러난 문제와 갈등은 동시에 미래에 창조적으로 살아갈 가능성을 나타낼 수도 있다. 오른쪽 아래 영역은 보다 의식적인 측면을 나타내고, 어머니, 대지, 특질, 자연의 이미지 등과 관련이 있다. 또한 물질과 육체의 주제가 반영되는 장소이고, 안전과 기본적 신뢰 및 그와 관련된 문제들이 드러나는 장소이다. 서양에서는 어머니와의 공생과 고착의 문제가 이 영역에서 쉽게 표현된다. 그림의 위쪽은 상승, 정신적인 것, 성장과 관련이 있는 반면에, 아래쪽은 땅, 뿌리, 기초를 이루는 것과 관련이 있다. 오른쪽 위는 교육에 의해 익숙한 상식의 주제와 상징이 나타나는 영역이다. 발달과 발전은 왼쪽 아래에서 오른쪽 위로 향해 가서 결합된다. 그래서 오른쪽 위는 어떤 의미와 의식을 획득해 가는 움직임이 본래 도달할 장소이다. 왼쪽 위의 영역은 무의식과 깊게 관련되어 있는 영역이다. 다시 말해, 보다 비개인적이고 집단적인 천장의 원형이고, 정신성과 영원의 상징으로서 매우 가부장적 혹은 부권 사회적 서양의 문화를 반영하는 것이다(杉浦 외, 2006)(〈표 2-1〉 참조).

〈표 2-1〉 공간상징

→ (왼쪽에서 오른쪽으로의 움직임): 시간 속에서 전개되는 것과 관련		
무의식 천장의 원형 정신성과 영원의 상징	위쪽 상승 정신적인 것 성장	(교육에 의한) 상식의 주제와 상징
왼쪽 어두운 면 과거		밝은 면 오른쪽 미래
집단무의식 또는 무의식 물과 바다(원형의 상징) 내성, 퇴행, 부인 및 죽음	땅 뿌리 기초를 이루는 것 아래쪽	의식 어머니, 대지, 특질, 자연의 이미지 물질과 육체의 주제 반영 안전과 기본적 신뢰 등
／ (왼쪽 아래에서 오른쪽 위로의 움직임): 발달과 발전과 관련		

그러나 이러한 분석심리학적 견해는 공간상징에 대한 하나의 견해일 뿐이다. Grünwald의 공간도식에서 왼쪽은 어머니, 과거, 내향성을 상징하고, 오른쪽은 아버지, 미래, 외향성을 상징하며 위쪽은 정신, 초감각, 신성, 의식을 상징하고, 아래쪽은 물질, 의식화, 무의식, 집단무의식을 상징한다. 그런 만큼 공간상징의 이해를 위한 이러한 지침들이 기계적으로 응용되어서는 안 된다. 이 지침들은 어디까지나 그림의 내용을 보다 잘 이해하기 위한 단서에 불과하다. 그림에서 내담자를 보다 상세하게 이해하기 위해서는 그림을 그린 사람의 인생경험을 고려할 필요가 있다. 예를 들어, 종교적·정신적으로 어머니에게서 영향을 받은 사람은 정신적 측면, 즉 왼쪽 위 영역이 보다 많은 어머니의 상징으로 나타날 수 있다. 다른 한편으로, 아버지에게서 안정감을 얻은 사람이라면 아버지의 상징이 오른쪽 아래 영역에서 나타난다. 또한 Bruno(2000)에 의하면 유대·기독교 문화에서 오른쪽은 좋아하는 것, 성실함, 윤리적 선의 의미로 선택되는 경향이 있고, 왼쪽은 경시되며, 인간의 윤리적 악, 불운, 사악함과 연결되는 경향이 있다. 이 또한 고려되어야 할 것이다.

요컨대, Jung은 분석심리학에서 무의식에서 유래하는 그림과 상징에 가치를 두고 그림이 가지는 치료적 측면을 강조하였다. 그리고 Jacobi과 Bach, 그리고 Furth는 이러한 Jung의 사상을 계승·발전시켜 그림의 해석방법을 구체적으로 제시하였다. Jacobi(1969)는 그림의 해석방법을 가르치려고 노력하였다. 나아가, Bach(1990)는 그림에 포함되어 있는 무의식의 내용을 심리학적으로 해석할 수 있음을 증명하였다. 특히 그는 중병 환자들을 대상으로 미술치료를 실시하였는데, 소아암 아동들의 그림을 분석하여 그림의 상징들이 삶과 죽음을 예견할 수 있음을 제시하였다. 그리고 Furth(1989)는 Bach의 사상과 방법을 이어받아 병과 죽음을 예견하는 백혈병 아동의 그림을 분석하였다. 뿐만 아니라 그는 그림을 정신의 내용이 무의식의 수준에서 움직일 수 있도록 도와주는 매개물로 간주하였으며, 상징의 치유적 힘을 활성화시키는 방법을 제시하였다. 이와 같은 분석심리학의 사상은 그림해석에서 그림과 상징이 개인의 무의식뿐만 아니라 집단무의식과도 연결된다는 점을 강조하였으며, 특히 그림의 상징이 지니는 내용의 의미를 중요시하였다. 그리하여 분석심리학은 그림의 해석 및 치료라는 두 측면에서 현대사회, 즉 현대의 정신의학과 미술치료에 많은 시사점을 주었다고 할 수 있다.

3. 자기표상과 자기대상 경험으로서의 그림

　자기심리학(self psychology)은 Kohut(1913~1981)이 자기(self)에 대한 독창적 연구를 토대로 정립한 것이다. Kohut은 자기심리학에서 자기애의 발달을 통한 건강한 자기구조(self structure)의 구축과 이를 위한 자기와 자기대상(selfobject)의 공감적 관계를 강조하였다. Kohut의 자기심리학에서는 자기의 개념을 자기대상과의 관계 속에서 규정하였으며, 자기가 인간관계 속에서 어떻게 발달하고 성숙하는지를 설명하였고, 문화적 자기대상으로서의 예술에 대한 경험을 중시하는 가운데 투사적 그림검사 해석의 기초가 되는 이론적 수단을 제공하였다.

　Kohut은 정신분석적 전통에서 출발하였으나 자기애적 장애를 가진 환자들의 치료를 계기로 환자에 대한 분석적 입장에서 환자의 경험을 이해하려는 입장으로 전환하였다. 말하자면 Kohut은 정신분석으로 환자를 치료하던 중에 타인의 무시나 자신의 실패에 매우 취약하여 자존감이 극도로 손상된 자기애적 환자들을 만났는데, 그들을 Freud의 전통적인 방식으로는 치료할 수 없음을 깨달았다. 그들에게 정신분석적 방법을 적용하였을 때 상태가 더욱 악화되는 것을 보면서 Kohut은 Freud의 욕동(drive)이론으로는 설명되지 않는 증상들과 그 치료에 주목하게 된 것이다. Kohut은 그들의 문제를 Freud가 주장한 본능적 충동에 의한 갈등이 아니라, 제대로 구조화되지 못한 자신의 결함에서 비롯된 자기의 장애임을 알았으며 그들을 치료하기 위한 하나의 대안으로 공감적 방법론을 제시하였다.

Kohut의 자기심리학에서 자기는 Freud의 삼중구조처럼 정신기구(mental apparatus)의 구성요소가 아니라 정신기구의 내용 또는 정신세계의 중심(Kohut, 1977)으로 규정되었다. 자기가 정신세계의 중심이라는 Kohut의 정의는 자기가 인간 본성의 핵심이며, 인간이 가지는 자발적인 동기의 중심임을 말하고 있다. 자기는 스스로 경험하고 지각하는 것들에 대하여 주도적인 독립적 위상을 가지며, 바로 그 주체적 경험들을 통하여 시간과 공간 속에서 지속적으로 응집력 있게 형성되는 하나의 단위이다(Kohut, 1977). 다시 말해, 자기는 경험과 지각에 대해 주도적이고 독립적인 개체인 인간의 자발성과 동기의 중심으로서 유아기에 부모와의 관계의 질에 따라 건강한 응집된 자기(cohesive self)로 발전하거나 병리적인 파편화된 자기(fragmented self)로 발전한다.

Kohut에 의하면 갓 태어난 유아의 자기가 응집된 자기로 발전할 수 있도록 도와주는 대상(주로 부모)이 자기대상이며, 자기대상(selfobject)은 안아 주기 등 유아에게 공감이 필요할 때 그것을 적절하게 제공해 주는 대상이다. 유아에게는 발달단계와 과제에서 적절한 공감적 반응과 지원이 필요하다. 그러나 유아의 자기대상이 유아에게 언제나 공감하는 것이 아니라 때로는 공감에 실패하기도 한다. 이때 유아는 좌절을 경험하게 되는데, 이 좌절이 유아에게 절대적으로 해로운 것은 아니다. 유아와 부모 사이에 공감적 관계가 형성되어 있다면 이 좌절은 유아가 심리적으로 견딜 만한 최적의 좌절(optimal frustration)로서 유아의 자기발달에 건강하게 기여하게 된다. 이러한 최적의 좌절이 건강한 자기에 기여하는 것은 자기대상 기능의 변형적 내면화(transmuting internalization) 과정에 의한 것이다(김준, 2013). 예를 들어, 유아가 두려움 때문에 잠을 못 잘 때 안아 주고 공감해 주며 두려움을 완화시키는 엄마의 기능을 유아의 자기가 서서히 내면화하여 자기의 것으로 변형시킴으로써 유아는 엄마의 도움 없이 스스로 잠잘 수 있게 되는 것이다. 응집력 있는 자기의 구축은 자기대상 기능의 변형적 내면화의 과정을 통해 이루어진다(홍이화, 2011). Kohut은 자기대상이 적절하게 기능하는 것은 기본적으로 공감을 통해서 가능하다고 보았던 것이다.

　Kohut은 공감을 대리적 내성(vicarious introspection)의 개념에 의해 정의하면서 타인의 감정과 사고 및 경험을 그의 내면에서 대리적으로 관찰하는 것에 의거한 내성적 방법으로서의 공감을 강조했다. 그는 공감의 내성적 방법을 정신분석적 관찰의 본질적인 요소로 보았다(홍이화, 2011). 즉, 대리적 내성으로서의 공감 속에서 치료사는 타인의 내면 세계로 들어가 그의 경험을 이해하는 것이며, 치료사 자신을 그의 경험 속으로 몰입시키는 것이다. 이런 의미에서 Kohut은 대리적 내성으로서의 공감을 환자의 심리적인 정보를 수집하는 도구로서 치료 상황에서의 관찰의 형태로 간주하였다. 이와 같이 Kohut은 치료 과정에서 한 개인의 주관적 경험에 대한 공감의 몰입을 강조함으로써 치료사가 타인의 내면 세계로 들어가 생각하고 느낄 수 있는 능력으로서의 공감에 대한 자신의 관점을 제시했던 것이다. Kohut의 이러한 관점은 치료사를 중립적이고 객관적인 관찰자로 보는 Freud의 전통적인 견해에 매우 도전적이고 획기적인 것이었다고 할 수 있다.

　한편, Kohut은 문화의 중요성을 강조하여 문화적 자기대상의 개념을 통해 자신의 이론을 설명하였다. 그에 의하면 문화적 자기대상은 집단의 구성원이 하는 문화경험, 즉 종교, 예술, 문학, 역사, 정치 등에서의 심리적 경험들이 자기대상의 역할을 한다. 문화적 자기대상은 대상보다 경험에 초점이 맞추어진다. 위대한 예술작품에 대한 경험은 자신의 다양하고 복잡한 삶을 정리하는 계기를 마련할 수 있고, 자신의 존재감을 회복할 수 있다. 다시 말해, 예술작품에 대한 경험을 통하여 자기대상을 경험함으로써 심리적 안정과 위로를 받을 수 있고, 자신의 존재감을 확인할 수 있다. 또한 이것은 용기와 희망을 가지고 좌절에서 벗어날 수 있는 에너지를 제공해 줄 수 있다.

그런 입장에서 미술치료 과정에서의 미술작업은 자신이 살아온 삶을 되돌아보며 정리할 수 있는 기회를 제공하며, 새로운 자기대상 기능을 할 수 있다. 한편으로 내담자는 자신의 작품을 완성하고 이것을 치료사에게 보여 주면서 공감을 받아 뿌듯함을 느낄 수 있다. 다른 한편으로는 자신의 작품에 기울인 자기애적 노력이 내담자의 개별화를 도울 수 있고, 유아기적 방식으로 자신의 과시욕구를 충족시키고자 했던 것으로부터 벗어나도록 도와줄 수도 있다. 이렇게 볼 때 미술작업은 승화기제로서 Kohut이 말하는 참된 자기가 만들어지는 변형적 내면화라고 할 수 있다.

뿐만 아니라 투사적 그림검사는 성숙한 자기의 측면을 밝힐 수 있다. 다른 한편으로는 지금까지 줄곧 응집적 자기의 성장을 방해하는 비공감적 자기대상의 영향을 받았기 때문에 발달상 결함을 가지고 있는 징후도 밝힐 수 있다. 반영(mirroring)이 불충분하고 이상화 자기대상에 효과가 없으며 접근이 부적절하면 자기가 파편화되고, 그 결과 인지와 감정과 행동의 이상을 초래하게 된다. 자기심리학적 관점에서 볼 때 투사적 그림검사에서 내담자에 의해 투사된 것은 자기대상과 관련된 경험의 표상이다. 자기대상은 개인이 자기를 유지하고 지탱하기 위해 사용하는 주변의 사람이나 사물 혹은 상황으로서 자기대상 현상은 특정한 자기대상적 욕구의 충족이라는 경험 자체와 그 경험을 제공하는 원천을 모두 포함한다. 또한 투사적 그림은 성숙한 자기를 나타낼 수도 있고, 자기대상이 비공감적이었기 때문에 생겨난 발달적 경험이나 결핍의 현상을 드러낼 수도 있다. 혹은 반영이 불충분했거나, 이상화할 만한 자기대상이 없었거나, 친밀한 관계를 충분히 맺지 못했던 것에서 비롯된 자기분열과 이후의 인지적 · 정서적 · 행동적 결함을 반영해 줄 수도 있다. 이와 같이 미술작품은 만든 사람이 자신의 상태를 투사한 것으로, 작품을 만든 사람의 내면 세계를 객관화시켜 다른 사람이 공감할 수 있는 형태로 표현하는 것이다.

Kohut 이후에 자기심리학적 연구들, 특히 Stolorow 등(1994)과 Lichtenberg 등

(1992)의 연구는 투사적 그림검사의 분석에 Kohut의 자기심리학의 개념을 적용하는 근거가 되는 사고방식을 제공하였다. Stolorow 등(1994)의 이론에서는 검사자가 그림에 표현된 것을 해명하는 데 몰두하여 피검자의 마음속에 있는 것을 끄집어내려고 하면 그 해석은 검사자의 주관 상태에 편입되는 것임을 주장하였다. Lichtenberg 등(1992)은 동기부여의 사고방식과 관련하여 자기를 정의하였다. 그들이 제안한 자기에게 동기를 부여하는 하위 체계는 다음과 같다. ① 생리적 요구를 심리적으로 조정하는 욕구, ② 애착-소속의 욕구, ③ 탐색과 주장의 욕구, ④ 적대 혹은 틀어박히기에 의한 방어적 반응의 욕구, ⑤ 감각적 기쁨과 성적 흥분이다. ①을 제외한 나머지 동기부여의 요소들은 그림 속의 인물에 의해 자기의 행동적·경험적 표현으로 나타나고 확인되며 특징지을 수 있다. 따라서 투사적 그림검사의 해석에서 자기심리학적 이론에 근거한 자기경험과 중요한 자기대상 경험의 측면은 특히 유효한 요인이다(Bacal & Newman, 1990).

이러한 자기심리학의 입장에서 투사적 그림검사를 해석하면 각 그림에서 자기의 특징과 자기대상경험을 부여한 사람의 특징에 대하여 상세하게 분석할 수 있다. HTP를 예로 들면, 집은 그리는 사람의 따뜻함, 안전, 도움의 원천을 표상할 수 있다. 들어가기 쉬움과 접근하기 쉬움, 안정성의 점에서 이 집과 결부되어 있는 중요인물(전형적으로는 가족구성원)이 다루어질 수도 있다. 그것에 따라 이 자기대상에 관한 경험에 의해 그리는 사람은 자기구조에서 무엇을 내재화시킬 것인가? 안정성과 안전감과 접근하기 쉬움의 감각이 표현되는 것은 무엇인가를 나타낼 것이다. 마찬가지로, 사람 그림은 그리는 사람에게서의 자기대상욕구를 부여한 사람과 자기표상의 양자를 나타낸다. 자기대상욕구를 부여한 사람의 경우, 그림의 이미지는 중요한 타인에 대한 인상과 지각, 예를 들어 공격성, 수동성, 충동성 등을 나타낸다. 특히 그리는 사람과 반대 성의 인물화의 경우에 이것이 적용된다. 자기에 관해서는 남성도 여성도 그리는 사람의 자기이미지와 자기개념과 관련되는 특징을 그린다. 나무 그림은 자기대상의 원천보다 자기의 특징에 보다 가깝다. 나무는 대인관계의 잠재적 능력, 내재력, 내적 과정을 포함하는 자기구조의 포괄적인 이미지를 나타낸다. 자기대상의 속성과 관련해서 볼 때 나무 그림은 그 사람의 환경에 대한 경험을 나타낸다(Leibowitz, 1999). 이러한 자기심리학에서의 HTP 해석은 정신분석적 관점에서의 해석과는 구별된다(〈표 2-2〉 참조). 정신분석적 관점에서 집에는 가정생활과 가정 내 인간관계에 관한 피검자의 연상이 표현될 수 있고, 나무에는 피검자가 일상의 환경에서 경험하고 있는 기본적 관계와 관련되는 연상이 표현될 수 있으며, 사람에는 특정한 인간관계와 일반적 인간관계를 포함하는 관계의 연상내용이 표현될 수 있다(Buck, 1948).

요컨대, 자기심리학에서는 그림에 투사되는 것을 그림을 그리는 사람의 자기표상에 관한 경험으로, 자기대상을 개인이 발달단계에 따라 자기를 지지하고 격려하는 데 필요한 환경과 사람으로, 그 자기대상현상은 특정한 자기대상욕구의 충족에 관한 그의 경험과 그 경험의 원천이라는 양자에 속하는 것으로 간주하며, 투사적 그림검사 해석의 기초가 되는 우수한 이론적 수단을 제공하였다.

〈표 2-2〉 HTP 해석에 대한 정신분석학과 자기심리학의 차이

	정신분석학	자기심리학
중점	피검자의 성격과 환경의 상호작용	피검자의 자기와 자기대상(경험)
H	가정생활과 가정 내 인간관계에 대한 연상의 표현	피검자의 따뜻함, 안전, 도움의 원천을 표현
T	피검자가 일상의 환경에서 경험하는 기본적 관계와 관련된 연상의 표현	대인관계의 잠재적 능력, 내재력, 내적 과정을 포함하는 자기구조의 포괄적인 이미지, 환경에 대한 경험의 표현
P	특정한 인간관계와 일반적 인간관계를 포함하는 관계의 연상의 표현	피검자에게 자기대상욕구를 부여한 사람과 자기상의 양자의 표현

4. 현상학적 그림해석

현상학(phenomenologie)은 독일의 철학자 Husserl(1859~1938)에 의해 제창된 것이다. Husserl의 현상학은 '사태 자체로(Zu den Sachen Selbst)' 돌아가기 위하여 이전의 모든 방법론적 편견에 대하여 괄호치기를 요구한다. 현상학의 이념은 현

상학적 환원에 의해 사태 그 자체로 돌아가 대상의 본질을 파악하는 것이다. 이는 경험적 세계에 대한 선입견을 배제한 상태에서 대상을 바라볼 때 대상의 본질과 만날 수 있다는 것을 의미한다. 이러한 Husserl의 현상학은 의식의 본질로서의 지향성과 현상학적 방법으로서의 현상학적 환원, 그리고 그 전제로서의 생활 세계의 개념으로 요약할 수 있다.

지향성(intentionaltaet)은 Husserl이 의식의 본질적 구조를 대상과의 관계에서 정의한 개념이다(Gurwitsch, 1967). Husserl은 의식의 본질을 지향성 내지 지향적 체험으로 규정하고, 이 지향성의 개념으로 인간 의식의 특성을 설명하였다. Husserl(1988)에 따르면 인간의 의식은 항상 '무엇에 관한 의식'(Bewusstsein von Etwas)이다. 의식은 항상 무엇을 목적으로 하는 목적론적 지향성을 가진다. 모든 경험은 아무리 객관적인 경험으로 보이는 경험도 지향성을 가진 경험이다. 인간의 행동은 어떤 원인에 의해 야기된 결과가 아니라, 어떤 목적에 의해 동기 지어진 합목적적 행동인 것이다. 그래서 현상학적 분석은 내담자가 취한 행동의 객관적 원인을 탐색하는 것이 아니라, 그 동기와 지향성을 이해하기 위한 것이다. 의식의 지향성은 의식의 주도하에서 대상 자체에 대한 관심이고 사랑이며, 대상 자체에게로 다가가려는 애씀(Streben)이다(김영필 외, 2008). 의식과 대상에 대한 이러한 견해는 현상학적 환원에 근거한 것이다.

Husserl(1988)에 따르면 현상학적 환원(reduktion)은 본질을 직관하기 위한 현상학적 방법으로, 현상학의 이념과 불가분의 관계에 있다. Husserl이 구상한 현상학의 이념은 직접 '사태 자체로' 나아가 그 본질을 직관할 때 실현된다. 여기서의 본질직관은 의식의 여러 단계를 거쳐 형성되고, 또 의식에 의하여 경험적 대상의 본질이 파악됨으로써 그 대상에 구체적인 의미내용이 부여되는 것이다. 이러한 현상학적 환원은 인간정신을 물리적 대상으로 다룬 전통 심리학에 반발하며 순수의식으로 돌아가기 위한 것으로, 임상실천에서 중요한 의미를 가지고 있다(Koestenbaum, 1978). 그리고 이 현상학적 환원의 전제가 되는 것이 생활 세계이다. 생활 세계(lebenswelt)는 Husserl이 자연과학적 가정에 대한 괄호치기를 강조하기 위하여 제시한 개념으로, 우리의 직접적인 경험에 주어지는 세계이며 이론

이전에 주어진 세계, 즉 자연과학적 세계의 기반이 되는 세계이다. 그리고 이 세계를 재발견하는 것이 현상학의 목표이다. 이러한 Husserl의 현상학은 철학의 영역뿐만 아니라, 심리학을 포함하는 여러 학문 영역에 영향을 미쳤다. 심리학의 경우에는 게슈탈트 심리학을 비롯하여 임상심리학, 신행동주의 심리학, 사회심리학 등 여러 분야에 영향을 미쳤으며, 특히 심리치료에서 Rogers가 제창한 인간 중심 치료에도 영향을 미쳤다.

Rogers의 인간 중심 치료는 내담자의 언어나 행동양식을 합리적 규준에 따라 진단하는 전통적 심리치료의 접근 방식과 달리 사태 그 자체에 입각하여 현상을 있는 그대로 받아들이려는 입장, 다시 말해 내담자의 정서적 혹은 정신적 문제 자체를 있는 그대로 들여다보려는 현상학적 사고방식에 입각해 있다고 할 수 있다. Husserl의 현상학에서는 결코 타인의 경험을 왜곡시키거나 굴절시키지 않는다. '사태 그 자체로' 돌아가려는 현상학적 환원은 내담자의 경험을 있는 그대로 드러내어 밝히는 임상적 방법이라고 할 수 있다. 이와 같이 내담자의 경험 자체를 존중한다는 의미에서 Husserl의 현상학은 '존중의 현상학'으로 불린다(Davidson, 2004). 이는 치료사의 자의적 구성이나 해석에 의해 내담자의 경험 자체가 굴절되기 이전의 사태로 돌아가려는 치료사의 겸손이 내담자에 대한 배려와 존중으로 이어진다는 것을 의미한다. 현상학적 접근방법은 경험심리학에 의해 객관적 사실로 다루어지기 이전에 그 사실이 의미 있는 것으로 구성되는 의식적 장에 대한 반성을 중요하게 여김으로써 내담자의 문제를 전통적인 심층심리학보다 더욱 깊은 수준에서 다룰 수 있다(김영필 외, 2008).

앞서 고찰하였듯이, 현상학은 내담자의 문제 자체로 돌아가기 위하여, '사태 그 자체'에서 들리는 소리를 생생하게 듣기 위하여 이전의 모든 방법론적 편견에 대하여 괄호치기를 요구한다. 내담자의 심적 문제는 치료사의 자의적 규준에 의해 객관적으로 설명될 수 없는 주체적 동기나 의미지향과 관련되어 있기 때문이다. 다시 말해, 현상학적 환원에 의해 '사태 그 자체로' 돌아가 대상의 본질을 파악하는 것이다. 경험적 세계에 대한 선입견을 배제한 상태에서 대상을 바라볼 때 대상의 본질과 만날 수 있게 된다. 특히 이러한 현상학적 방법은 미술치료 상황에서 요구된다. 미술치료는 치료사와 내담자의 상호관계 속에서 행해지며, 현상학적 관점에서 심적 문제는 상호주관성의 부재에서 기인한다. 현상학은 주객의 지향적 관계에 근거하여 상호주관성의 문제를 철저히 해명하려는 입장이고, 여기에 근거하여 현상학적 방법이 미술치료에 적용될 수 있다. 현상학적 환원에 의한 상호주관성은 의식과 대상 사이의 관계의 장으로, 그 자체가 치료적 경험이라고 할 수 있다. 이 관계의 장에서 치료사와 내담자 사이의 진정한 인간적 만남이 이루어지는 것이다. 이와 관련하여 Rubin(2001)은 현상학적 방법을 미술치료에 적절하게 적용할 수 있는 방법으로 간주하였다.

Rubin(2001)에 따르면 미술치료는 현상학의 과제, 즉 인간에게 숨겨진 측면을 의식과 의식적 통합에 가능하도록 가장 잘 드러낼 수 있다. 미술치료는 내담자가 자유롭게 미술재료를 선택하고 자유로운 표현 과정을 거친 후, 구조화된 시야에서 현상으로 미술작품을 바라보도록 하는데, 이렇게 함으로써 현상학적으로 목표를 달성할 수 있다. 말하자면 미술치료는 두 가지 방식으로 진실한 경험에 주의를 기울인다. 첫 번째 직접경험은 내담자가 미술을 통하여 투사하는 것이다. 두 번째 직접경험은 자신의 눈과 의식을 통하여 무엇이 나타났는가를 경험하는 것이다. 치료사는 내담자의 두 번째 경험에서 내담자가 자신의 작품에서 볼 수 있는 모든 것을 볼 수 있도록, 작품을 어떻게 보아야 하는가를 가르쳐 주어야 한다. 다시 말해, 치료사는 내담자로 하여금 보는 것에 대한 기존의 개념과 선입견을 중단시키고 열린 눈으로, 의식적으로 미술작품을 바라보도록 훈련시킴으로써 이전에는 보지 못했던 것들을 볼 수 있도록 하는 것이다. 바로 이것이 현상학적 환원에 의한 본질직관이다.

이런 맥락에서 Betensky(1977)는 의식현상으로서의 미술작품에 초점을 맞추었으며, 미술치료에 현상학적 이론을 적용하였다. Betensky(1977)에 따르면 현상학은 의식의 현상들로 작업하며, 현상학적 접근은 예술표현과 미술치료에 아주 적합한 방식이다. 현상학을 이해하는 가장 좋은 방식은 철학에서의 가장 오래된 문제들과 관련 지어 검토하는 것이다. 그 문제는 인간 마음의 외부에 있는 객관적 실재와 그에 대한 내부의 감정 및 사고의 관계에 관한 것이다. 그 두 세계를 관련

짓는 방법과 관련하여 현상학은 다음과 같은 두 가지 명제를 제시한다. 하나는 '모든 탐구는 반드시 의식의 현상들로 시작한다'는 것이다. 그 현상들은 우리에게 주어진 것이다. 다른 하나는 '이 현상들을 집중력 있게 응시하고, 지향성을 가지고 바라볼 때 그것들이 실제로 무엇인가를 드러낸다'는 것이다. 의식의 현상들은 우리 주변의 모든 것, 즉 생각, 사고, 재료, 사람, 사건, 상황, 감정, 기분, 꿈, 관념, 정신적 의식, 경험, 의식과 무의식적 환상과 이미지, 미술표현에서 주목될 수 있는 모든 것이다. 현상학적 탐구는 이 현상들을 작품제작자가 이해할 수 있고 쉽게 받아들일 수 있도록 다음과 같이 세 단계로 진행된다(Betensky, 1977).

현상학적 탐구의 1단계는 내담자와 치료사가 미술작품을 조용하게 응시하는, 즉 지각하는 단계이다. 이 단계에서 내담자와 치료사는 미술작품(콜라주나 조각)을 벽에 걸거나 (그림을) 적절한 곳에 둔 후, 미술작품을 거리를 두고 보기 위하여 뒤로 물러선다. 제작자의 주관적 예술표현은 그의 눈, 지금은 관찰자의 눈으로 지각되는 객체가 된다. 여기서 미술치료사는 내담자에게 "여기에 당신의 그림이 걸려 있습니다."라고 말한 후, "그림을 봅시다." 그 후 "당신은 무엇을 봅니까?"라고 묻는다.

2단계는 예술표현에 대한 현상학적 논의(discussion)의 단계이다. 이것은 예술표현의 구조적 요소들, 즉 선, 형태, 색채, 대비, 공간, 주제, 긴장과 부조 패턴, 추상이나 상징 등의 예술적 표현수단에 대한 무형식적(informal) 설명이다. 여기에는 미술작품의 구조적 국면들과 내담자의 표현에 사용된 미적인 것(the aesthetics), 즉 보는 사람의 만족과 기쁨의 원천이 포함된다. 이 단계에서 내담자는 미술작품의 구조적 국면들을 확인하는 데 도움이 되는 창조적 흥분감을 경험하며, 얽히고 긴장되어 있던 감정을 논의함으로써 진정 효과를 얻게 된다. 이 경험들은 이전의 모호한 감정을 예술표현의 구조적 요소들에서 전달함으로써 명료하게 느끼게 한다.

3단계는 내담자가 창조적 미술작품의 제작 과정에 대한 내담자의 주관적인 경험을 치료사에게 현상학적으로 설명하는(accounting) 단계이다. 여기서는 특수한 미술재료의 검색과 선택에 의해 발생된 내담자의 감정과 사고, 작품의 제작 과정을 통한 몰두와 그 정도를 끌어낸다. 그리고 이 단계에서 내담자의 자기발견이 이루어진다. 여기서 내담자는 자신에 의해 경험되고 치료사에 의해 공유됨으로써 의식으로 표면화되는 자기에 대한 많은 것을 통찰하게 된다. 이 자기발견은 내담자의 내적이고 외적인 실재, 즉 친척, 친구, 학교, 타인, 환상, 감정, 기억과의 개인적 만남과 관계가 있으며, 이것은 미술치료사가 내담자의 이야기를 경청함으로써 가능하게 된다.

요컨대, Betensky가 제시한 현상학적 탐구의 1단계는 객관적 관찰자로서 미술작품을 현상학적으로 지각하는 단계이다. 2단계는 미술작품의 구조와 미적 국면의 설명을 포함하는 예술표현을 현상학적으로 논의하는 단계이다. 3단계는 내담자가 치료사에게 작품 과정에 대한 주관적인 경험을 설명하는 단계이다. 이러한 현상학적 탐구를 통하여 내담자는 미술작품에 나타나 있는 형식적 요소들과 그 상호작용의 현상들을 보다 분명하게 자각하는 것을 배운다. 그들은 형식적 요소와 그들의 내적·심리적 힘을 연결시키고 새로운 시각을 외부와 자신의 세계, 다른 사람들의 세계에 있는 현상들에 적용한다. 특히 현상학적 탐구의 마지막 단계에서 내담자는 자기를 발견할 수 있으며, 이러한 자기발견이 바로 현상학적 미술치료의 의의이다(Rubin, 2001). 말하자면, 현상학적 탐구를 통하여 보는 것에 대한 기존의 개념과 선입견을 배제하고 자신의 작품을 의식적으로 지각함으로써 내담자에게는 새로운 가능성이 열리는 것이다.

이와 같이 고찰한 Husserl의 현상학은 생생한 경험의 확실성을 모든 경험의 원천으로 삼는다는 점에서 미술치료의 근거가 되는 하나의 중요한 관점을 제시하였다. 여기서의 생생한 경험이란 의식에 나타나는 경험으로서의 의식적 경험이다. 내담자는 자신의 의식적 삶에 대한 반성에 근거하여 자신의 문제를 찾을 수 있기 때문이다. Husserl의 현상학적 환원은 바로 경험의 확실성을 있는 그대로 인정하기 위한 방법으로, 현상학적 미술치료에서 내담자는 자기 경험의 지평을 정확하고 편견 없이 기술함으로써 자기를 발견할 수 있다. 특히 미술치료 장면에서 현상학적 방법은 내담자에 대한 치료사의 태도, 다시 말해 선입견이 배제된 개방적인 태도와 관련하여 매우 중요시되고 있다. 현상학적 미술치료에서 내담자와 치료사의 관계는 그림해석의 경우에도 동일하게 적용될 수 있다. 치료사는 자신의 선입견으로 내담자의 그림을 분석하거나 해석할 것이 아니라, 내담자의 말에 경청하며 내담자로 하여금 자신의 그림에 대한 의식적 경험을 명료하게 지각하여 기술하는 법을 배우게 하는 것이다. 그림의 구성요소들에 대한 의식적 지각을 통하여 자기를 발견하게 하는 것이다. 그런 만큼 그림(검사)해석은 두 사람의 관계성의 수립에 의해 가능하게 된다. 이런 맥락에서 현상학은 그림(검사)의 해석이라는 것이 치료사와 내담자의 관계성이 수립됨으로써 가능하게 되었음을 시사한다.

공마리아, 김갑숙, 박경규, 이근매, 임호찬, 전순영, 전영숙, 정현희, 최선남, 최외선 (2006). 미술치료개론. 대구: 동아문화사.

김석(2010). 무의식에로의 초대. 경기: 김영사.

김준(2013). Heinz Kohut의 인간이해와 기독교 상담. 복음과 상담, 20, 9-35.

김영필, 김주완, 김석수, 신인섭, 이종왕(2008). 정신치료의 철학적 지평. 서울: 철학과 현실사.

영남대학교 미술치료연구회 편(2011). 미술치료학개론. 서울: 학지사.

최외선, 이근매, 김갑숙, 최선남, 이미옥(2006). 마음을 나누는 미술치료. 서울: 학지사.

홍이화(2011). 하인즈 코헛의 자기심리학 이야기 1. 서울: 한국심리치료연구소.

高橋 雅春(1967). 描畵テスト診斷法. 東京: 文敎書院.

山中 康裕(2000). 心理臨床と表現療法. 東京: 金剛出版.

三上 直子(1995). S-HTP法. 東京: 誠信書房.

杉浦 京子, 香月 菜々子, 鋤柄 のぞみ(2006). 投映描画法ガイドブック. 東京: 山王出版.

Abt, T. (2008). 융 심리학적 그림해석 (Introduction to Picture Interpretation According to C. G. Jung). (이유경 역). 서울: 분석심리학연구소. (원저는 2005년에 출판).

Bacal, H. A., & Newman, K. M. (1990). *Theories of object relations: Bridges to self psychology*. New York: Columbia University Press.

Bach, S. (1990). *Life Paints Its Own Span*. Switzerland: Daimon Verlag.

Betensky, M. (1977). The phenomenological approach to art expression and art therapy. *The Arts in Psychotherapy, 4*(3), 173-179.

Bolander, K. (1977). *Assessing Personality through Tree Drawings*. New York: Basic Books.

Brenner, C. (1987). 정신분석학 (An elementary textbook of psycho analysis). (이근후, 박영숙 역). 서울: 하나의학사. (원저는 1973년에 출판).

Bruno, R. (2000). 杉浦 京子, 鈴木 康明 訳. 星と波描画テスト入門. 東京: 川島書店.

Buck, J. N. (1948). The H−T−P Technique. A qualitative and quantitative scoring manual. *Journal of Clinical Psychology, 4*(4), 317−396.

Davidson, L. (2004). Phenomenology and contemporary clinical practice: Introduction to Special Issue. *Journal of Phenomenological Psychology, 35*(2), 149−162.

Freud, S. (1910). *Leonardo da Vinci and a memory of his childhood*, (tr.) Alan Tyson(1964), New York: Norton.

Freud, S. (1922). *Introductory Lectures on Psychoanalysis: A course of Twenty Eight Lectures delivered at the University. of Vienna*. London: George Allen & Unwin.

Furth, G. M. (1989). *Secret World of Drawings: Healing through Art*. Boston: Sigo Press.

Gurwitsch, A. (1967). Husserl's theory of the intentionality of Consciousness in historical perspective. (pp. 25−57). In Edward N. Lee & M. Mandelbaum (Eds.), *Phenomenology and Existentialism*. Baltimore: The John Hopkins University Press.

Hall, C. S. (1953). *The meaning of dreas*. New York: Harper and Brothers.

Hammer, E. (1958). *The Clinical Application of Projective drawing*. Springfield: C. C. Thomas.

Husserl, E. (1988). 현상학의 이념 (*Die Idee der Phenomenologie*). (이영호, 이종훈 역). 서울: 서광사. (원저는 1977년에 출판).

Jacobi, J. (1969). *Von Bilderreich der Seele: Weg und Umwege zu sich selbst*. Switzerland: Walter−Verlag.

Jung, C. G. (1971). *Psychological Types: The Collected Works, volume 6*. London, UK: Routledge and Kegan Paul.

Kapitan, L. (2012). 미술치료학연구법 (Introduction to Art Therapy Research). (장연집, 손승아, 안경숙, 장윤정, 최호정 역). 서울: 시그마프레스. (원저는 2010년에 출판).

Koestenbaum, P. (1978). *The New Image of the Person: The Therapy and Practice of Clinical Philosophy*. London: Greenwood Press.

Kohut, H. (1971). *The Analysis of the Self*. New York: International Universities Press.

Kohut, H. (1977). *The Restoration of the Self*. New York: International Universities

Press.

Lee, R. R., & Martin, J. C. (1991). *Psychotherapy after Kohut: A textbook of self psychology*. Hillsdale, N.Y.: The Analytic Press.

Leibowitz, M. (1999). *Interpreting Projective Drawings: A self psychological approach*. philadelphia: Taylor & Francis.

Lichtenberg, J. D., Lachmann, F. M., & Fosshage, J. L. (1992). *Self and motivational systems: Toward a theory of psychological technique*. Hillsdale, N.Y.: The Analytic Press.

Merleau-Ponty, M. (1973). *The prose of the world*. Evanston, IL: Northwestern University Press.

Naumburg, M. (1966). *Dynamically oriented art therapy: Its principles and practices*. New York: Grune and Stratton.

Rubin, J. A. (2001). 이구동성 미술치료 (Approaches to Art Therapy: Therapy and Technique). (주리애 역). 서울: 학지사. (원저는 1987년에 출판).

Saul, L. (1973). *Psychodynamically based psychotherapy*. New York: Science House.

Siegel, A. M. (2002). 하인즈코헛과 자기심리학 (Heinz Kohut and the psychology of the self). (권명수 역). 서울: 한국심리치료연구소. (원저는 1996년에 출판).

Spector, J. J. (1974). *The Aesthetics of Freud: A study in psychoanalysis and art*. New York: McGraw-Hill Paperbacks.

Stolorow, R. D., Atwood, G. E., & Brandschaft, B. (1994). *The intersubjective perspective*. Northvale, N.Y.: The Analytic Press.

Welch, E. P. (2007). *The Philosophy of Edmund Husserl: The origin and development of his phenomenology*. Whitefish: Kessinger Publishing.

.

제3장

투사적 그림검사의 시행과 평가

1. 투사적 그림검사의 시행

투사적 그림검사는 검사의 종류에 따라 실시방법이 다르고, 평가방법 또한 다르다. 투사적 그림검사는 실시 시간이 짧고, 적은 준비로도 검사가 가능하여 실시가 비교적 간단하다는 것이 장점이다. 그러나 간단하다는 것이 쉽다는 의미는 아니며, 아무나 대충 실시해도 되는 것을 의미하는 것은 더더욱 아니다. 또한 검사에서 검사의 시행 과정보다 평가에 관심을 가지는 경우를 많이 볼 수 있다. 투사적 그림검사는 피검자가 자유롭게 반응하고, 방어적으로 반응하는 것이 어렵기 때문에 다양하고 풍부한 반응을 얻을 수 있다는 것이 장점이다. 그러나 투사적 현상이 드러난 피검자의 반응을 해석하는 것은 쉬운 일이 아니며, 충분한 훈련경험 없이 함부로 진행되어서는 안 된다. 따라서 심리검사에서 검사의 시행과 평가는 매우 중요하다. 우선 정확한 결과의 도출을 위해서는 해석 이전에 검사 시행 과정의 중요성을 간과해서는 안 된다. 검사 시행의 과정을 소홀히 다룬다면 그림의 해석이 아무리 뛰어나다 하더라도 올바른 평가를 할 수 없을 것이기 때문이다.

이상적으로는 심리검사 반응이 피검자의 특성에 따라서 결정되어야 하겠지만, 실제적으로는 검사 실시 조건, 검사 시행방법, 검사자의 일반적인 조건, 검사자의 태도, 검사자와 피검자 간의 상호관계, 피검자의 신체적·심리적 상태, 동기 등에 따라 검사반응이 영향을 받게 된다(박영숙, 2004). 투사적 그림검사의 경우, 그림을 통해 평가가 이루어지므로 그림을 그리는 과정이 특히 중요하다. 피검자는 그림을 그리는 것에 대한 부담감과 평가를 받는다는 것에 대한 불안이나 두려움을 가질 수 있다. 따라서 검사를 시행할 때 편안한 분위기를 만들어 피검자가 긴장감이나 압박감을 느끼지 않도록 상황을 조성하는 검사자의 배려가 필요하다. 검사 환경이나 검사자가 어떤 태도로 피검자를 대하느냐에 따라 검사의 결과가 달라질 수도 있으므로 검사자의 바람직한 태도를 익혀야 할 것이다.

검사의 실시방법 역시 매우 중요하다. 검사자는 지시어와 실시 순서 등 표준화된 절차를 숙지해야 한다. 같은 검사라 할지라도 지시어가 잘못되거나 실시 순서를 제대로 지키지 않는다면 정확한 결과를 기대하기 어렵다. 또한 매체의 선택과 사용에서도 각 검사마다 제시하고 있는 표준방법을 준수해야 한다. 투사적 그림검사의 시행은 단순히 기계적인 과정이 아니다. 검사의 반응은 여러 요인에 의해 영향을 받을 수 있으므로 검사 시행에 앞서 이러한 다양한 요소를 고려한 준비가 이루어져야 한다.

투사적 그림검사의 기능에 대한 검사자의 신뢰는 매우 중요하다. 따라서 검사자는 본인이 먼저 검사를 받고 그 결과에 대한 해석을 받아보는 경험을 할 필요가 있다. 또한 검사자는 피검자의 진단 및 치료를 위해 검사가 매우 중요한 절차임을 깊이 인식하고, 검사의 시행과 해석에 대한 전문적 지식을 갖추는 것은 물론, 슈퍼비전을 통해 전문성을 키워 나가야 한다. 이러한 점에서 검사의 시행과 관련하여 검사에 영향을 미치는 요인이 무엇이며, 어떤 점에 주의를 기울여야 할지에 대해 살펴보고자 한다.

1) 신뢰 형성

투사적 그림검사의 실시에 있어서 검사를 통해 정보를 얻는 것보다 중요한 것은 신뢰(rapport)를 형성하는 것이다. 신뢰는 치료적 관계에서만 요구되는 것이 아니라 검사의 시행에 있어서도 매우 중요한 요소라 할 수 있다. 피검자가 검사자를 신뢰하고 검사에 대한 충분한 동기를 가질 때 솔직하게 있는 그대로의 자신을 표현할 것이기 때문이다. 심리검사 시행 과정에서의 신뢰 형성은 심리검사에 대한 피검자의 관심을 불러일으키고 피검자의 참여적 태도를 강화한다(Anastasi, 1988).

검사장면에서 동기 수준이 높은 자발적인 피검자도 있지만, 소극적이고 방어적인 피검자도 있을 수 있다. 이런 경우, 검사자는 피검자에게서 치료를 받고자 하는 이유와 주요 문제를 질문하여 적절한 투사적 검사도구를 선택할 수 있어야 하며, 왜 이 검사를 실시하려고 하는지에 대한 분명한 설명이 필요하다. 만약 아무런 설명 없이 검사를 시행한다면, 피검자가 조사받는 느낌을 가지게 되어 자신을 들키지 않으려고 저항하거나 지나치게 방어적 태도를 가지게 될 우려가 있다. 검사자는 피검자에게 검사의 결과가 어떤 점에서 도움이 되며, 또 치료적 과정에 어떻게 적용될 수 있는지를 이해시키는 것이 필요하다. 이와 같이 투사적 그림검사는 검사시행에서 피검자의 협력이 요구되며, 검사자는 피검자의 동기나 참여를 독려하고 정서적 안정을 이루도록 하는 것이 중요하다.

2) 피검자와 검사자

심리검사를 한두 번 쯤 받아 보지 않은 사람은 없을 것이다. 그것이 객관적 검사이든 투사적 검사이든 대부분의 경우 심리검사 장면에서 피검자의 심리적 부담과 긴장을 경험했을 것이다. 일반적으로 피검자는 검사를 통해 자신의 부정적인 모습이 드러날지도 모른다는 상상을 하는 경우가 많다. 특히 투사적 그림검사의 경우, 피검자는 그림을 통해 자신의 내면이 모두 노출될 것 같은 두려움으로 그림그리기를 거부하거나 평가의 요소를 지나치게 의식하여 인위적으로 조작하여 그리는 경우도 있다. 비록 자발적으로 검사를 받고자 하는 높은 동기를 가진 피검자라 하더라도 긴장이나 불안이 있을 수 있으며, 과도한 기대감이나 의존감을 가질 우려도 있다. 검사자는 피검자의 이러한 정서 상태가 검사반응에 반영될 수 있다는 것을 염두에 두고 투사적 그림검사에서 잘 그리고 못 그리는 것은 중요하지 않으며 그림의 실력을 평가하는 것이 아니라는 점을 분명히 하고 자유롭고 편안하게 그릴 것을 격려해야 한다.

검사결과는 검사자 변인에 따라서도 영향을 받는다(Cohen, 1965; Masling, 1960; Widiger & Saylor, 1998). 그 변인은 검사자의 연령, 성, 인종, 직업적 지위, 수련과 경험, 성격특징, 외모 등이다. 뿐만 아니라 검사결과는 검사자의 부드럽고 엄격한 행동이나 검사자와 피검자의 상호작용에 따라 영향을 받는다. 이와 같이 검사자는 자신이 검사결과에 영향을 미칠 수 있다는 점을 인식하고, 바람직하고 일관성 있는 태도로 피검자를 대해야 한다. 검사자는 피검자를 인격적으로 존중하여야 하며, 피검자의 심리적 특성을 이해하고 피검자에게 편안함을 줄 수 있어야 한다. 검사자의 이러한 태도는 피검자에게 고스란히 전달되며, 신뢰 형성에도 중요한 역할을 한다. 또한 검사자가 진지하고 전문성 있는 태도로 검사를 진행할 때 피검자도 성실하고 적극적인 태도로 검사에 임하게 될 것이다.

3) 검사상황

검사자 및 피검자 변인 외에도 검사상황이나 검사시행 조건 역시 검사결과에 영향을 미친다. 심리검사가 비구조화되고 모호하거나 어렵고 새로운 과제일 경우, 피검자는 검사자 변인과 상황적 변인의 영향을 크게 받게 되는데, 정서적으로 불안정하고 혼란된 개인일수록 이러한 영향을 더 크게 받는다(Masling, 1960; Sattler & Gwynne, 1982; Sattler & Theye, 1967).

표준화된 심리검사들은 검사시행 조건을 제시하고 이에 엄격히 따를 것을 요구한다. 표준화된 시행 과정에는 언어적 지시, 시간, 검사 자료뿐만 아니라 검사 환경도 포함된다(박영숙, 2004). 검사자는 중립적 태도를 견지하며, 지시사항이나 사용매체를 자의적으로 바꾸는 일이 없어야 한다. 따라서 검사자는 사전에 검사 과정에 대한 훈련을 받아 숙련되게 진행할 수 있어야 한다.

검사실은 지나친 소음과 자극으로부터 격리되어 안정감 있게 보호된 공간이어야 한다. 적절한 채광과 통풍으로 쾌적한 환경이 마련되어야 하고, 편안한 좌석과 적당한 크기의 공간이 요구된다. 또 검사가 시행되는 동안에 외부의 방해를 받지

않도록 신경을 써야 한다. 그 외에도 검사시행 시간이 지나치게 이르거나 늦은 시간은 피하고, 피검자가 정서적으로 안정되고 건강 상태가 좋을 때 검사가 실시되어야 한다.

2. 투사적 그림검사의 평가

미술치료에서 평가는 반드시 필요하지만, 매우 신중하게 이루어져야 한다. 검사가 끝나면 피검자나 피검자의 보호자는 물론, 검사자가 소속된 기관에서도 평가결과를 요구하는 경우가 있다. 이때 검사자는 평가에 대한 압력을 느끼게 되고, 초보 검사자의 경우에는 더 큰 부담으로 작용하게 된다. 만약 검사자가 진단에 대한 확신이 없으면서 자신의 전문성을 과시하거나 검사자의 권위를 내세우려고 무리한 평가를 내린다면 그것은 비윤리적일 뿐만 아니라 피검자에게 심각한 상처를 줄 수도 있다.

피검자에 대한 평가는 문서화된 증거자료가 되기도 하고, 피검자의 성격특성을 대변하는 중요한 근거가 될 수도 있다. 따라서 충분히 이해되지 못한 부분에 대한 섣부른 판단과 해석은 매우 위험할 수 있다. 기계적인 해석이나 매뉴얼에 의존한 일률적 적용은 결코 바람직하지 않다. 검사자는 그림에 드러난 상징성의 해석 외에도 피검자의 과거력과 가족력, 그리고 환경에 대한 정보를 종합한 통합적인 평가가 이루어질 수 있도록 노력해야 한다.

1) 평가 목적 및 계획

검사자는 먼저 평가의 목적을 분명히 알아야 한다. 검사자가 파악하고자 하는 것이 무엇인지를 생각하고 필요한 정보를 얻기 위한 도구를 찾아야 한다. 평가의 목적은 미술치료의 적합성 여부를 결정하기 위한 것, 진단을 위한 것, 미술치료 계획을 세우기 위한 것, 연구를 위한 것 등 다양하다. 평가는 평가 목적에 따라 설계되고 시행되어야 한다. 검사자는 검사 실시에 앞서 투사적 그림검사는 그림의 예술성이나 완성도를 요구하는 것이 아니라는 점을 재확인시키고, 평가 목적을 명료하게 설명하여 피검자를 안심시킴으로써 적극적으로 참여하도록 도와야 한다.

만약 검사가 연구자료의 수집을 위한 것이라면 미리 검사의 목적을 알리고 비밀보장에 대한 약속과 함께 검사 및 연구에 대한 동의를 구해야 한다. 투사적 그림검사는 보통 개별적으로 실시되지만, 연구를 목적으로 할 경우에는 집단으로 실시할 수도 있다. 이때 충분한 동기유발이 이루어지지 않으면 장난처럼 검사에 임할 수 있고, 옆 사람을 의식하여 표현이 솔직하지 못하거나 심지어 다른 사람의 그림을 모방하여 그리는 경우도 있다. 따라서 검사자는 피검자에게 검사의 필요성과 목적을 충분히 설명하여 진지한 분위기를 조성하는 노력을 기울여야 한다.

평가는 치료계획의 일부로서 대부분 초기에 이루어지는데, 회기가 시작되기 전에 실시하는 경우가 많다. 이는 치료사들이 심리검사를 내담자의 문제에 대한 객관적이고 정확한 정보의 획득과 탐색을 위한 도구로 활용하고 있기 때문이다. 이처럼 초기 평가는 검사자와 피검자의 신뢰 형성과 함께 치료를 위한 방법을 찾기 위해 이루어지지만, 필요에 따라 미술치료의 진행 도중에도 평가가 이루어질 수 있다. 예를 들면, 치료 도중에 새로운 문제를 발견하게 되었다거나 치료를 통한 변화의 정도를 파악하기 위해 회기가 진행되는 동안에 평가가 이루어지기도 한다.

검사자는 평가를 위한 계획을 세우고 세심한 준비를 해 두어야 한다. 검사의 시간은 검사의 종류에 따라 다르다. 따라서 검사자는 시행하고자 하는 검사에 대해 숙지하고 필요한 시간을 충분히 확보하여야 한다. 또한 방해받지 않고 안정감 있는 장소를 검사실로 정하며, 피검자가 환경의 영향을 받을 수 있으므로 다른 작품들은 치워 두는 등의 준비가 필요하다. 뿐만 아니라 검사에 따라 사용하는 용지의 크기와 연필 및 채색도구들이 다르므로 검사에 필요한 재료를 미리 구비하여 적절한 재료를 제공하여야 한다. 이렇게 투사적 그림검사에서 평가의 목적에 따른 실시계획을 충분히 세울 때 신뢰할 수 있는 결과를 기대할 수 있다.

2) 참여 관찰과 기록

일반적으로 투사적 그림검사를 평가할 때 그림의 형태, 색상, 내용 등을 중심으로 해석하는 경우가 많다. 그러나 검사반응의 결과를 분석하는 것 이상으로 중요한 것이 검사 과정에서 나타나는 피검자의 특징을 관찰하는 것이다.

투사적 그림검사는 비언어적 반응을 통해 이루어지므로 그림을 그리는 과정에서도 피검자는 무의식적인 반응을 보이게 된다. 예를 들어, 인상을 찌푸린다든지, 어떤 부분에서는 오래 생각을 한다든지, 신나게 그려 나간다든지, 특정 부분에 지우개를 많이 사용한다든지 등의 비언어적인 행동특징이 나타날 수 있다. 만약 검사자가 검사에 대한 지시를 한 후 자리를 비우거나, 비록 검사자가 피검자 곁에 있다 하더라도 무관심하게 혹은 무의미하게 지나쳐 버려서 피검자의 행동을 관찰할 수 없다면 피검자에게 숨겨져 있는 매우 중요한 특성을 놓치는 결과가 될 것이다. 따라서 검사자는 검사반응의 결과는 물론, 그림을 그리는 과정에서 피검자의 태도를 잘 관찰하고 기록하여 해석할 때 참고해야 한다.

투사적 그림검사는 객관적 검사와 같이 기계적으로 단순하게 채점하는 것과는 달리 검사자와 피검자가 그림을 보면서 질문과 대화를 나누는 과정을 거치게 된다. 이 경우에도 피검자의 대답과 자유롭게 연상하는 내용을 기록하고, 대화 과정에서의 피검자의 태도 역시 관찰하고 기록하는 것이 필요하다. 즉, 말소리가 떨리는지, 강조해서 말하는 것이 무엇인지, 표정이 어떤지, 이러한 세부적인 내용에 대해서도 세심히 관찰할 필요가 있다. 검사자는 이 모든 내용을 종합하여 피검자의 그림반응을 함께 결합시켜 평가를 내리는 것이다.

3) 평가요소

투사적 그림검사의 종류에 따른 평가방법은 매우 다양하다. 또한 검사의 종류에 따라 평가의 요소도 다양할 수 있다. 일반적으로는 전체적 평가, 구조적(형식적) 평가, 내용적 평가에 초점을 두고 있지만, 임상장면에서는 그림의 계열과 치료 과정의 흐름에 초점을 맞추어 평가하기도 한다. 계열평가는 미술치료 도중 여러 번의 검사결과를 비교하여 평가하는 것이다. 투사적 그림검사는 주로 진단을 목적으로 하거나 미술치료를 위한 치료목표를 세우기 위해 초기에 실시된다. 또한 미술치료의 효과를 검증하기 위해 프로그램의 사전이나 사후에 실시하여 비교하기도 하고, 치료회기 도중에 피검자의 변화를 파악하기 위해 여러 차례 실시하기도 한다. 풍경구성기법의 경우에는 조현병 환자의 진단과 치료에 많이 적용되는데, 프로그램 실시 전에만 사용하는 것이 아니라 단계별 혹은 회기별로 실시하여 그림의 변화, 혹은 그림 주제의 변화 등을 관찰하기도 한다. 이렇게 함으로써 피검자의 변화 시점이나 정도를 파악할 수 있고, 이를 통해 회복 및 재생을 돕는 기회가 된다. 따라서 한 그림에 대한 평가도 중요하지만, 치료 과정에서는 계열평가를 통한 그림의 변화에 대해서도 관심을 가져야 할 것이다. 여기서는 전체적 평가, 구조적(형식적) 평가, 내용적 평가요소를 중심으로 살펴보고자 한다.

(1) 전체적 평가요소

전체적 평가는 그림의 전체적인 인상을 평가하는 것이다. 그림의 부분을 하나하나 분석하는 것이 아니라, 그림을 처음 대했을 때 감각적이고 직관적으로 받아들이는 인상을 평가하는 것이다. 예를 들면, 그림에서 이상한 점이 있다든지, 생동감이 없다든지, 쓸쓸한 느낌이 든다든지, 조화나 균형이 잘 잡혀 있다든지 등의 인상을 평가한다. 또한 그림의 인상에서뿐 아니라 선의 강약이라든가 색조 등에서도 그림 속의 메시지를 전달받을 수 있으므로 그림의 전체적인 특징을 통하여 통합적인 평가를 내리게 된다. 이러한 방식은 개별반응 중심의 해석으로 인한 오류 가능성과 제한점을 보완하기 위한 것이다. 이런 경우에 검사자는 전체적 평가에서 피검자의 검사반응을 그림 실력으로 평가하려는 잘못을 범하지 않아야 한다. 전체적 평가에서 주로 밝혀야 하는 것은 개인의 적응 수준, 성숙도, 혼란 정도, 자기와 외부에 대한 인지방법 등(高橋, 1974)이다.

Handler(1985)는 그림의 인물화에서 전체적·직관적인 해석방식을 소개하였다. 직관적인 해석을 위해서는 그려진 인물을 보면서 검사자가 인물의 입장에서 공감해 보는 과정이 필요하다. 즉, 피검자에 의해 그려진 인물과 동일시해 보고 그 인물과 공감하면서 피검자가 인물화를 통해서 표현해 내고 있는 감정, 태도, 분위기를 읽어 나가는 것이다. 또한 공감적 입장 외에도 그려진 인물이 실제 인물인 것처럼 상상하면서 만약 그런 인물과 직접 만난다면 어떤 일이 일어날 것인지, 어떤 감정을 느끼게 될 것인지를 생각해 보는 방법도 제시하였다. 이러한 방법은 인물화에서뿐만 아니라 다른 그림검사의 평가에도 적용할 수 있다.

그러나 그림에 대한 전체적 인상을 평가하는 것만으로는 그림을 그린 개인의 심리적 특성이나 어려움을 이해하는 데에는 한계가 있다. 따라서 구조적 평가와 내용적 분석이 함께 이루어져야 하며, 그림을 그리는 동안에 피검자의 태도, 개인력과 가족력은 물론 환경과 현재 처한 상황에 대한 이해가 함께 이루어졌을 때 보다 올바르고 정확하며 통합적인 평가를 할 수 있다.

(2) 구조적(형식적) 평가요소

구조적 평가는 피검자가 그림을 어떻게 그렸는가에 대한 평가이다. 그림에 나타난 다양한 구조적 요소에 대한 평가로, 형식적 평가라고도 한다. 예를 들면, 그림을 그린 순서, 크기, 공간 사용과 위치, 필압, 선의 질, 대칭성, 운동성, 원근법, 음영, 생략, 지우기 등을 분석하여 성격의 단면을 이해하는 방법이다. 이러한 구조적 요소의 특징이 의미하는 것이 무엇인지를 파악함으로써 심리적 특징을 이해할 수 있다.

많은 연구가 구조적 요인의 해석근거를 밝히기 위해 노력하고 있지만, 연구결과가 연구자마다 다르고 견해가 서로 일치하지 않아 단정적으로 해석하기에는 무리가 있다. 여기서는 대부분의 검사에 공통적으로 적용되는 일반적인 내용을 중심으로 살펴보고자 한다. 다음의 내용은 신민섭 등(2003), 김동연과 공마리아(2000), 高橋(1974)와 그 외의 여러 학자의 저서를 참고하였다.

① 검사 시 검사 태도와 소요시간

그림을 그릴 때의 피검자의 태도와 행동은 그림을 해석하는 데 중요한 단서를 제공한다. 따라서 피검자가 즐겁고 편안한 기분으로 그림을 그리는지, 긴장된 상태에서 그림을 그리는지, 그림그리기를 망설이며 주저하는지 등의 태도를 잘 관찰하여야 한다. 이를테면, 세부묘사가 불충분하고 생략되어 있거나 극히 조잡하게 그려진 그림이라도 피검자가 성실하게 그렸을 경우와 아무렇게나 그렸을 경우에 그 의미는 다르다.

그림을 그리는 데 소요되는 시간이 매우 짧은 경우, 지나치게 오래 걸리는 경우, 지시를 하고 나서 시간이 어느 정도 지났는데도 그리려고 하지 않는 경우에는 그 그림이 피검자에게 특별한 의미가 있으며, 그 그림을 그리는 것에 대해 어떤 갈등을 가지고 있는 경우가 많다. 소요시간이 매우 짧은 경우에는 관심 부분을 기피하거나, 반대로 오랜 시간을 소비하는 경우에는 완벽성과 강박적 경향을 갖는 경우가 많다(김동연, 공마리아, 2000).

② 순서

투사적 그림검사에서 순서의 의미는 매우 중요하다. 일반적으로 가장 먼저 그리는 것이 피검자가 심리적으로 중요하게 생각하는 부분이라 볼 수 있으므로 그림에서 무엇을 먼저 그렸는지를 파악함으로써 피검자의 심리를 살필 수 있기 때문이다.

예를 들어, HTP는 그리는 순서가 정해진 그림검사이다. Hammer(1971)에 의하면 경계선급의 정신질환자는 한 그림에서 다음 그림으로 넘어갈 때마다 정서반응을 나타내며, 장애를 분명히 보이는 경우가 있다. 즉, HTP에서 집 그림에서 나무 그림, 그리고 사람 그림으로 진행하면서, 순차적으로 대인관계 영역으로 들어감에 따라 곤혹스러움이 공포로 되고, 공포는 공황 상태로 변한다고 하였다. 따라서 순서에 따른 피검자의 태도가 어떠한지에 대해서도 주의를 기울여야 한다. 그러나 KFD나 KHTP의 경우처럼 순서가 지정되지 않고, 한 장의 종이에 여러 항목을 그리게 하는 검사도 있다. 즉, KFD에서 여러 명의 가족구성원을 그리거나, KHTP에서 집, 나무, 사람을 그릴 때 각 그림이 그려진 순서를 살펴보는 것도 중요하다. KFD의 경우에 가족구성원 중에서 아버지를 제일 먼저 그릴 수도 있지만, 갓 태어난 동생을 제일 먼저 그릴 수도 있다. KHTP의 경우에도 HTP와는 달리 사람을 먼저 그릴 수도 있고, 나무를 먼저 그릴 수도 있어서 피검자가 어느 곳에 더 중점을 두고 있는지를 파악할 수 있다.

또한 한 항목의 그림 중에서도 어떤 순서로 그림을 그리는지를 살펴보아야 한다. 보통 집 그림은 지붕, 벽, 문, 창문의 순서로, 사람 그림은 얼굴, 눈, 코, 입, 목, 몸, 팔, 다리의 순서로 그리는 것이 일반적이다. 그러나 집 그림의 경우에는 지붕을 먼저 그릴 수도 있고, 벽이나 창문을 먼저 그릴 수도 있다. 사람 그림에서 발을 먼저 그리거나 눈을 먼저 그리는 경우도 있다. 따라서 한 항목의 그림 중에서도 각 부분이 그려진 순서를 관찰하고 그 의미가 무엇인지에 대해 관심을 가져야 한다.

③ 크기

그림의 크기와 용지의 여백 부분과의 관계는 피검자와 환경과의 관계를 나타낸다. 그림의 크기는 피검자의 자존감, 자기확대의 욕구, 공상적인 자아에 대한 단서를 제공한다(김동연, 공마리아, 2000).

일반적으로 지나치게 작은 그림은 자신이 환경에 부적응적이며 작은 존재라는 느낌을 가지고 있는 것을 나타내며, 무력감, 열등감, 부적절한 감정을 표현하며(Buck, 1948; Burns & Kaufman, 1972; Hammer, 1971), 소심하며 수줍어하고 자기억제가 강한 사람에게서 보인다(Buck, 1948; Alschuler & Hattwick, 1947; Hammer, 1971). 또 불안정감(Alschuler & Hattwick, 1947; Buck, 1948; Burns & Kaufman, 1972), 우울증적 경향(Machover, 1949), 낮은 자아강도의 매우 약한 자아구조(Hammer, 1971), 퇴행적 경향(Machover, 1949)을 나타낸다.

지나치게 큰 그림은 환경에 대한 적의와 공격성이 강함을 나타내며(Buck, 1948; Hammer, 1969; Machover, 1949), 사치스러우며 과장된 경향성(Machover, 1949), 부적절한 보상적 방어의 감정(Buck, 1948; Hammer, 1969; Machover, 1949), 과잉행동적·정서적 조증의 상태(DiLeo, 1973; Machover, 1949)를 나타낸다. 특히 그림을 종이에 꽉 차도록 크게 그리거나 용지가 모자랄 정도로 크게 그리는 경우에는 한정된 공간 안에서 자기표현을 적절히 조절하지 못했다는 점에서 공격성이나 충동

조절의 문제, 이와 관련된 행동화의 가능성을 시사할 수 있다(신민섭 외, 2003).

④ 위치

그림의 위치는 용지의 어느 부분에 그림을 그리는가를 말한다. 그림과 용지의 공백 부분을 비교해서 그림이 상하좌우 어느 쪽에 위치하고 있는가를 검토한다. 그림의 위치는 화지의 중앙에 있는 것이 보통이다. 그러나 그림이 화지의 정중앙을 고집하는 경우에는 불안전감과 융통성 없음, 특히 대인관계에 있어서의 완고함을 나타낸다(Buck, 1948; Jolles, 1964; Machover, 1949). 그림의 위치가 뚜렷하게 상하좌우로 치우쳐 있을 때에는 해석상의 의미를 가진다.

여러 학자에 의하면 그림의 위치가 전체적으로 왼쪽에 치우쳐 있는 것은 자의식이 강하고 내향적인 성향으로, 과거로의 퇴행, 공상적인 경향을 보이며, 여성적 경향성을 나타낸다고 한다. 한편 전체적으로 오른쪽으로 치우쳐 있는 것은 환경의 영향을 받으며, 미래를 강조하며, 남성적 특징을 과도하게 보이고, 남성에 대한 지나친 동일시를 나타낸다고 한다. Jolles(1964)의 연구에 의하면 용지의 왼쪽에 그리는 것은 충동적인 만족을 나타내며, 오른쪽에 그리는 것은 지적 만족을 나타낸다.

일반적으로 그림의 위치가 화지의 중심보다 위쪽에 위치하는 경우, 높은 목표를 가지고 그곳에 도달하고자 노력하며(Buck, 1948; Jolles, 1964), 때로는 부적절한 낙천주의적 경향이 있다(Machover, 1949). 공상 속에서 만족을 구하며, 자신의 존재가 불확실하여 공중에 떠 있는 것 같은 느낌을 가지고, 자신을 다른 사람과 거리를 두어 가까이하기 어려운 것을 나타낸다. 반면에 중심보다 아래쪽에 위치한 그림은 현실과 구체성을 나타낸다. 불안전감과 위화감을 가지며, 그로 인해 우울한 기분이 되고, 부적절한 감정을 나타내기도 한다(Buck, 1948; Burns & Kaufman, 1972; Jolles, 1964). 또한 그림이 화지의 아래쪽 가장자리에 위치해 있는 경우에는 불안감이 강하고, 낮은 자존감으로 인해 지지에 대한 욕구가 크다(Buck, 1948; Burns & Kaufman, 1972; Hammer, 1969; Jolles, 1964). 그러나 이러한 해석은 경험적 연구의 결과이며 절대적으로 적용해서는 안 되고, 이러한 경향성이 있음을 참고하여 해석에 활용하여야 할 것이다.

⑤ 필압

　필압은 그림을 그리는 데 있어 연필에 가하는 압력을 말한다. 필압은 그림의 크기와 마찬가지로 피검자의 에너지 수준을 나타낸다. 강한 필압으로 그린 사람은 에너지 수준이 높고 자기주장적이며, 자신만만하고 행동이 적극적이다. 그러나 검사의 모든 그림을 매우 강한 필압과 짙은 선으로 그리는 것은 심리적 긴장이 심하다는 것을 말한다(Buck, 1948; Hammer, 1969; Jolles, 1964; Machover, 1949). 그림의 어떤 부분이 진하게 그려진 경우에는 그 부분에 대한 고착이나 그것이 상징하는 것에 대한 억압이나 적의를 나타낸다. 그림의 윤곽선은 진하지만 그림 안의 선들은 윤곽선만큼 진하지 않는 경우에는 외부 환경의 압력으로부터 자신을 보호하고 혼자 초연함을 지키려고 하는 것이며, 개인적 성격의 통합을 유지하려고 노력하지만 평형의 유지가 곤란함을 나타낸다. 필압이 매우 약한 선은 자신감이 없는 폐쇄적인 사고의 경향성을 나타낸다. 적응이 적절하게 되지 못했거나(Buck, 1948; Hammer, 1971; Jolles, 1964), 주춤거리며 우유부단하고, 두려움이 많은 불안한 경우(Jolles, 1964; Machover, 1949)에는 낮은 에너지 수준(Alschuler & Hattwick, 1947), 우울증적 상태 및 의지 상실(Buck, 1948; Hammer, 1971; Jolles, 1964)의 경향성이 높다.

⑥ 스트로크(stroke)

　스트로크는 한 동작에 긋는 선을 말한다. 안정되고 활발하며 단호한 스트로크는 안정되고 주장이 분명하며 야심 있는 사람들에게서 나타난다(Petersen, 1977). 일반적으로 긴 스트로크는 자신을 통제하는 사람에게서 많이 나타나며, 짧은 스트로크는 흥분하기 쉽고 충동적인 사람에게서 나타나기 쉽다(Alschuler & Hattwick, 1947; Hammer, 1971). 스트로크의 방향에 있어서 수직 스트로크는 결단력 있는 활동가나 자기주장적이며 동작이 빠른 사람에게, 수평 스트로크는 여성다움과 공상생활과 관계가 있고 동작이 느린 사람에게 보인다(Alschuler & Hattwick, 1947; Petersen, 1977). 직선의 스트로크는 자기주장적이고 공격적인 기분과 관계가 있으며, 곡선의 스트로크는 의존적이고 여성적인 면과 관계가 있다. 매우 짧으며 곡선으로 스케치한 것처럼 보이는 스트로크는 불안, 불확실성, 우울 등을 나타낸다

(Buck, 1948; Hammer, 1971; Jolles, 1964).

⑦ 지우기

연필을 사용하는 검사에서는 지우개를 사용할 수 있다. 지우개를 적당히 사용하는 사람은 가소성과 순응성이 있으나 지나치게 사용하는 경우에는 불안감, 우유부단함, 불확실성과 기대 수준이 너무 높음을 나타낸다. 그림이 불완전함에도 불구하고 다시 그리려고 하지 않는 것은 어느 정도 병적인 거부 반응이고, 어느 부분을 지워 버리는 것은 그 부분이 상징하는 것에 대한 피검자의 강한 갈등을 나타내며, 지우고 다시 그린 그림이 처음 그림보다 나은 경우에는 바람직한 것이지만 그렇지 않은 경우에는 기질적 질환을 나타내는 수가 있다. 또한 어떤 부분을 몇 번이고 고쳐 그리는 것은 그 부분과 그것이 상징하는 것에 대한 갈등을 나타낸다 (Buck, 1948).

⑧ 생략과 왜곡

그림의 어떤 부분이 생략되거나 왜곡되어 있는 경우에는 그 부분이 피검자에게 있어서 갈등이 되고 있음을 나타낸다. 예를 들면, HTP 그림에서 집을 그릴 때 환경에 관심이 적은 사람은 창문이 생략된 그림을 그리는 경우이다. 사람을 그릴 때에도 눈이나 입, 손이나 발을 생략하는 경우도 있다. 이러한 경우, 생략된 부분이 피검자의 심리적인 부분과 어떤 관련이 있는지에 주의 깊게 관심을 가질 필요가 있다.

⑨ 그림자와 음영

그림에 그려진 그림자는 의식 수준에 있어서 불안과 갈등이 있음을 나타낸다. 음영의 경우, 그다지 강조되지 않고 그림을 다듬듯이 그려졌다면 인간관계에서 타인에게 조금은 과민한 성향을 나타낸다. 이에 반해, 완전히 검게 칠해진 음영이라면 불안이나 강박관념으로 우울한 기분을 나타내거나 미성숙한 정신 상태로 퇴행하고 있는 것을 나타낸다. 그림의 일부에만 보이는 음영인 경우에는 그 부분에 관련된 불안과 갈등을 나타내는 경우가 많다(高橋, 1974).

⑩ 대칭성

대칭성은 게슈탈트 이론의 기본적인 원리 중의 하나이다. 인물화에서 대칭성의 결여는 피검자의 불안전감을 나타내며, 신체적 면에 부적응감을 가지고 있음을 나타낸다. 좌우 대칭성이 지나쳐서 경직된 인상을 주는 것은 강박적이고 충동성의 표현을 통제하며, 타인과 거리감을 두고 접촉하고 억압과 지나친 지적 만족을 추구하는 것으로 생각된다. 경직된 대칭성은 우울한 사람에게서 보여지며, 인물화에 있어서 자로 잰 것처럼 정확하게 대칭적인 것은 신체의 부조화를 두려워하며 죄책감에 괴로워하고 자기통합을 위협하는 충동을 통제하고자 하는 사람에게서 보인다. 그러나 지나친 자발성 때문에 주의가 산만해지고 통제력을 갖지 못한 조증이나 히스테리적 경향성을 지닌 사람은 대칭성을 무시하기 쉽다(김동연, 공마리아, 2000). 대칭성이 현저하게 결여된 경우에는 개인적 성격의 통합을 잃거나, 평형이 부족하거나, 행동화하기가 쉬우며, 자신의 기분을 즉시 행동으로 표현하는 경향이 있다(高橋, 1974).

⑪ 방향

피검자가 사용하는 방향에 따라 피검자의 환경에 대한 태도와 감정 및 대인관계 등을 알 수 있다. 인물화의 경우, 남녀 인물상 모두가 완전히 정면을 향하여 그려진 경우에는 어느 정도 경직성이 있어 타협이 되지 않는 성질을 나타내며, 내면에 불안이 있어 반동 형성이 되어 있다고 볼 수 있다. 정면을 향한 몸체에 얼굴을 옆으로 돌려 그린 것은 사회적으로 무엇인가 잘 되어 가지 않으며, 사회와의 접촉에 죄의식을 느끼는 경향이 있음을 나타낸다. 몸체는 정면을 향하고 얼굴과 다리는 옆으로 향하게 그리는 것은 통찰력의 빈곤과 판단력의 빈약을 나타내며, 남성이 남자의 상을 옆으로, 그리고 여자의 상을 정면으로 그리는 것은 자기방어가 강한 것을 나타낸다. 측면으로 서 있거나 뒷모습을 보이는 인물화는 도피적인 경향을 나타내며, 자폐적이고 자기 고집대로 외계와 접촉하는 사람에게서 보인다. 집 그림이 한 면만 그려져 있고 문이 그려져 있지 않은 것과 완전히 옆으로 향하여 한쪽 팔과 한쪽 다리만 보이는 인물화를 그리는 것은, 환경에 직면하는 것을 두려워하는 자기폐쇄적 사고와 진실된 자기를 감추고 친근한 것에만 접촉하려는 경향이 있는 사람에게서 나타난다(김동연, 공마리아, 2000).

⑫ 세부묘사

세부묘사는 그림을 구성하는 부분을 어느 정도 상세하게 그리는가를 말하는 것으로, 피검자가 일상생활에서 실제적인 면을 의식하고 처리해 가는 능력과 관계가 있다. 보통 이상의 지능을 가진 사람이 필수 구성부분을 그리지 않는 것은 지적 붕괴가 시작되고 있거나 현저한 정서적 혼란이 있음을 뜻한다. 한편, 필수 구성부분만을 주의 깊게 그리는 것은 환경 및 타인에 대하여 유연성 있게 접근하는 것이 다소 곤란한 사람이다.

지나치게 상세한 그림을 그리는 것은 자신과 외부 세계와의 관계를 적절히 통합하지 못하는 사람, 환경에 대해 지나친 관심을 가지고 중요한 것과 그렇지 않은 것을 구별하지 못하는 강박적인 사람, 정서장애자, 신경증 환자, 초기 분열증, 뇌기질장애자 등의 그림에서 자주 나타난다. 그림에서 적당한 세부묘사가 결여된 것은 피검자의 에너지가 적으며 움츠러드는 경향이 있고, 때로는 우울증이 있는 사람에게서도 나타난다(김동연, 공마리아, 2000).

⑬ 절단

절단은 그림이 용지의 끝에서 잘려진 것을 말한다. 용지의 하단에서 잘려진 그림은 마음속에 충동성이 강하게 존재하며, 그것을 강하게 억제하여 성격의 통합을 유지하고자 하는 것을 나타낸다. 용지의 윗부분에서 잘려진 그림은 나무 그림 외에는 보이는 예가 적다. 이러한 그림은 피검자가 행동하기보다는 사고하는 것에 관심이 높고, 지적인 면에 대한 성취욕구가 강하며, 현실생활에서 얻을 수 없는 만족을 추구하고 있음을 뜻한다. 용지의 왼쪽에서 절단된 그림은 미래를 두려워하여 과거에 고착하며, 자신의 감정을 자유롭고 솔직하게 표현하려 하고, 타인에게 의존적이며, 같은 것을 강박적으로 반복하려는 경향을 나타낸다. 용지의 오른쪽에서 절단된 그림은 과거로부터 미래로 도피하려는 욕구와 자신의 감정을 솔직하게 표현하거나 경험하는 것을 두려워하며, 행동에 대한 강한 통제를 보일 때가 많다. 일반적으로 나무 그림 이외에 잘려진 그림은 생활공간으로부터의 일탈과 사회생활에 잘 적응하지 못하는 사람에 의해 그려지는 경우가 많다(김동연, 공마리아, 2000).

⑭ 투시화

투시화는 속이 드러나게 보이도록 그려진 그림이다. 예컨대, 의복을 그렸지만 여성의 유방을 비치게 그린다거나 몸속의 내장을 그린 것 등을 말한다. 이는 정서적ㆍ기질적 원인으로 인해 성격의 통합을 상실, 현실검증의 장애로 자기와 외계와의 관계를 바르게 다룰 수가 없어 양자가 구별되지 않는 상태를 나타내 보이는 것이다. 일반적으로 투시화는 병적인 징조이며, 조현병 환자에게서 나타나기 쉽다. 그러나 취학 전의 아동이 투시화를 그렸을 경우에는 현실검증력이 확립되지 않은 연령이기 때문에 정상적인 것이라고 할 수 있다(김동연, 공마리아, 2000).

⑮ 시점

시점에는 앙시도(아래에서 위로 올려다본 그림: Worm's eye view)와 조감도(위에서 아래로 내려다본 그림: Bird's eye view)가 있다. 일반적으로 앙시도나 조감도는 모두 특별한 것으로, 피검자의 부적응 상태를 나타내는 것이다. 올려다보는 그림은 피검자가 환경에 접근하기 어려워하는 감정을, 그리고 조감도는 피검자가 방관자적 태도로 환경에 전적으로 개입하지 않으려는 태도를 나타낸다. 예컨대, 집 그림의 경우에 올려다보는 그림은 피검자가 가정으로부터 거부당하고 있다는 감정과 자신이 근접할 수 없는 가정에 가까이 가고 싶은 욕구를 나타내는 경우가 많다. 올려다보는 그림은 자신이 열등한 존재라는 감정과 자신은 가치가 없는 존재라는 자기비하적인 평가, 위화감 등을 나타내며, 가정으로부터 행복을 전혀 얻지 못하고 있다고 생각하는 폐쇄적인 사고의 소유자에게서 보여진다. 또한 집 그림에서 조감도인 경우에는 피검자가 자신을 우월하게 보며 가정을 벗어나 있음을 보여 주는 경우가 많다. 이것은 가정이나 가정환경에 부여된 가치를 근본적으로 거부하는 사람에게서 자주 나타난다. 멀리 보이는 그림은 움츠르드는 사고와 타인에게 근접하기 어려운 감정을 나타내는 사람이나, 자신의 가정환경을 극복할 수 없다고 믿고 있는 감정과 가족에게 위로를 받을 수 없다는 감정을 지닌 사람이 그린다. 가까이 보이는 그림은 가족에게 다가갈 수 있는 따뜻한 감정을 지닌 사람이 주로 그린다(김동연, 공마리아, 2000).

⑯ 운동성

운동성의 해석에 있어서는 운동성과 동작이 격렬한가, 온건한가, 자발적인가, 강제적인가, 유쾌한 것인가, 불쾌한 것인가를 보아야 한다. 운동성을 느낄 수 없는, 극단적으로 경직된 느낌을 주는 그림은 성격이 경직되어 가소성이 없는 사람이 그리는 경우가 많다.

인물화의 운동성은 확장적 운동, 수축적 운동, 기타 운동으로 나누어진다. 확장적 운동은 높이 뛰거나 달리거나 무용을 하는 등의 적극적인 활동을 표현한 경우이다. 수축적 운동이란 좌절된 것 같은 동작, 피곤하여 웅크리고 앉아 있거나 무엇인가에 기대어 앉아 있거나 등에 짐을 지고 있는 경우 등이다. 기타의 운동은 적극적 활동이 아닌 걷거나 앉거나 독서를 하는 경우이다. 확장적 운동은 기분이 밝고 활동적인 경향을 나타내지만 때로는 침착성이 없는 성격을 나타낸다. 반면에 수축적 운동은 정신적으로 피로해 있고 에너지 수준이 낮으며 의존적인 경향의 사람이 그리는 경우가 많다. 기타의 운동은 자신이 직면한 상황에 대응하여 행동을 변화시켜 나가는 가소성 있는 사람의 그림에 많이 나타난다. 어떤 연령의 피검자의 그림에 인물화에 전혀 운동성이나 동작이 나타나 있지 않는 것은 문제가 있다. 금방 무너질 것 같은 집과 벼락이 떨어진 집, 바람에 휘어진 나무나 낙엽이 떨어지고 있는 나무 등은 병적인 경우가 많다. 이것은 외부의 압력과 무의식의 욕구에 의해 자기가 지배되며, 그것을 자신의 힘으로 통제할 수 없음을 나타내는 경우가 많다(김동연, 공마리아, 2000).

⑰ 지면선

인물화에서 지면선을 그리는 경우는 성인의 그림에서는 그다지 보이지 않지만, 나무나 집 그림에는 직선이나 음영 등의 형태로 지면선을 그리는 것을 볼 수 있다. 지면선은 피검자가 불안감을 안고 있으며, 무엇인가 필요한 틀을 그림으로써 안정감을 얻으려고 하는 것이다. Jolles(1964)는 강하고 진하게 그린 지면선은 불안을 나타내는 것이며, 지면선이 경사를 이루며 양끝이 내려간 것은 자신이 고립되었고 자신이 여러 사람의 눈에 노출된 느낌, 어머니에 대한 의존심, 때로는 노출증의 경향을 나타낸다고 하였다. 오른쪽이 내려가는 경사는 피검자가 불확실한 미래에 위협을 느끼고 있음을 나타내며, 오른쪽이 올라가 있는 경사는 미래를 향하여 노력하고 있다는 것을 나타낸다.

⑱ 기타의 표시

앞에서 열거한 것 이외에 그림에 태양을 첨가하여 그리는 것은 권위적인 인물로서 부나 모를 나타내며, 피검자가 그것에 특별한 감정을 가지고 있음을 나타낸다. 날씨가 표현된 것은 피검자가 자신의 환경에 대해 갖고 있는 감정을 표시한 것이다. 외적 환경이 자신에게 적의를 가지고 있거나 압력을 가하고 있다고 느끼는 사람은 궂은 날씨로 표현하는 경우가 많다.

(3) 내용적 평가요소

내용적 평가는 무엇을 그렸는가를 평가하는 것이다. 특히 앞에서 언급한 구조적(형식적) 요소에서 두드러지게 강조된 세부적인 특징을 다룬다. 이때 검사자는 그림의 상징적 의미에 주의를 기울이게 되는데, 그림에 표현된 상징의 의미는 매우 복잡하므로 단편적으로 해석을 하거나 일반화하는 오류를 범하지 않도록 유의해야 한다. 상징의 의미는 보편적인 의미를 가지는 것도 있지만, 특정 문화와 개인에게만 해당되는 특수한 의미를 가지는 경우도 있다. 따라서 내용적 평가에서 보다 올바른 의미를 이해하기 위해서 검사자는 상징에 대한 보편적인 의미와 인류의 사회문화적 의미를 정신분석학, 민속학, 신화, 옛날이야기, 화가들의 예술작품 등으로부터 정보를 수집해야 한다(高橋, 1974). 검사자는 피검자 자신의 간접 체험과 대화를 통한 상징적 의미에 대한 나눔, 다른 심리검사의 결과, 개인력과 가족력 및 일상생활 환경 등을 이해하고 종합적으로 분석함으로써 왜곡된 평가를 방지할 수 있다. 내용적 평가에서 주로 다룰 수 있는 것은 그림에서 특히 두드러지게 강조된 내용 및 상징, 그림의 제목, 주제와 표현의 관련성, 본인의 평가 및 감상, 정서적 표현 등이며, 이는 그림을 그린 후의 질문(Post Drawing Inquiry: PDI[1])을 통하여 명료화할 수 있다.

이 과정에서 그림에 나타난 상징에 대한 질문과 PDI를 통하여 보다 구체화하려는 노력이 필요하다. 검사자는 그림에서 뚜렷한 특징이 없다 하더라도 그림에 대한 설명을 피검자에게 듣고 PDI를 실시함으로써 의미를 찾아나가는 과정을 거쳐야 할 것이다.

PDI는 그림에 표현된 것에 대한 질문을 하여 그림을 해석하기 위한 자료를 얻기 위한 것이다. 이러한 과정은 그림의 독특한 의미와 문제를 파악하는 데 매우 중요하다. 질문은 일정한 형식이 정해져 있는 것이 아니며 검사자가 필요에 따라 적절히 실시할 수 있다. 예를 들면, "이 그림에 대해 설명해 주시겠습니까?" "이 그림에서 당신은 무엇을 느낍니까?" 식의 광범위한 질문을 할 수도 있고, "이 집에는 누가 살고 있습니까?" "이 사람을 보니 누가 연상됩니까?" 식의 구체적인 질문을 할 수도 있다. 검사자는 피검자의 대답을 기록해 두는 것이 좋고, 이때 피검자가 사용한 용어를 그대로 적어 두는 것이 피검자를 더 잘 이해하는 데 도움이 될 수 있다. 이렇게 검사자와 피검자가 서로 이야기를 나눔으로써 피검자의 그림을 통해 많은 정보를 얻을 수 있다.

만약 그림에 대해 피검자와 이야기를 나누지 않고 검사의 결과인 제작된 그림만을 본다면 검사자가 자신의 마음을 투사하여 일방적으로 의미를 부여하려고 할지도 모른다. 그림을 그리는 사람이 그렇듯이, 그림을 보는 사람 역시 자신의 욕구, 사고, 감정, 소망 등을 그림에 투사하여 보는 경향이 있다. 그러므로 검사자는 반

---

1) 영어로는 Inquiry 외에도 Interrogation 혹은 Interview를 쓰기도 함

드시 그림에 대한 질문을 통하여 올바른 평가가 이루어지도록 해야 한다. PDI는 단순한 질문이 아니다. 피검자에게 그림의 의미를 질문하고 피검자가 자신의 그림에 대해 생각하면서 스스로 그림의 의미를 찾도록 하는 매우 중요한 과정이다. 검사자는 피검자의 대답에 귀 기울임으로써 그림만으로는 파악할 수 없었던 피검자의 심리적 특성을 깊이 이해하는 기회를 가져야 한다. 또한 피검자도 자신의 그림을 언어화함으로써 자신이 이제까지 깨닫지 못했던 문제를 의식화하게 되고, 그로 인해 자기통찰이나 자기이해가 깊어질 수 있다.

4) 해석에서의 유의점

투사적 그림검사를 통해 개인의 성격을 이해하기 위해서는 다양한 정보가 고려되어야 한다. 검사의 결과물은 피검자에 대한 많은 함축적인 정보를 제공한다. 그러나 그림만으로 피검자의 성격특성을 추론하는 것은 자칫하면 왜곡된 평가를 하는 오류를 범할 수 있으므로 주의해야 한다. 따라서 검사의 결과를 해석할 때에는 검사의 반응에 집중하는 것은 물론이고, 검사를 받는 피검자의 행동과 태도에도 주의를 기울여야 하며, 그림에 대한 검사자와 피검자의 대화에서 얻은 임상적 자료를 중요시해야 한다. 앞에서 살펴보았듯이, 피검자가 그린 그림에 대한 전체적 평가, 구조적(형식적) 평가, 내용적 평가와 함께 피검자의 현재 문제가 되는 증상, 과거력과 가족력 혹은 주변 환경과의 관계 등도 고려하여 통합적인 평가가 되도록 노력해야 할 것이다.

그림을 해석할 때 그림에서 두드러진 한 가지 특성을 가지고 단정적인 평가를 해서는 안 된다. 예를 들면, 인물화를 그릴 때 얼굴을 그리지 않을 때는 어떠하다든지, 손을 뒤로 하고 있을 때에는 어떠하다는 식의 단순한 평가는 매우 부적절할 때가 많다. 해석을 할 때에는 그림의 보편적인 상징성뿐만 아니라 개인의 특수성이 고려되어야 하며, 개인에 따라 평가의 예외가 있을 수 있음을 간과해서는 안 된다. 미술로 그 무엇을 표현하는 것은 지극히 개인적인 방법이다. 개인적인 경험이나 느낌 또는 생각 등이 미술이라는 매체를 통해 표출되므로 작품을 만든 사람이 그 작품의 의미를 부여하는 것이 바람직하다. 또한 그림의 해석에서 문제나 부정적인 부분에만 초점을 맞출 것만 아니라 강점이나 긍정적인 부분에 대해서도 동시에 해석할 수 있어야 한다. 문제를 지적하는 것만이 아니라 강점을 발견하고 그것을 발전시킴으로써 성장할 수 있도록 돕는 것도 평가의 중요한 목적이기 때문이다.

평가는 검사자가 일방적으로 내리는 결론이라고 생각할지도 모른다. 하지만 투사적 그림검사에서 검사자의 일방적인 해석은 반감과 불신을 초래할 우려가 있다. 검사자가 권위적인 태도로 그림의 의미를 설명하기보다 피검자가 자신의 그림을 보며 설명하고 느낌을 말하고 자신의 내면 세계를 통찰하는 경우가 더 의미 있는 일이다. 그림에 대해 가장 잘 설명할 수 있는 사람은 바로 그림을 그린 피검자 자신이다. 가끔은 피검자로부터 해석해 달라는 요구를 받을 수 있다. 이때 초보 검사자는 해석해야 할 것 같은 의무감을 느끼거나 혹은 해석하고 싶은 유혹을 느낄 수도 있다. 그러나 검사자는 피검자와 그림의 3자 간의 관계성을 존중하며 대화 속에서 평가하려는 태도를 가지는 것이 바람직하다. 때로는 검사자가 자신의 느낌을 말하면서 피검자가 다시 관찰하고 의미를 찾도록 격려하거나 경청과 기다림으로 피검자 스스로 해석할 수 있도록 도와야 한다.

투사적 현상은 피검자에게만 일어나는 것은 아니다. 그림을 바라보는 검사자도 자신의 마음 상태에 따라 투사가 개입될 수 있다. 투사는 무의식적으로 일어나는 현상이다. 투사적 그림검사와 같이 덜 구조화되어 있는 검사일수록 투사적 현상이 강하게 일어나므로 개인의 감정, 욕구, 관심, 소망 등의 심리적 특성이 잘 반영된다. 이것이 투사적 그림검사를 실시하는 이유이고 검사가 가진 가치이기도 하다. 피검자가 자신의 그림에 의식하지 못한 내면을 드러내는 것처럼, 그림을 해석하는 검사자 역시 그림을 통해 투사가 일어날 수 있다는 점을 염두에 두어야 한다. 그러므로 검사자는 인간으로서 겪을 수 있는 심리적 문제를 극복하려는 노력을 게을리하지 말아야 하며 안정된 심리 상태를 유지할 수 있도록 노력해야 한다.

특히 아동이나 청소년 그림의 경우에는 과도하게 해석하거나 성인과 동일한 선상에서 검사반응을 해석하는 오류를 범하지 말아야 한다. 보통의 경우 그림을 평가할 때 그림에 나타난 반응과 검사 과정에서의 태도 외에도 개인력, 가족력, 환경, 다른 검사의 결과 등을 종합하여 해석을 하게 되지만, 특히 아동의 경우에는 이와 함께 발달적인 면을 고려하여 해석해야 한다. 성인의 그림에서 병리적으로 지적되는 부분이라도 아동의 경우에는 그렇지 않을 때가 많다. 그 연령대에서 나타날 수 있는 발달상의 특징으로 표현된 것일 수도 있다. 단순한 형태로 그린 그림이나 사실적으로 정확하게 묘사하려고 애쓴 그림을 볼 때 그 자체로 성격의 차이를 평가하기보다 발달 과정에서 오는 차이일 수도 있다는 점을 염두에 두어야 한다. 또 아동의 그림에는 성인의 그림과는 다른 공상과 상상의 내용이 포함되기도 하고, 사회문화적 영향으로 인해 그림을 그리는 태도도 차이가 있을 수 있다. Linesch(1988)는 청소년의 그림해석과 관련하여 '아직 완전하게 발달하지 않은 청소년의 자아와 연약한 초자아 때문에 치료사의 해석이 청소년의 연약한 정신구조에 파괴적인 영향을 미칠 수 있다'고 경고하였다. 따라서 검사자는 아동 및 청소년의 그림을 볼 때 다차원적인 특성을 고려하여 열린 마음으로 볼 수 있는 안목을 가져야 한다. 또한 검사자는 심리검사뿐만 아니라 정신병리, 성격이론, 인간발달에 대한 전문적인 지식과 풍부한 임상경험을 바탕으로 검사에 임해야 할 것이다.

3. 투사적 그림검사의 윤리적 측면

인간은 매우 복잡한 존재이다. 한 인간을 온전히 이해한다는 것은 힘든 일이며, 한두 가지의 검사로 파악한다는 것은 더욱 어려운 일이다. 투사적 그림검사는 신뢰도나 타당도 면에서 학문적인 비판을 받아 왔지만, 전문가들로부터 그 가치를 인정받으며 꾸준히 발전해 오고 있다. 이는 투사적 그림검사가 의식화되지 않은 개인의 특성을 잘 반영(Weiner & Kuehnle, 1998)해 주어 인간의 심층적인 정보를 제공해 주기 때문이다. 투사적 그림검사의 시행과 해석에는 피검자의 복리와 이익이 전제되어야 하므로 검사자의 윤리적 태도가 무엇보다 중요하다.

먼저 검사시행에 앞서서 검사의 목적과 절차를 분명히 밝히고 피검자 스스로의 선택에 의해 검사에 참여할 수 있도록 해야 한다. 또한 연구를 위한 검사인 경우에는 목적을 밝히지 않거나 치료를 위한 것처럼 가장해서는 안 되며, 결과의 사용에 대해서도 구체적으로 밝혀야 한다. 검사도구를 선택할 때에도 타당도, 신뢰도, 검사의 적절성, 제한점 등을 신중히 고려해야 한다. 시대에 뒤떨어진 검사도구는 사용하지 않아야 하며, 쓸모없는 측정이나 검사를 하지 않도록 해야 한다. 검사자는 사용할 검사에 대해서 충분히 숙지하고 전문성을 가지고 시행할 수 있도록 해야 한다.

검사의 시행에 있어서는 피검자의 동의가 있어야 하며, 피검자가 미성년자인 경우에는 부모나 법적인 보호자의 동의가 필요하다. 이러한 동의는 피검자의 서명으로 문서화하는 것이 바람직하다. 검사자는 피검자의 비밀을 보장해야 하고, 피검자에게 불리한 영향을 끼칠 수 있는 정보를 함부로 공개해서는 안 된다. 이와 함께 피검자와 타인의 건강과 안전에 즉각적이고 심각한 위험이 된다고 판단되는 경우와 같이 비밀을 보장할 수 없는 경우에는 그 한계에 대해서도 미리 밝혀야 한다.

검사가 완료되면 피검자에게 정확하고 적절한 해석이 제공되어야 한다. 검사자가 해석을 하려고 할 때에는 앞에서 언급한 유의점을 최대한 염두에 두면서 신중을 기해야 하며, 윤리적인 문제에 저촉이 되지 않도록 주의할 필요가 있다. 피검자의 그림을 평가할 수 있는 유일한 방법은 존재하지 않는다. 그럼에도 불구하고 검사에 있어서 평가는 필수적인 부분이기도 하다. 많은 미술치료사는 피검자의 상징적인 이미지의 해석을 직업적 책임으로 보고 그림을 해석하는 것이 그들 직업에 필수적인 요소라고 생각한다(Cohen, Hammer, & Singer, 1988; Franklin & Politsky, 1992; Wadeson, 1980). 미술치료에서의 윤리적 측면을 강조한 Moon(2006)에 의하면 그림의 해석에서 가장 중요한 것은 내담자와 내담자의 미술작품에 해가 되는지 혹은 이익이 되는지를 생각해 보는 것이다. 그림을 해석하는 것에는 이로운 면도 있지만 해로운 면도 있을 수 있다는 점을 기억해야 한다.

검사자는 검사결과나 해석을 포함한 평가결과를 오용해서는 안 되며, 검사자 이외의 사람이 잘못 사용하는 것을 막기 위해 적절한 조치를 취해야 한다. 만약 검사자가 피검자의 검사결과에 대해서 슈퍼비전을 받게 된다면, 이러한 사실을 반드시 피검자에게 알려야 한다. 검사자는 검사결과를 해석할 능력이 있다고 인정되는 전문가에게만 자료를 공개해야 하며, 슈퍼바이저는 검사결과에 대해 비밀을 지켜야 할 책임이 있다.

그림을 함부로 해석하는 것에 대한 위험성은 많이 들어 왔을 것이다. 검사자가 자신의 권위를 내세우려고 무리하게 평가를 내리거나 섣불리 질병과 연관 지으려는 행위는 비윤리적일 뿐만 아니라 피검자에게 상처를 줄 수 있다. 만약 피검자의 그림을 질병과 연관시켜 비판적으로 명명한다면 피검자는 진단받은 병명으로 인해 그 존재의 의미가 축소될 우려가 있다. 또한 그림을 병리적 상징이나 질병의 표시로 여길 때 그 작품의 의미는 축소될 수 있다(Moon, 2006). McNiff(1989)는 미술을 자의적으로 해석하는 것은 심리학과 역사학 입장에서 미술을 전반적으로 오해하고 제한하는 일이라고 하였다. Moon(1995)도 해석적인 과정의 결과로 그림에 특정한 진단을 내리거나 심리학적으로 병리적인 이름을 붙이는 것을 '이미지 살해(imagicide)'라고 부르기까지 했다. 이는 그림에 한 가지 이름으로 꼬리표를 붙여 지나치게 단순화시키게 되면 이미지의 의미를 제한하게 되므로 의도적인 살해라는 의미이다. 또 그림을 해석할 때 그림을 말로 바꾸는 과정에서 '손실과 과오'가 따를 수 있고(Champernowne, 1971), 이는 치료관계에 해를 끼칠 수 있다. 그림에는 언어적으로는 충분히 설명하기 힘든 복잡한 요소가 결합되어 있다. 따라서 해석을 할 때에는 검사자, 피검자와 미술작품의 세 가지 요소의 대화를 통해 이루어져야 하며, 검사자의 권위를 내세우고 인정받으려는 해석이 아니라 피검자의 입장이 충분히 고려되고 미술작품의 권리가 존중받는 해석이 되어야 한다.

또한 현대 사회는 다문화 사회이므로 문화적인 차이를 고려한 해석이 이루어져야 할 것이다. 검사 시행과 해석에 있어서 검사자는 피검자의 나이, 인종, 문화, 장애, 민족, 성, 종교, 성적 기호 그리고 사회경제적 지위의 영향을 고려하고, 다른 관련 요인들과 통합·비교하여 검사결과를 해석해야 함을 잊지 말아야 한다.

참고문헌

김동연, 공마리아 편역(2000). 인물화 및 집-나무-사람 그림에 의한 심리진단법. 대구: 한국 미술치료학회.

박영숙(2004). 전문가를 위한 투사적 검사와 치료적 활용. 서울: 하나의학사.

신민섭, 김수경, 김용희, 김주현, 김향숙, 김진영, 류명은, 박혜근, 서승연, 이순희, 이혜란, 전선영, 한수정(2003). 그림을 통한 아동의 진단과 이해: HTP와 KFP를 중심으로. 서울: 학지사.

高橋 雅春(1974). 描画テスト入門-HTPテスト. 東京: 文教書院.

Alschuler, R. H., & Hattwick, L. B. W. (1947). *Painting and personality* (2 vols.). Chicago, IL, US: University of Chicago Press.

Anastasi, A. (1988). *Psychological testing* (6th ed.). New York: Macmillan.

Buck, J. N. (1948). The HTP test. *Journal of Clinical psychology*, *4*, 151-159.

Burns, R. C., & Kaufman, S. H. (1972). *Actions, styles, and symbols in Kinetic Family Drawings(KFD: Research and application)*. New York: Brunner/Mazel.

Champernowne, H. I. (1971). Art And Therapy-Uneasy Partnership. *American Journal of Art Therapy, 10*(3), 131-143.

Cohen, B., Hammer, J., & Singer, S. (1988). The diagnostic drawing series: A systematic approach to art therapy evaluation and research. *The Arts in Psychotherapy, 15*, 11-21.

Cohen, E. (1965). Examiner differences with individual intelligence tests. *Perceptual and motor skills, 20*, 1324.

DiLeo, J. H. (1973). *Children's drawings as diagnostic aids*. New York: Brunner/ Mazel.

Franklin, M., & Politsky, R. (1992). The problem of interpretation: Implications and strategies for the field of art therapy. *The Arts in Psychotherapy, 19*, 163-175.

Hammer, E. F. (1969). Hierarchical organization of personality and the HTP, achromatic and chromatic. In J. N. InBuk & E. F. Hammer (Eds.), *Advances in House−Tree− Person techniques: Variations and application*(pp. 1−35). Los Angeles: Western psychological services.

Hammer, E. F. (1971). *The Clinical Application of projective drawings*. Springfield, IL: Charles C. Thomas.

Handler, L. (1985). The clinical use of the Draw−A−Person test(DAP). In C. S. Newmark (Ed.), *Major psychological assessments*. Boston: Allyn & Bacon.

Jolles, I. (1964). *A catalog for the qualitative interpretation of the House−Tree− Person(HTP)*. Los Angeles: *Western Psychological Services*.

Linesch, D. G. (1988). *Adolescent art therapy*. New York: Brunner.

Machover, K. (1949). *Personality projection in the drawing of the human figure* (A method of personality investigation). Springfield, IL: Charles C. Thomas.

Masling, J. (1960). The influence of situational and interpersonal variables in projective testing. *Psychological Bulletin, 57*(1), 65.

McNiff, S. (1989). *Depth psychology of art*. Springfield, IL: Charles C. Thomas.

Moon, B. L. (1995). *Existential Art Therapy: The Canvas Mirror*. Springfield, Charles C. Thomas.

Moon, B. L. (2006). *Ethical issues in art therapy*. Springfield, IL: Charles C. Thomas.

Petersen, C. S. (1977). *Roots as shown in kinetic family drawings*. The commentary, Bountiful, UT: Carr publishing Co.

Sattler, J. M., & Gwynne, J. (1982). White examiners generally do not impede the intelligence test performance of Black children: To debunk a myth. *Journal of Consulting and Clinical Psychology, 50*(2), 196−208.

Sattler, J. M., & Theye, F. (1967). Procedural, situational, and interpersonal variables in individual intelligence testing. *Psychological Bulletin, 68*(5), 347−360.

Wadeson, H. (1980). *Art Psychotherapy*. New York: John Wiley & Sons.

Weiner, I. B., & Kuehnle, K. (1998). Projective assessment of children and adolescents.

In A. S. Bellack & M. Hersen (Eds.), *Comprehensive clinical psychology*: vol 4. *Assessment* (pp. 432-458). New York: Pergamon Press.

Widiger, T. A., Saylor, K. I. (1998). Personality assessment. In A. S. Bellack & M. Hersen (Series Eds.) & N. R. Schooler (vol. Ed.), *Comprehensive clinical psychology* (vol.3). pp. 145-167. New York: Pergamon Press.

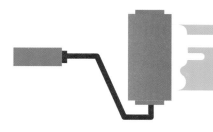

제2부

인물이 있는 그림검사

제**4**장

인물화 검사

- **개발자**: Machover(1949)
- **목 적**: 성격 평가
- **준비물**: 8½″ × 11″(A4) 용지 2장, 중간 정도의 연필(HB~4B), 지우개
- **지시어**: "사람을 그려 주세요. (첫 번째 그림을 그린 후) 만약 첫 번째 그린 인물이 남자이면 여자를 그려 주세요. 그 반대의 경우에도 마찬가지입니다. (그림을 다 그린 후) 그 인물에 대해 이야기해 주세요(Draw a person. If the first figure was a male, then the examiner asks for a female figure, and vice versa. Tell me a story about the figure)."

1. 개요

인물화 검사는 가장 오래되고, 임상 현장에서 가장 많이 사용하는 기본적인 검사 중 하나이다. 인물화 검사는 1926년에 Goodenough가 『그림에 의한 지능 측정(Measurement of intelligence by drawings)』을 소개하면서 지능평가도구로 활용되었다. 이것은 이후 여러 학자에 의해 성격검사를 위한 투사적 그림검사로 발전하게 되었다. 투사적 그림검사로서의 인물화 검사는 1949년에 Machover에 의해 연구가 구체적으로 진행되었다.

국내에서는 '인물화 검사'라는 용어로 통일해서 사용하고 있지만, 제1장에서 언급한 바와 같이 인물화 검사의 경우에는 명칭에 약간씩 차이가 있으며, 그림을 그리는 인물상의 수에 있어서도 차이가 있다. 따라서 독자의 이해를 돕기 위해 인물화검사의 개발자와 그림검사의 명칭, 그리고 인물상을 정리하면 〈표 4-1〉과 같다.

〈표 4-1〉 인물화 검사의 명칭, 개발자, 인물상

검사 명칭	검사 개발자	개발 연도	인물상
인물화 검사 (Draw-A-Men test: DAM)	Goodenough	1926	남자상
인물화 검사 (Draw-A-Person test: DAP)	Machover	1949	남자상, 여자상
굿이너프-해리스 인물화 검사 (Goodenough-Harris Draw-a-man-test: GHD)	Harris	1963	남자상, 여자상, 자기상
인물화 (Human Figure Drawing: HFD)	Koppitz	1968	인물상(성별 구별 없음)
정서 문제 선별을 위한 인물화 (Draw-A-Person Screening Procedure for Emotional Disturbance: DAP:SPED)	Naglieri, McNeish와 Bardos	1991	남자상, 여자상, 자기상

〈표 4-1〉에서 제시한 인물화 검사 중에서 Machover(1949)의 DAP와 Koppitz (1968)의 HFD가 가장 보편적으로 사용되는 명칭이며, 최근에는 Naglieri, McNeish 와 Bardos(1991)의 DAP:SPED도 많이 사용되고 있다.

성격평가도구로서 인물화 검사에 대한 연구가 조직적으로 이루어진 것은 1949년에 Machover가 『인물화를 통한 성격 투사(Personality projection in the drawing of the human figure)』를 출판하면서부터이다. 이 책에서는 정서적 갈등의 지표로서의 그림에 대한 질적 평가의 단계를 설정하였다. Machover는 정신분석이론에 입각하여 '신체상(body-image) 투사' 가설을 제시하였다. Machover(1949)는 '투사된 신체상은 피검자의 충동, 불안, 갈등, 보상 등을 반영하는 것으로, 그려진 인물은 바로 그 사람 자신이며 종이는 그가 처해 있는 환경에 해당한다'고 하였다. 이러한

Machover의 가설은 Levy(1947) 등에 의해서도 지지되었다. Levy는 인물화란 자아개념의 투사이며, 환경에 있어서 다른 사람에 대한 자기의 태도, 이상적 자기상, 습관의 현상, 정서 상태, 수검 태도, 일상생활과 사회에 대한 태도의 표시라고 했다.

　Machover와 Levey 등은 인물화의 특정한 신체 부분을 중심으로 심리적 특성이나 심리적 상태를 해석하였다. Koppitz(1968)와 Naglieri 등(1991)은 인물화 검사를 정신장애 진단도구로 활용하려는 시도를 하였다. Koppitz(1968)는 인물화 검사를 Sullivan의 대인관계이론을 기반으로 하여 그림을 통해 아동의 발달단계와 대인관계 능력을 탐색하고자 하였다. Koppitz는 아동이 다양한 요구와 수행을 조정할 때 나타나는 두려움, 근심, 스트레스뿐만 아니라 나이의 발달적 특징도 그림에 반영된다고 하여 30개의 정서지표와 30개의 발달지표를 개발하였다. 그 외에도 Koppitz는 성취도 여부와 인물화 표현의 관계를 탐색했고, 아동의 성향(수줍어하는지 공격적인지)에 따라 인물화에서 어떤 차이를 보이는지 등에 관한 연구도 하였다.

　Naglieri 등(1991)은 Koppitz의 HFD(1968)를 발전시켜 만 6~17세 아동, 청소년의 정서·행동 문제 선별을 위한 인물화(Draw-A-Person Screening Procedure for Emotional Disturbance: DAP:SPED) 검사를 개발하였다. 이 연구자들은 HFD 정서지표보다 더 객관적이며, 쉽게 활용할 수 있고 심리적 평가가 가능한 지표를 만들려는 노력으로 명목척도로 된 55개의 채점기준을 개발하였다. DAP:SPED는 투사검사로서 인물화 검사가 가지는 낮은 신뢰도와 타당도를 보완할 수 있도록 표준화된 것으로, 심리측정 면에서 가장 우수한 인물화 검사로 알려져 있다(Matto, 2002).

　인물화 검사는 사람을 그리라고 요구하는 점에서 약간의 지시가 이루어지지만 다양한 자기표현이 가능하므로 투사기법으로서의 잠재력을 충분히 확인할 수 있다. 뿐만 아니라 실시하기가 쉬우며 검사 실시시간이 짧고 특별한 검사도구가 필요 없다. 그리고 외국인이나 문맹자에게 적용될 수 있어 언어와 문화의 차이를 극복할 수 있으며, 연령, 지능, 미술적 자질에 거의 제한이 없다는 장점을 가지고 있다.

✏️ **2. 실시방법**

학자별로 실시방법에 대해 제시하면 다음과 같다.

1) Machover(1949)의 인물화

(1) 준비물
$8\frac{1}{2}'' \times 11''$(A4) 용지 2장, 중간 정도의 연필(HB~4B), 지우개

(2) 시행절차
① 사람을 그려 주세요.
② (첫 번째 그림을 그린 후) 만약 첫 번째 그린 인물이 남자면 여자를 그려 주세요. 그 반대의 경우에도 마찬가지입니다.
③ (그림을 다 그린 후) 그 인물에 대해 이야기해 주세요.

- 피검자가 그림을 그릴 수 없다거나 그림에 소질이 없다고 말할 때에는 사람을 그리려고 노력하는 모습에 흥미가 있지 그림 솜씨는 고려하지 않는다고 말해 줌으로써 피검자를 안심시킨다. 만일 피검자가 머리만 그리고 다 그렸다고 할 때에는 전체 인물을 그리는 것이라고 말하고, 피검자의 반응을 적어 둔다. 사람 전체를 그리라고 부탁하는 것 외에 피검자가 질문하는 것에는 어떠한 언질도 주지 않고 "당신이 좋을 대로 그리면 됩니다."라고 대답한다.
- 피검자에게 자신이 그린 그림을 보면서 그려진 인물이 연극이나 소설에 나오는 주인공처럼 상상하면서 그 인물에 대해 이야기를 해 보라고 한다. 질문내용은 연령, 학력, 직업, 야심, 가족, 부모님 중 누구를 좋아하는지, 자신의 신체에 대한 태도, 친구에 대한 태도, 가족, 학교, 성, 결혼에 대한 태도 등은 어떠한지에 관한 것이다. 이 방법은 언어적이고 의식적인 면이어서 그림 그리는 방법에 있어서 내재적으로 중요한 면은 아니다. 그러나 이

렇게 함으로써 피검자에 관한 가치 있는 임상 정보를 얻을 수 있으며, 그림
의 특징에 대한 것을 타당화하는 데에도 도움이 된다. 그림 자체는 언어적
설명이 없이도 해석할 수 있다. Machover(1949)의 연상질문 내용은 아동용
31문항, 성인용 45문항으로 구성되어 있다.

2) Koppitz(1968)의 인물화

(1) 준비물
8½″ × 11″(A4) 용지 1장, 연필(2B), 지우개

(2) 시행절차
"이 종이 위에 사람의 전체 모습을 그려 주세요. 당신이 원하는 어떤 사람이라도
그릴 수 있지만, 막대기 모양의 사람이나 만화 같은 사람이 아닌 사람의 전체 모
습을 그려야 한다는 것을 명심하세요."
"On this piece of paper, I would like you to draw a WHOLE person. It can
be any kind of a person you want to draw, just make sure that it is a whole
person and not a stick figure or a cartoon figure."(Koppitz, 1968, p. 6)

- HFD의 실시는 개별검사, 집단검사 모두가 가능하나, Koppitz(1968)는 아동을
  관찰하고 아동에게 필요한 경우 질문을 할 수 있으므로 개별검사를 추천하였
  다. 그리고 수용적인 검사자와의 일대일 관계에서 대부분의 아동이 더 풍부
  하게 자신의 정보를 드러내는 그림을 그린다고 하였다.
- HFD를 실시하는 데 있어서 제한시간은 없으나 일반적으로 아동들은 그림을
  완성하는 데 10분~30분이 걸린다. 필요한 경우, 아동은 지우개를 사용할 수
  있다. 검사자는 아동이 인물을 완성하는 순서, 정서에 영향을 미치는 요인, 즉
  홍적인 말 그리고 행동의 변화를 주의 깊게 관찰해야 한다. 집단검사를 실시할
  경우, 아동이 다른 사람의 그림을 모방하지 않도록 가능한 한 멀리 떨어져서
  앉도록 해야 한다. 그리고 검사가 실시되는 공간 안에 사람 사진이 없어야 한다.

3) Naglieri, MceNeish와 Bardos(1991)의 인물화

(1) 준비물
지우개가 달린 연필, DAP:SPED 기록지

(2) 시행절차
① "몇 장의 그림을 그릴 거예요. 먼저, 남자 그림을 그려 주세요. 할 수 있는 한 최선을 다해서 그려 주세요. 그만이라고 말할 때까지 시간을 가지고 신중하게 그려 주세요. 남자의 전체 모습을 그린다는 것을 꼭 기억하세요. 시작하세요." (5분을 허용함)

"I'd like you to draw some pictures for me. First I'd like you to draw a picture of a man. Make the very best picture you can. Take your time and work very carefully, and I'll tell you when to stop. Remember, be sure to draw the whole man. Please begin." (Allows 5 minutes)

② "이번에는 여자 그림을 그려 주세요. 할 수 있는 한 최선을 다해서 그려 주세요. 그만이라고 말할 때까지 시간을 가지고 신중하게 그려 주세요. 여자의 전체 모습을 그린다는 것을 꼭 기억하세요. 시작하세요." (5분을 허용함)

"This time I want you to draw some picture of a women. Make the very best picture you can. Take your time and work very carefully, and I'll tell you when to stop. Remember, be sure to draw the whole women. Please begin." (Allows 5 minutes)

③ "이제는 자기 자신을 그려 주세요. 할 수 있는 한 최선을 다해서 그려 주세요. 그만이라고 말할 때까지 시간을 가지고 신중하게 그려 주세요. 자기 자신의 전체 모습을 그려야 한다는 것을 명심하세요. 시작하세요." (5분을 허용함)

"Now I'd like you to draw a picture of yourself. Be sure to draw the very best picture you can. Take your time and work very carefully, and I'll tell you when to stop. Be sure to draw your whole self. Please begin." (Allows 5 minutes) (Naglieri et al. 1991, p. 21)

3. 평가기준 및 해석

인물화 검사의 평가기준과 해석은 개별반응 접근과 선별 중심 체계적 접근 방식으로 살펴보고자 한다.

1) 개별반응 접근

개별반응 접근(Individual sign approach) 방식은 Machover(1949)가 제안한 '신체상 투사' 가설을 기초로 하여 인물화에 나타난 개별반응을 중심으로 해석하는 방식이다. 이 방식에서는 인물이 그려진 형식과 내용으로 구별되어 해석된다. 그림의 형식은 그림의 순서, 크기, 위치, 대칭성 등을 말하며, 그림의 내용은 인물에서 드러나는 각 신체 부분들의 특징을 말한다. 그림의 형식적 평가에 대해서는 이미 제3장에서 설명하였으므로 여기서는 생략하고 내용 해석을 중심으로 기술하고자 한다.

(1) 머리

머리는 '자기(self)'의 자리이다. 머리는 사회적 욕구와 민감성을 나타내며, 지적 능력, 공상적 활동에 대한 정보를 나타낼 수 있다(Machover, 1951). 그리고 충동적인 상황에서의 이성적인 통제 욕구, 대인관계의 양상 등을 나타낸다(Buck, 1948). 보통 사람들은 그림을 그릴 때 머리를 제일 먼저 그린다. 머리를 맨 나중에 그리는 것은 대인관계의 장애를 표현하는 것이다(Machover, 1949; Levy, 1957).

큰 머리는 사회적 의사소통수단과 의존성의 중심 기관이므로 어린이와 의존적인 사람들이 좋아한다(Machover, 1951). 만 6세 이하 아동의 경우, 몸에 비해 머리를 크게 그리는 것은 정상적이며, 이들의 인지적·정서적 성숙의 수준을 반영하는 것이다(신민섭 외, 2003). 반대로 머리를 너무 작게 그렸다면 지적인 열등감, 사회적으로 혹은 성적으로 부적절한 감정이나 무기력, 약한 자아(DiLeo, 1973; Jolles, 1964; Machover, 1949)를 나타낸다. 열등감 혹은 약함(Burns & Kaufman, 1972; Machover, 1949)을 암시하는 경우도 있다.

머리카락은 성적 상징의 부분으로 육감적인 욕구와 관계가 있고, 퇴행적인 성인의 그림에서 종종 강조되기도 한다(Buck, 1948; Jolles, 1964; Machover, 1949). 또는 자아도취적이거나 동성애적인 피검자들이 머리카락을 강조한다(Levy, 1957). 머리카락의 생략은 거세공포, 낮은 신체적 활력(Machover, 1949)을 나타낸다.

(2) 얼굴

얼굴은 기본적으로 사회와의 의사소통기관이다. 이목구비를 생략한 경우에는 대인관계에서의 마찰이 있으며, 회피 경향성을 나타낸다(Machover, 1951). 자신에 대한 기준이 지나치게 높은 사람, 자존감이 낮은 사람, 정체성이 혼란스럽거나 심하게 우울한 사람들은 인물화에서 얼굴을 그리지 않고 생략하곤 한다(주리애, 2015). 이목구비는 강조하고 신체 부위는 흐릿하게 그리는 경우에는 열등감에 대한 보상적 방안으로 습관적으로 공상에 의존하거나 신체의 부위나 기능에 대해 수치감이나 열등감을 느끼는 경우이다(Machover, 1949).

아동의 그림에서 때로 얼굴을 그리지 않고 뒤통수를 그리는 경우가 있는데, 이는 아동이 '세상과 직면하기'를 원하지 않는 것으로 해석될 수 있다. 또한 외모에 대해 극도의 불안감을 느끼고, 자신 없어하며 매우 예민해지고, 세상에 대해 억제적이고 회피적인 태도를 갖게 되었음을 시사하기도 한다. 억압된 분노감이나 거부적인 태도를 반영하기도 한다(신민섭 외, 2003).

(3) 눈

눈은 '마음의 창'이다. 눈은 외부로부터 정보를 받아들이는 신체기관이며, 그 사람의 태도나 기분을 드러내는 역할을 한다. 눈은 의사소통의 수단이므로 만약 눈을 크게 그려서 강조했다면 이는 의심하는 습관과 편집증적 성향을 고려해 볼 수 있다. 혹은 타인의 비판이나 의견에 지나치게 민감함을 나타낸다. 특히 눈을 너무 진하게 그려서 위협적이면서 날카롭게 쳐다보는 것을 그린 경우에는 더욱 이러한 경향을 가질 수 있다. 눈동자 없이 원모양으로 그린 눈은 자기중심성, 미성숙, 퇴행의 경향을, 작은 눈은 자기도취적 경향을 나타낸다. 눈이 생략되거나 눈동자를 생략한 경우에는 주변에 무관심하거나 내향적일 가능성이 높다(Machover, 1949).

눈썹의 의미에 대해서는 충분히 밝혀져 있지 않고 머리카락의 의미와 같은 것으로 생각하고 있다. 그러나 가지런한 눈썹은 세련되고 멋지게 몸치장을 하는 경향으로 추정해 볼 수 있다(Machover, 1949). 남자가 그린 인물화의 눈이 크고, 눈썹이 그려진 경우에는 동성애를 암시하며, 눈동자가 생략된 것은 절시증(scopophilia)적 경향성과 연관된 죄의식을, 눈이 크고 강하게 응시하고 있으면 망상적 경향을 암시하는 것이다(Levy, 1957).

(4) 코

코는 남성 성기의 상징이나 권력 욕구의 상징이다. 만약 코를 너무 크게 그리거나 강조한 것은 성적 불능, 성적 열등감이나 무력감, 거세불안 등이 의심된다. 갱년기 우울증을 겪는 남성의 경우에는 코를 지나치게 크게 그리기도 한다. 청소년 피검자의 큰 코는 남성적 역할 확립을 추구하지만 부적절함을 느끼는 경우이다(Machover, 1951). 만약 피검자와 동일시되는 인물의 코가 굽어 있고, 넓고 평평하다면 배척감과 자기모멸감을 표현한다(Levy, 1957). 코를 그리지 않는 경우에는 수줍고, 위축되어 있고, 우울한 성격을 반영하기도 하지만, 아동의 경우에는 코를 그리지 않는 경우도 흔하다(박영숙, 2004).

(5) 입

입은 관능적 만족의 원천이다. 아동의 그림에서는 머리와 입이 가장 먼저 나타난다. 입은 적극성, 공격성, 성적인 것을 표현한다. 입을 강조해서 그린 경우에는 퇴행적인 방어, 구강적 성격, 의존적이고 미성숙한 성격에서 나타나는 언어적 공격 성향을 나타낸다(Burns & Kaufman, 1972; Jolles, 1964; Machover, 1949).

입은 대부분의 피검자가 직선과 타원형으로 그린다. 직선으로 그려진 입은 언어적 공격성을, 타원형의 입이나 벌려진 입은 구강적 성욕이 강하고 의존적인 특성을 암시한다. 만약 남자 피검자가 인물의 입술을 감각적으로 그렸다면 여성적이거나 동성애적일 수 있다. 만약 입에 이가 드러나게 그렸다면 구강적 공격성을 나타낸다(Levy, 1957). 입이 생략되어 있다면 우울 상태, 구강적 공격 성향에 대한 죄책감, 의사소통장애나 의사소통에 대한 저항, 애정욕구 표현의 거부를 나타낸다. 이는 간혹 천식 환자에게서 나타나기도 한다(Machover, 1949, 1951; DiLeo, 1973). 아동의 경우에 입을 그리지 않았다는 것은 애정의 교류에 있어서 심한 좌절감이나 무능력감, 위축감, 양가감정을 느끼고 있음을 의미할 수 있다. 특히 애정을 줄 수 있는 중요한 인물들, 즉 부모와 같은 대상과의 관계에 상당한 갈등이나 결핍이 있음을 시사할 수 있다(신민섭 외, 2003).

(6) 귀

귀는 기능적으로 보아 비교적 수동적인 기관이며, 대부분의 유아가 자세하게 그리지 않는다. 그러나 귀가 크게 그려졌거나 강조하여 그려졌다면 청각 영역에서의 기질적 손상, 환청, 사회적 비평에 대한 과민성 등을 의심해 보아야 한다(Machover, 1951). 귀걸이는 자기과시적, 자기노출증적 경향이 있는 경우에 과장되게 그려진다(Levy, 1957). 귀는 정상 성인의 그림에서 생략되는 경우가 자주 있다.

(7) 턱

턱은 힘과 주도권의 상징이다. 피검자가 동일시하고 있는 인물에서 턱이 크게 강조된 것은 강한 충동성이나 공격성의 표현이며, 허약감이나 사회적 부적절함에 대한 보상으로 나타나기도 한다. 상대 인물에서 턱이 강조된다면 공격적이고 주도적인 대상과의 관계에서 피검자가 경험하는 열등감을 나타낸다(Levy, 1957). 약한 턱은 무능한 느낌, 부적절한 느낌, 신체적 무력감을 나타낸다.

(8) 목

목은 신체(충동)와 머리(지적 통제)의 연결 부분이다. 그러므로 목을 강조하는 것은 위협적 충동을 통제하려는 욕구와 관련되어 있다. 목을 매우 짧고 굵게 그렸다면 난폭하고 고집이 세며 엄격한 성향을 나타내고, 지적 활동을 방해하는 충동성을 억제하고자 하는 욕구를 나타낸다. 목을 매우 길게 그린 경우에는 지적 활동과 정서활동을 분리하고자 하는 욕구 혹은 규범적이고 엄격하고 경직된 도덕적 삶에 대한 소망을 나타낸다. 목이 생략된 경우에는 충동성을 암시한다(Machover, 1949).

(9) 어깨

어깨는 신체적인 힘을 갖고자 하는 욕구를 나타낸다. 각진 어깨는 공격적이고 적대적인 경향을 나타내며(Buck, 1948; Hammer, 1971; Jolles, 1964), 좁은 어깨는 열등감을 나타낸다(Buck, 1948; Jolles, 1964). 특히 사춘기나 불안한 사람이 매우 넓은 어깨를 그렸다면 이는 흔히 보상적 반응이라 할 수 있다(Hammer, 1971; Machover, 1949). 넓은 어깨는 강함, 힘에 대한 극단적인 관심을 나타내며, 공격성과 행동화 경향성을 암시하는 한편 지나친 방어성을 암시하기도 한다. 여성의 경우에는 남성적 주장, 힘을 얻으려는 노력, 남성을 능가하는 힘을 나타낸다(Jolles, 1964; Machover, 1949). 균형이 잘 잡히고 둥근 어깨는 부드럽고 유연하며 조화가 잘된 힘의 표현을 나타낸다(Jolles, 1964). 만약 남성상에서 어깨가 강조되거나 남성을 상징하는 다른 부분이 강조되었다면 이는 피검자의 남성성에 대한 부적절한 느낌을 검토해 볼 수 있다(Levy, 1957).

(10) 몸통

몸통은 기본적인 욕구를 상징하므로 몸통이 그려진 방식은 기본적 욕구발달이나 통합과 관련되는 태도를 반영한다. 큰 몸통은 충족되지 못한 욕구를 상징하기도 하며, 길고 좁은 몸통은 조현병적 성향을 나타낸다(Jolles, 1964). 둥근 몸통은 수동적 · 여성적 · 유아적 · 퇴행적 성격을 나타낸다(Machover, 1949; Petersen, 1977). 작은 몸통은 욕구에 대한 부정이나 열등감을(Buck, 1948), 각진 몸통은 남성적인 성격을 나타낸다(Machover, 1949; Petersen, 1977).

(11) 유방

유방은 성적 관심과 의존 욕구를 나타낸다. 남자 피검자가 그린 여자상에서 지나치게 크게 그려진 유방은 정서적 미성숙함, 모성에 대한 의존성, 강한 구강적·의존적 욕구를 암시한다(Machover, 1949). 여자 피검자가 그린 여자상에서 지나치게 크게 그려진 유방은 지배적인 모성과의 동일시, 노출증적 성향이나 자아도취적인 성향을 암시한다(Levy, 1957).

(12) 허리선

허리는 신체적 충동의 원인을 나누는 선이다. 남성의 경우에 허리선 위쪽은 신체적 힘의 영역이고, 아래쪽은 성적 영역이다. 여성의 경우에 허리선 위쪽은 육아 활동과 연관되며, 아래쪽은 성적 영역인 동시에 출산과 관련된 영역이기도 하다(Machover, 1949). 성인의 경우에 다른 신체 부위와 하체를 분리시키는 강한 선은 성적 갈등을 암시한다. 이러한 의미에서 지나치게 높거나 낮은 허리선은 성적 활동과 관련된 갈등을 암시할 수 있다. 코르셋 모양으로 지나치게 얽매어 있는 허리선은 신체적 충동성에 대한 불안정한 정서통제를 암시한다. 정교한 허리 벨트는 성적인 집착, 합리화나 승화를 통한 신체적 충동에 대한 통제를 암시한다(박영숙, 2004).

(13) 팔

팔은 다른 사람이나 외부 환경과 관계를 맺는 방식을 반영한다. 팔이 정상적으로 그려진 경우에는 경직되지 않고 편안하게 보이는 모습이다. 짧은 팔은 의욕 결여, 부적절한 느낌을 나타낸다(Buck, 1948; Burns & Kaufman, 1972; Jolles, 1964). 긴 팔은 성공에 대한 노력과 야망(Jolles, 1964), 사랑과 애정을 요구한다(Machover, 1949). 손을 허리에 올려놓고 팔꿈치를 옆으로 벌려 그린 팔은 자아도취적 경향이나 위세 부리는 태도를 나타낸다고 볼 수 있다. 길고 튼튼하게 그려진 팔은 야망이나 신체적 강인함의 욕구 또는 주변 환경과의 적극적 접촉을 나타낸다(Buck, 1948; Jolles, 1964; Machover, 1949). 허리 뒤로 팔을 감추고 있는 모습은 사람들과 마주치지 않으려는 경향성, 공격적·적대적 행동과 감정을 통제하려는 욕구, 죄의식을 나타낸다. 팔짱을 낀 팔은 세상에 대한 거부(Machover, 1949), 의심과 적개심으로 세상과 사람을 경멸하는 태도, 과격한 충동성을 통제하려는 엄격한 시도, 자기주장을 못하는 수동성, 사회적으로 관계를 맺지 않으려는 경향성을 암시한다(Jolles, 1964). 외부로 뻗친 손은 환경에 대한 갈망, 대인관계에 대한 갈망, 도움이나 애정을 바라는 소망을 나타낸다. 팔이 지나치게 몸쪽으로 붙어 있다면 수동성이나 방어적 경향성을 나타낸다. 팔이 몸통에서 많이 벌려지게 그려져 있다면 외부로 향하는 공격성, 강박성, 지각장애를 의미한다(Levy, 1957). 팔이 생략된 경우에는 죄책감, 심한 우울증, 부적절한 느낌, 주변 환경에 대한 불만족, 강한 위축 경향성이나 수동성을 암시한다(Machover, 1948).

(14) 손

손은 무엇인가를 잡고 조종하는 신체기관이다. 만약 손이 감추어져 있다면 손으로 하는 행위에 대한 죄의식이나 무엇인가를 주도하는 행위에 대한 어려움을 암시한다. 손이 등 뒤로 숨겨져 있다면 대인관계 접촉에서의 회피성, 타인에 대한 죄의식, 자위 행위로 인한 죄의식을 암시한다. 그러나 경우에 따라서는 손을 그리는 데 대한 불편함을 단순하게 나타내기도 한다. 손이 지나치게 강조되어 있는 것은 주도하고 조종하는 행위에 대한 열등감이나 장애를 나타내는 것이며(Levy, 1957), 손에 진한 음영이 그려졌다면 공격, 절도, 자위 등 손 사용 행동에 대한 불안이나 죄책감을 나타낸다(Buck, 1948; Jolles, 1964; Machover, 1949). 큰 손은 힘을 얻기 위한 노력을 표현한 것으로, 청소년기나 어린 남아에게서 전형적으로 보이며(Machover, 1949), 공격성을 나타낸다(Burns & Kaufman, 1972). 작은 손은 불안정감, 무력감을 나타낸다. 벙어리장갑 모양을 한 손은 억압되어 있는 공격성, 이로 인해 간접적으로 표현되는 공격성을 나타낸다. 주먹을 불끈 쥔 손은 공격성과 보복감, 또는 분노를 의식 수준에서 통제하려는 시도를 반영한다(박영숙, 2004). 손 생략은 환경을 다루는 데 있어서의 부적절함(Jolles, 1964), 거세불안, 자위 행위에 대한 죄책감과 관련된다(Buck, 1949; Hammer, 1971; Machover, 1949).

(15) 다리와 발

다리와 발은 전형적으로 안정감의 상징으로, 활동력과 관련되는 정서를 나타내며, 특히 발은 자율성의 상징이다. 긴 다리는 강한 자율성의 욕구를 나타내며, 짧은 다리는 의존 욕구, 무기력감과 위축감을 나타낸다(Buck, 1948; Jolles, 1964). 그리고 길이가 다른 다리는 양가적 감정, 불안정하거나 공상의 세계로 도피하려는 사람을 나타내며, 벌리고 서 있는 다리는 안정성을 강조하며, 교차되게 그려진 다리는 정서적 긴장이 강하거나 성적 접근에 대한 방어적 태도를 나타낸다(최외선 외, 2006).

발의 강조는 전형적으로 성적인 부적절한 느낌이나 공격적·자기주장적 감정을 반영하기도 한다. 길고 큰 발은 안정에 대한 욕구와 연관되며, 성적 요인(예를 들면, 성적 활력을 과시하고자 하는 욕구 또는 거세 불안)을 암시할 수 있다. 작은 발은 불안정감, 위축감, 의존성을 암시할 수 있다. 발의 생략은 위축감, 자율성의 부족, 수줍음, 공격성, 정서장애를 암시하기도 한다(박영숙, 2004).

다리와 발에 관심이 집중되거나 신체의 다른 부분보다 먼저 그렸다면 좌절감이나 우울감을 암시한다. 다리와 발은 사회적 갈등을 잘 나타내는 부분으로, 다리를 저는 유아는 이 부분을 생략하거나 의자에 앉아 있는 모습을 그린다. 그리고 성적인 문제가 있는 유아는 허리 아래 부분을 생략하는 경우가 있다(Machover, 1949).

(16) 의복

의복은 대부분 그려지는데, 만약 인물이 나체로 그려졌거나 성기 부분이 노출되어 그려졌다면 이는 사회에 대한 반항을 나타내거나 의식적으로 자각된 성적 갈등을 반영한 것이다. 만약 피검자의 자아상을 나타내는 인물상이 나체로 그려졌거나 강조되었다면 신체상을 중심으로 한 자아도취를 암시한다. 자아상에서 의복을 지나치게 화려하게 꾸민 경우 역시 사회적 자아상에 대한 자아도취를 나타낸다. 이 두 경우 모두 자기중심적이고 유아적인 성향을 암시한다(Levy, 1957).

단추는 유아적이고 의존적이며 열등감을 느끼는 심리 상태를 반영한다(Burns & Kaufman, 1972; Jolles, 1964; Machover, 1949). 중앙에 그려진 단추는 퇴행, 신체적인 건강염려증을 암시하기도 한다(Buck, 1948; Jolles, 1964; Machover, 1949). 소매

끝과 같이 눈에 잘 띄지 않는 위치에 단추를 그리는 것은 의존성에 대한 강박증적 성격특성을 표현하는 것이다(Machover, 1949).

가슴 부분에 그려진 주머니는 의존적이며 유아적인 구강적 수준에서의 애정욕구와 이러한 애정욕구의 박탈경험을 암시한다(Levy, 1957). 커다란 주머니가 강조된 경우에는 어머니에 대한 정서적 의존성과 관련된 갈등을 지닌 청소년의 남성다워지려는 노력을 나타낸다(Machover, 1949). 넥타이는 흔히 남성 성기의 상징

〈표 4-2〉 인물화의 정상적인 지표들(Urban, 1963)

지표	해석
크기	• 인물상은 6~7″(15.24~17.78cm)로 그려짐 • 여성상은 남성상에 비해 약간 작거나 같지만 크지는 않음
배치	• 인물상은 종이의 중간에서 약간 아래에 위치하는 경향이 있음
시작	• 머리와 얼굴에서 시작함
자발성	• 인물상은 어떤 생기나 활동을 보여 줌
비율	• 인물상은 현실적인 비율과 조화되며, 왜곡이 거의 없음
예술적 표현	• 보기에 균형이 잡혀 있고, 유쾌하게 그려짐
지움	• 지우개를 잘 사용하지 않음 • 피검자들이 그림을 더 잘 그리려고 할 때 지움
선의 질	• 선이 일관되고 안정된 필압을 보임
성	• 주로 동성을 먼저 그림 • 이성보다 동성을 자세히 그리므로 시간이 더 많이 소요됨
성적인 특징	• 분명한 남녀 구별이 있음 • 여성: 여성적 가슴, 남성보다 긴 머리카락, 둥근 엉덩이 • 남성: 넓은 가슴, 어깨, 여성보다 짧은 머리카락, 평평한 엉덩이
인물상의 나이	• 피검자의 나이에 가까움
격식에 맞춘 옷	• 형식적인 통제와 보수적인 경향이 드러남
눈	• 눈동자는 그리지만 검게 칠해 강조하지는 않음
유머 감각	• 유머를 가지고 그림의 부족한 점들을 수용할 수 있음
발/귀	• 강조되지 않음
완전한 인물상	• 대부분 완전한 인물상을 그림

으로, 넥타이가 지나치게 묘사되거나 강조되면 여성적 성향이나 동성애가 의심
된다(Levy, 1957). 특히 청소년과 만 40세 이상의 남성에게 있어서 넥타이의 강조
는 부적절한 성적인 감정을 나타낸다(Buck, 1948; Jolles, 1964; Machover, 1949). 왜
소한 넥타이는 열등한 신체상을 반영할 수 있다(Levy, 1957). 길고 눈에 띄는 넥
타이는 발기 불능의 두려움에 대한 지나치게 보상적인 성적 공격성을 나타낸다
(Machover, 1949). 만약 몸 안의 신체기관(내장)이 그려졌다면 조현병 또는 조증장
애의 진단이 고려될 수 있다(Levy, 1959). 다음의 〈표 4-2〉는 인물화의 정상적인
지표들에 대한 설명이다.

2) 선별 중심 체계적 접근

선별 중심 체계적 접근(Screening system approach) 방식은 인물화 검사를 정신장
애 선별도구로 활용하려는 시도로 개발된 방식이다. Koppitz(1968)는 정서장애군
과 정상군에서 현저한 반응 차이를 보이는 특징들을 중심으로 30개 항목으로 구
성된 정서지표를 개발하였다. 그리고 Naglieri 등(1991)은 만 6~17세 아동, 청소
년의 정서·행동 문제 선별을 위해 55개 항목으로 구성된 인물화 검사(DAP:SPED)
를 개발하였다. 이 장에서는 Koppitz(1968)의 정서지표와 한국 아동의 정서·행동
문제 선별(DAP:SPED)을 위한 타당화 연구에서 우수한 타당도와 신뢰도를 확보한
유경미(2011)의 자료를 다음에 제시하고자 한다.

(1) Koppitz의 정서지표

Koppitz의 정서지표(Emotional Indicators)는 총 30개 항목으로 구성되어 있으며,
이 항목들은 그림의 질, 낮은 발생빈도 항목, 생략의 세 범주로 분류된다(〈표 4-3〉
참조). Koppitz(1968)는 만 5세부터의 아동을 대상으로 정서지표를 만들었다. 따라
서 만 5세 이상의 피검자의 그림에서 해당 지표가 발견되면 정서지표로서 검토되
어야 한다. 〈표 4-3〉의 고려할 연령은 정서지표가 정상 수준에서 나타나는 연령
을 나타낸다. 예를 들면, '발 생략'은 아동의 경우에 흔히 있는 정상반응으로서 남아

〈표 4-3〉 Koppitz의 인물화 검사의 30개 정서지표

구분	정서지표	고려할 연령
그림의 질	신체 부위의 통합성 부족(poor integration of parts)	남아 만 7세, 여아 만 6세
	얼굴의 음영(shading of face)	
	몸의 음영, 팔다리의 음영(shading of body and/or limbs)	남아 만 9세, 여아 만 8세
	손의 음영, 목의 음영(shading of hands and/or neck)	남아 만 8세, 여아 만 7세
	팔다리의 불균형(gross asymmetry of limbs)	
	기울어진 인물(slanting figure): 인물이 15도 이상 기울어짐)	
	인물의 크기가 작음(tiny figure): 2인치 이하	
	인물의 크기가 큼(big figure): 9인치 이상	남아 만 8세, 여아 만 8세
	투시(transparencies)	
발생 빈도가 낮은 항목	작은 머리(tiny head): 전체 인물 크기의 1/10 이하	
	눈동자 위치가 일치 안 됨(사시, crossed eyes)	
	치아(teeth)	
	짧은 팔(short arms): 허리까지 내려오지 않는 팔	
	몸에 양팔이 달라붙음(arms clinging to body)	
	긴 팔(long arms)	
	큰 손(big hands): 머리만큼 큼, 얼굴보다 큰 손	
	손이 그려지지 않음(hands cut off): 숨겨진 손은 채점하지 않음	
	두 다리가 나란히 붙어 있는(legs pressed together)	
	생식기(genitals)	
	괴물, 기괴한 인물(monster or grotesque figure)	
	세 사람 이상의 인물이 그려짐(three or more figure spontaneously drawn)	1968년 이후의 개정판에서 빠짐
	구름, 비, 눈	
생략	눈 생략(no eyes)	
	코 생략(no nose)	남아 만 6세, 여아 만 5세
	입 생략(no mouse)	
	몸통 생략(no body)	1968년 이후의 개정판에서 빠짐
	팔 생략(no arms)	남아 만 6세, 여아 만 5세
	다리 생략(no legs)	
	발 생략(no feet)	남아 만 9세, 여아 만 7세
	목 생략(no neck)	남아 만 10세, 여아 만 9세

*출처: Allyn & Bacon (1996). Major psychological assessment instrument by Newmark. p. 224.

〈표 4-4〉 Koppitz의 정서지표

정서 특징	정서지표	
충동성 (impulsivity)	신체 부위가 통합되지 않음	
	팔다리의 불균형	
	투시(transparencies)	
	인물의 크기가 지나치게 큼(9인치 이상)	
	목 생략	
불안정성, 부적절한 느낌 (Insecurity, feelings of inadequacy)	기울어진 인물	
	작은 머리	
	손이 그려지지 않음	
	괴물, 기괴한 인물	
	팔 생략	
	다리 생략	
	발 생략	
불안 (anxiety)	얼굴의 음영	
	몸의 음영, 팔다리의 음영	
	손의 음영, 목의 음영	
	두 다리가 나란히 붙어 있음	
	눈 생략	
	구름, 비, 날아가는 새[1]가 그려짐	
수줍고 겁 많음(부끄러움/소심함) (shyness/timidity)	인물의 크기가 작음(2인치 이하)	
	짧은 팔	
	양팔이 몸에 달라붙음	
	코 생략	
	입 생략	
분노/공격성 (anger/aggressiveness)	눈동자 위치가 일치 안 됨	
	치아 보임	
	긴 팔	
	큰 손(머리만큼 큼)	
	생식기	

*출처: Grunne & stratton(1984). Psychological evaluation of Human Fiqure Drawings by middle school pupils, koppitz: p. 179.

---

1) 1984년 연구에서 구름, 비 항목에 '날아가는 새'가 첨가됨

의 경우에는 만 9세까지, 여아의 경우에는 만 7세까지 임상적으로 큰 의미가 없다. 따라서 남아 만 9세 이후, 여아 만 7세 이후의 '발 생략'은 정서지표에서 검토되어야 한다. 이후 Koppitz(1984)는 〈표 4-3〉의 30개의 정서지표를 유목화하여 다섯 가지의 정서 특징으로 제시하였다.

(2) 한국판 아동기 정서 · 행동 문제 선별을 위한 인물화 검사

유경미(2011)는 Naglieri 등(1991)의 정서 · 행동 문제 선별을 위한 인물화(DAP: SPED) 검사를 한국판으로 만들었다. Naglieri 등(1991)은 명목척도로 된 55개의 채점기준을 개발하였으나, 유경미(2011)의 아동기 정서 · 행동 문제 선별을 위한 인물화 검사(이하 DAP:SPED)는 총 36개 항목으로 구성되어 있다. DAP:SPED는 채점

〈표 4-5〉 DAP:SPED 채점기준

채점기준	설명
1. 그림 크기(대)	• 인물의 맨 위와 맨 아래 지점 간의 거리(신장)와 인물의 가장 좌측 끝부터 우측 끝의 거리(폭)가 채점준거에 해당할 때
2. 그림 크기(소)	• 모자나 신발 등의 의복은 측정에 포함 • 가방, 서류가방, 배낭, 야구방망이 등의 소재는 측정에 불포함
3. 그림 위치 (상단/하단)	• 인물의 하단 끝에서부터 종이의 하단 끝까지의 거리와 인물의 상단 끝에서부터 종이의 상단 끝의 거리가 채점준거에 해당할 때 • 머리카락, 모자, 신발 등은 측정에 포함 • 가방, 서류가방, 배낭, 야구방망이 등의 소재는 측정에 불포함
4. 그림 위치 (좌측/우측)	• 인물의 우측 끝에서부터 종이의 우측 끝의 거리와 인물의 좌측 끝에서부터 종이의 좌측 끝까지의 거리가 채점준거에 해당할 때 • 모자나 신발 등의 의복은 측정에 포함 • 가방, 서류가방, 배낭, 야구방망이 등의 소재는 측정에 불포함
5. 그림의 기울기	• 기울기가 15° 이상(인물의 머리 중앙 지점에서부터 발 보폭의 중앙 지점까지의 수직선이 종이의 바닥선에서 직각을 이룬 선과의 각도가 15° 또는 그 이상 벗어날 때)
6. 다리 사이 공간	• 두 다리 사이에 뚜렷한 공간이 없을 때 • 측면의 그림에서 다리 한 개만 그렸을 때
7. 기저선 표시	• 인물을 제외한 종이의 여백에 글자, 단어, 구, 숫자를 표현한 경우

8. 문자 및 숫자 표시	• 인물을 제외한 종이의 여백에 글자, 단어, 구, 숫자를 표현한 경우
9. 측면 얼굴	• 전체 그림이나 머리만 오른쪽이나 왼쪽의 측면 그림
10. 통합 실패	• 다음 세 가지 중 한 가지 이상 해당하지 않는 경우 • 머리가 목이나 목통 위쪽에 있음 • 두 팔(측면 그림은 한쪽 팔)이 몸통 반의 위쪽에 있음 • 두 다리(측면 그림은 한쪽 다리)가 몸통 가장 아래에 있음 *몸통: 머리나 목과 만나는 몸의 위쪽에서부터 다리나 가랑이가 만나는 끝부분까지
11. 재시도	• 하나 이상의 인물이 명백하게 버려지고(지우기, 긁어 파내기) 더 완성된 그림을 그린 경우 • 왼쪽 부분이 거의 다 그려진 미완성 인물이 버려지고 더 완성된 그림을 그린 경우
12. 머리 생략	• 명백하게 머리가 없는 경우 • 머리를 표현하는 어떤 시도라도 있다면 채점하지 않음
13. 머리카락 생략	• 명백하게 머리카락이 없는 경우 • 머리에 수염 등과 같은 머리카락을 표현하는 시도가 있다면 채점하지 않음
14. 눈 생략	• 명백하게 두 눈이 모두 없는 경우 • 한쪽 눈을 포함하여 눈을 표현하는 어떤 시도라도 있다면 채점하지 않음
15. 코 생략	• 명백하게 코가 없는 경우 • 코를 표현하는 어떤 시도라도 있다면 채점하지 않음
16. 입 생략	• 명백하게 입이 없는 경우 • 입을 표현하는 어떤 시도라도 있다면 채점하지 않음
17. 몸통 생략	• 명백하게 몸통이 없는 경우 • 몸통을 표현하는 어떤 시도라도 있다면 채점하지 않음
18. 팔 생략	• 명백하게 두 팔이 모두 없는 경우 • 한쪽 팔을 포함하여 팔을 표현하는 어떤 시도라도 있다면 채점하지 않음
19. 손가락 생략	• 명백하게 손가락이 없는 경우 • 손가락을 표현하는 어떤 시도라도 있다면 채점하지 않음
20. 다리 생략	• 명백하게 두 다리가 모두 없는 경우 • 한쪽 다리를 포함하여 다리를 표현하는 어떤 시도라도 있다면 채점하지 않음

21. 발 생략	• 명백하게 두 발이 모두 없는 경우 • 한쪽 발을 포함하여 발을 표현하는 어떤 시도라도 있다면 채점하지 않음
22. 손 음영	• 손의 한쪽 이상을 색이나 어둡게 채워 놓은 연필 스트로크가 있을 때
23. 발 음영	• 발의 한쪽 이상을 색이나 어둡게 채워 놓은 연필 스트로크가 있을 때
24. 기타 음영	• 인물을 제외한 곳에 색이나 어둡게 채워 놓은 연필 스트로크가 있을 때
25. 빈 눈	• 두 눈(측면 그림은 한쪽만) 모두 눈동자가 없는 경우
26. 감은 눈	• 두 눈 모두 감은 경우
27. 찡그린 입	• 찡그리고 있는 입
28. 사선 입	• 입이 직선이나 사선인 경우
29. 입 안 물체	• 입 안에 물체(담배, 파이프 등)가 있는 경우
30. 머리 이상 뻗은 팔	• 두 팔이(손 포함) 인물의 머리 위로 뻗은 경우
31. 부조화 자세 팔	• 팔이 서로 다른 위치로 다음의 한 가지 이상에 해당될 경우 • 뻗은 팔이 인물의 머리 위까지 • 펼친 팔이 대략 수평 • 늘어진 팔이 아래를 가리킴 • 팔과 몸통 사이에 공간이 없음
32. 손 절단	• 팔 끝에 손이나 손가락이 없는 경우 • 인물의 등 뒤로 숨겨져 있거나 주머니 안에 있는 손은 채점하지 않음
33. 숨겨진 손	• 손이 인물의 등 뒤로 또는 주머니 안으로 숨겨진 경우
34. 물건 첨부	• 인물과 붙어 있거나 손에 잡고 있는 물건이 한 개 이상일 때(예를 들면, 핸드백, 서류가방, 야구방망이) • 안경, 장신구, 공격적 상징물은 불포함
35. 배경 채우기	• 물건 첨부 외에 추가된 그림(예를 들면, 동물, 자동차, 건물, 나무, 태양, 달, 구름, 빗방울)
36. 괴물	• 인간이 아니거나 괴물과 같은 그림

출처: 유경미(2011). 아동기 정서·행동 문제의 선별을 위한 인물화 검사 타당화 연구. 대진대학교 대학원 박사학위논문. pp. 116-117.

기준에 따라 각 0점 또는 1점으로 채점한다. 각 채점기준에 해당하는 그림일 경우에는 1점, 해당되지 않는 그림일 경우에는 0점으로 채점한다. 남자상, 여자상, 자기상 그림마다 1점으로 채점된 문항들의 합을 구하여 연령과 성별에 따른 평균과 표준편차를 구한다. DAP:SPED의 채점기준은 〈표 4-5〉와 같다. 유경미(2001)는 정서·행동 문제 아동으로 추가적 평가가 필요한 대상인지를 선별하기 위해 추가적 평가가 필요하지 않은 일반군(55점 미만), 추가적 평가가 필요한 위험군(55~66점), 추가적 평가가 반드시 필요한 임상군(67점 이상)으로 구분하여 절단점 준거를 제시하였다. DAP:SPED의 채점방법에 대한 상세한 설명은 유경미(2001)의 논문에 제시되어 있다.

4. 해석의 적용

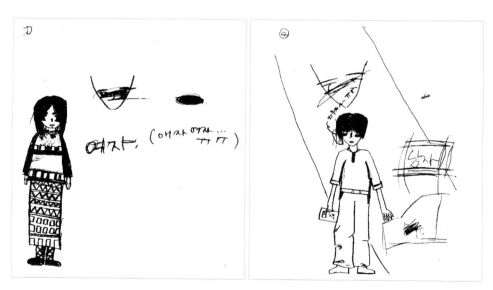

[그림 4-1] 고등학교 2학년 여자 아이의 그림

[그림 4-1]은 실업계 여자 고등학교 2학년에 재학 중인 학생이 그린 그림이다. 피검자는 극심한 학교 부적응과 왕따를 경험하고 있다. 아버지(52세)는 3D 직종

에 종사하셨으나 IMF로 사업이 망해 막노동을 하고 있어 경제적으로 아주 어려운 상황이다. 어머니(50세)는 수필가이며, 신학교에 다니면서 전도사로 활동하고 있지만 마음 둘 곳이 없어 힘들어하는 상황이다. 남동생은 중3에 재학 중이다. 피검자가 학교에 다녀오면 엄마는 집에 안 계시고, 아빠도 일을 갔다 오시면 힘들어 기진맥진이다. 피검자는 부모님도 힘겨운 상태라 집에 가도 이야기할 상대가 없으며, 학교에서도 편안하게 마음을 나눌 친구가 없고, 장녀라 부모님의 기대가 커서 마음 또한 무겁다. 피검자는 소심하고 욱하는 성격을 지니고 있다.

피검자는 먼저 여자상(17세)을 그린 다음 남자상(20세)을 그렸다. 여자상과 남자상 모두 전체적으로 용지의 아랫부분에 배치되었으며, 발끝을 반대 방향으로 향하도록 그렸다. 여자상의 경우에는 그림이 한쪽(왼쪽)으로 치우쳐 있으며, 그림을 여기저기 그리기 시작하였고, 용지에 낙서가 되어 있다. 팔은 몸쪽으로 붙어 있으며, 인디안 식의 복장을 하였는데 무늬가 촘촘히 반복되어 있다. 남자상을 보면 그림이 중앙에 위치하고 있으며, 그림의 분위기가 우울하고 힘이 없어 보인다. 남자상의 경우에는 어깨가 좁고 처져 있으며, 팔은 가늘고 길며, 손에 책을 쥐고 있다.

여자상과 남자상 모두에서 느껴지는 전체적인 인상은 우울하고 슬퍼 보인다. 피검자에게 그림 속 인물에 대한 느낌을 물었을 때 여자는 "우울하고 불쌍하게 보인다", 남자는 "쓸쓸하고 답답해 보인다"고 응답했다. 여자상의 그림이 왼쪽으로 치우쳐 있는 것은 피검자의 자존감이 낮다는 것을 의미하며, 전체적으로 우울하고 쓸쓸함을 느낄 수 있다. 뿐만 아니라 여자상을 아무런 활동도 하지 않고 그냥 멍하니 서 있는 모습으로 나타낸 것을 보아도 피검자가 수동적이며 무기력한 상태에 있음을 알 수 있다.

그려진 종이에는 피검자가 처한 환경을 나타내는데, 검사 용지에 낙서를 한 것으로 보아 피검자가 자신이 처한 환경에 대해 불만을 표현한 것으로 보인다. 하고 싶은 것이 무엇인지 물었을 때 "멀리 떠나고 싶다" "친구들과 만나고 싶다"고 한 것으로 보아 힘든 현실에서 벗어나고 싶고, 따뜻한 관계를 그리워한다는 것을 읽을 수 있다. 남자상과 여자상에서 모두 반대로 향한 발을 하고 있는 것으로 판단하건데, 성격적으로 매우 우유부단하고 자신 없어하지만 힘든 현실에서 벗어나 독립하고 싶은 양가감정 또한 작용하고 있는 것으로 보인다. 그러나 피검자는 부모님의 어려운 상황과 장녀에 대한 부모의 기대 때문에 이러한 감정을 제대로 드러내지도 못한 채 혼자 힘들어하는 것으로 보인다. 이러한 피검자의 마음은 남자상에서의 좁고 처진 어깨와 힘이 없어 보이는 가느다란 팔에서 느껴진다. 이들은 유약한 피검자 자신의 모습이다. 환경에 대한 통제를 잃을지도 모른다는 불안감에 대해서는 손에 책을 잡고 지탱함으로써 보상하고자 하는 것 같다.

피검자가 그림을 여기저기 그리기 시작한 것으로 볼 때 심리적으로 매우 불안정하며, 이러한 내면의 불안정감의 심각성은 다리를 종이 밑바닥에 거의 닿게 그린 것을 통해서도 나타난다. 뿐만 아니라 그림을 그리는 동안에 피검자의 심한 불안을 보이는 행동에 대한 관찰을 통해서도 피검자의 상태를 알 수 있다. 피검자는 여자상에서 옷을 아주 자세하게 그려 자기정체성의 불확실성을 과시적인 행동을 통해 보상받고자 한다. 이러한 과잉보상행동은 강박적인 행동을 통해서도 나타날 수 있다. 팔을 몸쪽으로 붙여 그리고, 두 다리를 딱 붙인 것으로 보아 융통성이 부족하고 수동적이며, 방어적인 성향의 사람으로 보인다.

그림 속 인물의 나이가 피검자와 비슷한 나이로 보이는데, 이것으로 피검자의 자기대상에 대한 성숙도는 적절해 보인다. 전체적으로 균형이 맞는 사람의 그림, 모두 그려진 신체 부위, 적절하게 옷을 입은 모습, 인물상의 크기나 주제가 적절한 점은 긍정적인 표현양식으로 판단된다.

5. 연구동향

1) 국외 연구동향

인물화 검사에 대한 국외 연구동향은 Machover(1949), Koppitz(1968), Naglieri 등(1991)의 연구를 중심으로 살펴보았다. 1940년을 전후하여 인물화 검사에 의한 성격 연구는 투사기법(projective technique)의 출현과 함께 새로운 흥미를 일으켰다. 인물화 검사를 성격진단의 도구로 발전시킨 계기는 Machover(1949)의 연구에서 비롯되었다. 이후 많은 연구자가 Machover(1949)의 가설을 검증하기 위한 연구를 했으나 그들의 연구결과는 일치하지 않았다. 이는 이론에 있어서 통일성이 없고 과학적이기보다는 직관과 인상주의적인 경향 때문이었다(이은해, 1965).

　Koppitz(1968)는『아동의 HFD에 대한 심리평가(Psychological evaluation of children's human figure drawings)』에서 자신이 개발한 HFD의 타당성을 검증하기 위해 상담을 받고 있는 아동, 정신과 환아 그리고 도벽이 있는 아동 등을 연구하였다. 먼저 상담을 받고 있는 정상 지능을 가진 아동과 나이와 성이 동일한 76쌍의 공립학교 아동을 대상으로 HFD 검사를 개별적으로 실시하여 정서지표의 타당도를 검증하였다. 그 결과, 잘 적응된 학생들의 그림에서보다 임상집단의 그림에서 12개의 정서지표가 더 유의미하게 나타났다. 가장 유의미한 항목(.01 수준)은 신체부위의 통합성 부족, 몸의 음영, 팔과 다리의 음영, 기울어진 인물, 작은 인물이었다.

　다음은 정신과 환아 중 지능지수가 70 이상이며, 외현적 공격성, 극도의 수줍음(우울 혹은 위축), 신경증적 도벽, 혹은 심리적·신체적 불평을 호소하는 병력 중에서 하나를 가진 만 5~12세 아동 114명(남아 82명, 여아 32명)을 대상으로 HFD 검사를 개별적으로 실시하였다. 그 결과, 수줍어하는 아동들이 인물을 작게(1인치 이하) 그리고 입, 코, 눈을 더 자주 생략하였으며, 공격적인 아동들보다 손이 잘린 그림을 더 자주 그린다는 것을 발견하였다. 생식기와 투시(transparencies)는 공격적인 아동들의 그림에서 더 자주 나타났다. 이후 Lingren(1971)은 Koppitz(1968)의 수줍어하는 아동과 공격적인 아동을 대상으로 연구를 반복적으로 실시하였으며, 나이, 성, 지능이 동일한 만 5~12세 아동 97쌍(남아 56쌍, 여아 41쌍)을 대상으로 HFD를 개별적으로 실시하였다. 그 결과, 수줍어하는 아동들이 공격적인 아동들보다 손이 잘린 그림을 더 자주 그린다는 것을 발견하였다. 이것은 Koppitz(1968)의 연구와는 다른 결과를 나타냈다. 이러한 연구결과를 통해 Lingren(1971)은 Koppitz(1968)의 정서지표(30개)가 공격적인 아동과 수줍어하는 아동을 유의미하게 구분하지 못한다는 결론을 내렸다. Norford와 Barakat(1990) 또한 공격적인 아동과 공격적이지 않은 아동 간의 차이를 알아보기 위해 만 4~5세의 공격적인 유아 16명과 공격적이지 않은 유아 16명을 대상으로 HFD 검사를 실시하였다. 그 결과, HFD가 공격적인 아동과 공격적이지 않은 아동을 구분하는 타당한 도구가 되지 못한다는 결론을 내렸다.

마지막으로 도벽이 있는 아동과 심리적·신체적 불평을 호소하는 병력을 가진 아동의 HFD 검사를 비교한 결과, 약간의 유의미한 차이를 발견하였다. 심리적·신체적 불평을 호소하는 병력을 가진 아동은 도벽이 있는 아동보다 더 짧은 팔, 나란히 붙어 있는 두 다리를 그리며, 코와 입을 생략하는 경향이 있었다. 도벽이 있는 아동은 심리적·신체적 불평을 호소하는 아동보다 손과 목의 음영, 작은 머리(전체 인물 크기의 1/10 이하), 큰 손, 몸통의 생략, 팔의 생략, 목의 생략(.01 수준)이 더 많이 나타났다.

Koppitz(1968)의 HFD 검사에 대한 신뢰도 검증을 위한 연구결과, 채점자 간에 높은 문항 일치율을 보였다. Koppitz(1968)는 2학년 학생 10명과 학습과 정서 문제로 의뢰된 15명 학생의 그림을 대상으로 자신과 심리학자가 각각 독립적으로 채점한 결과, 채점자 간의 일치도는 95%로 높았으며, 비슷한 다른 연구에서도 60점을 채점한 결과 채점자 간의 일치도가 81%로 높게 나타났다. 그러나 Rae와 Hyland(2001)의 연구에서는 만 8~9세 아동 85명(남아 40명, 여아 45명)을 대상으로 HFD 검사를 2주 간격으로 두 번 실시하여 채점방법에 대해 훈련을 받은 4명의 채점자가 모든 그림을 평가하였다. 그 결과, Koppitz 점수의 일반화 가능성 분석은 채점자의 요인과 사람 및 상황과의 상호 작용이 매우 낮아서 채점자와 관련된 측정 오류가 거의 발생하지 않았다. 그러나 4명의 채점자와 함께한 2번의 일반화 계수(generalisability coefficient)는 .47이었다. 결론적으로, Rae와 Hyland(2001)는 Koppitz 채점 체계로 만족스러운 수준의 신뢰도/일반화를 달성하려면 피검자들에게서 여러 번 검사를 받아야 한다고 제안했다.

Naglieri 등(1991)의 DAP:SPED 검사에 대한 타당도와 신뢰도에 대한 연구를 정리하면 다음과 같다.

Naglieri와 Pfeiffer(1992)는 DAP:SPED 검사의 판별 유용성을 살펴보기 위해 만 7~17세의 정상아동과 품행장애와 반항성 장애를 가진 아동 간의 DAP:SPED 점수를 비교하였다. 그 결과, 품행장애와 반항성 장애아동이 정상아동보다 DAP:SPED 점수가 유의미하게 높게 나타나 DAP:SPED 검사결과가 정서·행동장애아동을 변별할 수 있는 타당도가 있는 것으로 나타났다. 또한 만 11세의 정상아동과 정서·행동장애로 판별되어 특수교육을 받고 있는 아동 간의 DAP:SPED 점수를 비교한 또 다른 연구(McNeish & Naglieri, 1993)에서도 두 집단 간에 DAP:SPED 점수에서 유의미한 차이를 보였다. 그리고 성폭행을 포함한 다양한 정서·행동 문제로 인해 교정 시설이나 제한된 교육 시설에 있는 비행청소년 집단과 이들과 연령, 성별에서 동일한 통제집단의 DAP:SPED를 비교한 연구에서도 비행청소년 집단의 DAP:SPED 점수가 통제집단보다 유의미하게 높았던 것으로 나타났다(Matavich, 1998). 즉, DAP:SPED 검사가 정서·행동장애아동을 변별하는 데 유용한 것으로 나타났다.

Wessel(1993)은 정서장애, 학습장애, 인지적 손상이 있는 만 7~14세 아동 70명을 대상으로 DAP:SPED를 실시하였다. 그 결과, DAP:SPED가 정서장애아동과 학습장애아동 간에는 유의미한 차이를 나타냈으나 정서장애아동과 인지적 손상이 있는 아동 간에는 차이가 없음을 발견하였다. 따라서 DAP:SPED가 다른 특별한 집단으로부터 정서장애아동을 구별하는 데에는 신뢰할 만한 도구가 아닐 수도 있다는 결론을 내렸다. Briccetti(1994)는 DAP:SPED를 만 9~12세 사이의 평균 이하의 지능을 가진 농아 아동(deaf children)들에게 실시하였다. 아동들은 정서장애집단과 그렇지 않은 집단으로 분리되었다. DAP:SPED 점수는 이들 두 집단을 유의미하게 구별하지 못했다. Briccetti(1994)는 비장애아동들이 DAP:SPED에서 더 많은 병리적 지표가 나타나 청력 손상이 있는 아동을 평가하는 데 타당한 도구가 아니라고 판단하였다.

Matto(2001)는 고위험군 청년을 대상으로 DAP:SPED의 임상적 효용성을 조사하였다. Matto(2001)는 DAP:SPED가 외래환자 서비스와 거주 치료 시설에서 상담 서비스를 받고 있는 만 6~12세 청소년의 정서적·행동적 기능을 예측할 수 있는지를 알아보고자 하였다. 그 결과, 전체 DAP:SPED 점수는 행동장애와 두 개의 심리사회적 적응 영역인 적개심과 생산성을 설명하는 데 유의미한 예측인자임을 발견하였다. DAP:SPED 자기상과 여성상은 행동과 자아존중감의 유의미한 예측인자인 반면, 남성상은 생산성을 유의미하게 예측하였다. 이후 Matto(2002)는 고위험군 청년들에게 DAP:SPED를 사용하여 타당도 연구를 하였다. 특히 Matto(2002)는 DAP:SPED가 외래환자 서비스나 거주 치료 시설에 참여하는 만 6~12세의 잠복기 아동 68명(남아: 66.2%)에 대한 행동적 기능을 유의미하게 예측할 수 있는지에 관심이 있었다. 결과는 행동장애를 유의미하게 예상하였다. Matto, Naglieri와 Clausen(2005)은 특수교육 서비스를 받는 만 9~14세 청소년 109명(남아 55명, 여아 54명)을 대상으로 DAP:SPED 검사 측정값이 '강점기반 정서 및 행동평가 척도(Strengths-based Emotional and Behavioral Rating Scale)'와 관련이 깊다는 사실을 밝혔다. 이러한 결과들은 인물화가 정서·행동 문제를 가진 아동을 변별할 수 있는 선별도구로 사용하는 데 유용하며, 타당한 검사로 인정할 수 있음을 의미한다(Matto, Naglieri, & Clausen, 2005).

DAP:SPED 검사의 신뢰도를 살펴보면 내적 일치도는 만 6~8세의 경우 $r=.76$, 만 9~12세의 경우 $r=.77$, 만 13~17세의 경우 $r=.71$이다. 검사자 내 신뢰도는 $r=.91$, 검사자 간 신뢰도는 $r=.94$이다. 검사-재검사 신뢰도는 유의미한 차이가 없었다($t=1.8$, $p>.05$). 타당도는 '부모보고식 행동 및 정서평정 척도(Behavioral and Emotional Rating Scale: BERS-2)'와의 상관에서 대인관계 척도 $r=.36$, 개인 내 점수 $r=.34$로 유의미한 상관이 있었다(Matto, Naglieri, & Clausen, 2005).

이와 같이 인물화 검사에 대한 국외 연구동향은 Machover(1949), Koppitz(1968), Naglieri, McNeish와 Bardos(1991)의 검사를 중심으로 많은 연구가 이루어졌으며, 각 인물화 검사의 신뢰도와 타당도를 확보하려는 많은 연구가 이루어지고 있다.

2) 국내 연구동향

국내에서 인물화 검사에 대한 연구는 노동두(1962)가 남녀 대학생, 준 불량청소년[2], 정신 박약한 남녀를 대상으로 성격의 동향과 잠재적 여부를 질적, 양적으로 고찰한 것이 시초이다. 노동두는 인물화 검사를 위해 Machover(1949)의 시행원칙과 大伴(1957)의 17개 부위를 설정하여 151개의 각 부위별 분석규준을 사용하였다. 연구결과, 인격의 불건전성은 정신박약아 집단이 가장 높고, 그 다음에는 준 불량청소년 집단, 남녀 대학생 집단이 제일 낮게 나타났다. 박노택과 이병윤(1969)은 한국고아 및 혼혈아의 신체상에 대한 연구를 Machover(1949)의 시행원칙과 大伴(1957)의 17개 부위를 설정하여 151개의 각 부위별 분석규준을 사용하였다. 연구결과, 고아군이나 혼혈아군 모두 왜곡된 신체상을 갖고 있는 경향이 강하였다.

이후 1970년대에는 아동의 인물화에서 나타나는 부위생략반응의 심리학적 의미 탐색(변창진, 이희도, 김경린, 1971), 청년기 인물화 검사(이수정, 1974), 아동의 인물화 성격검사의 표준화(임형진, 1974)를 위한 연구 등이 이루어졌다. 1980년대에는 인물화를 통한 정상아와 문제아군 간의 신체상 비교(박랑규, 1981), 인물화 검사로 본 정상인과 조현병집단의 차이(김웅동, 1983), 인물화에 나타난 문제지표와 가정환경 변인과의 상관(이영희, 1984), 인물화 검사를 통해 모자 간의 성격상의 차이 비교(박기주, 1986), Handler의 인물화(DAP) 채점법의 타당도와 채점자 간 신뢰도(편영자, 1986), 인물화에 나타난 성차(김문순, 1988) 연구 등이 이루어졌다.

1990년대 이후부터는 인물화 검사에 대한 연구가 활발하게 진행되었다. 1990년대 이후의 인물화 검사를 사용한 국내 연구를 성격, 심리적 특성, 반응 차이, 신체상에 대한 반영, 성역할 정체성, 불안, 정서 · 행동 문제 선별로 나누어 살펴보았다. 인물화 검사와 성격검사와의 관련성을 살펴본 연구로는 표준화 성격진단 검사를 이용한 집단역동 비교(양동렬, 1995), 유아의 성격특성(이명희, 1997), 표준화 성격검사(구진선, 2007), 16PF 성격특성(김수현, 김갑숙, 2007), 에니어그램(전원미, 2014) 등이 있다. 심리적 특성이 인물화에 반영된 연구는 우울증 환자(한영옥, 최정윤, 1996), 반대 성을 먼저 그리는 정신과 성인 환자(정승아, 김재환, 1997), 지적 장

---

2) 과거 각종 불량아 수용소에 있다가 개선되어 현재는 각종 직업보도를 받고 있음.

애아동(김남순, 류희성, 2003), 동성애자(김경희, 최은영, 전종국, 2007), 지적 장애청소년(김문석, 2012)과 같이 다양한 대상을 통해 이루어졌다. 반응 차이를 알아본 연구로는 주의력결핍-과잉행동아동(ADHD)과 정상아동의 비교(하정아, 1994), 정상과 정신질환자(입원환자)의 성차 비교(김문순, 1988), 성격장애군 간의 반응 비교(성경순, 박순환, 1999), 조현병 환자와 외상성 뇌손상 환자의 반응 차이(김주희, 김재환, 2000), 지적 장애아와 지체부자유아의 성격 행동 특성 비교(조분래, 2002), 유아의 문제행동 유무(박연경, 황혜정, 2001)를 살펴본 연구들이 있다.

신체상에 관한 연구로는 지적 장애청소년의 신체상(오종은, 이수, 2005), 여고생의 신체만족도에 따른 자존감 및 우울과 인물화의 관계(김새미나, 박희석, 2010), 중학생의 인물화 검사에 나타나는 신체이미지(김주은, 2011)를 살펴본 연구들이 있다. 성역할 정체성에 관한 연구로는 게이, 레즈비언, 이성애자, 동성애자의 성역할 정체성(김정희, 2006), 동성애자의 성역할 정체감(김경희, 2006), 성인 남녀의 성역할 정체감(박현우, 2006)을 살펴본 연구들이 있다.

앞에 제시한 연구들은 채점방법이 다양하기 때문에 여기서는 Handler의 인물화와 Naglieri, McNeish와 Bardos(1991)의 DAP:SPED를 중심으로 살펴보았다. 불안과 관련된 연구로는 편영자(1986), 박효장(2003), 김옥경(2004), 정미영(2005), 고윤영과 정여주(2009), 주리애와 김현진(2014)의 연구가 있다. 정서·행동 문제 선별에 관한 연구로는 이영주(2009), 유경미(2011), 유경미와 조용태(2011), 유경미(2013)의 연구가 있다.

인물화를 통한 불안과 관련된 연구의 대부분은 Handler(1967, 1985)의 척도를 사용하였으므로 이러한 연구들을 중심으로 살펴보았다. 편영자(1986)는 유치원 아동을 대상으로 Handler(1967)의 불안측정을 위한 DAP 채점법의 타당도와 신뢰도에 대한 연구를 하였다. 이를 기점으로 하여 박효장(2003)은 초등학교 4~6학년 아동을 대상으로 Handler(1985)의 불안지표에 따라 불안을 측정하고 일반불안 검사와의 관련성을 연구하였다. 그 결과, 인물화를 통한 불안 정도와 일반불안 정도의 상관이 없었다. 따라서 연구대상을 초등학교 저학년 아동의 인물화를 통한 불안 정도의 후속 연구와 함께 Handler(1985)의 불안 채점기준에 대하여 다시 연구되어야 한다고 하였다. 그래서 김옥경(2004)은 초등학교 전 학년 아동으로 대상을 확대하고는 Handler(1985)의 불안지표 채점요강을 세분화하여 4점 척도를 6점 척도로 수정한 채점표를 작성해서 불안을 측정하여 일반불안 검사와의 관련성을 연구하였다. 그 결과, 인물화를 통한 불안 정도와 일반불안 정도 간에는 높은 상관이 있어 인물화는 아동의 불안을 측정하는 데 유용하다고 하였다. 이후 정미영(2005)은 유아를 대상으로 김옥경(2004)이 수정한 척도로 불안을 측정하여 일반불안지표와의 관련성을 연구하였다. 그 결과, 인물화를 통한 불안 정도와 일반불안 정도 간에는 높은 상관이 있어 인물화는 아동의 불안을 측정하는 데 유용함을 입증하였다.

DAP:SPED 검사와 관련된 연구로는 이영주(2009), 유경미(2011), 유경미와 조용태(2011), 유경미(2013)의 연구가 있다. 이영주(2009)는 초등학생을 대상으로 미국판 DAP:SPED(55문항)가 제시하는 남자상, 여자상, 자기상의 채점기준을 바탕으로 내적 일치도, 채점자 간 신뢰도, 공인타당도 등을 검증하여 높은 신뢰도와 타당도를 입증하였다. 유경미와 조용태(2011)는 청소년의 정서·행동 문제의 유무에 따른 반응 차이를 알아보기 위해 경기 북부에 거주하는 중·고등학생을 대상으로 미국판 DAP:SPED(55문항)와 한국판 청소년 자기행동평가 척도(Korean Youth Self Report: K-YSR)를 사용하였다. 연구결과, 정서·행동 문제 유무에 따라 남자상, 여자상, 자기상, 전체 점수에서 유의미한 차이가 나타났고, 채점기준 중에서 그림 위치(하단), 그림 위치(우측), 문자 및 숫자 표시, 눈 생략, 사선 입, 부조화 자세 팔, 배경 채우기 문항에서 유의미한 차이가 나타났다. 또한 DAP:SPED가 정서·행동 문제 유무를 분류하는 데 85%의 예측정확도를 나타냈다. 따라서 DAP:SPED는 일반 청소년과 정서·행동 문제를 보이는 청소년 간 반응의 차이를 보임으로써 임상현장에서 정보를 제공하는 투사검사로서 의의가 있다고 할 수 있다.

유경미(2011)는 미국판 DAP:SPED(55문항)의 채점기준을 한국에 적용한 결과, 최종적으로 36개의 문항에 대한 타당화 연구를 하였다. DAP:SPED의 신뢰도와 타당도 검증결과 비교적 안정된 결과를 보였고, DAP:SPED 선별의 정확도 검증결과 DAP:SPED 점수에 따라 일반군과 임상군 집단의 예측정확도는 65.2%, 일반군과 잠재적 임상군 집단의 예측정확도는 70.5%로 안정된 정확도를 나타냈다. 따라서 DAP:SPED는 임상장면에서 잠재적 정서·행동 문제를 지닌 아동 및 청소년을 선별하기 위해 유용하게 사용할 수 있으며, 진단용이 아닌 선별용으로 사용하는 것이 보다 적절하다고 하였다. 이후 유경미(2013)는 36개 문항의 DAP:SPED에 나타난 ADHD 아동과 일반아동의 반응 차이를 연구한 결과, 그림 크기(소), 그림 위치(우측), 기저선 표시, 통합 실패, 코 생략, 입 생략, 손가락 생략, 발 생략, 발 음영기준에서 유의미한 차이가 나타났다. 따라서 DAP:SPED는 ADHD 아동과 일반 아동 간의 반응 차이를 통해 임상현장에서 유용한 정보를 제공하는 투사검사로 활용도가 있는 것으로 볼 수 있다.

그 외에 유아의 애착(정귀연, 2012), 유아와 청소년의 자기존중감(안민정 외, 2010; 우성주, 박종욱, 2013, 정현모, 2006), 청소년의 공격성(김정희, 2009), 우울증으로 진단된 정신과 환자와 대학생의 감별진단(한영옥, 최정윤, 1996), 경도 치매집단과 노인성 우울집단 및 정상노인 집단 변별(설진미, 이현수, 2010) 등의 연구가 있다.

앞에서 살펴본 바와 같이 국내 인물화 연구는 1962년부터 이루어졌지만, 1990년대에 이르러서야 본격적으로 시작되었다. 초기 연구는 준 불량청소년, 지적 장애, 고아, 혼혈아 등을 대상으로 성격과 신체상에 대한 연구를 하였다. 그리고 시행방법은 Machover(1949)의 것을, 해석방법은 大半(1957) 등의 기준을 사용하였다. 이후 성격, 심리적 특성, 반응 차이, 신체상에 대한 반영, 성역할 정체성, 불안, 정서·행동 문제 선별, 검사도구의 신뢰도와 타당도 등에 대한 다양한 주제와 다양한 대상(유아, 아동, 청소년, 성인, 노인)으로 한 연구가 이루어져 왔다. 그러나 대부분의 연구가 국외의 연구동향에서처럼 인물화를 개발한 개발자를 중심으로 이루어지지 않고, 여러 학자의 채점기준을 혼합하여 사용하고 있다. 따라서 연구결과에 있어서 부분적인 차이가 나기도 하고, 결국 이러한 차이는 타당도를 낮추는 요인으로 작용하고 있다.

인물화 검사에 대한 국내와 국외의 연구동향을 종합하면 다음과 같이 정리할 수 있다. 첫째, 인물화 검사에 대한 국외 연구에서는 Machover(1949), Koppitz(1968), Naglieri 등(1991)의 개발자를 중심으로 한 연구가 많이 이루어지고 있으며, 각 인물화 검사의 신뢰도와 타당도를 확보하려는 연구들도 이루어지고 있다. 국내 연구에서도 인물화 검사의 신뢰도와 타당도를 확보하려는 노력을 하고 있지만, 한 사람이 만든 척도를 사용하여 연구하는 것이 아니라 여러 연구자의 채점방법을 혼합하여 사용하거나 서로 다른 인물화 검사 개발자의 실시방법과 해석방법을 혼용하여 사용하기 때문에 타당도와 신뢰도에 문제가 초래된다.

둘째, 최근에 국내외 연구 모두에서 Naglieri 등(1991)의 DAP:SPED 검사를 많이 사용하는데, 이 검사는 다음과 같은 연구의 한계를 지닌다. "저를 위해 몇 장의 그림을 그려 주세요(I'd like you to draw some pictures for me)."라는 지시어는 만일 피검자가 이미 검사자와 사전검사에서 관계를 맺고 있다면 검사자와의 관계에서 전이 문제를 일으킬 수 있다(Brooke, 2004). 따라서 한국어의 지시사항에서는 "몇 장의 그림을 그릴 거예요. 먼저, 남자 그림을 그려 주세요."라고 하였다. 즉, "그림을 그려 주세요."라는 그림 그 자체에 관한 것 이외에는 다른 영향을 피할 수 있도록 하였다. 또한, DAP:SPED 지시사항에는 피검자가 그림을 완성하는 데 주어진 시간이 5분이라는 것이 제시되어 있지 않다. 그런데 갑자기 시간이 되었으니 멈추고 다른 그림을 그리라고 한다면 피검자는 당황하고 좌절할 수 있다. 그리고 그림을 완성하는 데 5분 이상의 시간이 필요할 수도 있다. 따라서 국내에서 DAP:SPED를 활용할 경우에는 이러한 부분을 잘 고려해야 할 것이다.

참고문헌

고윤영, 정여주(2009). 시험불안을 겪는 고등학생의 인물화 검사 반응 특성 연구. 심리치료: 다학제적 접근, 9(1), 47-66.

구진선(2007). 인물화검사와 표준화성격검사와의 관계성 연구. 한양대학교 교육대학원 석사학위논문.

김경희(2006). 동성애자의 성역할 정체성과 인물화 특성 연구. 대구대학교 재활과학대학원 석사학위논문.

김경희, 최은영, 전종국(2007). 동성애자의 인물화 특성에 대한 탐색적 연구. 특수교육재활과학연구, 46(3), 191-215.

김남순, 류희성(2003). 정신지체아동의 인물화에 나타난 심리적 표현 특성. 특수교육저널: 이론과 실천, 4(2), 133-154.

김문석(2012). 지적장애 청소년의 인물화 검사에 나타난 심리적 특성 연구. 디자인 지식저널, 23, 9-18.

김문순(1988). 인물화에 나타난 성차연구. 이화여자대학교 대학원 석사학위논문.

김새미나, 박희석(2010). 여고생의 신체만족도에 따른 자존감과 우울의 관계 및 인물화의 특성. 한국예술치료학회지, 2, 153-181.

김수현, 김갑숙(2007). 중학생의 성별에 따른 16PF 성격특성과 인물화(DAP) 성격요인과의 관계. 미술치료연구, 14(3), 509-531.

김옥경(2004). 인물화검사를 통한 아동의 불안 연구. 동아대학교 대학원 석사학위논문.

김웅동(1983). 인물화 검사로 본 정상인과 만성 정신분열증 집단의 차이. 고려대학교 대학원 석사학위논문.

김정희(2009). 청소년의 공격성 정도에 따른 인물화 반응특성 연구. 대구대학교 재활과학대학원 석사학위논문.

김주은(2011). 중학생의 인물화검사(DAP)에 나타나는 신체이미지와 자기표현력. 대구한

의대학교 보건대학원 석사학위논문.

김주희, 김재환(2000). 인물화 검사에 나타난 만성 정신분열증 환자와 외상성 뇌손상환자의 반응차이. *Korean Journal of Clinical Psychology, 19*(2), 331-340.

노동두(1962). 체상에 나타난 수삼집단의 인격상. 신경정신의학, 1, 29-33.

박기주(1986). 인물화검사에 의한 모자 간의 성격상 비교. 고려대학교 석사학위논문.

박노택, 이병윤(1969). 인물화를 통한 한국고아 및 혼혈아의 신체상에 관한 연구. 우석의대잡지, 6(2), 755-768.

박랑규(1981). 인물화를 통한 정상아와 문제아군 간의 신체상의 비교 연구. 이화여자대학교 교육대학원 석사학위논문.

박연경, 황혜정(2001). 유아의 문제행동 유무에 따른 인물화검사 비교연구. 아동학회지, 22(2), 347-360.

박영숙(2004). 전문가를 위한 투사적 검사와 치료적 활용. 서울: 하나의학사.

박현우(2006). 성역할 정체감 유형에 따른 인물화 검사 반응 분석. 원광대학교 동서보완의학대학원 석사학위논문.

박효장(2003). 초등학교 고학년 아동의 인물화와 불안연구. 동아대학교 대학원 석사학위논문.

변창진, 이희도, 김경린(1971). 아동의 DAP 부위생략반응과 RORSCHACH 반응영역의 비교. 경북대학교 교육대학원 논문집, 2, 29-37.

신민섭, 김수경, 김용희, 김주현, 김향숙, 김진영, 류영은, 박혜근, 서승연, 이순희, 이혜란, 전선영, 한수정(2003). 그림을 통한 아동의 진단과 이해: HTP와 KFD를 중심으로. 서울: 학지사.

설진미, 이현수(2010). 경도 치매와 노인성 우울의 변별을 위한 인물화 검사의 효율성. 한국심리학회지: 일반, 29(4), 767-789.

성경순, 박순환(1999). 성격장애군 간 인물화 검사 반응 비교. 한국심리학회, 18(1), 207-219.

안민정, 조정훈, 김윤현, 우성주(2010). 청소년 자존감 진단프로그램에 있어서 DAP의 디지털화 진단개발연구. 한국HCI학회 학술대회 자료집, 696-698.

양동렬(1995). 인물화와 표준화 성격진단 검사를 이용한 group dynamics의 비교연구. 제주대학교 교육대학원 석사학위논문.

오종은, 이수(2005). 지체장애청소년의 인물화에 반영되는 신체상 특성 연구. 한국예술치료학회지, 5(1), 39-63.

우성주, 박종욱(2013). 청소년 자존감 DAP 인물화 검사 개발 및 디지털화 측정 시스템 방향성 연구. 한국HCI학회 논문지, 8(1), 1-9.

유경미(2011). 아동기 정서ㆍ행동 문제의 선별을 위한 인물화 검사 타당화 연구. 대진대학교 대학원 박사학위논문.

유경미(2013). DAP:SPED(정서ㆍ행동 문제 선별 인물화 검사)에 나타난 ADHD 아동과 일반 아동의 반응차이. 발달장애연구, 17(4), 189-210.

유경미, 조용태(2011). 정서ㆍ행동 문제 유무에 따른 청소년의 인물화검사 반응특성 연구. 발달장애 연구, 15(4), 105-126.

이명희(1997). 유아의 성격 특성에 따른 인물화 표현. 교원대학교 대학원 석사학위논문.

이수정(1974). 청년기 인물화검사에 관한 한 연구. 신경정신의학, 13(4), 454-465.

이영주(2009). 정서ㆍ행동 문제 선별 인물화 검사(DAP-SPED)의 신뢰도 및 타당도 연구. 정서ㆍ행동장애연구, 25(4), 99-116.

이영희(1984). 인물화에 나타난 문제지표와 가정환경변인과의 상관연구. 이화여자대학교 교육대학원 석사학위논문.

이은해(1965). 인물화에 의한 아동의 지능측정:Goodenough-Harris Drawing test 표준화를 위한 예비 연구. 이화여자대학교 대학원 석사학위논문.

임형진(1974). 아동의 인물화 성격검사의 표준화를 위한 연구. 인천교육대학 논문집, 9, 253-281.

전원미(2014). 에니어그램 2, 5, 8 유형의 인물화 특성에 대한 탐색적 연구. 에니어그램심리역동연구, 1(1), 179-197.

정귀연(2012). 아동의 애착과 인물화 반응특성에 관한 연구. 미술치료연구, 19(6), 1337-1354.

정미영(2005). 유아의 인물화를 통한 불안 연구. 동아대학교 교육대학원 석사학위논문.

정승아, 김재환(1997). 인물화 검사에서 반대 성을 먼저 그리는 정신과 성인 환자의 심리적 특성. 한국심리학회지: 임상, 15(2), 277-288.

정현모(2006). 유아의 자기존중감과 인물화 표현. 한국교원대학교 교육대학원 석사학위
논문.

조분래(2002). 인물화에 의한 정신지체아와 지체부자유아의 성격 행동 특성비교. 대구대
학교 교육대학원 석사학위논문.

주리애(2015). 미술심리 진단 및 평가. 서울: 학지사.

주리애, 김현진(2014). 연평도 포격사건을 경험한 청소년의 불안과 그림검사 반응특성. 미
술치료연구, 21(4), 825-843.

최외선, 이근매, 김갑숙, 최선남, 이미옥(2006). 마음을 나누는 미술치료. 서울: 학지사.

편영자(1986). Handler의 인물화(DAP) 채점법의 타당도와 채점자 간 신뢰도. 계명대학교
학생생활연구소 학생지도, 11, 51-57.

하정아(1994). 인물화 검사에 의한 주의집중결핍성과잉행동아의 측정. 부산대학교 교육
대학원 석사학위논문.

한영옥, 최정윤(1996). 우울증 환자의 DAP 수행 특징. 한국심리학회지: 임상, 15(1), 195-
205.

大伴茂(1957). 人物畵によ性格診斷法. 東京: 黎明書房.

Briccetti, K. A. (1994). Emotional indicators of deaf childen on the Draw-A-Person
test. *American Annals of the Deaf, 139*(5), 500-505.

Brooke, S. L. (2004). Tools of the trade: A therapist's guide to art therapy assessments.
Springfield: Charles C. Thomas.

Buck, J. N. (1948). The H-T-P Test. *Journal of Clinical Psychology, 4*(2), 151-159.

Burns, R. C., & Kaufman, S. H. (1972). *Actions, styles, and symbols in Kinetic Family
Drawings (K-F-D: Research and application)*. New York: Brunner/Mazel.

DiLeo, J. (1973). *Children's drawings as diagnostic aids*. New York: Brunner/Mazel.

Goodenough, F. L. (1926). *Measurement of intelligence by drawings*. New York:
Harcourt, Brace, & World.

Hammer, E. F. (1971). The *Clinical Application of Projective Drawings*. Springfield:
Charles C. Thomas.

Handler, L. (1967). Anxiety indexes in the Draw-A-Person test: A scoring manual.

Journal of Projective Techniques, 31, 46−57.

Handler, L. (1985). The clinical use of the Draw−A−Person Test(DAP). In C. S. Nemark (Ed.), *Major psychological assessment instruments*. Boston: Ally & Bacon.

Harris, D. B. (1963). *Children's drawings as measures of intellectual maturity: A revision and Extension of the Goodenough draw−a−man test*. New York: Harcourt, Brace, & World.

Jolles, I. (1964). *A Catalogue for qualitative interpretation of the House−Tree−Person(H−T−P)*. Los Angeles: Western Psychological Services.

Koppitz, E. M. (1968). *Psychological evaluation of children's human figure drawings*. New York: Grune & Stratton.

Levy, S. (1947). *Creative and mental growth*. New York: Macmillan.

Levy, S. (1950). Figure drawing as a projective test. In L. E. Abt. & L. Bellak (Eds.), *Projective psychology* (pp. 257−297). New York: Knopf.

Lingren, R. H. (1971). An attempted replication of emotional indicators in human figure drawings by shy and aggressive children. *Psychological Reports, 29*, 35−38.

Machover, K. (1949). *Personality projection in the drawing of the human figure*. Springfield, IL: Charles C. Thomas.

Machover, K. (1951). Drawing of the human figure: A method of personality investigation. *An introduction to projective techniques*, 341−369.

Matavich, M. A. (1998). Discriminant validity of the Draw−A−Person Screening Procedure for Emotional Disturbance for incarcerated juvenile delinquents in special education(Doctoral dissertation, The Ohio State university).

Matto, H. C. (2001). Investigating the clinical utility of the Draw−A−Person: Screening Procedure of Emotional Disturbance(DAP:SPED) projective test in assessment of high−risk youth. A measurement validation study. *Di ssertation Abstracts International, 61*(2), 2920.

Matto, H. C. (2002). Investigating the validity of the Draw−A−Person: Screening for emotional disturbance: A measurement validation study with high−risk youth.

Psychological Assessment, 14(2), 221−225.

Matto, H. C., Naglieri, J. A., & Clausen, C. (2005). Validity of the Draw−A−Person: Screening Procedure for Emotional Disturbance(DAP−SPED) in strengths−based assessment. *Research on Social Work Practice, 15*(1), 41−46.

McNeish, T. J., & Naglieri, J. A. (1993). Identification of individuals with serious emoional disturbance using the Draw A person. *Journal of Special Education, 27*(1), 115−121.

Naglieri, J. A., & Pfeiffer, S. I. (1992). Performance of distuptive behavior disordered and normal samples on the Draw A Person: Screening Procedure for Emotional Disturbance. *Psychological Assessment, 4*(2), 156−159.

Naglieri, J. A., McNeish, T. J., & Bardos, A. N. (1991). *Draw a Person: Screening Procedure for Emotional Disturbance (DAP−SPED)*. Austin, TX: Pro−Ed.

Norford, B. C., & Barakat, L. P. (1990). The relationship of human figure drawings to aggressive behaviior in preschool children. *Psychology in the Schools, 27*, 318−325.

Petersen, C, S. (1977). Roots as shown in kinetic family drawings. *The commentary, 1*(3), 1−6. Bountiful, UT: Carr Publishing Co.

Rae, G., & Hyland, P. (2001). Generalisability and classical test theory analyses of Koppitz's scoring system for human figure drawings. *British Journal of Educational Psychology, 71*(3), 369−382.

Roback, H. (1968). Human figure drawing: The utility in the clinical psychologist's armamentarium for personality assessment. *Psychological Bulletin, 70*(1), 1−19.

Swensen, C. H. (1968). Empirical evaluation of human figure drawings: 1957−1966. *Psychological Bulletin, 70*, 20−44.

Urban, W. H. (1963). *The draw−a−person catalogue for interpretative analysis*. Los Angeles: Western Psychological Services.

Wessel, J. (1993). Use of the DAP:SPED with a Sample of Students Enrolled in ED, CD, and LD Public School Programs. Paper presented at the Annual Convention of the

National Association of School Psychologists (25th ed., pp. 13-17). Washington, DC: Distributed by ERIC Clearinghouse., 1993).

제**5**장

빗속의 사람 그림

- **개발자:** Abrams(1950년대로 추정)[1]
- **목 적:** 스트레스 수준과 스트레스 대처자원 파악
- **준비물:** 8½″ × 11″(A4) 용지, 지우개, 연필
- **지시어:** "빗속에 있는 사람을 그려 주세요(Draw a person in the rain)."

1. 개요

빗속의 사람 그림(Draw A Person in The Rain: DAPR)검사는 인물화 검사에 비를 첨가한 것으로, 처음에는 지적 성숙을 측정하는 검사였다. 빗속의 사람 그림 검사의 기원은 1924년에 Fay가 만 7~12세 사이의 아동에게 '빗속에서 걷고 있는 숙녀(a lady walking in the rain)'를 그리도록 한 것에서 찾을 수 있다. 이것은 후에 Wintsch(1935)가 개정하고 표준화하였으며, 이를 Rey(1946)가 Goodenough(1926)의 채점 체계를 기초로 다시 표준화하였다.

이후 Abrams는 '빗속에서 걷고 있는 숙녀'의 지시방법을 수정하여 진단성격평

---

1) 정확한 년도는 제시되어 있지 않으나 1950년대로 추정됨(Hammer, 1958)

가도구로 쉽게 사용하도록 했다(Hammer, 1958). Abrams는 사람들에게 성별이나 활동(activity)을 규정하지 않고 "빗속에 있는 사람을 그려 주세요(Draw a person in the rain)."라고 지시했다. 게다가 임상 환경에서 '인물화 검사(Draw-A-Person Test)'를 먼저 실시한 후 이 검사와 비교하기 위해 빗속의 사람 그림을 사용하기도 했고, 빗속의 사람 그림을 단독으로 사용하여 시카고 경찰 지원자들의 정신건강 상태를 평가하기도 했다(Handler & Thomas, 2013).

빗속의 사람을 그리는 것은 사람을 그리는 것보다 더 복잡한 작업이다. 따라서 상황에 대처하기 위한 지각-운동 능력이 부족한 만 7세 이하의 아동이 빗속의 사람 그림을 그린 경우는 거의 없다는 사실이 입증되었다(Handler & Thomas, 2013). 하지만 거의 모든 아이들이 성장함에 따라 비를 경험할 것이다. 비가 내리면 우산, 비옷, 나무, 장화, 가방, 처마 밑, 건물 안 등 어떤 방식으로든 비로부터 자신을 보호하는 것이 일반적이다. 이러한 행동은 통제할 수 없는 자연의 행위에 대해 자신을 보호하기 위한 것이다.

빗속의 사람 그림검사에서 비는 환경적 스트레스 요인, 외부의 곤경을 의미한다. 따라서 빗속의 사람 그림검사에서 평가하는 것은 한 개인이 어떻게 스트레스를 지각하고 표현하며, 그것을 어떻게 방어하는지를 알아보는 그림검사이다. 즉 이 사람은 스트레스를 받을 때 어떤 반응을 하는지, 이 사람은 불안을 유발하는 환경에 대처하기 위해 어떤 자원을 가지고 있는지 등의 질문을 활용해 스트레스에 대처할 수 있는 심리적 역량을 살펴보는 검사이다.

빗속의 사람 그림검사의 영문 명칭은 연구자들에 따라 다르게 사용하였는데, 'Draw A Person in The Rain: DAPR'이라고 부르는 연구자도 있고, 'Person In The Rain: PITR'이라고 부르는 연구자도 있다. Lack(1996), Weber(2007) 등의 연구자들은 'PITR'로 불렀으며, Willis, Joy와 Kaiser(2010) 등의 연구자는 'DAPR'로 불렀다. PITR에서는 그림이라는 용어가 빠져 있으므로 여기서는 빗속의 사람 그림검사의 영문 명칭을 'Draw A Person in The Rain: DAPR'로 사용하고자 한다.

2. 실시방법

DAPR의 원 개발자인 Abrams는 지시사항에 대해서는 언급하였으나 구체적인 준비물이나 시행절차에 대해서는 제시하지 않았다. 그러므로 이 책에서는 준비물이나 시행절차에 관해서는 Lack(1996)과 Weber(2007)의 실시방법을 제시하고자 한다. 특히 Lack(1996)의 실시방법은 스트레스와 스트레스 대처자원에 대해 좀 더 쉽고 명확하게 채점할 수 있는 방법을 소개하여 국내에서도 많이 활용되고 있다. 최근에는 색이 정서에 대한 중요한 정보를 반영한다는 측면, 그리고 이야기 내용을 통해 피검자를 더욱더 잘 이해할 수 있다는 측면에서 색상의 사용과 이야기의 내용 등을 추가한 Weber(2007)의 채점방법이 연구에 활용되고 있다. 이러한 이유에서 Lack(1996)과 Weber(2007)의 실시방법과 평가기준을 중심으로 살펴보고자 한다.

1) Lack(1996)의 실시방법

(1) 준비물
8½″ × 11″(A4) 용지, 지우개, 연필

(2) 시행절차
준비한 용지를 제시한 후 "빗속에 있는 사람을 그려 주세요."라고 지시한다.
Lack(1996)은 종이의 방향에 대해서 설명하지 않았으므로 피검자가 원하는 대로 종이의 방향을 결정하면 된다. 종이의 방향을 물어보는 피검자의 질문에 대해서는 "자유입니다. 본인이 원하는 방향으로 그리면 됩니다."라고 답하면 된다.

2) Weber(2007)의 실시방법

(1) 준비물

- 8½″ × 11″(A4) 용지
- 10색 크레파스(빨간색, 노란색, 파란색, 녹색, 보라색, 갈색, 주황색, 회색, 검정색, 연분홍색)

(2) 시행절차

① 종이를 가로 방향으로 제시한 후 "빗속에 있는 사람을 그려 주세요."라고 지시한다.

② 그림을 다 그린 후에는 다음과 같은 질문을 한다.

- "이 사람은 어떻게 하여 빗속에 서 있게 됐을까요?"
- "다음에는 무슨 일이 벌어질까요?"

③ 질문에 대한 답을 그림의 뒷면에 기록하도록 한다. 연령, 장애 등의 이유로 원하는 답을 적는 데 어려움이 있는 피검자의 경우에는 검사자가 답을 대신 적어 준다.

🎨 유의점

Abrams와 Lack은 주어진 지시사항 이외의 추가적인 내용에 대해서는 설명하지 않았지만, 다음의 사항들에 주의를 기울인다면 그림을 채점하거나 이해하는 데 도움이 될 것이다.

- 피검자의 질문에는 "자유입니다. 그리고 싶은 대로 그리면 됩니다."라고 답하고, 그림의 모양이나 크기, 위치, 방법에 대해서는 어떠한 단서도 주어서는 안 된다.
- 그림을 그린 후 검사자는 그린 순서가 어떻게 되며, 그림 속의 인물은 누구이며, 그 사람이 무엇을 하고 있는지에 대해 물어 기록한다.
- 그림을 그린 후 그림에 대해 적절한 질문을 하며 피검자와 이야기를 나눈다.
  질문에는 정해진 내용이나 원칙이 있는 것이 아니기 때문에 인물화의 내용을 참고하여 내담자의 수준에 맞추어 적절하게 질문하는 것이 좋다.
  –"이 그림을 보면 어떤 느낌이 듭니까?"

- "이 사람은 몇 살입니까?"
- "이 사람은 무엇을 하고 있습니까?"
- "이 사람의 현재 기분은 어떨까요?"
- "이 사람에게 필요한 것은 무엇일까요?"
- "이 사람은 비에 젖어 있습니까?"
- "바람이 불고 있습니까?"
- "(사람이 여러 명일 경우) 주인공은 누구입니까?"

등과 관련된 질문을 한 후 피검자의 반응을 두고 이야기를 한다.

3. 평가기준 및 해석

DAPR의 평가기준 및 해석방법은 그림의 요소를 통해 해석하는 내용적 평가방법과 평가기준표를 활용한 객관적 평가방법이 있다.

1) 내용적 평가

DAPR은 비와 사람을 중심으로 스트레스와 스트레스에 대한 대처자원을 보는 것이므로 이를 중심으로 살펴보면 다음과 같다.

(1) 비
① 비의 양과 모양

비는 스트레스를 나타내는 것으로, 비의 양이 많은지 적은지, 비의 모양이 어떤지를 살펴보아야 한다. 비의 모양을 하나의 선이나 점으로만 표현하는 경우도 있지만, 비의 모양을 선, 점, 원 등으로 다양하게 표현하는 경우도 있다. 비의 양이 많고, 비의 모양이 다양하면 스트레스의 양이 그만큼 많다는 것을 나타낸다.

그러나 제주 지역은 지리학적 특성상 아열대권에 속하고 해양성 기후로 타 지역에 비해 강수량이 많아 제주 지역의 사람들은 비에 대해 시원하다, 상쾌하다 등의 친근한 인식을 가지고 있어서 비를 스트레스와 관련이 없는 것으로 해석할 수 있다(박은미, 백경미, 이지현, 2011; 우미현, 2015; 한혜경, 2015). 중국에도 두보의 시 〈春夜喜雨(봄날 밤의 깊은 비)〉의 첫 구절인 '好雨知時節(좋은 비는 때를 알고 내린다)'에서 알 수 있듯이, 여기서 비는 적절한 시기에 내려 좋은 빗물의 역할을 하는 것을 말한다. 그리고 베트남은 5월에서 10월이 우기인 열대 몬순 기후로, 베트남 사람들에게 비는 익숙하고 비를 맞는 것에 어떤 불편감이나 거부감이 없으며 오히려 비를 맞는 것을 일상적이고 더 행복하다고 받아들인다(정지혜, 2013). 따라서 비를 해석할 경우에는 지역이나 국가의 특성을 고려한 고찰이 필요하다. 뿐만 아니라 이중적인 상징성, 즉 고난과 어려움의 상징이기도 하지만 풍요와 축복의 의미가 된다는 점을 고려한 해석이 이루어져야 한다.

② 비에 대한 반응

비에 대한 반응은 스트레스에 대한 대처자원을 나타낸다. 여기에는 우산, 비옷, 장화와 같은 직접 보호물과 나무, 처마 밑, 건물 안과 같은 간접 보호물이 있다. 그리고 그림 속 사람의 밝은 표정, 비를 피할 수 있는 적절한 크기의 사물과 위치 등도 대처자원으로 평가할 수 있다.

스트레스 대처자원을 해석할 때 다음의 사항에 유의해야 한다. 첫째, 건물 안에 있는 사람을 그렸을 경우, 이 사람은 자원이 많을 수도 있고, 상황을 회피하는 경우일 수도 있다. 둘째, 우산이 있으면서도 사용하지 않는 경우라면 가능한 자원을 사용하는 능력이 부족할 수도 있고, 더 이상 보호를 필요로 하지 않을 수도 있다. 셋째, 우산으로 얼굴을 가리는 경우는 거북, 타조, 동굴 안에 숨은 사람처럼 어려운 상황에서 숨어 버리는 예일 수도 있다. 넷째, 우산이 없어도 행복해하면서 비를 맞는 사람의 경우에는 대처자원이 없다고 할 수 없다.

(2) 사람

사람은 자신의 자화상과 같은 역할을 한다. 따라서 인물화의 채점기준에 맞추어서 해석하면 된다. 스트레스 대처자원과 관련해서 해석을 할 경우에 만약 그림 속의 사람이 비옷과 장화를 신고 있으며, 우산을 쓰고 있거나 건물이나 나무 밑 같은 보호물 속에 자신을 가리고 있는 경우, 그리고 인물을 가리지 않고 드러내고 있으면서 표정이 밝고 미소를 띠고 있는 경우, 인물상의 크기와 위치가 적절할 경우에는 대처자원이 있는 것으로 볼 수 있다.

(3) 구름, 물웅덩이, 번개, 바람 등

구름, 물웅덩이, 번개, 바람 등은 스트레스의 다른 표현 형태라고 볼 수 있다. 구름과 물웅덩이가 많고 번개가 많이 치며 바람도 많이 분다면 스트레스가 아주 많다고 할 수 있다.

그러나 요즘 유아들은 TV 프로그램, 노래, 책, 장난감, 의상 등을 통해 '번개맨'을 수시로 보는데, 여기서 '번개맨'은 악의 무리에 대항하는 정의의 상징이며 '번개 파워'를 통해 힘을 얻는다. 따라서 번개는 내가 맞으면 고통과 처벌의 의미가 되어 스트레스로 해석할 수 있으나, 반대로 내가 번개를 다스릴 수 있다면 그것은 '힘'이 된다. 따라서 피검자가 번개에 대해 어떠한 의미를 가지고 있는지를 파악하는 것 또한 해석하는 데 중요하다.

물웅덩이와 관련하여 우미현(2015)의 연구에서는 똑같은 물웅덩이를 밟고 있으면서도 스트레스를 낮게 지각한 피검자들의 그림에서 몇 가지 공통점을 발견하였다. 그림 속 인물들의 표정이 긍정적이며, 인물들의 자세가 편안하고, 물웅덩이에 그냥 서 있는 것이 아니라 일부러 물을 튀기고 있다든지, 비의 양도 적고, 비의 세기도 약하며, 보호물을 이용하여 자신을 보호하고 있다든지, 색상의 수가 많거나, 노랑, 분홍색 등의 밝은색을 많이 사용하였으며, 이야기 요인 질문에 모두 물웅덩이에서 노는 것이 신나고 즐거운 일이라고 한다면, 물웅덩이를 그렸다고 하여 스트레스가 많다고 단순한 해석을 하기보다는 피검자에 대한 이해를 바탕으로 물웅덩이에 대한 피검자의 지각, 그림에서의 인물상, 비, 색 사용, 느낌 등을 통한 종합적인 분석이 이루어져야 한다.

2) 객관적 평가

(1) Lack(1996)의 평가기준

Lack(1996)의 평가기준은 스트레스척도 16개 항목과 자원척도 19개 항목으로 총 35개 항목으로 구성된다. 스트레스를 재는 항목은 환경적 스트레스를 반영하는 것으로 16개의 항목으로 구성되어 있으며, 이 중 S1~S8의 점수는 0점과 1점, S9~S16의 점수는 0점, 1점, 2점, 그 이상의 점수로 채점한다. 스트레스 점수는 S1~S16의 점수를 더한 값이다. 자원척도는 심리학적 방어, 자원의 이용 가능성, 그리고 자아의 힘을 나타낸다. 자원 점수로 R1~R16의 점수는 0점과 1점, R17~R19의 점수는 0점, 1점, 2점, 그 이상의 점수로 채점한다. 총 자원 점수는 R1~R16의 합에서 R17~R19의 합을 뺀 점수이다.

스트레스 점수가 높을수록 DAPR에서 스트레스를 많이 표현한 것이며, 자원 점수가 높은 경우에는 스트레스를 다루는 자원이 풍부한 것으로 해석할 수 있다. 대처능력 점수는 총 자원 점수에서 총 스트레스 점수를 뺀 점수로 대처능력이 어느 정도인지를 알 수 있다. 이 점수가 양수(+)로 나오면 양수인 숫자만큼 자원이 확보되어 있어 스트레스를 잘 관리한다는 것을 의미하며, 음수(-)가 나오면 그만큼 스트레스가 쌓이고 있어서 아주 많이 힘든 상황이라는 것을 알 수 있다. 다음의 〈표 5-1〉과 〈표 5-2〉는 Lack(1996)이 개발한 DAPR 검사에 대한 평가항목, 평가기준지표, 그리고 채점방법에 관한 것이다.

〈표 5-1〉 Lack(1996)의 스트레스척도 평가항목, 평가기준지표, 채점방법

스트레스척도			
평가항목	평가내용	평가기준	점수
S1	비가 없음	0−비가 있음, 1−비가 없음 *눈, 우박, 선, 점, 원, 연필의 측면으로 흐리게 그린 것도 비가 있는 것으로 계산함(1점이면 S7로 감)	
S2	비가 있음	0−비가 없음, 1−비가 있음	
S3	폭우	*A4 용지 한 칸이 1인치(2.54cm)인 8×11칸으로 구성된 채점판 사용 • 비가 차지한 공간(R): 비가 차지하고 있는 박스의 수를 셈. 박스의 한 부분만을 채우는 비도 전체 박스로 계산하며, 구름, 번개, 선, 점, 원, 연필의 측면으로 흐리게 그린 것도 포함됨 • 사람이 차지한 공간(P): 사람이 차지하고 있는 박스의 수를 셈. 우산, 모자, 가방도 사람의 부분으로 계산함 • 비가 차지한 공간(R)−사람이 차지한 공간(P)×1.5=결과가 음수(−)=0, 결과가 양수(+)=1	
S4	비의 스타일	0−비가 점으로만 묘사 1−비가 원, 선 등으로 묘사	
S5	비의 방향	0−비가 무질서하거나 고르게 퍼져 있음 1−비가 특정인을 향하고 있음. 어떤 사람 위에서 직접 내리고 있음	
S6	비의 접촉	0−비가 사람의 어떤 부분, 즉 우산, 모자, 가방과 접촉되지 않음 1−비가 사람의 어떤 부분, 즉 우산, 모자, 가방과 접촉됨	
S7	젖음	0−사람이 젖을 것 같지 않거나 마른 상태 1−사람이 젖을 것 같거나 젖어 보임(비가 생략되더라도)	
S8	바람	0−바람이 없음 1−바람이 있음	

		• 바람을 표현한 선이 있거나, 잎이 흔들리거나 소용돌이와 같은 움직임이 있거나, 몸의 일부인 옷이 흔들릴 때 토네이도, 깔때기 모양의 구름 혹은 회오리바람은 바람이 있는 것으로 간주함
S9~S16은 0점, 1점, 2점, 그 이상의 점수로 항목의 수와 동일한 숫자의 점수를 받음		
S9	물웅덩이	0-물웅덩이가 없음(S11로 감) • 물웅덩이 크기에 상관없이 1개당 1점
S10	물웅덩이에 서 있음	0-물웅덩이가 없거나 물웅덩이에 서 있지 않을 때 • 사람과 접촉하고 있는 물웅덩이마다 1점
S11	다양한 비 스타일	0-비가 없거나 점으로만 되어 있음. 비를 표현하는 형태마다 1점 • 점이 아닌 추가되는 스타일(선, 원)마다 1점을 줌 예: 점＋선＝1점, 선＋원＝2점을 줌
S12	다양한 강수/강설	0-비만 묘사되어 있음. 종류에 따라 1점(우박, 눈) • 예: 눈마다 1점, 우박이 있다면 또 1점 비를 나타내는 점들의 크기만 다르다면 채점하지 않음
S13	번개	0-번개가 없음(S15로 감). 번개마다 1점. • 폭탄, 화산 등과 같은 위협적이고 폭발적인 힘은 번개로 간주함 • 연속적인 선, 가지와 같은 번개를 한 볼트로 봄 • 거기에 끊어진 것이 있다면 각각의 볼트로 계산함 • 번개로서 천둥소리(소리 투사)의 표시에 점수를 줌
S14	번개 강타	0-번개나 번개 치는 것이 없음 • 사람, 우산, 혹은 사람의 어떤 부분이나 확장된 부분을 강타하는 번개마다 1점을 줌
S15	구름	0-구름이 없음 • 크기에 상관없이 구름마다 1점
S16	먹구름	인물 주위나 주위에 있는 어둡거나 그늘진 덩어리 0-먹구름이 없음, 1-먹구름마다 1점
총 스트레스 점수 = S1~S16의 합		

〈표 5-2〉 Lack(1996)의 자원척도

자원척도			
평가항목	**평가내용**	**평가기준**	**점수**
R1~R16＝0점, 1점			
R1	보호물이 있음	0-보호물이 없음(R10으로 감) 1-보호물이 있음 • 보호물: 나무, 암벽, 가방, 재킷, 선반, 우산, 우비, 장화 등 일상적으로 비와 관련이 없는 옷은 보호물이 아님 • 비를 맞지 않기 위해 입었는지 확실하지 않으면 채점하지 않음	
R2	우산이 있음	0-우산이 없음(R4로 감) 1-우산이 있음(접혀져 있는 것도 가능) • 우산임을 암시하는 아치형의 선도 우산이 있는 것으로 채점. 기능상의 적절성에 상관없이 점수를 줌	
R3	들고 있는 우산	0-우산을 이상하게 들고 있을 때 • 손과 우산 손잡이 사이의 관계가 부적절할 때 • 연결선이 없거나, 손이 없거나, 우산 손잡이를 잡고 있는 손이 사실적이지 않은 경우 1-우산을 적절하게 들고 있을 때 • 손의 선과 우산 손잡이의 선 사이에 빈 공간이 없음 • 손이 적절하게 우산을 쥐고 있으며, 우산 손잡이와 덮개가 손상되지 않고, 환경적인 힘으로부터 사람을 보호할 수 있도록 효과적인 각도를 유지하고 있음	
R4	다른 보호 장비	0-우산과 비를 피하는 장비(우비, 비닐 소재의 모자, 장화) 외의 다른 보호 장치가 없음 1-우산과 비를 피하는 장비 외의 다른 보호 장치가 있음(나무, 차, 가방, 재킷)	
R5	적절한 크기의 보호물	• 의복이 아닌 보호물의 너비 측정 • 옷을 포함한 가장 넓은 점으로 인물의 너비 측정 0-보호물의 폭≦인물의 폭 1-보호물의 폭〉인물의 폭	

R6	완전한 보호물	0-보호물이 손상됨 • 보호물이 우산이라면 그것이 쓸모가 없는 각도로 되어 있거나, 구부러져 있거나, 구멍이 있거나, 거꾸로 되어 있을 수 있음. 의복은 찢어져 있을 수 있음. 나무는 구멍이 있을 수 있음 1-보호물이 완전하며, 비로부터 사람을 보호하는 데 기능적으로 도움이 됨	
R7	비옷	0-인물이 비옷을 입고 있지 않음 1-인물이 비옷을 입고 있음	
R8	비닐 소재의 모자	0-인물이 모자나 머리를 보호하는 것이 없음 1-인물이 비닐 소재의 모자나 머리를 보호하는 것이 있음	
R9	장화	0-인물이 장화나 보호할 수 있는 부츠를 신고 있지 않음 1-일반 신발이 아닌 장화나 다른 보호할 수 있는 부츠를 신고 있음	
R10	옷	0-사람이 나체이거나 부분적으로 옷을 입지 않음. 막대기 형태의 사람 그림은 나체로 채점함 1-사람이 어떤 형태의 옷이든 입고 있음 • 옷이 완전하게 표현되어야 함	
R11	얼굴 전체	0-얼굴이 모자나 우산으로 가려지거나 옆모습이나 뒷모습으로 그려짐 1-얼굴 전체가 보임	
R12	미소	0-얼굴에 미소가 없음, 표정이 없음, 다른 표정 1-얼굴에 미소가 있음	
R13	중심에 있는 인물	0-중앙을 벗어남 1-중앙에 위치 • 전체 인물과 인물의 확장된 부분이 전체적으로 용지의 중심에서 상하좌우 각 2인치(5.08cm) 범위 내에 있으면 중심에 위치한 것으로 채점	
R14	인물의 크기	0-인물이 6인치(15cm)보다 크거나 2인치(5cm)보다 작음 1-인물이 2인치(5cm) 이상, 6인치(15cm) 이하 • 우산이나 모자와 같이 붙어 있는 것을 포함한 인물의 크기임	

R15	전체 인물	0-인물이 측면, 뒷면, 막대기 형태의 사람 그림, 머리만 혹은 부분적으로 그려짐 1-인물이 머리에서 발끝까지 앞면을 보고 있음 *인물의 어떤 부분도 모자나 우산으로 가려지지 않아야 함 • 주머니에 손이 있는 것은 1점으로 채점하지 않음	
R16	선의 질	0-선의 질이 다양하거나 스케치풍. 진하고-가늘고, 밝고-어둡고, 끊어진 선 1-선의 질이 균일하고 부드러움. 연속적이고, 일관성 있게 밝거나 어둡고, 두껍거나 얇음. • 떨림이 있는 지그재그 선은 점수를 주지 않음	
R17~R19=자원의 부분 합계로서 공제됨. 각각은 0점, 1점, 그 이상의 점수			
R17	나체	0-인물이 어떠한 방식으로든 옷을 입고 있음. 1-인물이 나체라면 성기를 드러내거나, 옷이 투명하게 드러나거나, 옷을 입었는지가 확실하지 않은 경우	
R18	몸의 일부가 생략	0-인물이 완전하게 표현되어 있음 • 머리, 동공이 있는 뜬 눈, 코, 입, 목, 몸통, 팔, 손, 손가락, 다리, 발이 완전하게 표현됨 • 빠진 것 하나당 1점: 머리, 눈, 코, 입, 목, 몸통, 팔, 손, 손가락, 다리, 발 • 보이지 않거나 주머니에 있는 손은 빠진 것으로 계산함. 옆에서 본 모습이라면, 원래 보여야 하는 부분이 빠진 것이 아니라면 계산하지 않음	
R19	치아	0-치아가 보이지 않음 1-치아가 보임	
총 자원 점수 = 자원 소계(R1~R16의 합) - (R17~R19의 합)			

대처능력 = 총 자원 점수 - 총 스트레스 점수
　+: 스트레스를 처리하고도 +만큼 자원이 확보되어 있음
　-: 음수만큼 스트레스가 쌓이고 있음

(2) Weber(2007)의 평가기준

Weber(2007)는 특수교육 대상자의 선별을 위한 목적으로 DAPR 검사를 사용했다. Weber(2007)의 채점 항목은 그림의 전반적인 평가, 그림에 대한 질문, 이야기의 독특성, 이야기와 그림의 일치, 능동적 혹은 수동적 자세, 그림의 구체적인 세부사항, 대처기제, 사람에 관한 세부사항, 그림 공간과 색상 사용 등 총 9개로 구성되어 있다. 채점 체계는 객관적이고 정량화된 방식으로 그림을 분석하기 위해 만들어졌으며, '예' 또는 '아니요'로 응답한다.

- 그림의 전반적인 평가(scoring global assessment of drawing)는 전체로서 그림을 평가하기 위한 것이다. 그림에 대한 첫인상이 긍정적인지, 부정적인지, 혹은 중립적인지를 결정한다. 만약 채점자가 주어진 인상에 대해 상반되는 감정을 느낀다면 이 항목에 '중립적'으로 채점한다.
- 그림에 대한 질문(inquiries)은 그림을 그린 후 두 개의 질문에 대한 응답으로 전개된 이야기를 읽는 것이다. 이 질문은 이야기 결과(긍정, 부정, 중립)와 피검자의 반응, 능동적 혹은 수동적인 태도, 그리고 문제해결 능력 등의 수준을 파악한다.
- 이야기의 독특성(uniqueness of story)은 피검자가 특이한 이야기를 전개했는지 알아보기 위한 것이다. 이 이야기가 단순히 특이하기만 한지, 그 특이함이 긍정적인 것인지, 부정적인 것인지에 대해 분석한다.
- 이야기와 그림의 일치(congruence of story and drawing)는 그려진 그림과 이야기가 얼마나 잘 맞는지 확인한다.
- 능동적 혹은 수동적 자세(active or passive stance)의 결정기준은 피검자가 쓴 두 문장에서 네 가지의 가능한 반응 중 하나가 결정되도록 각 문장에 적용되었다. 질문에 대한 답을 검토하고, 피검자가 적극적 혹은 수동적 태도를 보이는지 여부를 판단하여 피검자가 어떻게 문제를 평가하고, 빗속에 있는 사람의 문제를 얼마나 구체적으로 해결하려고 하는지를 살펴본다. 이러한 그림과 질문의 결합은 피검자가 직면하고 있는 스트레스 수준, 심리적 자원과 대처

양식, 그리고 귀인양식 등에 대한 통찰력을 제공한다.

- 그림의 구체적인 세부사항(specific drawing details)은 구름, 비, 하늘, 색, 번개 그리고 물웅덩이와 관련된 특별한 것들이 피검자들의 삶에서 지각된 스트레스를 보여 주는 가능한 지표로 채점된다. 구름에 대해서는 사용된 색상, 구름의 형태와 배치에 대해 검토한다. 그 다음 비의 강도와 위치를 결정하기 위해 그림을 분석한다.
- 대처기제(coping mechanisms)로 우산, 우비, 장화 등 비로부터 다른 보호 장비를 사용하는 것은 지각된 스트레스 요인에 대처하는 피검자들의 능력을 암시한다. 피검자들이 꽃, 나무, 다른 동물이나 사람을 추가했는지, 그들이 그림에 특별한 세부사항을 추가했는지를 파악한다. 예를 들어, 태양 혹은 무지개를 추가하는 것은 긍정적인 귀인 편향을 가진 피검자들에게서 발견되었는데, 이는 스트레스를 받는 사람이 '행복한 결말'을 맺는다는 증거가 될 수 있다.
- 사람에 관한 세부사항(details regarding person)에서는 그려진 인물상을 검토한다. 인물이 막대기 모양으로 그려진 경우라도 손, 발 그리고 적절하게 식별 가능한 얼굴 표정을 가진 전체적인 모습을 그렸다면 긍정적인 점수를 부여한다.
- 그림 공간과 색상의 사용(use of drawing space and color)에서는 그림에서 여백의 사용을 검토한다. 전통적인 방식으로 사용하든, 사용률이 낮거나, 지나치게 많이 사용하거나, 단색의 색상 사용이든, 색상의 특정한 사용은 채점된다. 그리고 그림에 사용된 색상의 수를 집계한다.

다음의 〈표 5-3〉은 Weber(2007)의 평가항목과 평가기준이다.

〈표 5-3〉 Weber(2007)의 평가항목과 평가기준

평가항목	평가내용	평가기준	예	아니오
그림의 전반적인 평가	그림의 전반적인 인상	긍정적		
		부정적		
		중립적		

그림에 대한 질문	이야기의 결과	부정적		
		긍정적		
		중립적		
이야기의 독특성	이야기의 인상	특이한 이야기		
		긍정적		
		부정적		
능동적 · 수동적 태도	능동적 · 수동적 문장	문장 1 능동적		
		문장 2 능동적		
		문장 1 수동적		
		문장 2 수동적		
이야기와 그림의 일치	이야기의 일치성	이야기/그림		
그림의 구체적인 세부사항	비	가벼운 비		
		중간 정도의 비		
		폭우		
		푸른색으로 표현된 비		
		회색으로 표현된 비		
		사람 머리에만 내리는 비		
		특이한 색 사용		
	물웅덩이	작은 물웅덩이		
		중간 물웅덩이		
		큰 물웅덩이		
		물웅덩이에 서 있는 사람		
		홍수		
		특이한 색 사용		
	번개	1볼트 이상		
		대상 타격		
		그림 속의 다른 세부묘사에 대한 타격		
		특이한 색 사용		
	구름	푸른 구름		
		흰 구름		
		회색 구름		
		먹구름		
		개별 구름		

		사람 머리 위에 있는 구름		
		부적절한 색 사용		
	추가된 항목	인도(sidewalk) 등		
		사람/동물들		
	세부사항	폭력적인 내용		
		부분적인 태양		
		완전한 태양		
		무지개		
		특이한 색 사용		
대처기제	우산	우산이 있음		
		덮개가 없음		
		완전하게 덮여 있음		
		손상되지 않은 우산		
		비옷		
		장화		
		다른 피난처		
사람에 관한 세부사항	인물 세부묘사	손		
		발		
		옷을 다 입은		
		표정		
	표정	행복/우산 없음		
		행복/우산 있음		
		슬픔/우산 없음		
		슬픔/우산 있음		
그림 공간과 색상의 사용	공간 사용	전체		
		전체의 3/4		
		1/2~3/4		
		1/4~1/2		
		1/4 이하		
	색상	전통적인 색상의 사용		
		색상의 결핍 사용		
		색상의 과다 사용		
		무채색		
		특이한 색상		
	사용된 색상의 수			

4. 해석의 적용

[그림 5-1] 사례 1, 20대 후반의 여성 그림

사례 1은 취업준비생인 20대 후반의 여성이 그린 DAPR이다. 그림 속의 인물은 자신이며, 취업을 하는 데 외모가 큰 장벽이 된다고 하였다. 비가 많이 내리고 바람까지 불지만 그림 속의 인물은 우산도 없이 비를 맞으며 작은 물웅덩이 위를 걷고 있다. 피검자는 비를 맞고 있는데 시원하다고 하였다. 이 그림을 Lack(1996)의 척도에 따라 평가하면 다음과 같다. 폭우, 바람, 물웅덩이 등이 스트레스 점수를 높이는 요인이 되어 스트레스 점수가 7점으로 높게 나왔다. 그리고 옷을 입고 있는 인물을 그리긴 하였으나 우산, 비옷, 장화 등의 보호물이 없으며, 몸의 일부가 많이 빠져 있어 자원 점수가 −8점으로 아주 낮게 나왔다. 이 사례는 전체적으로 스트레스 점수가 높고 자원 점수는 매우 낮아 대처능력 점수 역시 낮게 나타났다.

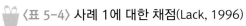

〈표 5-4〉사례 1에 대한 채점(Lack, 1996)

스트레스척도			자원척도		
항목	평가항목	점수	항목	평가항목	점수
S1	비가 없음	0	R1	보호물이 있음	0
S2	비가 있음	1	R2	우산이 있음	
S3	많은 비	1	R3	들고 있는 우산	
S4	비의 스타일	0	R4	다른 보호 장비	
S5	비의 방향	0	R5	적절한 크기의 보호물	
S6	비의 접촉	1	R6	완전한 보호물	
S7	젖음	1	R7	비옷	
S8	바람	1	R8	비닐 소재의 모자	
S9	물웅덩이	1	R9	장화	
S10	물웅덩이에 서 있음	1	R10	옷	1
S11	다양한 비 스타일	0	R11	얼굴 전체	0
S12	다양한 강수/강설	0	R12	미소	0
S13	번개	0	R13	중심에 있는 인물	0
S14	번개강타	0	R14	인물의 크기	0
S15	구름	0	R15	전체 인물	0
S16	먹구름	0	R16	선의 질	0
			R17	나체	0
			R18	몸의 일부가 빠짐	9
			R19	치아	0

총 스트레스 점수	S1~S16의 합	총 자원 점수	(R1~R16의 합) − (R17~R19의 합)	대처 능력	총 자원점수 − 총 스트레스 점수
	7		1 − 9 = −8		−8 − 7 = −15

[그림 5-2] 사례 2, 남자 대학생의 그림

　사례 2는 남자 대학생이 그린 DAPR로, 대처능력 점수가 높은 사례이다. 그림 속의 인물은 설레는 마음으로 누군가를 만나러 가는 중이라고 한다. 이 그림을 Lack(1996)의 척도에 따라 채점해 보면 스트레스 점수 3점, 자원 점수 9점, 대처능력 점수는 6점으로 계산되었다. 스트레스가 그렇게 높지 않으면서 자원 점수도 높기 때문에 대처능력 점수가 높게 나왔다. 그림 속에는 비가 많이 내리지 않고, 물웅덩이, 구름, 번개 등의 스트레스 요인들이 표현되지 않았다. 스트레스 대처자원인 완전한 형태를 갖춘 우산, 인물상의 미소와 가벼운 발걸음 등이 표현되었다. 이 사례의 피검자는 전체적으로 보았을 때 스트레스가 적고 자원을 충분히 갖추고 있어 대처능력이 우수하다고 할 수 있다.

〈표 5-5〉 사례 2에 대한 채점(Lack, 1996)

스트레스척도			자원척도		
항목	평가항목	점수	항목	평가항목	점수
S1	비가 없음	0	R1	보호물이 있음	0
S2	비가 있음	1	R2	우산이 있음	1
S3	많은 비	0	R3	들고 있는 우산	1
S4	비의 스타일	1	R4	다른 보호 장비	0
S5	비의 방향	0	R5	적절한 크기의 보호물	1
S6	비의 접촉	0	R6	완전한 보호물	1
S7	젖음	0	R7	비옷	0
S8	바람	0	R8	비닐 소재의 모자	0
S9	물웅덩이	0	R9	장화	0
S10	물웅덩이에 서 있음	0	R10	옷	1
S11	다양한 비 스타일	1	R11	얼굴 전체	1
S12	다양한 강수/강설	0	R12	미소	1
S13	번개	0	R13	중심에 있는 인물	0
S14	번개강타	0	R14	인물의 크기	0
S15	구름	0	R15	전체 인물	1
S16	먹구름	0	R16	선의 질	1
			R17	나체	0
			R18	몸의 일부가 빠짐	0
			R19	치아	0

총 스트레스 점수	S1~S16의 합	총 자원 점수	(R1~R16의 합) − (R17~R19의 합)	대처 능력	총 자원점수 − 총 스트레스 점수
	3		9 − 0 = 9		9 − 3 = 6

[그림 5-3] 사례 3, 초6 남자 아이의 그림

*출처: 우미현(2015). 초등학생의 성별에 따른 스트레스, 자기효능감, 사회적 지지와 빗속의 사람 그림(DAPR) 반응특성의 관계. p. 71.

사례 3은 초등학교 6학년 남학생이 그린 DAPR로, 질문지 검사결과 스트레스 점수가 총 192점 만점에 73점으로 스트레스 수준이 낮으며(63점 이하), 자기효능감 점수는 총 96점 만점에 70점으로 자기효능감이 높게 나왔다. 그림 속 인물은 피검자와 비슷한 또래의 남자아이로 보호물 없이 폭우 한가운데에 서 있으며, 얼굴 표정은 미소를 짓고 있다. 하늘을 향해 팔을 벌리고 있으며, 다리를 안정감 있게 벌리고 서 있다. 불규칙하게 쏟아져 내리는 비는 갈색 땅으로 깊게 스며들고 있으며, 땅 표면에는 초록색 풀과 지렁이가 있다. 비는 난잡하게 그려졌으나, 비를 제외한 나머지는 비교적 균일하고 선명하게 채색되었다. 피검자는 그림 속 인물의 기분을 "더웠는데 비가 와서 시원해져서 기분이 좋다."라고 설명하였으며, 본인도 그림을 보며 '비가 와서 시원한 기분'이 느껴진다고 하였다. 그리고 이 사람이 앞으로 어떻게 되겠냐는 이야기 전개를 묻는 질문에 "집에 가서 씻고 TV를 본다."라고 답하였다.

단지 그림만을 보고 객관적인 평가기준을 적용하여 채점하는 경우, 폭우가 내리고 있는 것으로 보아 피검자의 스트레스 수준이 아주 높고, 우산과 같은 자원이 적기 때문에 결과적으로 대처능력이 낮다고 해석할 수도 있다. 그러나 미소를 짓고 있는 얼굴 표정, 하늘을 향해 팔을 벌리고 서 있는 안정감 있는 자세, 밝은색 사용, 그림 속 인물의 기분을 '기분이 좋다'고 표현한 피검자의 대화와 함께 그림의 전체적인 맥락과 질문지 검사결과를 종합적으로 해석할 경우, 객관적인 평가기준을 적용하여 해석하는 것과는 다르게 해석될 것이다. 즉, 비가 많이 내리고 있지만 피검자가 비를 스트레스로 인식하지 않고 기분이 좋은 것으로 인식하므로 비를 스트레스로 해석해서는 안 된다. 따라서 전체적인 맥락에서 판단해 보면 피검자는 스트레스 받는 상황을 경험하게 되더라도 스트레스를 잘 해결해 나갈 수 있는 힘을 가지고 있다.

[그림 5-4] 사례 4, 초5 남자아이의 그림

　사례 4는 초등학교 5학년 남학생의 DAPR로, 스트레스 점수는 총 192점 만점에 54점으로 스트레스 수준이 낮으며, 자기효능감의 점수는 총 96점 만점에 82점으로 자기 효능감이 높게 나타났다. 그리고 사회적 지지는 총 96점 만점에 94점으로 사회적 지지가 높게 나타났다. 비의 양은 매우 적으며, 피검자와 비슷한 또래로 보이는 남자아이 둘이 우산을 함께 쓰고 있다. 그림 속의 두 사람은 함께 횡단보도를 건너고 있으며, 인물들 뒤로 마트와 병원이 보인다. 한 아이는 입을 벌려 웃고 있으며, 한 손으로는 우산을 들고 발 하나는 물웅덩이를 밟고 있다. 다른 아이도 미소를 지며 함께 걷고 있다. 사용한 색의 수는 11개이며, 필압이 일정하고,

채색이 선명하다. 아스팔트의 검정색이 가장 넓은 면적을 차지하고 있으며, 그 다음으로 노랑이 많이 쓰였다. 그림 속 인물의 기분에 대해 '상쾌하다'고 하였으며, 그림을 보는 자신의 기분에 대해 '시원하다'고 표현하였다. 이야기 전개 질문에는 '집에 간다'고 답하였다.

[그림 5-4]를 Lack(1996)의 척도에 따라 채점해 보면 스트레스 점수 4점, 자원 점수 10점, 대처능력 점수는 6점으로 계산되었다. 스트레스가 낮고 자원 점수도 높기 때문에 대처능력 점수는 높게 나왔다. 그림 속에는 비가 많이 내리지 않고, 구름, 번개 등의 스트레스 요인들이 표현되지 않았다. 스트레스 대처자원인 완전한 형태를 갖춘 우산, 인물상의 미소, 적절한 인물상의 크기, 위치, 방향 등이 표현되었다. 뿐만 아니라 친구와 함께 우산을 쓰고 있으며, 옷 색깔도 초록색, 파랑, 노랑, 주황색의 밝은색을 사용했으며, 그림 속 인물들과 자신의 기분에 대해 '상쾌하다' '시원하다'고 표현한 피검자의 대화와 함께 그림의 전체적인 맥락과 질문지 검사결과를 종합적으로 해석할 경우, 이 사례의 피검자는 스트레스가 적고 자원을 충분히 갖추고 있음을 알 수 있다. DAPR에서 여러 명의 인물이 묘사된 그림들 중 사회적 지지를 지각하는 수준에 따라 인물 간에 우호적이거나 협력적인 관계를 엿볼 수도 있고, 인물 간에 상호작용이 전혀 없거나 배타적인 모습으로 묘사된 것이 있다(우미현, 2015). [그림 5-4]의 사례 4는 사회적 지지 수준이 높은 피검자가 그린 그림으로, 인물 간의 우호적인 모습이 표현된 것이다. 즉, DAPR에서 여러 명의 인물이 묘사된 경우에는 그림 속 인물 간의 관계성을 통해 대처자원을 평가할 수도 있다.

5. 연구동향

1) 국외 연구동향

DAPR과 관련하여 국외에서 처음으로 발표된 실험적 연구는 Verinis, Lichtenberg

와 Henrich(1974)에 의해 이루어졌다. DAPR의 선행연구는 스트레스와 대처자원에 대한 연구(Carney, 1992; Krom, 2002; Lisa, Stephen, & Donna, 2010; Proto, 2007; Rossi, 1997; Russo, 2007; Willis, Joy, & Kaiser, 2010)가 주를 이루고 있다. 그 밖에도 우울(Carney, 1992), 진단범주와 다른 성격지표와의 관계(Verinis et al., 1974), 그리고 타당도(Hinz et al., 1992; Hinz 1994; Lack, 1996; Taylor, 1977; Weber, 2007)에 초점을 둔 연구들도 있다. 대상에 있어서도 아동, 청소년, 성인(초등 교사, 검사, 호스피스 간호사, 사회복지사, 정신과 입원환자, 외래환자) 등으로 다양하다. 앞에서 언급한 연구들 중에서 몇 가지 주요한 연구를 살펴보면 다음과 같다.

Verinis 등(1974)은 DAPR이 장기적인 정신 질환으로 고생하는 환자들에게 가장 적절한 치료방법을 결정하는 데 도움을 줄 것이라고 했다. 그들은 또한 그림의 요소, 즉 비와 비에 대한 방어는 사람들이 겪는 스트레스의 양과 스트레스에 대처하는 방어력과 관련이 있다고 추측했다. 그들은 스트레스가 높은 상황에서 사람을 묘사하는 투사적 그림을 측정하기 위한 표준화된 접근법의 장점을 입증하려고 시도했다. 그러나 그들은 임상적 판단에 의존하면서 그림에 대한 실제 평가 척도는 개발하지 않았다는 비난을 받았다(Willis, Joy, & Kaiser, 2010). Verinis 등(1974)은 청소년 외래환자와 법원에서 의뢰한 청소년의 정신진단과 DAPR 사이에 유의미한 관계가 있음을 발견했다. 따라서 DAPR을 통해 청소년의 광범위한 진단범주(신경증, 성격장애, 정신병/경계선상의 정신병)를 예측하는 것이 가능했다.

Carney(1992)는 13~18세의 고등학생 121명(남학생: 53명, 여학생: 68명)을 대상으로 스트레스와 우울 수준을 DAPR을 사용하여 연구했다. 건강한 집단과 병리적 집단을 구분하기 위한 DAPR의 양적 채점 체계가 이 연구의 일부로 개발되었다. 두 명의 채점자가 채점한 채점자 간 일치도는 100%였으며, 청소년의 스트레스와 우울척도로서 타당하고 신뢰할 수 있는 채점 체계를 제공했다. 연구결과, 비가 내리는 상황에서 보호 장비가 충분하지 않을 때 우울 수준이 높으며, 이러한 우울 수준의 증가는 스트레스에 대처하는 능력이 없다는 것으로 스트레스와 우울의 관련성을 설명하였다.

Lack(1996)은 아동 보호 서비스(Child Protective Services)에서 의뢰된 아동을 상

담하는 개인 아동 심리 상담소의 기록 자료를 사용하여 아동의 대처능력을 측정하기 위해 DAPR의 동시 타당도(concurrent validity)를 평가했다. 연구대상은 만 7~16세 사이의 다양한 인종으로 구성되어 있으며, 사회경제적 지위가 낮다. 이들은 심각한 외상경험이 있거나 학대, 우울, 신경심리적 손상, 신체적 한계, 학업 곤란, 의학적 질병 등의 문제를 가지고 있으며, 대부분의 아동이 심각한 스트레스 사건을 경험했다. 로르샤흐(Rorschach) 변수와 정신과 증상은 평가된 스트레스, 대처능력, 대처방식 및 우울척도로서 DAPR에 대한 동시 타당도를 제공했다. 이러한 연구결과는 고통받는 아동을 위한 투사적 평가도구로서 DAPR의 임상적 효용성에 대한 증거를 제공했다. 또한 DAPR은 쉽게 계산할 수 있는 채점방법을 사용하여 관리되고 채점될 수 있음이 입증되었다. Krom(2002)은 DAPR을 사용하여 호스피스 간호사 35명의 스트레스지표와 대처지표를 연구하기 위해 두 가지 평가 척도를 사용했다. 하나는 대처자원의 수를, 두 번째 척도는 빗방울의 크기와 밀도(density, 인식된 스트레스)를 사용하였다. Krom(2002)은 보호지표와 인지된 스트레스지표 사이의 균형이 대처능력을 보여 준다는 결론을 내렸다. 연구결과는 대처와 스트레스를 평가하기 위한 척도로서 DAPR의 타당도를 위한 예비적인 지원을 제공했지만, 한 사람의 채점자만이 그림을 채점했기 때문에 채점자 간 신뢰도에 문제가 있었다.

　Russo(2007)는 초등학교 교사 35명을 대상으로 심리적 스트레스척도(Psychological Stress Measure: PSM-9)와 DAPR 검사를 하여 두 검사 사이에 낮은 부적 상관관계가 있음을 확인했다. Russo(2007)는 Krom(2002)의 연구에서 채점 체계의 모호성과 채점자 간 신뢰도가 낮아 DAPR 척도에 문제가 있다고 지적했다. 마찬가지로 검사 24명을 대상으로 한 Proto(2007)의 연구에 채점자 간 신뢰도는 낮았으며, 사용하지 않는 보호 물품(예를 들어, 비에 대한 보호를 위해 사용되지 않은 나무나 우산)을 포함시키는 것이 스트레스를 다루기 위한 개인적 자원의 증거로 고려되어야 하는지에 대한 의문을 제기하면서 DAPR 평가에 대한 우려를 표현했다. 특히 Russo(2007)와 Proto(2007)는 스트레스척도의 채점자 간 신뢰도가 낮기 때문에 DAPR 척도를 개선해야 한다고 결론 내렸다.

Weber(2007)는 특수교육 평가가 필요한 학생들을 선별하기 위한 수단으로 DAPR 검사를 개발했으며, 개발한 '빗속의 사람 그림: Weber의 교육 평가도구 [Draw-A-Person-In-The-Rain: Webers Education Screening Tool(PITR:WEST)]'의 유용성을 확인하였다. 노스웨스트 인디애나 주에 위치한 5개 카운티 지역 학생(K-12학년) 229명(일반 학생 122명, 일반 학생 중 특수교육 평가가 필요한 학생 35명, 특수교육을 받은 학생 72명)이 이 연구에 참여했다. 이 선별도구는 학생들의 삶에서의 스트레스에 대한 인식, 심리적 대처능력, 문제해결 능력 및 귀인 편향에 대한 시각을 제공했다.Weber(2007)는 PITR:WEST에 처음으로 채색을 사용했다. 일반 교육과 특수교육 분야에서 77%의 학생들을 올바르게 분류하여 DAPR 검사를 효과적인 선별도구로 사용하기 위한 경험적 토대 마련에 Weber(2007)의 연구가 큰 기여를 하였다.

Willis, Joy와 Kaiser(2010)는 DAPR과 스트레스에 대한 대처자원(CRIS), 그리고 인지된 스트레스척도(PSS-10) 간의 관계를 조사했다. 연구대상은 정신병으로 진단을 받고 물질사용장애를 함께 치료하는 40명의 환자이다. 3명의 채점자가 DAPR을 채점하였으며, 만족스러운 채점자 간 신뢰도를 보였다($r = .88 \sim .89$). DAPR의 보호지표 점수가 스트레스에 대한 대처자원(CRIS)의 자기지향성 척도, 자신감 척도, 정신적인 긴장통제 척도와 긍정적인 상관관계가 있었다. DAPR 스트레스 지표는 자기보고 척도인 PSS-10과 상관관계가 없었으나 DAPR 보호지표와 PSS-10은 유의미한 상관관계가 있었다. 따라서 피검자들이 주관적 스트레스를 높게 지각할수록 스트레스를 극복하기 위하여 그들의 방어활동을 촉진하는 것으로 볼 수 있다.

Graves, Jones와 Kaplan(2013)은 기후와 강수량의 빈도가 다른 미국의 3개 지리적 영역에 있는(대초원 지대, 로키 산맥 인근 주, 태평양 연안 북서부) 공립학교 3학년 아동 58명을 대상으로 DAPR 평가의 구성 타당도를 조사하였다. 그 결과, 대초원 지역 아동의 그림과 태평양 연안 북서부 지역 아동의 그림 간에 상당한 차이가 있었는데, 이는 특정 지역의 일반적인 강수 패턴이 DAPR 검사에 대한 응답 방식에 영향을 미칠 수 있음을 나타냈다.

국외 연구동향을 살펴본 결과, 주제와 관련해서는 스트레스와 대처행동을 중심 주제로 한 연구가 주를 이루고 있으며, 그 다음으로 타당도에 관한 연구, 우울, 진단범주와 성격지표와의 관계에 관한 연구 등이 이루어지고 있음이 확인된다. 연구 대상과 관련하여서는 아동, 청소년, 성인(초등 교사, 검사, 호스피스 간호사, 사회복지사, 정신과 입원환자, 외래환자) 등 대상이 매우 다양하다는 것을 알 수 있다. 특히 정신과 입원환자나 외래환자 등을 대상으로 한 연구들이 많은 것으로 보아 병원의 임상장면에서 환자들에게 적절한 치료방법을 결정하는 데 도움을 줄 수 있도록 잘 활용되고 있음을 알 수 있다.

또한 국외 연구의 경우에는 채점자 간 신뢰도나 타당도 향상과 보다 간단하고 쉬운 방법으로 채점할 수 있는 채점 체계 개발을 위한 노력들이 계속적으로 이루어지고 있다. 그리고 색상의 사용과 이야기의 내용 등을 추가하여 피검자를 이해하기 위한 채점방법을 개발하려는 노력을 하고 있다.

2) 국내 연구동향

국내에서의 DAPR에 대한 연구는 손무경(2004)의 연구로 시작되었다. 손무경(2004)은 Lack(1996)의 채점기준을 사용한 DAPR 검사를 통해 초등학생의 스트레스와 대처행동을 연구하였다. DAPR에 대한 선행연구는 스트레스와 관련된 것이 대부분이다. 구체적으로 살펴보면 학업(구계화, 김종희, 2014; 박미선, 2011; 정의숙, 김갑숙, 2008), 입시(양원영, 원희랑, 2013), 진로(차용선, 박윤미, 2010), 취업(김나현, 2007; 이지영, 2013; 조혜림, 2017), 양육(이보은, 2015), 직무스트레스(강선영, 2014; 강현정, 이근매, 2014; 권현진, 김선희, 송동호, 2016; 김경하, 2011; 김동영, 2008; 김미진, 이근매, 우정민, 2013; 김미현, 2013; 김상효, 2011; 신윤정, 2016; 오유나, 2011; 이남숙, 2015; 이상혜, 이근매, 2014; 하소영, 2014; 한혜경, 2015)에 대한 연구가 이루어졌다.

그 밖에도 우울(김상미, 2011; 김선명, 2017; 김희선, 2007; 박시연, 2010; 양원영, 원희랑, 2013; 장미애, 2011; 정아람, 2006; 최지욱, 2008; 최진숙, 이근매, 2012), 자살생각(양원영, 원희랑, 2013), 비행 및 분노(주리애, 김태은, 2011), 부모갈등(이해영, 2011), 정신건강 선별도구(김갑숙, 2013) 등 개인의 문제와 진단 가능성에 초점을 둔 연구가 이루어졌다. 그리고 성격특성(이옥기, 김갑숙, 2016; 이정희, 2010), 자기효능감(권현진, 김선희, 송동호, 2016; 박은미, 백경미, 이지현, 2011; 우미현, 2015), 회복탄력성(유경미, 2013)과 같은 개인의 긍정적인 측면에 초점을 둔 연구들도 있다. 대상에 있어서도 유아, 초등학생, 중・고등학생, 대학생, 성인(직장인, 결혼이주 여성, 북한 이탈 주민, 장애아동 어머니, 산모) 등 매우 다양하다. 그러나 연구방법에 있어서 장민주(2015), 정지혜(2013), 우미현(2015)의 연구를 제외하고 보면 대부분의 연구가 양적 연구 중심으로 이루어지고 있다는 것을 알 수 있다.

앞에서 언급한 다양한 연구 중에서 발달단계별로 살펴보면 다음과 같다. 먼저, 유아를 대상으로 동일한 채점기준을 사용하였으나 채점방법을 다르게 사용하여 다른 결과를 나타낸 이명희(2011)와 이현숙(2011)의 연구를 꼽을 수 있다. 그리고 국내에서 이루어진 최초의 연구로 초등학생을 대상으로 한 손무경(2004)과 우미현(2015)의 연구, 청소년을 대상으로 DAPR 검사에 색채와 이야기 내용지표를 포함시킨 김갑숙(2013)의 연구가 있다. 그리고 대학생을 대상으로 한 장민주(2015)의 연구, 성인을 대상으로 한 최진숙과 이근매(2012)의 연구도 주요한 연구로 들 수 있다. 이들을 중심으로 연구내용을 보다 자세히 살펴보면 다음과 같다.

이명희(2011)는 어린이집과 유치원에 재학 중인 만 3~5세 유아 261명(남아 132명, 여아 129명)을 대상으로 유아의 일상적 스트레스(비난・공격적 상황에 접함, 불안 및 좌절감을 경험함, 자존감이 상함)와 DAPR 반응특성에 대해 연구하였다. DAPR 검사는 손무경(2004)이 번안한 것을 바탕으로 총 20개 항목의 채점 체계를 재구성하였다(스트레스 항목: 11항목, 대처자원 항목: 9항목). 연구결과, 유아의 일상적 스트레스는 '비가 없음, 비가 있음, 폭우, 비의 접촉, 비의 방향, 구름의 유무'에서, 대처자원 영역에서는 우산의 유무와 직접 보호물에서 통계적으로 유의미한 차이가 있었다. 이를 통해 DAPR 검사가 유아의 스트레스를 측정할 수 있는 도구로서 활용 가능성이 있음을 알 수 있다.

이와 비슷한 연구로 이현숙(2011) 또한 어린이집에 다니고 있는 만 4~5세 유아 300명(남아 146명, 여아 154명)을 대상으로 유아의 스트레스 수준 및 대처방식에 따른 DAPR 반응특성을 연구하였다. 손무경(2004)이 번안한 것을 바탕으로 이미경 (2006)이 수정한 DAPR 채점기준을 사용하였다. 이 척도의 채점은 정도에 따라 3점 체계로 구성되어 있다. 연구결과, 유아 스트레스 중 비난 및 공격적 상황에 접함과 총 자원 간에는 정적 상관관계가 존재하였으나 관련성은 낮았으며, 대처자원 영역에서는 관련성이 없었다. 따라서 DAPR 검사가 유아의 스트레스 및 스트레스 대처방식을 측정할 수 있는 도구로서 활용 가능성이 낮은 것으로 나타나 이명희(2011)의 연구와는 다른 결과를 보여 주었다.

손무경(2004)은 초등학교 1~6학년 아동 966명(남아 460명, 여아 506명)을 대상으로 Lack(1996)의 DAPR 검사를 통해 한국 아동의 일상적 스트레스와 스트레스 대처행동을 측정하였다. 연구결과, 스트레스와 대처능력은 부적 상관이 있었고, 자원과 대처능력 간에는 정적 상관이 있었으며, 스트레스와 자원 간에는 유의미한 상관이 나타나지 않았다.

우미현(2015)은 초등학교 5, 6학년 아동 313명(남아 165명, 여아 148명)을 대상으로 스트레스, 자기효능감, 사회적 지지 수준과 DAPR 반응특성과의 관계를 알아보았으며, 채색 요인과 이야기 요인이 DAPR 검사의 활용성을 높일 수 있을지 확인해 보았다. 연구결과, DAPR의 스트레스 요인보다 대처자원 요인이 초등학생의 스트레스, 자기효능감, 사회적 지지를 더 잘 설명하였으며, DAPR과 대처자원과의 관계에 있어 사회적 지지보다 자기효능감을 더 잘 설명하였다. DAPR 요인별 항목의 유무, 양, 세기, 접촉과 같은 물리적 분석보다 그림 항목 간의 유기적 관계와 그림 전체의 맥락을 보는 것이 피검자에 대한 정보를 파악하는 데 유용하다는 것을 확인하였다. 이러한 연구결과를 통하여 DAPR에 이야기 요인과 채색 요인을 포함시킨다면 학교현장에서 학생들에 대한 상담 및 치료적 개입을 위한 집단검사의 활용 가능성을 제공하였다. 그리고 양적 연구와 더불어 그림 내용 분석을 통해 DAPR 속 인물 간의 관계가 사회적 지지를 나타낸다는 것을 확인시켜 주었다.

김갑숙(2013)은 중·고등학생 397명(남학생: 156명, 여학생: 241명)을 대상으로 DAPR 검사가 청소년들의 정신건강 상태를 선별하는 도구로 활용할 수 있는지를 밝히고자 하였다. DAPR의 평가기준은 Lack(1996), Weber(2007)의 연구를 참고로 하여 스트레스지표, 대처자원지표, 색상 관련 지표와 이야기 내용지표를 포함시켜 총 24개 평가항목을 사용하였다. 연구결과, 정신건강 유형에 따라 스트레스지표의 비 스타일, 비와 사람의 접촉, 물웅덩이와 사람 접촉 변인에서 대처자원지표의 우산 유무, 우의 유무, 간접 보호물 유무, 얼굴 표정, 신체 완성도 변인에서 색상지표의 채색 안정성, 색상 수 그리고 이야기 내용 변인에서 유의미한 차이가 있었다. 그리고 이 변수들의 판별력은 73.2%로 나타났으며, 정신건강집단은 72.0%, 정신건강 고위험집단은 74.0%를 예측하였다. DAPR 변인 중 '그림에 대한 이야기' 변인이 .693으로 가장 영향력이 높았으며, 다음으로 비의 스타일, 얼굴 표정, 우의의 유무 순으로 나타났다. 이 연구결과를 통하여 DAPR 검사는 학교장면에서 정서적으로 취약한 학생을 선별할 수 있는 유용한 자료로 활용될 수 있음을 확인시켜 주었다.

장민주(2015)는 졸업유예 대학생 20명(남학생 10명, 여학생 10명)을 대상으로 자유화, DAPR을 실시하는 과정에서 이들이 어떤 경험을 하는지를 1:1 개별면담을 통해 해석학적으로 탐구하였다. 그 결과, 졸업유예 대학생들은 '나'를 알고자 하는 욕구로 검사에 참여하였고, '언어 이상의 표현에 대하여 기대와 흥미'가 있었다. 또한 이들은 투사적 그림검사를 통해 '해석을 기대했지만 스스로가 해석의 주체'가 되는 경험을 하였고, 자유화와 DAPR 모두에서 '자신의 기대'를 표현하였다. 이러한 투사적 그림검사를 통해 연구자는 짧은 시간이었지만 '내담자의 특성을 이해하는 계기'가 되었으며, 투사적 그림검사의 실시 과정에서도 '이중관계가 자유화와 DAPR에 영향을 미친다'는 경험을 하게 되었다.

최진숙과 이근매(2012)는 산후 조리원에 입원해 있는 산모 중 에든버러 산후 우울평가 척도(Edinburgh Postnatal Depression Scale: EPDS) 점수가 10점 이상으로 산후 우울 정서를 보이는 산모 52명과 EPDS 점수 9점 이하로 산후 우울 정서를 보이지 않는 산모 106명을 대상으로 산모들의 산후 우울과 DAPR 반응특성을 연구하였다. DAPR 채점기준은 김희선(2007)의 진단기준을 수정하여 15개 평가항목을 사용하였다. 그 결과, EPDS의 우울 수준이 높을수록 비의 양은 많아지고, 비의 세기는 강해지며, 비와 사람과의 관계에서는 비와의 접촉이 많아지고, 얼굴 모습은 옆모습이거나 뒷모습으로 얼굴 전면이 드러나지 않고, 얼굴 표정은 일자형의 입 모양으로 무표정하거나, 울거나 화내는 표정으로 좋지 않았다. 신체 부위의 생략이 많았고, 음영이 한두 곳 들어 있거나 진해지고, 스트로크는 불균형하며, 보호물은 불충분하거나 없고, 구름의 수가 많으며, 구름의 면적은 넓게 표현하였다. 이를 통해 DAPR 검사가 산모의 우울 특성을 잘 반영하고 있음을 보여 주었다.

DAPR이 국내에 소개된 이후로 DAPR에 대한 신뢰도는 전반적으로 높게 나타났다. 김갑숙(2013)의 연구에서 2명의 채점자가 채점한 결과, 채점자 간의 일치도는 $r = .88 \sim 1.0$으로 나타났으며, 최진숙과 이근매(2012)의 연구에서 3명의 채점자가 채점한 결과, 채점자 간 일치도는 $r = .86 \sim .88$로 나타났다. 그리고 우미현(2015)은 50점의 그림을 2명의 채점자가 채점한 결과, 스트레스 요인, 채색 요인, 이야기 요인에서 채점자 내 일치도는 .63~1.0(kappa), 채점자 간 일치도는 .50~1.0으로 나타나 양호한 신뢰도를 보였다. 이혜미(2015)는 청소년의 학업소진에 따른 DAPR 반응특성을 파악하기 위해 3명의 채점자가 DAPR을 채점한 결과, 스트레스 점수, 대처자원 점수, 대처능력 점수의 신뢰도는 $r = .89 \sim .90$으로 나타났다. 김선명(2017)은 대학생 운동선수의 스트레스 및 우울 수준에 따른 DAPR 반응특성을 파악하기 위해 2명의 채점자가 DAPR을 채점한 결과, 채점자 간 일치도는 $r = .83$으로 나타났다.

국내 연구동향 분석 결과, 국내에서는 DAPR 검사와 관련하여 국외 연구와는 다르게 그 주제가 매우 다양함을 알 수 있다. 연구방법에 있어서도 초기에는 DAPR의 반응특성을 파악하는 양적 연구가 주를 이루었으나, 최근에는 양적 연구와 질적 연구를 함께 진행하여 양적 연구의 한계점을 보완해 주었다. 그러나 DAPR의 채점 항목도 다르고, 그에 따른 기준도 제각각이며, 연구결과 또한 비교하기 어려울 정도로 다양하다. 따라서 연구대상과 채점기준의 각 변인에 대한 분석방법 또한 매우 다양하다. 이러한 이유로 동일한 연령을 대상으로 한 연구결과에 있어서도 차이가 날 수밖에 없으며, 검사의 신뢰도와 타당도에 있어서도 문제가 생길 수밖에 없다. 따라서 앞으로의 연구에서는 DAPR 검사에 대한 객관적인 채점방법의 기준이 마련되고 좀 더 다양한 연구방법이 모색되어야 할 것이다.

강선영(2014). 장애인생활시설 생활재활교사의 직무스트레스 정도에 따른 빗속의 사람 그림 반응특성 연구. 원광대학교 동서보완의학대학원 석사학위논문.

강현정, 이근매(2014). 초등학교 교사의 직무스트레스 정도에 따른 빗속의 사람 그림 반응특성 연구. 미술치료연구, 21(4), 681-700.

구계화, 김종희(2014). 초등학생의 학업스트레스와 빗속의 사람(PITR) 그림 반응특성 연구. 예술심리치료연구, 10(1), 149-172.

권현진, 김선희, 송동호(2016). 간호사의 스트레스 반응, 자기효능감에 따른 빗속의 사람 그림(DAPR) 검사 반응 특성. 한국심리치료학회지, 8(2), 81-111.

김갑숙(2013). 청소년의 정신건강 선별도구로서의 빗속의 사람 그림 활용. 상담학연구, 14(3), 1755-1771.

김경하(2011). 사무직 종사자의 직무스트레스와 빗속의 사람 그림 반응특성. 영남대학교 환경보건대학원 석사학위논문.

김나현(2007). 대학생의 빗속의 사람 그림 반응특성과 취업스트레스에 관한 연구. 영남대학교 환경보건대학원 석사학위논문.

김동영(2008). 직장인의 직무스트레스와 빗속의 사람 그림 반응특성. 영남대학교 환경보건대학원 석사학위논문.

김미진, 이근매, 우정민(2013). 간호사의 직무스트레스에 따른 빗속의 사람 그림 반응특성. 미술치료연구, 20(3), 479-496.

김미현(2013). 소방공무원의 직무스트레스에 따른 빗속의 사람 그림 반응특성 연구. 평택대학교 사회복지대학원 석사학위논문.

김상미(2011). 북한이탈주민의 외상 후 스트레스, 우울과 빗속의 사람 그림의 반응 특성. 대구대학교 대학원 석사학위논문.

김상효(2011). 보육교사 직무스트레스와 빗속의 사람 그림(PITR)의 반응특성. 한세대학교 대학원 석사학위논문.

김선명(2017). 대학 운동선수의 스트레스 및 우울 수준에 따른 빗속의 사람(PITR) 그림 반
　　응특성 연구. 미술치료연구, 24(1), 197-223.

김희선(2007). 청소년의 우울과 빗속의 사람 그림 상관관계. 영남대학교 환경보건대학원
　　석사학위논문.

박미선(2011). 고등학생의 학업스트레스 수준에 따른 빗속의 사람 그림 반응차이 연구.
　　평택대학교 사회복지대학원 석사학위논문.

박시연(2010). 결혼이주여성의 문화적응 스트레스, 우울과 빗속의 사람 그림의 반응특성
　　연구. 대구대학교 대학원 석사학위논문.

박은미, 백경미, 이지현(2011). 초등학생의 자기효능감과 빗속의 사람 그림 반응 특성에
　　관한 연구. 미술치료연구, 18(6), 1225-1246.

손무경(2004). PITR을 통한 초등학생의 스트레스와 대처행동 측정에 관한 연구. 경성대학
　　교 대학원 박사학위논문.

신윤정(2016). 빗속의 사람 그림(PITR) 검사에 나타난 직장인의 성격특성 예측변인. 가천
　　대학교 대학원 석사학위논문.

양원영, 원희랑(2013). 인문계 고등학생의 입시 스트레스, 우울 및 자살생각과 빗속의 사
　　람(PITR) 그림검사 반응특성과의 상관관계 연구. 미술치료연구, 20(2), 263-283.

오유나(2011). 유아교사의 직무 스트레스와 빗속의 사람 그림 반응특성의 관계. 영남대학
　　교 환경보건대학원 석사학위논문.

우미현(2015). 초등학생의 성별에 따른 스트레스, 자기효능감, 사회적 지지와 빗속의 사람
　　그림(DAPR) 반응특성의 관계. 영남대학교 환경보건대학원 석사학위논문.

유경미(2013). 대학생의 회복탄력성과 스트레스, 대처자원 및 대처능력에 관한 연구: 빗속
　　의 사람 그림검사를 중심으로. 예술심리치료연구, 9(4), 97-120.

이남숙(2015). IT산업 종사자의 직무스트레스에 따른 빗속의 사람 그림(PITR) 반응특성.
　　대구대학교 대학원 석사학위논문.

이명희(2011). 유아의 일상적 스트레스와 '빗속의 사람' 그림 반응특성 연구. 대구대학교
　　대학원 석사학위논문.

이미경(2006). 초등학생의 스트레스 및 스트레스 대처행동과 빗속의 아이 그림 반응 특성

연구. 영남대학교 환경보건대학원 석사학위논문.

이보은(2015). 장애아동 어머니의 양육스트레스에 따른 빗속의 사람 그림 반응특성. 한국 예술치료학회지, 15(1), 79-92.

이상혜, 이근매(2014). 부사관의 직무스트레스 정도에 따른 빗속의 사람 그림검사 반응특 성. 예술심리치료연구, 10(3), 39-62.

이옥기, 김갑숙(2016). 초등학교 고학년 아동의 성격특성과 빗속의 사람 그림(DAPR) 반 응특성의 관계. 예술심리치료연구, 12(2), 151-171.

이정희(2010). 청소년의 성격특성과 빗속의 사람 그림 반응특성의 관계. 영남대학교 환경 보건대학원 석사학위논문.

이지영(2013). 미술전공 대학생의 취업스트레스에 따른 PITR 및 PPAT 그림 투사검사의 반응특성 연구. 경기대학교 미술디자인대학원 석사학위논문.

이해영(2011). 아동이 지각한 부모갈등에 따른 동적가족화와 빗속의 사람 그림의 반응 특 성 연구. 영남대학교 환경보건대학원 석사학위논문.

이현숙(2011). 유아의 스트레스 수준 및 대처방식에 따른 빗속의 사람 그림 반응특성 연 구. 대구대학교 대학원 석사학위논문.

이혜미(2015). 청소년의 학업소진에 따른 빗속의 사람 그림 반응특성 연구. 대구대학교 재활과학대학원 석사학위논문.

장미애(2011). 초등학교 고학년의 PITR 반응특성 연구. 경기대학교 미술·디자인대학원 석사학위논문.

장민주(2015). 졸업유예대학생의 자유화와 빗속의 사람 그림에 대한 해석학적 탐구. 영남 대학교 환경보건대학원 석사학위논문.

정아람(2006). 초등학생의 스트레스와 스트레스 대처, 우울을 측정하기 위한 빗속의 사람 그림의 반응특성 연구. 대구대학교 대학원 석사학위논문.

정의숙, 김갑숙(2008). 중학생의 학업 스트레스와 빗속의 사람 그림 반응특성. 한국가정관 리학회지, 26(2), 71-81.

정지혜(2013). 미술치료에서의 빗속 사람 그림(Draw-A-Person-in-the-Rain: DAPR) 검사에 대한 이론적 고찰. 심리치료, 13(1), 177-188.

조혜림(2017). 대학생의 취업 스트레스에 따른 빗속의 사람(PITR: Person-In-The-

Rain) 그림검사 반응특성 연구. 한양대학교 예술디자인 대학원 석사학위논문.

주리애, 김태은(2011). 빗속의 사람 그림검사(PITR)에 나타난 여고생의 비행 및 분노에 관한 연구. 미술교육논총, 25(3), 217-240.

차용선, 박윤미(2010). 진로스트레스와 빗속의 사람 그림(PITR) 반응특성 - 디자인전공 대학생을 대상으로. 한국디자인포럼, 26, 97-106.

최지욱(2008). 중학생의 우울과 빗속의 사람 그림검사(PITR) 및 이야기 그림검사(DAS)와의 관계. 영남대학교 환경보건대학원 석사학위논문.

최진숙, 이근매(2012). 산모들의 산후우울과 빗속의 사람 그림 반응특성 연구. 미술치료연구, 19(1), 113-130.

하소영(2014). 교정공무원의 직무스트레스에 정도에 따른 빗속의 사람 그림 반응특성 연구. 평택대학교 상담대학원 석사학위논문.

한혜경(2015). 소방공무원의 직무스트레스, 직무효능감, 경력탄력성과 빗속의 사람 그림(DAPR) 반응특성의 관계. 영남대학교 환경보건대학원 석사학위논문.

Carney, S. M. (1992). Draw a person in the rain: A comparison of levels of stress and depression among adolescents. Unpublished doctoral dissertation, Pace University, New York.

Fay, H. M. (1924). Le depistage des arrieres à l'école. [The tracking of school underachievers]. *La Medecine Scolaire, Décemgre*, 282-290.

Goodenough, F. L. (1926). A new approach to the measurement of the intelligence of young children. *The Pedagogical Seminary and Journal of Genetic Psychology, 33*(2), 185-211.

Goodenough, F. L. (1949). Mental testing: *It's history, principles and applications*. New York: Rinehart & com, Inc.

Graves, A., Jones, L., & Kaplan, F. F. (2013). Draw-a-Person-in-the-Rain: Does geographic location matter? *Art Therapy, 30*(3), 107-113.

Hammer, E .F. (1958). *The clinical application of projective drawing*. Springfield, IL: Charles C. Thomas.

Handler, L., & Thomas, A. D. (Eds.). (2013). *Drawings in assessment and psychotherapy:*

Research and application. New York and London, Routledge.

Hinz, L. D. (1994). *The Person－in－the－Rain drawing: A new art therapy assessment.* Paper presented at the Buckeye Art Therapy Association 12th Annual Symposium, Deer Creek State Park, OH.

Hinz, L. D., Wu, T. Y., Bond, M., Prodoehl, M., & McCarthy, R. (1992). *Person－in－the－Rain drawing: A possible art therapy assessment.* Paper presented at the Buckeye Art Therapy Association 12th Annual Symposium. Deer Creek State Park, OH.

Krom, C. P. (2002). *Hospice nurses and the palliative care environment: Indicators of stress and coping in the Draw－a－Person－in－the－Rain test.* Unpublished master's thesis, Albertus Magnus College, New Haven, Connecticut.

Lack, H. S. (1996). *The person－in－the－rain projective drawing as a measure of children's coping capacity: A concurrent Validity study using Rorschach, Psychiatric, and Life History Variables.* unpublished doctoral dissertation, california school of psychology, Alameda.

Lisa, R. W., Stephen P. J., & Donna, H. K. (2010). Draw－a－Person－in－the－Rain as an assessment of stress and coping resources. *The Arts in Psychotherapy, 37,* 233－239.

Proto, M. (2007). The Draw－a－Person－in－the－Rain Test to assess burnout in prosecuting attorneys. Unpublished master's thesis, Albertus Magnus College, New Haven, Connecticut.

Rey, A. (1946). Epreuves de dessin temoins du developpment mental (Drawings as evidence of mental development). *Archives de psychologie, Decembre,* 369－380.

Rossi, A. (1997). The Draw－a－Person－in－the－Rain technique: A study to determine its use as an informative, adjunct assessment tool for direct practive social workers. Unpublished master's thesis. Southern Connecticut State University, New Haven, CT.

Russo, A. (2007). The Draw－a－Person－in－the－Rain Technique to assess *stress* in elementary school professionals. Unpublished master's thesis, Albertus Magnus College, New Haven, Connecticut.

Taylor, P. (1977). An investigation of the utility of the Draw−a−Person−in−the−Rain for assessment of stress and the prediction of achievement in college students (Doctoral dissertation, ProQuest Information & Learning).

Verinis, J. S., Lichtenberg, E. F., & Henrich, L. (1974). The Draw−a−Person−in−the−Rain technique: Its relationship to diagnostic category and other personality indicators. *Journal of Clinical psychology, 30, 407−414.*

Weber, D. H. (2007). *The usefulness of the Draw−a−Person−in−the−Rain projective drawing as a screening for special education evaluations.* Unpublished Doctoral dissertation, Adler school of professional Psychology, chicago, Illinois.

Willis, L. R., Joy, S. P., & Kaiser, D. H. (2010). Draw−a−Person−in−the−Rain as an assessment of stress and coping resources. *The Arts in Psychotherapy, 37,* 233− 239.

Wintsch, J. (1935). Le dessin comme temoin du development mental. [Drawing as a witness of mental development]. *Zeitschrift fur Kinderpsychiatrie, August.*

제6장

사과나무에서 사과를 따는 사람

- **개발자**: Gantt와 Tabone(1998)
- **목 적**: 임상적 상태와 치료에 대한 반응진단. 문제해결 방식 파악
- **준비물**: 12″×18″ 흰색 용지, 12색 마커
- **지시어**: "사과나무에서 사과를 따는 사람의 그림을 그려 주세요(Draw a person picking an apple from a tree)."

1. 개요

사과나무에서 사과를 따는 사람(A Person Picking an Apple from a Tree: PPAT) 그림검사는 Gantt와 Tabone이 1998년에 『형식적 요소 미술치료 척도(The Formal Elements Art Therapy Scale)』에서 소개한 투사적 그림검사이다. 이 저서에는 PPAT의 형식적 요소를 측정하기 위한 척도인 형식적 요소 미술치료 척도(The Formal Elements Art Therapy Scale: FEATS)의 설명과 함께 PPAT의 평가방법을 제시하고 있다. 그러나 Gantt와 Tabone이 이 도구를 발표하기 이전에도 Lowenfeld(1939, 1947)에 의해 이미 사과나무에서 사과를 따는 사람을 주제로 한 그림이 사용되었다. Lowenfeld는 Gantt와 Tabone이 제시한 지시어보다 더 구체적으로 그림에 대한 지시를 하였는데, 그 지시사항은 다음과 같다.

당신은 사과나무 아래에 있습니다. 당신은 낮은 가지들에서 특별히 마음에
들어서 갖고 싶은 사과 하나를 바라봅니다. 당신은 사과를 따기 위해 손을
뻗었으나 도달하기에는 조금 모자랍니다. 그래서 당신은 더 많은 노력을 들
여서 그 사과를 결국 갖게 됩니다. 이제 당신은 사과를 가졌고 즐겁게 먹고
있습니다. 그 사과를 나무에서 따는 당신의 모습을 그려 보세요(Lowenfeld,
1947).

이후 Gantt와 Tabone(1998)은 이러한 주제를 발전시켜 지시어와 실시방법을 표
준화시켰다. 이 검사는 임상가와 연구자들에게 표준화된 그림과 그것을 연구할
과학적인 방법을 제공하기 위해 개발되었다. Gantt와 Tabone(1998)은 그림의 형
식적 특징이 어떻게 개인의 임상적 상태와 DSM-IV 범주에 기초한 정신과적 진단
에 관한 정보를 제공하는지를 설명하고자 하였다. 이들은 1986년부터 정신병원에
서 조현병 환자, 양극성 장애, 주요우울장애환자, 지적 장애 등 환자 5,000여 명을
대상으로 그림을 모았고, 1987년에 재료와 지시어를 표준화시켰다.

초기에 이 진단 그림은 환자가 지닌 증상들이 그림에서는 어떠한 특징으로 나타
나는지 그 연관성을 알아보기 위해 사용되었다. 개발자들은 환자들이 사과나무에
서 사과를 따는 사람을 그리는 것을 보고 환자의 집단별로 그림에서 상당히 다른
특징을 보이는 것을 관찰하게 되었다. 그리하여 PPAT를 통하여 DSM-IV 기준의
증상에 대한 임상적인 설명을 하고자 노력하였다. 이러한 목적으로 인해 PPAT에
서는 그림의 상징적인 내용이 아닌 정신과적인 증상과 상호관련성을 나타낼 수 있
는 특정한 척도가 필요했다. 이에 Gantt와 Tabone은 PPAT를 기초로 하여 FEATS
를 발전시켰다.

FEATS는 미술치료 평가보고서로서, 사람들이 무엇을 그리는가(내용)보다 어떻
게 그리는가(형식)를 파악하는 데 중점을 두고 있다. FEATS는 14개의 척도로 구성
되어 있고, 각 척도는 0~5점 리커트 척도로 평가하여 그림의 특징을 양적으로 측
정하도록 하였다. 이와 같이 FEATS는 객관적으로 평가가 가능한 요소로 채점 항
목을 제시하고 있어 환자의 임상적 상태의 변화와 치료에 대한 반응을 진단하는

데 유용하며, 다양한 집단 간의 차이를 조사하는 데 적합하다. 즉, 검사자들이 다른 정보가 주어지지 않은 상황에서 PPAT 그림만으로 임상군과 비임상군을 구분할 수 있었을 뿐만 아니라 DSM상의 다섯 가지 진단군(주요우울장애, 조현병, 조울증의 조증 상태, 기질성 정신장애, 인지장애)을 구분할 수 있었다(Williams, Agell, Gantt, & Goodman, 1996; Gantt & Tabone, 1998).

PPAT의 평가에서 FEATS는 중요한 기준이 된다. 그러나 처음에는 형식요소의 평가를 중시했으나 뒤에 내용요소를 추가하였다. FEATS의 형식적 요소만으로는 구체적인 색의 사용, 드물게 나타나긴 하지만 글씨와 숫자의 표시, 구체적인 환경과 의복의 세부묘사 등은 파악하기에 충분하지 않았기 때문이다. 예를 들어, 형식척도에서는 사용한 색이 적절한지를 측정한다면, 내용척도에서는 어떤 색을 사용했는지를 파악할 수 있다. 또 형식척도에서는 사람의 형태가 얼마나 세부적으로 묘사되어 있는지의 정도를 측정한다면, 내용척도에서는 사람의 성별이나 실제적인 에너지가 어떤지, 얼굴의 방향이나 나이 등을 파악할 수 있다. 이와 같이 PPAT의 평가에서는 형식척도(FEATS)와 내용척도(The content scales)의 채점 체계를 가지고 표준화된 미술치료 평가 방식을 만듦으로써 신뢰할 만한 연구조사도구를 발전시키고자 하였다.

PPAT 그림에 표현된 요소는 사람, 사과나무, 동작성이다. 이 요소들의 특징은 다음과 같다.

첫째, 사람의 표현: 일반적으로 사람 그림은 개인이 자신을 어떻게 지각하는가에 대한 표상이며, 어떤 의미에서 종이는 환경에 해당되고, 사람 그림은 바로 그림을 그리고 있는 자신에 해당된다(Machover, 1949). 그것은 인물표현을 통해서 자아상을 투사하게 하여 피검자의 무의식 세계의 동기나 욕구를 종합적이고 객관적으로 파악하기 위한 것이다.

둘째, 사과나무의 표현: 사람 그림이 의식적인 수준의 자신과 환경과의 관계를 반영한다면, 나무 그림에는 좀 더 심층적인 수준에서의 자기와 자기개념에 부여된 내면 감정이 투사된다. 나무는 개인의 무의식에 있는 감정들을 반영(Koch, 1952)하기 때문에 나무 그림을 통하여 개인적 삶의 내용, 즉 전기적 상황과 개인의 성격을 읽을 수 있다. Buck(1948)은 나무기둥이 피검자의 내적 자아강도에 대한 주관적인 감정을 나타낸다고 하였다. 또한 나무의 가지는 환경으로부터 만족을 추구하는 피검자의 능력을 반영하며, 나무의 전체적인 조직화는 피검자의 내적인 균형감을 나타낸다고 하였다(신민섭 외, 2003). 이처럼 나무는 진단에 있어서 상징성이 풍부한 특징을 가진다고 하겠다. PPAT에서는 사과나무를 그리도록 지시하는데, 사과나무는 비교적 범문화적으로 친숙한 주제이며 다양한 연령의 사람들에게 적용이 가능하다.

셋째, 동작성의 표현: PPAT에서는 그림 속에서 사람이 사과를 어떻게 따고 있는지에 주목한다. 사과를 따는 목적을 포함한 인물의 표현은 다른 검사에서의 인물 표현보다 동작성을 더 잘 나타낸다. 따라서 사과를 따는 방법과 태도를 통해 그린 사람의 실제적 에너지를 파악할 수 있고, 문제 상황에서 어떻게 대처해 나가는지 문제해결 방식을 볼 수 있다는 특징을 가진다. 또한 나무와 사과와 사람 간의 관계성을 탐색할 수 있다.

PPAT에서는 연필만을 사용하는 다른 진단검사들과는 달리 색을 사용한다. 색의 사용은 무의식을 자유롭게 표출시키고, 방어를 줄이는 데 효과적이다(Hammer, 1958). 그림에 사용되는 재료인 마커는 통제성이 높고, 복원 가능성이 낮으며, 색감이 명확하여 통제에 대한 욕구, 조심성과 억제적 경향 등을 확인(Wadeson, 1987)할 수 있어 유용하다. 예를 들어, 사람의 그림에서 균형 잡힌 인물상을 그렸다 하더라도, 어떤 색을 사용했는지에 따라 해석은 달라질 수 있기 때문이다. 또한 마커를 사용하게 되면 지우개로 지울 수 없고, 색을 사용함으로써 내담자들의 다양한 정서와 특징을 이해할 수 있게 된다. 즉, 연필을 주로 사용했던 기존의 그림검사에서 확인할 수 없었던 것을 색 사용을 통하여 추가적으로 확인할 수 있다는 장점을 가지고 있다.

이와 같은 PPAT의 특징을 종합해 볼 때, 나무와 사람, 그리고 동작성이 있는 다른 그림검사와 구별되는 점을 몇 가지 지적할 수 있다. PPAT는 집과 나무와 사람을 그리는 HTP와는 달리 집을 그리지 않고, 한 장의 종이에 모두 그리며, 동작성이 있다는 점이다. 또한 동작성 있는 그림으로는 KFD, KSD, KHTP와 같은 진단도구가 있지만 PPAT는 동작성과 함께 문제해결력을 측정할 수 있는 도구라는 점에서 차별성을 가진다고 할 수 있다. 또 연필을 주로 사용하는 이들 검사와는 달리 PPAT는 색을 사용하므로 색을 통해 피검자의 정서적 특징과 감정을 다루는 방식을 이해하도록 돕기 때문에 보다 풍부한 진단적 정보를 제공하는 장점을 가진다.

Lehmann과 Risquez(1953)는 미술작품에 대한 초기 진단에는 네 가지의 요소가 만족되어야 한다고 했다. 네 가지의 요소는 다음과 같다. 첫째, 진단적 도구는 환자들의 예술적인 재능의 정도나 관심사, 직업이나 지능과 상관없이 어떠한 환자에게도 적용할 수 있어야 한다. 둘째, 시간의 경과에 따른 환자의 그림표현의 변화를 비교할 수 있어야 한다. 셋째, 서로 다른 환자들의 그림을 비교할 수 있어야 한다. 넷째, 어떠한 관찰이나 면접을 통한 부가적인 정보가 없이도 그림의 평가를 통해 환자들의 임상적인 상황에 관한 유용하고 정확한 정보를 얻을 수 있어야 한다.

Gantt와 Tabone(1998)은 이러한 미술의 초기 진단에 필요한 요소를 PPAT가 만족시키고 있다고 주장했다. PPAT는 사과나무라는 비교적 범문화적으로 친숙한 주제를 사용하므로 다양한 연령과 사람에게 적용할 수 있고, 주제를 제시함으로써 그림에서 동일한 항목의 내용을 볼 수 있다는 점에서 시간의 경과성을 가지며, 다양한 환자의 그림을 비교할 수 있다. 또한 지시어가 매우 간단하고, 주관적인 내용이나 상징성보다 객관적인 구조와 형식에 초점을 두며, 한 장의 그림으로 피검자의 심리적 역동과 임상적 측면을 동시에 측정할 수 있다는 점은 큰 장점이라 할 것이다.

2. 실시방법

1) 준비물

12″×18″(20×30cm) 흰색 용지 1장, 12색 펠트 심으로 된 마커(빨간색, 주황색, 파란색, 청록색, 녹색, 짙은 녹색, 짙은 분홍색, 자주색, 보라색, 갈색, 노란색, 검정색)를 준비한다.

2) 시행절차

검사자가 피검자에게 용지와 마커를 제시하면, 피검자는 용지의 방향을 정한다. 검사자는 "사과나무에서 사과를 따는 사람의 그림을 그려 주세요."라고 지시한다. 그림을 그리는 데 걸리는 시간이나 용지의 방향에는 특별한 제한을 두지 않으며, 질문에 대해서는 "자유롭게 그리고 싶은 대로 그리면 됩니다."라고 대답한다.

3. 평가기준 및 해석

1) 평가기준

PPAT의 평가는 형식적인 부분과 내용적인 부분으로 나누어진다. 채점기준은 다음과 같다.

(1) 형식척도(The Formal Elements Art Therapy Scale: FEATS)

FEATS는 총 14항목으로 구성되어 있으며, 0~5점으로 이루어진 척도이다. 평가항목은 〈표 6-1〉과 같다.

〈표 6-1〉 형식척도의 구성요소

번호	항목	번호	항목
1	채색 정도	8	문제해결력
2	색의 적절성	9	발달단계
3	내적 에너지	10	세부묘사와 주변 환경
4	공간	11	선의 질
5	통합성	12	사람
6	논리성	13	기울기(회전성)
7	사실성	14	반복성(보속성)

① 채색 정도(prominence of color)

그림에서 얼마나 많은 색을 사용했는가를 측정하는 것이다. 형태의 윤곽에만 색을 사용했는지, 형태의 안이나 배경에도 색칠을 했는지를 측정한다.

0　그림을 전혀 그리지 않음

1　형태의 테두리선에만 색 사용

2　한 가지에 색칠되어 있음

3　두 개 이상의 항목에 색칠되어 있음

4　모든 대상에 색칠되어 있음

5　공간까지도 색칠되어 있음

② 색의 적절성(color fit)

그림에 사용된 색이 대상을 묘사하는 데 적절한지 여부를 평가하는 것이다. 한 가지 색만 사용한 경우라 하더라도 밝은 파란색, 보라색, 주황색, 노란색, 분홍색을 사용한 경우에는 1점, 빨간색, 연두색, 초록색, 갈색, 고동색, 검정색을 사용한 경우에는 2점으로 채점한다.

0　그림을 전혀 그리지 않음

1　한 가지 색 사용−밝은 파란색, 보라색, 주황색, 노란색, 분홍색

2　한 가지 색 사용−빨간색, 연두색, 초록색, 갈색, 고동색, 검정색

3　몇 가지 색이 적합하게 사용됨

4　대부분 색이 적합하게 사용됨

5　모든 색이 적합하게 사용됨

③ 내적 에너지(implied energy)

그림을 그리는 데 사용된 에너지의 양을 말한다. 채색의 정도, 선의 질, 공간의 사용 등을 통합적으로 분석하는 눈이 필요하다.

0   그림을 전혀 그리지 않음

1   최소한의 에너지

2   적은 에너지

3   보통 에너지

4   상당한 에너지

5   과도한 에너지

④ 공간(Space)

그림을 그릴 때 사용한 공간의 양을 측정한다.

0   그림을 전혀 그리지 않음

1   25% 미만의 공간을 사용함

2   25%~50%의 공간을 사용함

3   50% 이상의 공간을 사용함

4   75% 이상의 공간을 사용함

5   100% 사용함

⑤ 통합성(integration)

구성이 통합되어 있는지를 평가한다. 각 항목이 전체적으로 관련성이 있고, 조화를 이루는 정도를 측정한다.

0   그림을 전혀 그리지 않음

1   전혀 통합되지 않음

2   최소 2개 요소가 가깝지만 관련성이 없음

3   두 가지 요소 간의 관계가 있음

4   세 가지 이상 관련이 있음

5   전체적으로 균형을 이루며 잘 통합됨

⑥ 논리성(logic)

　제시된 과제에 알맞은 구성의 논리적인 그림인지, 비논리적인 그림인지를 평가하는 것이다. 이 항목은 추상적인 사고력 손상의 정도를 평가하려는 것으로, 예를 들어 사과나무 대신에 크리스마스 트리를 그리는 경우이다. 그러나 기괴하고 비논리적인 반응과 구별되게 의도적으로 해학적이고 유머러스하게 표현한 경우에는 채점에 포함시키지 않는다.

0　그림을 전혀 그리지 않음

1　적당하지 않은 요소 4개 이상

2　적당하지 않은 요소 3개

3　적당하지 않은 요소 2개

4　적당하지 않은 요소 1개

5　완전히 논리적임

⑦ 사실성(realism)

각 항목이 사실적으로 그려진 정도를 평가하는 것이다.

0　그림을 전혀 그리지 않음

1　사람이나 사과, 나무를 확인할 수 없음

2　그림의 항목은 구분 가능하나 매우 단순한 단일 선으로 형태만 그림

3　항목이 어느 정도 구체적임(예를 들어, 줄기, 가지, 잎을 가진 나무)

4　비교적 사실적임(예를 들어, 나무가 뚜렷한 줄기, 가지, 잔가지, 잎과 줄기에 나뭇
　　결 표시가 있음)

5　입체적으로 잘 그려짐(예를 들어, 입체적인 줄기를 나타내는 양감의 표현이 있음)

⑧ 문제해결력(problem solving)

그림 속의 사람이 나무에서 사과를 따기 위해 어떤 노력을 하고 있는가를 평가하는

것이다. 삶에서 자신에게 주어진 과제를 해결하는 개인의 방법과 능력을 나타낸다.

0　그림을 전혀 그리지 않음

1　사과가 손에도, 바구니에도 없음

2　사람이 사과를 손이나 바구니에 가지고 있으나 어떻게 가졌는지 알 수 없으며, 사람이 사과나무를 향하고 있지 않음

3　사과를 가지고 있거나 땄으나 비현실적인 해결책을 사용함

4　사람이 땅에 있거나 다른 현실적인 받침(사다리, 바위)이 있고, 사과를 향하고 있음

5　사과를 손에 가지고 있음

⑨ 발달단계(developmental level)

Lowenfeld의 발달단계에 따라 그림의 발달단계를 평가한다.

0　그림을 전혀 그리지 않음

1　난화 형태

2　만 4~6세: 기저선이 없고, 사람의 팔이 머리에서 나오고, 기하학적인 사람으로 표현

3　만 7세 이후 아동기: 기저선이나 하늘선이 보이고, 대상이 기저선 위에 있음

4　청소년 수준의 그림: 대상이 실제 크기이고, 다른 대상과 관계가 있으며, 겹쳐지기도 함

5　성인 수준의 그림: 예술적인 세련됨이 보임

⑩ 세부묘사와 주변 환경(details of objects & environment)

대상의 세부묘사와 주변 환경이 얼마나 다양하게 묘사되었는지의 여부를 평가한다.

0　그림을 전혀 그리지 않음

1 단순하게 그려진 사람, 나무, 사과 외에 기타 묘사가 없음

2 사람, 나무, 사과 이외에 기저선이나 풀이 있음

3 사람, 나무, 사과가 있고, 지평선이나 한두 개의 부가적 첨가물이 있음(예를 들어, 꽃, 해, 나비, 새)

4 주요 항목에 부가물이 있고, 많은 주변 환경물이 있음(예를 들어, 구름, 새, 다른 나무, 장식물, 머리띠, 허리 벨트)

5 모든 주요 항목에 부가물이 있고, 독창적이고 풍부한 주변 환경을 묘사(예를 들어, 울타리, 집, 모자, 특별한 장식의 옷)

⑪ 선의 질(line quality)

선이 얼마나 잘 통제되었는지를 평가한다.

0 그림을 전혀 그리지 않음

1 산만하고 조절되지 않은 선

2 손의 떨림이 느껴지는 선

3 부분적으로는 잘 연결되어 있으나 일부분은 끊어지고 점으로 그려진 선

4 잘 조절된 선

5 지나치게 강하고 흐르는 듯한 선

⑫ 사람(person)

신체상의 왜곡 여부를 평가한다. 왜곡되거나 생략된 부분이 없는 입체적인 신체상을 그린 그림이 건강하다고 본다.

0 그림을 전혀 그리지 않음

1 사람의 형태로 인식하기 어려운 경우

2 신체의 일부만 있거나 단순화된 형태

3 최소한 동그라미 형태의 머리와 막대기 형태의 사람

4 일부 손상된 신체상을 그렸다.

5 생략된 부분이 없는 입체적인 신체상

⑬ 기울기(rotation)

변환성, 회전성이라 부르기도 한다. 나무나 사람의 표현에 있어서 어느 정도 기울어져 있는지를 평가하는 것이다. 더 많이 기울어진 요소를 아래의 그림에 해당하는 기울기로 채점을 한다.

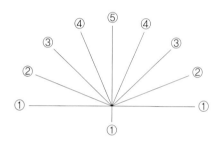

0 사람 또는 나무가 없음

1 나무나 사람이 거꾸로 있거나 수직축에 대해 직각임

2 상당히 큰 회전

3 어느 정도 큰 회전

4 약간의 회전

5 회전이 없음: 사람과 나무가 모두 수직임

⑭ 반복성(perseveration)

보속성이라고 부르기도 한다. 하나의 요소를 여러 번 반복적으로 묘사한 경우이다. 점이나 원 등을 계속적으로 그리거나 상동적인 행동을 반복하는 정도를 평가하는 것이다.

0   그림을 전혀 그리지 않음

1   그림의 반복성이 심함(예를 들어, 종이에 구멍이 생길 때까지 반복하여 선을 그림)

2   상당한 정도의 반복성이 있음

3   어느 정도 반복성이 있음(예를 들어, 하나의 사과 혹은 하나의 영역에 반복성이 있는 것)

4   반복성이 약간 있음

5   반복성이 없음

(2) 내용척도(The content scales)

그림 속의 내용을 질적으로 해석하는 것이다. 형식척도에서는 그림 속의 색 사용이나 세부묘사의 양을 측정하지만, 내용척도에서는 어떤 색을 사용했는지 혹은 어떤 세부묘사가 있었는지를 구체적으로 평가한다. 평가항목은 〈표 6-2〉와 같다.

〈표 6-2〉 내용척도의 구성요소

번호	항목	번호	항목
1	그림의 방향	8	나이
2	전체 그림에 사용된 색	9	옷
3	사람의 유무	10	사과나무
4	사람에 사용된 색	11	사과나무의 색
5	사람의 성	12	주변 환경의 묘사
6	사람의 실제적인 에너지	13	다른 형태들
7	사람의 얼굴 방향		

① 그림의 방향(orientation of picture)

 • 가로   • 세로

② 전체 그림에 사용된 색(color used in the whole picture)

빨간색	노란색	주황색	밝은 파란색	파란색	연두색
녹색	갈색	고동색	분홍색	보라색	검정색

③ 사람(person): 사람이 그려지지 않았을 경우에는 10번으로 넘어감

- 사람 없음
- 사람 있음

④ 사람에 사용된 색(color used for person)

빨간색	노란색	주황색	밝은 파란색	파란색	연두색
녹색	갈색	고동색	분홍색	보라색	검정색

⑤ 사람의 성(gender)

- 평가할 수 없다(애매모호하거나 막대기 모양의 그림)
- 분명한 남성
- 모호한 남성
- 분명한 여성
- 모호한 여성

⑥ 사람의 실제적인 에너지(actual energy of person)

- 엎드려 있다
- 앉아 있다
- 땅에 서 있다
- 사다리(받침대)에 서 있다
- 방향 없음
- 사과나무를 향함
- 둥둥 떠 있다
- 매달려 있다
- 뛰어오른다
- 뛰어내린다
- 기어오른다
- 날고 있다
- 기타

⑦ 사람의 얼굴 방향(orientation of person's face)

- 평가할 수 없다
- 정면-생김새 없다

- 정면−생김새 있다
- 얼굴의 3/4 보임

- 옆모습
- 뒷모습

⑧ 나이(approximate age of person)

- 평가할 수 없다
- 청소년, 성인

- 아기, 어린이

⑨ 옷(clothing)

- 모자
- 나체
- 잘 그려진 옷(사람과 다른 색으로 표현된 옷)
- 전통 의상

- 옷이 없다(막대형 사람)
- 옷으로 추측된다

⑩ 사과나무(apple tree)

- 사과나무나 가지, 줄기가 분명하지 않다
- 오로지 한 개의 사과만 있다
- 나무줄기는 없고 한 가지에 사과가 한 개 달림
- 나무줄기, 수관이 있으면서 사과가 한 개 달림
- 2～10개의 사과
- 10개가 넘는 사과
- 사과가 수관의 가장자리에 위치

⑪ 사과나무의 색(color of apple tree)

- 나무줄기: 갈색(황토색), 고동색, 검정색, 기타
- 수관: 연두색(진초록색), 기타
- 사과: 빨강, 노랑, 주황색, 연두색(진초록색), 두 가지 색 이상, 기타

⑫ 주변 환경의 묘사(environmental details)

- 없다
- 자연물: 해, 일출, 일몰, 달, 잔디, 지평선, 꽃, 다른 나무, 구름, 비, 바람, 산, 언덕, 호수, 시냇물, 강, 작은 내, 하늘, 무지개
- 동물: 개, 고양이, 새, 소, 양, 농장동물들, 나비, 기타
- 상상의 항목, 기계 혹은 특별한 동물
- 무생물: 울타리, 표지판, 집, 길, 도로, 자동차, 트럭, 마차, 악기, 사다리, 바구니, 상자, 컨테이너, 사과 따는 기구, 막대기, 기타

⑬ 다른 형태들(other features)

- 글쓰기(서명 혹은 사인 이외의 것)
- 기하학적인 형태
- 기타
- 숫자(날짜 이외의 것)
- 외견상 무질서한 기호들

2) 해석방법

(1) 형식척도의 해석

Gantt와 Tabone(1998)의 매뉴얼에 근거하여 각 항목에 대한 해석의 의미를 살펴보면 다음과 같다.

- 채색 정도

일반적으로 색은 정서와 관련이 있다. 기분장애를 가진 사람들 중 우울한 사람은 색을 적게 사용하고, 조증을 가진 사람은 지나치게 많은 색을 사용한다. 형태의 윤곽선에만 색을 사용했을 때보다 형태 안에도 색을 칠했을 때 더 건강하다. 그러나 형태와 배경에 빈틈없이 색을 칠했다면 조증삽화를 의심해 볼 수 있다.

• 색의 적절성

나무와 사과, 그리고 사람을 그릴 때 해당 요소에 적절한 색을 사용했는지를 평가하며, 적절하게 사용했을 때 건강하고 인지 수준이 높다고 할 수 있다. 조현병 환자들은 종종 기이한 색을 사용하는 것이 관찰되는데, 아마도 그 장애의 주요 특징인 비논리적인 사고와 관련이 있는 것으로 간주된다.

• 내적 에너지

보통 에너지라고 하면 함축적인 에너지와 실제적인 에너지를 포함하는데, 실제적인 에너지는 내용척도에서 다루고 있다. 에너지를 측정하기 위해서는 채색의 정도, 선의 질, 공간의 사용 등을 전체적으로 파악하여 통합적으로 분석하는 안목이 필요하다. 예를 들어, 공간 사용이 높다고 해서 반드시 내적 에너지 수준이 높다고 말할 수 없다. 선의 질이 어떠한지, 채색의 정도는 어느 정도인지에 따라 내적 에너지를 달리 평가해야 할 것이다.

• 공간

채색 정도와 함께 이 척도는 그림을 평가하는 데 많이 적용된다. 대체로 75% 이상의 공간 사용이 건강하다고 본다. 그림에 사용된 공간의 양은 그림을 그린 사람의 에너지와 상관이 있다고 가정한다. 심리적으로 에너지 수준이 낮거나 우울한 경우에는 용지에 빈 공간이 많고, 그림의 크기가 작다. 반면 공간을 지나치게 치밀하게 사용하는 경우에는 조증이나 강박적 혹은 충동적인 증상을 의심해 볼 수 있다. 또한 위치에서도 중앙에 그리는 것이 보편적이나, 우울하거나 불안정한 경우에는 용지의 아래쪽에 그리는 경우가 있다.

• 통합성

이 척도는 조현병 환자들의 그림에서 분열, 구성의 결핍, 불안한 공간 조직, 해체 등이 표현되는 것에 초점을 두었다. 공간조직이 완전히 부족한 경우, 성격조직이 심각하게 교란되는 것으로 추정할 수 있다(Amos, 1982). 또한 이것은 높은 수준의 대뇌피질기능과 추상적 사고와 관련되는데, 섬망이나 치매에 의해 방해 받는다. 평가는 그림에서 사람, 나무, 사과의 세 가지 기본요소가 서로 관련을 가지고 있는지, 전체적으로 조화를 이루며 밀접하게 균형을 이루고 있는지를 파악한다. 이때 서로 거리가 가까운지, 주제에 알맞은 행동 혹은 도구들을 사용하고 있는지 등을 살펴본다.

• 논리성

이 항목은 조현병과 관련된 지리멸렬하고 조리에 맞지 않는 것이거나, 섬망이나 치매로 추상적 사고의 장애가 있는 경우에 평가된다. 간혹 예술가들이나 청소년들이 상상력을 발휘하여 자유롭게 표현하는 경우가 있는데, 이때 유머러스하거나 해학적인 표현과 비논리적인 반응을 구별해야 한다. 의도적으로 재미있게 표현하려고 한 풍자적인 그림은 채점에 포함시키지 않는다. 그러나 사과나무에서 사과를 따는 사람의 주제와 관련이 없는 기괴하거나 터무니없는 그림으로 결과를 이상하게 만드는 요소가 있다면 그 수가 많을수록 논리성이 낮은 것으로 보아야 한다.

• 사실성

평균적인 지적 능력을 가진 정상인의 경우에는 나무나 사람을 인식할 수 있도록 그림을 그릴 수 있다고 본다. Lowenfeld(1947)는 대부분의 사람이 청소년기에 그림그리기를 멈춘다고 지적하였고, 환자가 아닌 대부분의 사람은 Lowenfeld가 말하는 '사실적으로 그리는 단계'를 지났다고 본다. 알츠하이머와 같은 질환을 앓고 있는 환자들은 알아볼 수 없는 그림을 그린다. 이 항목은 그림의 발달단계와도 관련이 있을 수 있다. 여기서는 형태뿐 아니라 대상과의 상대적인 크기 등도 고려해야 한다.

• 문제해결력

사과나무에서 사과를 따기 위한 문제해결방법은 그림을 그리는 사람의 당면한 문제와 관련이 있고, 그 사람의 삶의 양식을 파악할 수 있는 중요한 척도이다. KHTP나 KFD가 동작성과 각 요소와의 관련성을 중시하고 있지만, 문제의 해결력을 요구하지는 않는다. 사과를 따는 방법은 매우 다양하다. 사람이 사과나무에서 사과를 딸 때, 합리적인 방법으로 따는지 혹은 비합리적인 방법을 사용하는지를 보아야 한다. 손에 사과를 쥐고 있다고 해서 높은 점수를 받는 것이 아니고, 주어진 과제를 수행하는 과정에서의 능력에 초점을 맞추어야 한다.

• 발달단계

이 척도는 성인의 그림을 서로 다른 단계의 어린아이의 그림과 비교하기 위한 것이다. 성인임에도 불구하고 인지적이거나 기질적인 장애가 있어 유아적인 그림으로 보이는 그림을 구분하기 위해서 사용된다. 정상적인 성인의 그림은 청소년의 그림과 큰 차이를 보이지 않으며 구분하기가 쉽지 않다. 그러나 치매나 조현병 환자들의 그림 중에는 어린아이와 같은 것이 있고, Lombroso(1888)에 의하면 마비성 질환을 가진 사람의 그림은 거의 어린이 수준의 수행을 보인다(Gantt & Tabone, 1998에서 재인용, p. 38).

• 세부묘사와 주변 환경

환경의 세부묘사는 주제에서 필수요소는 아니다. 그러나 일반적으로 주제와 관련된 세부묘사를 하고 주변 환경과 대상을 조화롭게 그린 그림이 건강하다. 이것은 내적 에너지와 마찬가지로 낮은 점수는 주요우울장애와 관련이 있고, 높은 점수는 조증과 관련이 있다. 우울한 사람은 우울하지 않은 사람들보다 유의미하게 세부묘사가 적다(Dawson, 1984; Dax, 1953).

• 선의 질

선의 질을 통하여 통제력을 탐색할 수 있다. 매체와 자신의 손을 잘 통제할 수 있는 사람은 주제에 알맞은 다양한 선을 그을 수 있다. 정상적인 그림의 특징은 일정한 압력으로 일관성 있게 선을 긋는다(Urban, 1963). 그러나 편집조현병 환자의 그림의 선의 질은 만성조현병이나 불안 환자들에 비해 더 강하다(Wilkinson & Schnadt, 1968).

• 사람

막대기 형태의 사람으로 그렸는지 입체적인 사람으로 그렸는지 확인한다. 사람의 그림은 자신의 신체 이미지와 어떤 방식으로든 관련이 되어 있을 것으로 본다. 만일 그림에 그려진 사람의 모습이 심하게 왜곡된 모습으로 나타난다면 그린 사람의 왜곡된 지각을 나타낸다고 볼 수 있다. 물론 아동에게 있어 왜곡이나 생략은 발달단계에서 자연스럽게 나타나는 것으로서 정상으로 간주되지만, 반복적인 왜곡이나 생략은 관심을 가질 필요가 있다.

• 기울기(변환성, 회전성)

반복성과 함께 기질적 정신장애와 관련된 변수를 찾기 위해 고안되었다. 이 두 요소는 이러한 질환의 특징인 구성의 어려움과 관련이 있다. 하지만 아동의 그림에서 나타나는 경우에는 반드시 병리적이라고 말할 수는 없다.

• 반복성(보속성)

의미 없는 선이나 형태를 의식적인 통제 없이 집요하게 반복하는 것을 말한다. 즉, 한 가지 요소에 대한 일련의 반응이 필요한 정도를 넘어 지나치게 많은 경우이다. 이는 그림 내에서 어떤 선이나 한 요소의 특정 부분에 계속 반복하여 칠하거나, 같은 형태가 반복해서 그려질 수도 있다. 반복성은 전두엽에 영향을 미치는 조건과 알츠하이머, 치매, 자폐, 학습장애, 주의력결핍-과잉행동장애, 전반적 발달장애에서 나타난다(Morrongiello, 1996).

(2) 내용척도의 해석

내용척도는 형식척도에서 측정하고자 한 양적인 부분 이외에 보다 상세한 정보를 파악할 수 있다. 예를 들면, 형식척도에서는 사람을 평가할 때 생략 없이 사람을 온전하게 다 그렸는지, 생략이 있는지, 막대기 형태로 그렸는지를 점수로 평가한다. 그러나 내용척도에서는 사람에 사용된 색, 성별과 실제적 에너지, 얼굴방향, 나이, 옷 등을 구체적으로 파악함으로써 그림에서 볼 수 있는 다양한 측면을 평가한다. 또 형식척도에서는 전체 그림에 내포된 에너지를 평가하는 반면, 내용척도에서는 사람의 실제적 에너지, 즉 사람이 앉아 있는지, 서 있는지, 사다리 위에 올라서 있는지 등을 평가한다. 이와 같이 형식척도와 내용척도는 상호보완적인 기능을 가지고 있지만, 연구자마다 각기 다른 연구결과를 제시하고 있어 단정적으로 해석하기에는 무리가 있다.

색 사용에 있어서 보통 정상인 집단은 나무의 줄기를 갈색으로, 빨간 사과, 녹색 수관을 그리는 것이 일반적이다. 사람을 그릴 때에는 약 3~5개 정도의 색을 사용한다. 한 가지 색만 사용했더라도 검정색이나 짙은 파랑은 우울증이 있는 환자에게서 주로 나타나고, 주황색이나 자주색과 같은 난색의 그림은 정신질환을 가진 환자와 관련이 있다(Gantt & Tabone, 1998). 성별의 경우, 자신의 성과 동일한 성을 그리는 것을 더 선호하는 경향을 보인다. 그 외에도 그림에 어떤 표시를 하거나 글이나 숫자를 넣는 것이 정신질환과 관련이 있다는 연구가 있어 왔다. Dax(1953)는 글쓰기가 조증과 관련이 있다고 생각했고, Guttmann과 Maclay (1937)는 조현병 환자의 그림에 글과 그림이 혼합되어 있음을 관찰하였다(Gantt & Tabone, 1988에서 재인용, p. 51). 그러나 통제집단 없이 그러한 결과가 반드시 병리적이라고 말할 수는 없으며, Maclay, Guttmann과 Mayer-Gross(1938)는 글과 숫자가 종종 자연스러운 낙서에 해당한다고 말했다. Anastasi와 Foley(1944)에 의하면 정상인 집단에서는 글쓰기가 일반적으로 그림의 제목에 주로 쓰이고, 비정상집단에서는 무관한 단어, 숫자, 편지, 길고 두서없는 글로 나타났다. 이와 같이 내용척도에서 파악할 수 있는 여러 가지 단서는 형식척도와 함께 피검자를 이해하기 위한 중요한 근거가 된다.

(3) 증상에 따른 그림의 특징

Gantt와 Tabone(1998)은 DSM 진단명에 따른 증상과 연구에서 관찰된 PPAT의

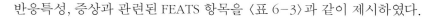

반응특성, 증상과 관련된 FEATS 항목을 〈표 6-3〉과 같이 제시하였다.

〈표 6-3〉과 같이 Gantt와 Tabone(1998)이 초기 연구에서 제시한 결과 이외에도 후속연구에서 다양한 결과가 도출되었다. 연구동향에서 간단히 다루고 있지만, PPAT를 활용하고자 하는 검사자들은 충분히 선행연구를 검토하는 과정을 거쳐 적절히 사용하여야 할 것이다.

더불어 PPAT 검사의 해석에 있어서 다음과 같은 유의점을 간과해서는 안 될 것이다. FEATS의 14개 항목은 0점에서 5점으로 이루어져 있다. 항목의 대부분이 5점일 때 가장 건강한 상태를 나타내지만, 내적 에너지, 공간, 선의 질 등의 경우에 5점이라고 해서 반드시 가장 건강한 상태를 나타내는 것은 아니다. 내적 에너지에서는 '과도한 에너지'를 5점으로 평가하고, 공간의 경우에는 '100% 사용함'을 5점으로 평가하며, 선의 질에서는 '지나치게 강하고 흐르는 듯한 선'을 5점으로 평가한다. 이 경우, 과도한 에너지와 지나치게 강하고 흐르는 듯한 선을 사용했을 때에는 조증삽화의 경향으로 보고, 공간을 조금도 남기지 않고 모두 사용한 경우에는 강박적 성향을 의심하기도 한다. 따라서 14개 항목의 점수는 개별 항목별로 평가해야 하며, 전체 점수를 합산해서 사용해서는 안 된다. 검사자들은 평가 시에 이 점을 유의해야 한다.

〈표 6-3〉 증상에 해당하는 PPAT 반응특성 및 형식요소

진단명	DSM 증상	연구에서의 관찰	FEATS
주요 우울장애	• 우울한 기분	• 색의 결핍 • 어두운 색	• 채색 정도 • 색의 적절성
	• 적은 에너지 • 정신운동 지연 혹은 흥분	• 적은 공간	• 내적 에너지 • 공간
	• 흥미 부족 • 사고력 · 집중력 부족	• 환경이 없음 • 상세함의 결여	• 사실성 • 세부묘사와 주변 환경 • 사람
양극성 장애, 조증	• 고양되거나 혹은 확장 된 부적절한 기분	• 많은 색	• 채색 정도 • 색의 적절성
	• 사고의 비약 • 목표지향 활동성 증진 혹은 정신운동 흥분	• 지나치게 상세함 • 넓은 공간 사용 • 소용돌이치거나 둥근 선	• 내적 에너지 • 공간 • 세부묘사와 주변 환경 • 선의 질
	• 팽창된 자존감이나 과시		• 문제해결력
조현병	• 망상 • 뚜렷한 환각 증상 • 지리멸렬 혹은 이완된 연상	• '1차 과정' 사고 • 불완전한 구성 • 과제와 관련 없는 글과 숫자	• 통합성 • 논리성 • 사실성 • 문제해결력 • 사람
	• 단조롭거나 혹은 엄청 나게 부적절한 정서	• 기괴한(예기치 못한) 색	• 채색 정도 • 색의 적절성
섬망, 치매, 기억상실증 (건망증), 기타 인지장애	• 추상적 기억이나 사고 의 장애	• 난해한 그림	• 통합성 • 논리성 • 사실성 • 문제해결력 • 사람
	• 기능을 방해하는 다른 증세(실어증, 운동신 경장애, 인지불능) • 완성의 어려움	• 색이 과제와 관련이 없음 • 신호(끊어진 선, 기울 어짐, 반복성, 단순성)	• 색의 적절성 • 선의 질 • 기울기 • 반복성

출처: Gantt, L., & Tabone, C. (1998). *The Formal Elements Art Therapy Scale − The Rating Manual−*. pp. 26−27.

🖋 **4.** 해석의 적용

[그림 6-1]은 16세 소녀의 PPAT 그림이다. 소녀는 학교생활에서 모범적이며 성적도 우수한 학생이다. 명랑하며 주어진 일에 최선을 다하는 태도를 보인다. 각 요소마다 적절한 색을 사용하고 있으며, 나뭇가지 사이로 보이는 하늘빛과 나무 주변의 풀들이 잘 어울리고, 사람과 나무와의 크기나 관계도 적절하여 전체적으로 통합되고 논리적인 그림이라고 볼 수 있다. 그림이 공간을 75% 이상 차지하고 있지만, 배경과 줄기에 여백이 있어 내적 에너지가 과도하다고 볼 수는 없다. 안정적으로 보이는 받침대를 사용하고 있고, 적당히 팔을 뻗어 사과를 쥐고 있어 문제해결력이 있음을 나타내고 있다. [그림 6-1]에 대한 FEATS의 항목에 따른 구체적인 점수는 〈표 6-4〉와 같다.

[그림 6-1] 16세 여학생의 그림

🎁 〈표 6-4〉 [그림 6-1]의 형식척도 점수

번호	항목	점수
1	채색 정도	4
2	색의 적절성	5
3	내적 에너지	4
4	공간	4
5	통합성	5
6	논리성	5
7	사실성	4
8	문제해결력	5
9	발달단계	4
10	세부묘사와 주변 환경	4
11	선의 질	4
12	사람	5
13	기울기(회전성)	5
14	반복성(보속성)	5

[그림 6-2]는 17세 남학생의 PPAT이다. 그는 학교생활에 소극적이며 주로 혼자 외톨이로 지내는 편이다. 소심하고 말이 없지만, 문제를 일으키거나 하지는 않는다. 이 그림에서 사람은 사과를 가지고 있지만, 어떻게 가지게 되었는지에 대해서

는 알 수 없다. 즉, 문제해결력 부분에서 자신에게 주어진 과제를 적극적으로 수행하려는 노력이 부족하다는 점을 알 수 있다. [그림 6-2]에 대한 FEATS의 항목에 따른 구체적인 점수는 〈표 6-5〉와 같다.

[그림 6-2] **17세 남학생의 그림**

〈표 6-5〉 **[그림 6-2]의 형식척도 점수**

번호	항목	점수
1	채색 정도	3
2	색의 적절성	5
3	내적 에너지	3
4	공간	4
5	통합성	3
6	논리성	5
7	사실성	3
8	문제해결력	2
9	발달단계	4
10	세부묘사와 주변 환경	3
11	선의 질	3
12	사람	5
13	기울기(회전성)	5
14	반복성(보속성)	5

[그림 6-3]는 지적 장애 3급 청소년의 PPAT이다. [그림 6-3]의 경우 아동기 그림에서 주로 나타나는 기저선이 있는 그림을 그렸고, 사람의 모습에서 얼굴 내부의 생략이 있을 뿐 아니라 손이나 발, 몸의 표현이 매우 서툴고, 사람의 모습에 대한 인지가 결여되어 있음이 보인다. 사람의 몸과 태양에는 반복적으로 검정색과 붉은색을 칠하였고, 사람을 둘러싼 지그재그선의 포위는 나무와 사람을 분리하고 있어 사과를 따는 사람으로 보기 힘들다. 또한 구름, 태양, 집과 같은 주변 환경을 묘사했고, 집은 실내가 들여다보이는 투시화를 그렸다. 그러나 집 그림을 상세하고 공을 들여 그린 것에 비해 정작 사과를 따기 위해 필요한 도구를 그리지 않은 점으로 보아 [그림 6-3]의 그림은 통합성과 발달 수준이 낮은 그림이라 할 수 있다. [그림 6-3]에 대한 FEATS의 항목에 따른 구체적인 점수는 〈표 6-6〉과 같다.

[그림 6-3] 지적 장애 여학생의 그림

〈표 6-6〉 [그림 6-3]의 형식척도 점수

번호	항목	점수
1	채색 정도	2
2	색의 적절성	4
3	내적 에너지	3
4	공간	4
5	통합성	2
6	논리성	4
7	사실성	3
8	문제해결력	4
9	발달단계	3
10	세부묘사와 주변 환경	3
11	선의 질	3
12	사람	4
13	기울기(회전성)	4
14	반복성(보속성)	2

[그림 6-4] 23세 여성의 그림

〈표 6-7〉 [그림 6-4]의 형식척도의 점수

번호	항목	점수
1	채색 정도	1
2	색의 적절성	4
3	내적 에너지	3
4	공간	4
5	통합성	4
6	논리성	4
7	사실성	3
8	문제해결력	3
9	발달단계	3
10	세부묘사와 주변 환경	3
11	선의 질	4
12	사람	4
13	기울기(회전성)	5
14	반복성(보속성)	5

[그림 6-4]는 23세 여성의 PPAT이다. 사람의 모습이 인형처럼 보이며, 발이 땅이나 받침대 위에 있지 않고 붕 떠 있는 느낌이다. 사과가 바구니에 담겨 있지만 사과를 따는 방법은 팔이 가늘고 길게 늘어나면서 현실적인 방법이 아니라 요술

적인 방법에 의존하고 있다. [그림 6-4]에 대한 FEATS의 항목에 따른 구체적인 점수는 〈표 6-7〉과 같다.

5. 연구동향

1) 국외 연구동향

Gantt와 Tabone(1998)은 PPAT의 개발에 앞서 정신병 환자들의 그림을 분석한 여러 선행연구에 주목하였다. 병적인 그림에서는 색을 과도하게 사용하거나 테두리를 선으로만 그리는 특징이 있으며, 정상인의 그림보다 지나치게 현란한 색을 사용하여 채색이 자연스럽지 못하다(Anastasi & Foley, 1944). 정신병 환자들은 색의 사용이 약하며(Robertson, 1952), 두뇌 손상을 가진 환자들은 무질서하게 색을 선택한다(Reitman, 1947). 또한 만성 조현병인 사람의 그림에는 색 사용이나 내용이 빈약하다(Pianetti, Palacios, & Elliott, 1964)는 보고가 있었다. Gantt와 Tabone(1998)은 이와 같은 임상적 보고를 바탕으로 DSM-IV를 통해 장애 증상의 특징과 PPAT 연구를 통해 얻은 그림의 특징, 그리고 그림과 FEATS와의 연관성을 밝혔다.

Gantt(1993)는 FEATS를 사용하여 조현병, 주요우울장애, 경계선장애 또는 기질적 정신장애 등을 가진 36명을 대상으로 정신과 진단과의 상관분석을 실시하였다. 14개의 FEATS 척도 가운데 10개 척도에서 통계적으로 유의미한 차이를 보였다. 정상적 그림에서는 색의 사용이 적합하고, 논리적이고, 잘 통합되어 있으며, 발달 수준과 사실성, 채색 정도, 에너지, 사람, 사과를 얻는 실제적인 방법을 갖춘 그림이었다. 그러나 조현병집단은 문제해결력에 있어서 유의미하게 평균이 낮았으며, 사실성, 채색 정도, 색의 적절성이 부족하여 기질적 장애집단과 비슷하였다. 우울증집단에서는 색의 적절성, 사실성, 공간 사용의 저조함을 보였다. 또한 기질적 정신장애집단에서는 색의 사용이 적절하지 않으며, 사실성이 매우 낮고,

에너지 수준이 낮으며, 공간 사용이 매우 적었다. 그리고 통합성이 낮으며, 논리적이지 않고, 문제해결 능력이나 현실감이 희박하게 나타났으며, 낮은 발달 수준과 사람을 알아볼 수가 없다는 특징이 있다. 이러한 연구를 통하여 검사자들이 다른 정보가 주어지지 않은 상황에서 PPAT 그림만으로 임상군과 비임상군을 구분할 수 있었을 뿐만 아니라 DSM상의 다섯 가지 진단군(주요우울장애, 조현병, 조울증의 조증 상태, 기질성 정신장애, 인지장애)을 구분할 수 있었다(Williams, Agell, Gantt, & Goodman, 1996; Gantt & Tabone, 1998). Gantt와 Tabone(1998)은 인지장애가 갖는 추상적인 기억과 사고의 손상(DSM-IV)이 그림에서는 이해할 수 없는 그림으로 나타나고, FEATS에서는 통합성, 논리성, 사실성, 문제해결력, 사람의 평가 척도와 관련된다는 것을 밝혔다.

이후로 PPAT는 여러 학자에 의해 연구되어 왔다. 대상의 성격 및 특성과 PPAT 반응특성의 차이를 파악하는 연구들이 다양하게 이루어졌다. Munley(2002)는 만 6~11세의 ADHD 아동들을 대상으로 PPAT 반응특성을 FEATS를 통해 살펴본 연구에서 ADHD 아동과 일반아동 간의 형식척도 결과, 각 항목별로 48.63%~88.25%의 ADHD 아동과 일반아동을 분류할 수 있다는 연구타당도를 얻었다. 또한 채색 정도, 세부묘사와 주변 환경, 선의 질에서 통계적으로 유의미하다는 것을 밝혔다. Rockwell과 Dunham(2006)은 물질사용장애 진단을 받은 성인과 정상 성인과의 PPAT 반응 비교 연구에서 사실성, 발달단계, 사람의 평가 척도에서 통계적으로 유의미한 차이를 보였다. Eytan과 Elkis-Abuhoff(2013)는 만 20~30세 성인 60명을 대상으로 PPAT와 우울과 자기효능감의 차이를 밝혔다. 그 결과, 자기효능감이 높은 개인은 PPAT에서 높은 수준의 문제해결력을 보였고, 의존적 우울증 수준이 높은 개인은 FEATS에서 낮은 점수 반응을 보였다.

특히 PPAT는 문제해결력을 파악하는 그림검사이므로 사람이 사과를 어떻게 따는지의 행위에 초점을 맞추어 사과를 따는 과정을 측정하기 위한 '아동의 사과 따는 과정 척도(Children's Picking Process Scale: CPPS)'를 사용(Bat Or, 2014)하기도 한다. 1~5점의 리커트 척도이며 범주는, ① 아무런 반응 없음(나무도, 사람도, 사과도 그리지 않음), ② 나란히 배치[사람이 사과를 따고 있지 않음(손에 사과가 있거나 없거나), 사람이 나무나 사과에 닿지 않음], ③ 사과 따는 도구와 나란히 배치[사람이 사과를 따고 있지 않음. 사람이 나무나 사과에 닿지 않음(손에 사과가 있거나 없거나). 사과 따는 도구가 그려져 있음], ④ 요술적으로 따기(사람이 요술적인 방법으로 사과를 따고 있음. 사람이 나무보다 더 크거나, 사람이 공중으로 올라가 있거나, 팔이 가늘고 길게 늘어나 있거나, 손과 사과 사이에 선을 추가함), ⑤ 현실적으로 따기(사다리와 같은 도구의 사용여부에 관계없이 사람이 실제로 사과를 따는 과정을 보여 줌. 손에 사과가 닿아 있음)로 나누고 있다.

　Bat Or(2014)는 126명의 만 5~6.5세 유아의 PPAT에서 FEATS의 문제해결력 척도와 수행기능과 동기와의 차이를 밝혔다. 그림은 FEATS의 문제해결력 척도와 CPPS를 사용하여 채점하였다. FEATS의 문제해결력 척도는 평정자 간 신뢰도가 Cronbach α .85로 높았다. CPPS는 FEATS와 높은 상관관계를 가진 신뢰할 수 있는(Cronbach α .985) 척도였다. 아동의 동기를 측정하기 위한 아동동기 척도(Children's Motivation Scale: CMS) 역시 높은 수준의 신뢰도를 나타냈으며(Cronbach α .784), FEATS의 문제해결력 척도와 관련이 있었다.

　또한 PPAT와 다른 그림검사와의 관계를 밝히는 연구도 이루어지고 있다. Kopytin(2002)은 78명의 러시아 아동 및 성인을 대상으로 PPAT를 실시하고 그 반응을 SDT와 비교해 보았을 때 상관이 있음을 밝혔다. 즉, SDT 점수와 PPAT의 공간, 통합성, 사실성, 발달단계, 사람 간에 상관이 있었다. 또한 Gantt와 Anderson(2009)는 FEATS가 PPAT뿐 아니라 자유화나 특정 지시에 반응하여 그린 그림도 측정할 수 있다고 하였다. 내용보다 구조에 초점을 맞추면 여러 집단의 그림을 비교하기에 용이하다. 따라서 FEATS는 임상 및 비임상군에 다양하게 적용 가능한 측정도구임을 밝히고 있다. 이와 같이 FEATS는 처음에 PPAT의 평가를 위해 제시되었지만 다양한 그림의 평가에 확대 적용되고 있음을 알 수 있다.

　FEATS의 13번 척도는 기울기를 측정하는 항목이다. PPAT 그림에서 나무나 사람의 각도나 기울기를 측정할 때 정확하게 평가하는 것이 쉽지 않다. 기울기(회전성)는 조현병이나 기질적 뇌손상과 같은 특정 환자 집단을 구별하는 데 중요한 기준이 된다. Mattson(2011)은 FEATS의 기울기 척도를 컴퓨터 기술로 표준화하고자 하는 연구를 시도하였다. 컴퓨터를 활용하여 평가했을 때와 컴퓨터를 사용하지 않고 사람이 평가했을 때, 평정자 간 카파(k) 지수는 사람이 평가했을 때보다 컴퓨터를 사용해서 평가했을 때 더 높게 나타났다. 사람의 지각은 각도 크기를 측정하는 데 오류가 있을 수 있지만, 컴퓨터는 사람의 지각보다 더 정확하다는 것이 밝혀졌다. 이처럼 정확한 평가를 위해 첨단기술을 활용함으로써 평가방법의 다양성과 함께 검사의 신뢰도를 높일 수 있다.

FEATS는 형식적 평가를 위한 것이므로 그림에서 내용적 평가가 소홀해질 우려가 있다. 그러나 미술치료 분야에서 가장 효과적인 접근의 평가는 표준화된 평가절차(형식 평가, 행동 체크리스트, 포트폴리오 평가)와 같은 객관적인 평가는 물론이고, 작품에 대한 내담자의 해석과 같은 주관적인 접근이 필요하다(Betts, 2006). 이에 PPAT의 상징적 내용의 평가에 초점을 둔 연구가 이루어지고 있다. Bat Or, Ishai와 Levi(2014)는 아동의 정서 및 인지기능에 대한 PPAT의 상징적 의미의 타당화 연구를 실시하였다. 이 연구는 126명의 만 5~6.5세 아동을 대상으로 하였고, PPAT 그림에서 사람, 나무, 사과 및 그것들의 관계를 파악하고, PPAT의 상징적 내용과 인지(수행기능), 정서행동, 자기효능감, 동기와의 관계를 밝히고자 하였다. 연구도구로는 아동용 PPAT의 상징적 내용(Symbolic Content in PPAT/children: SC-PPAT/c) 척도, 수행기능 척도(BRIEF), 아동행동 체크리스트(Child Behavior Check List: CBCL), 아동 적응 및 능력측정(Child Adaptation and Masure of Potency: CAMP) 척도를 사용하였다. 그 결과, SC-PPAT/c는 신뢰할 만한 도구로 밝혀졌고($r = .789$~.969) 인지와 정서적인 측면에서 유의미한 관계가 있는 것으로 나타났다. 또한 낮은 인지수행기능과 사과를 따는 사람의 행위로 그려진 사람의 수준, 줄기가 사람을 향하며 기울어진 것과 사과를 따는 과정에서의 성공 정도는 부적 상관이 있었다.

또한 Bat Or, Ishai와 Levi(2015)는 성인의 PPAT에서의 상징적 내용이 애착유형과 성취동기와 관련이 있는지를 밝혔다. 성인용 PPAT의 상징적 내용(Symbolic Content in PPAT/adult: SC-PPAT/a)은 사람, 나무, 사람과 나무의 관계를 측정하였고, 애착 수준은 자기보고식 질문지인 긴밀한 관계경험 척도(Experiences in Close Relationships scale: ECR)를 사용하였고, 성취동기는 성취목표 질문지(achievement goals questionnaire)를 통해 측정하였다. 그 결과, 안정애착을 가진 사람들은 사람이 사과를 따는 일을 용이하게 하도록 사람, 나무, 사과의 상호관계가 논리정연하게 그려진 경향이 있었다. 반면, 불안정애착을 가진 사람들은 그림이 혼란스럽게 뒤섞여 있고, 대상 간의 관계가 협력적이지 않으며, 내용이 모순되게 표현되는 경향이 있었다. 또한 회피애착과 불안애착을 가진 사람들은 PPAT의 부정적인 내용이 목표수행과 회피지향수행과 관련이 있었다.

　타당도 연구와 더불어 다양한 연구에서 신뢰도를 검증하는 연구가 이루어지고 있다. PPAT의 채점자 간 신뢰도(inter-rater reliability)는 .90과 그 이상으로 보고되고 있으며(Gantt, 1990), 미술치료사, 놀이치료사, 사회복지 전공학생 각 3명씩이 측정한 14개 척도에 대한 신뢰도를 분석한 연구(Williams, Agell, Gantt, & Goodman, 1996)에서는 가장 낮게 나온 반복성 항목(.57, .74, .52)을 제외하고는 모두 .74 이상의 높은 상관을 보였다. Rockwell와 Dunham(2006)의 연구에서는 FEATS의 12개 항목 중 9개에서 평정자 간 신뢰도($r=.444\sim.937$)를 제시하였으며, 12개의 FEATS 요소는 두 집단을 85% 구별할 수 있음을 밝혔다. Bucciarelli(2011)는 PPAT 평가의 규준화 연구를 100명의 참가자를 대상으로 실시하였다. FEATS의 14개 항목 중 반복성을 제외한 13개에서 평정자 간 신뢰도($r=.74\sim1.0$)를 제시하였고, 내담자의 기분, 성, 인종, 예술적 경험과의 차이가 있음을 밝혔다.

　앞의 연구들에 따르면 PPAT는 대상의 다양한 심리적 특성을 설명할 수 있는 유용한 도구임을 알 수 있다. PPAT 평가를 위한 FEATS의 요소는 객관적인 평가로 신뢰도가 높고, 쉽게 정량화할 수 있어 심리치료를 결정하거나 돕기 위한 신뢰할 수 있는 자료를 제공한다는 점을 확인할 수 있다. 평가방법에 있어서도 FEATS의 전체 척도를 적용하기도 하지만, 일부 척도만을 적용하거나 문제해결력 혹은 기울기(회전성) 등 한 가지 척도만 사용하여 연구에 활용하기도 하였다. 또한 형식적 평가뿐 아니라 내용적 평가의 적용으로 그림의 상징적 내용과 대상의 특성과의 관계를 이해함으로써 PPAT의 보다 풍부한 평가 가능성을 확인할 수 있었다. FEATS는 PPAT의 평가뿐 아니라 자유화나 FSA 등 다른 그림검사의 평가에도 적용되고 있어 활용도를 넓혀 가고 있다. 또한 사람의 눈으로 섬세하게 채점하기에 어려운 평가항목은 컴퓨터 기술을 활용하는 등 발전적인 연구가 이루어지고 있다. Gantt와 Tabone(1998)은 표준화된 미술치료 사정도구를 만듦으로써 신뢰할 만한 연구조사도구를 발전시키고 미술치료 분야가 확장되기를 바랐다. 후속연구에서 여러 연령층과 다양한 문제를 지닌 대상에게 PPAT를 적용한 연구가 이어져 오고 있지만, 유용성을 입증하기 위한 연구는 계속되어야 할 것이다. 또한 발달적 수준에 따른 차이나 문화적인 차이에 대한 연구도 이루어지길 기대한다. 동시에 신뢰도와 타당도에 대한 연구가 뒷받침되어야 한다.

2) 국내 연구동향

PPAT에 대한 국내 연구는 2000년대 중반부터 시작되어 현재까지 꾸준히 이루어지고 있다. 대상은 취학 전 아동에서 성인에 이르기까지 연령층이 광범위하고, 정상인은 물론 조현병, 지적 장애, 우울, 불안, 알코올 의존, 스트레스 등을 겪는 사람들이다. 2005년에 PPAT에 대한 최초의 연구는 조현병 및 지적 장애를 대상으로 한 임상적 주제로 시작되었지만, 전체적인 연구의 흐름을 보면 임상 영역은 매우 낮은 비중을 차지하고 있다. 이는 FEATS를 활용한 국내 연구가 임상적 증상을 다루는 병원보다 내담자의 정서, 자기, 진로, 적응에 관심이 큰 학교나 상담센터에서 많이 이루어지고 있음을 시사한다(박주령, 이근매, 2016).

초기의 임상적 증상을 가진 사람을 대상으로 한 연구로는 정상인과 조현병 환자의 PPAT 반응특성 차이(김은주, 주리애, 2005; 김민아, 2009), 정상인과 조현병 환자와 지적 장애인을 대상으로 PPAT 반응특성 차이(김은주, 2005)를 들 수 있다. 김은주(2005)는 만 20세 이상의 성인, 즉 정상인 34명, 조현병 환자 그룹 30명, 지적 장애인 40명 총 104명을 대상으로 PPAT 반응의 차이를 연구하였다. 그림의 형식적 구성요소를 측정하는 FEATS의 실시 결과, 정상인, 조현병 환자, 지적 장애인은 선의 질을 제외한 13개 척도에서 유의미한 차이를 보였다. 정상인은 채색 정도, 색의 적절성, 내적 에너지, 공간 사용, 통합성, 논리성, 사실성, 문제해결력, 발달단계, 세부묘사와 주변 환경, 사람의 표현, 반복성 등에서 다른 두 집단보다 높은 점

수를 보였다. 조현병 환자의 그림은 지적 장애인의 그림과 14개 척도상의 점수가
유사하거나 약간 더 높았다. 또한 그림의 내용척도를 분석한 결과, 정상인, 조현
병 환자, 지적 장애인은 그림의 내용에서도 유의미한 차이를 보였다. 가장 두드러
지는 점은 사람과 나무에 사용된 색에서 나타난 차이로서 정상인은 일반적인 색
의 사용이 많았고, 지적 장애인과 조현병 환자는 독특한 색의 사용이 많았다. 그
특징으로는 조현병 환자 그림의 임상적 특징으로는 그림 속의 사람이 윤곽선으로
만 그려져 있고, 방향이 없는 경우가 많고, 세부묘사나 주변 환경의 묘사가 적으
며, 신체 일부의 생략과 왜곡이 나타났다. 색은 독특한 색 사용의 빈도가 높고, 단
색 또는 적은 수의 색만을 사용하였다. 지적 장애인은 발달단계가 압도적으로 낮
았고, 아동 또는 유아적인 그림의 특징이 나타났다. 검사 시 못 그린다거나 어렵
다는 언어적 보고가 많았고, 머리가 큰 사람, 기하학적인 신체, 비례가 맞지 않는
신체의 구성, 공간 개념이 없어 둥둥 떠 있는 사람이 많이 그려졌다. 색 사용은 독
특한 색, 단색 사용이 많고, 주변 환경의 묘사가 거의 없으며, 형태의 생략이나 왜
곡이 많았다. 김민아(2009)는 만 20~60세 성인, 즉 조현병 환자 83명, 정상인 83명
총 166명을 대상으로 PPAT 반응의 차이를 연구하였다. 그 결과, 정상인 집단과
조현병 환자 집단 간에는 14개의 형식척도 중 기울기와 반복성을 제외한 12개 척
도에서 유의미한 차이를 보였다. 또한 내용척도에서도 종이의 방향을 제외한 모
든 항목에서 유의미한 차이를 보여 정상인에 비해 조현병 환자는 독특하고 모호
하게 그림을 그리며, 주변 환경의 묘사가 적고, 문제해결력이 낮으며, 주제에 맞지
않는 글자를 적거나 주제에 필요한 사람이나 나무를 그리지 않기도 하였다. 이러
한 결과는 PPAT가 조현병 혹은 지적 장애를 구분할 수 있는 중요한 진단적 가치
를 지닌다고 할 수 있다.
　PPAT에 대한 연구 중에서 가장 많이 다루어진 연구주제는 우울에 따른 PPAT
반응에 대한 연구(최현진, 송현주, 2009; 권아람, 2010; 최지은, 최선남, 2010; 김진주, 조
규판, 2011; 박희승, 김선희, 2012; 정은애, 김선희, 2012; 이효영, 최은영, 공마리아, 2012;
이윤정, 2013; 박정미, 원희랑, 2016; 강혜민, 2018)이다. 연령별로 몇 편의 연구를 살
펴보면, 아동을 대상으로 한 권아람(2010)의 연구에서는 PPAT에 나타난 우울 및

공격 성향 아동의 반응을 밝혔다. 우울아동, 공격아동, 일반아동은 14개의 형식척도 중 7개 척도에서 통계적으로 유의미한 차이를 보였다. 즉, 일반아동은 내적 에너지, 통합성, 논리성, 사실성, 문제해결력, 선의 질, 사람의 표현에서 다른 두 집단보다 높은 점수를 보였다. 13개 내용척도 중 5개 척도에서 통계적으로 유의미한 차이를 보였다. 즉, 그림 전체에 사용된 색, 사람에 사용된 색, 옷, 주변 환경의 묘사, 다른 형태들에서 통계적으로 유의미한 차이를 보였다. 특히 우울아동의 그림에는 글쓰기가 많다는 특징이 있었다.

대학생을 대상으로 한 최현진과 송현주(2009)의 연구에서는 FEATS 형식척도 14개 중 채색 정도, 공간, 문제해결력의 3개 척도에서 유의미한 차이가 나타났다. 즉, 우울이 높은 집단에서는 채색 정도가 더 적게 나타났고, 전체적으로 더 적은 공간을 사용했으며, 문제해결력척도에서 사과를 가지고 있지 않거나 획득방법이 나타나지 않은 그림이 더 많이 나타났다. 또한 내용척도에 있어서는 그림의 방향, 인물표현에 사용된 색은 주황색, 색의 가짓수에 있어서 집단 간에 유의미한 차이가 나타나 우울한 사람들의 특징을 반영하는 것으로 나타났다.

초기 성인을 대상으로 한 최지은과 최선남(2010)의 연구에서는 우울과 자기효능감 수준에 따른 PPAT 반응을 밝혔다. 우울하지 않은 집단은 우울한 집단에 비해 더 적합한 색을 사용하는 경향을 보였고, 우울하지 않고 자기효능감이 높은 집단이 우울하면서 자기효능감이 낮은 집단에 비해 공간을 더 넓게 사용하는 경향을 보였다. 또한 중년 여성을 대상으로 한 정은애와 김선희(2012)의 연구에서는 갱년기 우울에 대한 PPAT 반응특성을 밝혔다. 형식척도에서는 문제해결력과 사람 영역에서 유의미한 차이를 보였다. 즉, 우울하지 않은 집단이 합리적인 지지기반 위에 있고 사과를 향해 있는 경우가 많은 반면, 우울한 집단에서 사람 그림이 없거나 신체의 부분을 그린 경우, 또는 동그란 머리 부분을 가진 막대기 형태의 사람 그림이 더 많았다. 이 결과들을 보면 PPAT는 우울을 측정할 수 있는 유용한 도구임을 알 수 있지만, 한편 우울한 대상이라 하더라도 형식 및 내용척도에서 나타난 차이는 연구마다 다르다는 것을 살펴볼 수 있다.

조현병, 지적 장애, 우울 등과 같은 임상적 증상을 가진 대상이 아니더라도 많은 연구가 문제해결력(임송연, 송현주, 2011; 이미경, 2016; 김총명, 2018; 서유라, 2018), 자기효능감(임조은, 2013; 장미연, 2014; 이선주, 2017; 최혜린, 2018), 스트레스(이경은, 2012; 이현정, 김선희, 2012; 김나래, 2013; 이지영, 2013; 박은정, 강민철, 홍승현, 신선임, 2017; 김선미, 정영인, 2018) 등에 따른 PPAT의 반응특성을 밝히고자 하였다.

특히 PPAT는 문제해결력을 파악하는 도구로 알려져 왔으며, 이를 검증하고자 하는 연구가 이루어져 왔다. 임송연과 송현주(2011)는 문제해결 측정도구로서 PPAT의 타당도를 검증하였다. FEATS의 여덟 번째 척도인 문제해결력 척도는 사회적 문제해결 척도(Social Problem Solving Inventory: SPSI)의 하위요소인 사회적 문제해결력 수준, 문제해결기술 수준, 문제규정과 구성화 수준, 해결책 실행과 확인 수준과 유의미한 차이를 보였고, 열 번째 척도인 세부묘사와 주변 환경의 세부묘사 척도는 문제해결지향 수준, 인지 수준과 통계적으로 유의미한 차이를 보였다. 또한 네 번째 척도인 공간은 문제해결력 수준에 따라 가장 유의미한 평균 차이를 반영하였다. 김총명(2018)은 대학생의 문제해결력과 창의성 수준에 따른 PPAT 반응특성을 밝히고는 PPAT가 문제해결력과 창의성을 측정하는 도구로서 변별력이 있는지를 검증하였다. FEATS의 형식척도에서 문제해결력과 유의미한 차이가 있는 항목은 색의 적절성, 통합성, 논리성, 문제해결력, 사람이며, 창의성과 유의미한 차이가 있는 항목은 채색 정도, 기울기, 반복성이었다. 문제해결력과 창의성 모두에서 유의미한 차이가 있는 항목은 내적 에너지, 공간, 사실성, 발달단계, 세부묘사와 주변 환경으로 나타났다. 이미경(2016)은 PPAT가 청소년의 사회적 문제해결력을 예측하고 선별할 수 있는 도구로서의 가능성을 알아보고자 하는 타당화 연구를 실시하였다. 14개 형식척도에 대해 3명의 평정자 간 일치도는 .85에서 .97 수준으로 비교적 높은 일치도를 보였다. 또한 SPSI 총점과 각 하위 영역 점수와 PPAT 평가항목 점수와는 정적 상관 혹은 부적 상관을 보였다. 즉, SPSI에 속하는 긍정적 문제지향 태도, 부정적 문제지향 태도, 충동/부주의 문제해결기술 점수에서 여자 청소년이 남자 청소년보다 차이가 있는 것으로 나타났다. 합리적 문제해결기술 점수에서는 남녀 모두 차이를 보임으로써 PPAT가 문제해결력을 예측할 수 있는 타당도를 확보하였다.

PPAT와 자기효능감과의 관계를 밝히려는 시도도 있어 왔다. 임조은(2013)의 경우에는 초등학교 고학년 아동의 자기효능감 수준에 따른 PPAT 반응특성을 살펴보았다. 형식척도에서는 공간, 사실성, 선의 질 항목에서 유의미한 차이를 보였고, 내용척도에서는 그림 전체에 사용된 색, 성별에서 유의미한 차이를 보였다. 장미연(2014)의 경우에는 아동의 자기효능감 수준에 따른 PPAT 반응특성을 알아보았다. 형식척도에서는 자기효능감이 높은 집단에서 채색 정도가 많고 통합의 점수가 높으며 잘 조절된 선으로 그리는 경향이 많았다. 내용척도에서는 전체 그림에 사용된 색에서 빨강, 초록색, 고동색에서 유의미한 차이가 있었고, 사람의 얼굴 방향, 사과나무의 수관에서 유의미한 차이가 있었다. 이은주(2017)는 대학생의 진로결정 자기효능감과 성취동기에 따른 PPAT 반응특성을 알아본 결과, 형식척도의 문제해결력에서 유의미한 차이를 보였고, 내용척도에서는 유의미한 차이를 보이지 않았다. 최혜린(2018)은 학업스트레스가 높은 초등학교 고학년 아동의 자기효능감 수준에 따른 PPAT 반응특성을 살펴보았다. 형식척도에서는 학업스트레스가 높은 초등학교 고학년 아동의 자기효능감 수준에 따라 형식척도의 통합성, 문제해결력, 사람의 항목에서 유의미한 차이를 보였다. 내용척도에서는 사람의 실제적인 에너지, 성별, 나이 항목에서 유의미한 차이를 보였다. 이 결과를 볼 때, PPAT가 문제해결력을 예측할 수 있다는 특성으로 인해 자기효능감의 정도에 따라 FEATS의 문제해결력 척도는 차이가 있다는 연구들(이은주, 2017; 이선주, 2017; 최혜린, 2018)도 있으나 차이가 없다는 연구들(임조은, 2013; 장미연, 2014)도 있어 일관성 있는 결과를 보이는 것은 아님을 알 수 있다.

김나래(2013)는 유아의 일상적 스트레스에 따라 PPAT의 반응특성이 어떠한 차이가 있는지를 살폈다. 형식척도에서는 색의 적절성, 논리성, 사실성, 세부묘사와 주변 환경, 선의 질 항목에서 유의미한 차이를 보였고, 내용척도에서는 그림 전체에 사용된 색 항목에서 유의미한 차이를 보였다. 김선미와 정영인(2018)은 PPAT가 초등학생의 학업스트레스 정도를 평가하는 검사도구로서의 활용 가능성을 탐색하였다. 형식척도에서는 초등학생의 학업스트레스 정도에 따라 내적 에너지, 공간, 통합성, 문제해결력 항목과 유의미한 차이가 있었고, 내용척도에서는 사람의 얼굴 방향, 옷에서 유의미한 차이를 보였다. 이경은(2012)은 초등학생이 스트레스에 대처하는 능력과 PPAT의 관계를 살펴보았다. 스트레스 대처 수준에 따라 형식척도에서는 문제해결력, 발달단계, 색의 적절성, 통합성, 논리성, 기울기 항목에서 유의미한 차이를 보였다. 내용척도에서는 실제적 에너지에서 사과를 향해 손을 뻗는 그림이 많아 스트레스 대처 수준이 높은 아동일수록 목표에 대한 성취 의지도 비례한다는 것을 알 수 있다. 또 주변 환경의 묘사에서 스트레스 대처 수준이 높은 집단에서 사다리나 막대와 같은 무생물의 표현이 많은 것을 볼 수 있었다. 이윤정(2013)의 경우에는 학업스트레스와 그에 따른 우울에 노출된 고등학교 청소년들이 PPAT에 어떤 반응특성을 보이는지 연구하였다. 학업스트레스를 가지면서 우울이 있는 집단과 그렇지 않은 집단 간에는 통합성, 논리성, 세부묘사와 주변 환경 항목에서 유의미한 차이를 보였다. 이선주(2017)는 직장인의 직무스트레스와 자기효능감 수준에 따른 PPAT의 반응특성을 연구하였다. 직무스트레스 척도의 하위요인 중 직무자율성, 긍정적 관계, 조직 체계 안정, 보상적절성 항목에서 상위집단이 PPAT의 형식척도 중 채색 정도, 내적 에너지, 공간, 문제해결력 항목의 점수가 높았다. 이와 같이 스트레스와 관련된 연구에서는 일상적 스트레스, 학업스트레스, 스트레스 대처 수준, 직무스트레스 등 다양한 영역을 다루고 있고, 대상도 만 4~5세 유아에서부터 성인에 이르기까지 다양함을 알 수 있다.

박호연과 박경(2010)은 알코올 의존집단과 정상집단이 PPAT에서 보이는 반응 특성을 비교하였다. 알코올 의존집단과 정상집단은 FEATS의 14개 항목 모두에서 유의미한 차이가 나타났다. 내용척도에서는 용지의 방향을 제외한 나머지 모든 항목에서 유의미한 차이가 나타나 과도한 방어기제를 사용하는 알코올 의존집단의 평가에서 기존의 평가도구들이 가지는 한계점을 보완해 줄 수 있는 그림검사로서의 가치를 확인했다. 또한 김엘림(2017)은 청소년의 스마트폰 중독에 따른 PPAT 반응특성을 살펴보았다. 형식척도에서는 색의 적절성, 내적 에너지, 공간, 통합성, 논리성, 문제해결력, 세부묘사와 주변 환경, 선의 질, 사람, 기울기, 반복성의 11개 항목에서 유의미한 차이를 보였다. 내용척도에서는 사람을 그리는 데 사용된 색, 사람의 실제 에너지, 나이 항목에서 유의미한 차이를 보였다. 김진경과 김선희(2012)는 인터넷 중독 초등학생의 PPAT 반응특성을 살펴보았다. 인터넷 중독군과 일반 사용자군은 형식척도에서는 통합성, 논리성, 사실성, 문제해결력, 발달단계의 5개 항목에서 유의미한 차이가 나타났다. 내용척도에서는 사람의 실제적 에너지 항목에서 유의미한 차이가 나타났다. 이러한 결과로 볼 때, PPAT 실시를 통하여 중독 특성을 가진 대상을 구분하고 자기보고식 질문지 검사의 한계를 보완한다는 점을 확인할 수 있다.

그 외에도 진로 및 직업(최현, 2011; 김현정, 2016; 이서현, 이모영, 2017; 이은주, 2017), 적응(이정현, 김선희, 2012; 박정미, 원희랑, 2016) 등의 연구가 이루어졌다. 이상에서 다양한 연구를 살펴보았는데, 다양한 증상과 성격특성을 가진 사람들의 PPAT 반응 차이를 알아보고자 하는 연구들 외에도 미술치료 효과를 검증하기 위해 사전-사후 검사도구로 사용한 연구도 많이 들 수 있다. 이는 시간의 경과에 따른 피검자의 그림을 비교하는 것이 가능한 PPAT의 특성 때문이라고 할 수 있다.

최근 인터넷 사용이 늘어나면서 김선주와 김선희(2014)는 인터넷 과몰입 청소년을 대상으로 한 디지털 기기를 활용한 PPAT 검사를 이론적으로 고찰하였다. 디지털 기기에 익숙한 청소년들이 도화지에 그림 그리는 것에 대해 소극적이거나 거부 반응을 보이는 경우에는 그들에게 익숙한 디지털 기기를 이용하여 PPAT 검사를 실시하는 것이 더욱 흥미와 집중력을 높일 수 있다. 디지털 기기 상에서는 그림검사 특성 중 펜의 굵기 조절이 가능하고 제한 없이 수정 및 변형이 가능하여 흰 도화지에 마커로 한 번에 그려야 한다는 부담감을 덜 가지게 된다. 또한 적극적으로 디지털 기기를 탐색하면서 그리는 것에 대한 재미를 느끼고, 인터넷에 대한 관심을 다른 방향으로 전환하게 하는 효과가 있음을 밝혔다.

FEATS의 활용도를 높이기 위해서는 채점자 간 일치도를 통한 채점자 간 신뢰도의 확보가 매우 중요하다. 투사적 그림검사의 채점은 자기보고식 방식이 아니라 검사자에 의해 채점이 이루어지므로 검사자의 주관성이 개입될 우려가 크다. 따라서 검사자의 주관성을 극복하는 데 채점자 간 신뢰도 확보는 필수적이다(Betts, 2006). PPAT 연구에서 제시한 신뢰도는 최현진과 송현주(2009)의 연구에서 채점자 간 신뢰도는 PPAT의 14개 형식척도가 .718~.949로 나타났으며, 전체로는

.833이었다. 최지은과 최선남(2010)의 연구에서 채점자 간 일치도는 PPAT의 14개의 형식척도에서 .83~1.0으로 매우 높게 나타났음을 알 수 있다. 최현(2011)의 연구에서는 채점자 간 신뢰도는 PPAT의 14개의 형식척도에서는 94.80~97.60%이며, 내용척도에서는 95.05~99.55%로 높은 신뢰도를 보여, 국외 연구에서보다 더 높은 신뢰도를 보여 주었다. PPAT는 국외 연구에서와 마찬가지로 국내에서도 활발히 연구가 이루어지고 있다. FEATS를 통한 양적인 평가는 평가의 객관성을 부여하고 집단 간의 특징을 비교하기에 용이하며, 프로그램의 효과를 검증하는 데에도 유리함을 확인하였다. 이처럼 PPAT가 유용하고 신뢰도 있는 도구임을 증명하고 있지만, 앞으로도 유용성을 입증하기 위한 연구는 계속되어야 할 것이다. 또한 발달적 수준에 따른 차이나 문화적인 차이에 대해서도 연구가 이루어질 필요가 있다.

참고문헌

강혜민(2018). 임신부의 우울과 자아존중감 수준에 따른 나무에서 사과 따는 사람(PPAT) 그림검사 반응특성 연구. 이화여자대학교 교육대학원 석사학위논문.

권아람(2010). PPAT 그림검사에 나타난 우울 및 공격성향 아동의 반응 연구. 경기대학교 미술·디자인대학원 석사학위논문.

김나래(2013). 유아의 일상적 스트레스와 PPAT 검사에 대한 이론적 고찰. 심리치료: 다학제적 접근, 13(2). 161-178.

김민아(2009). 정상인과 정신분열병 환자의 PPAT 그림검사 반응 차이. 대구대학교 재활과학대학원 석사학위논문.

김선미, 정영인(2018). 초등학생의 PPAT 그림검사에 나타난 학업스트레스에 관한 연구. 학습자중심교과교육연구, 18(11). 725-747.

김선주, 김선희(2014). 인터넷 과몰입 청소년을 대상으로 한 디지털 기기를 활용한 PPAT 검사 이론적 고찰. 심리치료: 다학제적 접근, 14(2). 141-159.

김엘림(2017). 청소년의 스마트폰 중독에 따른 PPAT 반응특성 연구: 특성화 여자고등학교 학생 중심으로. 경기대학교 대체의학대학원 석사학위논문.

김은주(2005). PPAT 그림검사에 나타난 정상인, 정신분열증 환자, 정신지체인의 반응차이. 서울여자대학교 특수치료전문대학원 석사학위논문.

김은주, 주리애(2005). 정신분열증 환자의 PPAT 검사반응의 특징. 심리치료: 다학제적 접근, 5(1), 97-114.

김진경, 김선희(2012). 인터넷 중독 초등학생의 PPAT (사과나무에서 사과 따는 사람 그리기) 검사 반응특성. 심리치료: 다학제적 접근, 12(2), 149-169.

김진주, 조규판(2011). PPAT 그림검사에 나타난 대학생의 우울 및 조증 예측 변인 연구. 美術治療研究, 18(3), 621-637.

김총명(2018). 대학생의 문제해결력 및 창의성에 따른 나무에서 사과 따는 사람(PPAT) 그림검사 반응특성 연구. 이화여자대학교 교육대학원 석사학위논문.

김현정(2016). 대학생의 진로준비행동과 성취동기에 따른 PPAT 그림검사 반응연구: W대학교를 중심으로. 원광대학교 보건·보완의학대학원 석사학위논문.

박은정, 강민철, 홍승현, 신선임(2017). 대학생의 스트레스 대처수준에 따른 PPAT 그림검사 반응 특성. 미술치료연구, 24(2), 353-372.

박정미, 원희랑(2016). 현역병의 우울 및 군생활적응 정도에 따른 사과 따는 사람(PPAT) 그림검사 반응특성 연구. 미술치료연구, 23(5), 1267-1289.

박주령, 이근매(2016). 국내 형식요소미술치료척도(FEATS)의 연구동향(2005~2015). 미술치료연구, 23(3), 663-683.

박호연, 박경(2010). 알코올 의존 환자군의 PPAT(사과 따는 사람 그리기 검사) 반응 특성. 심리치료: 다학제적 접근, 10(2), 81-108.

박희승, 김선희(2012). 국가고시 준비생의 우울에 따른 PPAT(사과나무에서 사과 따는 사람 그리기) 검사 반응특성. 심리치료: 다학제적 접근, 12(1), 149-169.

서유라(2018). 비행청소년의 사회적 문제해결력 수준에 따른 '사과 따는 사람 그림검사(PPAT)' 반응특성 연구. 광주여자대학교 사회개발대학원 석사학위논문.

신민섭, 김수경, 김용희, 김주현, 김향숙, 김진영, 류명은, 박혜근, 서승연, 이순희, 이혜란, 전선영, 한수정(2003). 그림을 통한 아동의 진단과 이해: HTP와 KFD를 중심으로. 서울: 학지사.

이경은(2012). 초등학생의 스트레스 대처수준에 따른 PPAT 그림검사 반응특성 연구. 한양대학교 교육대학원 석사학위논문.

이미경(2016). 청소년의 사회적 문제해결력 예측을 위한 사과 따는 사람 그림검사(PPAT) 타당화 연구. 평택대학교 대학원 박사학위논문.

이서현, 이모영(2017). 대학생의 진로성숙도에 따른 PPAT 그림검사 반응특성 연구. 융합예술치료교육, 3(2), 49-65.

이선주(2017). 직장인의 직무스트레스와 자기효능감에 따른 PPAT(사과나무에서 사과 따는 사람) 그림검사 반응특성 연구. 한양대학교 예술디자인대학원 석사학위논문.

이윤정(2013). 청소년의 학업스트레스와 우울에 따른 PPAT(사과나무에서 사과 따는 사람 그리기) 검사 반응특성. 서울여자대학교 특수치료전문대학원 석사학위논문.

이은주(2017). 대학생의 진로결정 자기효능감과 성취동기에 따른 PPAT 검사 반응특성. 선문대학교 상담대학원 석사학위논문.

이정현, 김선희(2012). 청소년의 학교적응 수준에 따른 PPAT 검사 반응특성. 심리치료: 다학제적 접근, 12(2), 171-196.

이지영(2013). 미술전공 대학생의 취업스트레스에 따른 PITR 및 PPAT 그림 투사검사의 반응특성 연구. 경기대학교 미술디자인대학원 석사학위논문.

이현정, 김선희(2012). 대학생의 취업스트레스와 자아존중감 수준에 따른 사과나무에서 사과 따는 사람 그리기(PPAT) 검사 반응특성. 한국심리치료학회지, 4(2), 17-33.

이효영, 최은영, 공마리아(2012). 초등학생의 우울에 따른 '사과 따는 사람 그림검사(PPAT)' 반응연구. 미술치료연구, 19(1), 25-42.

임송연, 송현주(2011). 문제해결 측정도구로서 PPAT(사과 따는 사람 그리기 검사) 고찰. 심리치료: 다학제적 접근, 11(1), 69-83.

임조은(2013). 초등학교 고학년 아동의 자기효능감 수준에 따른 PPAT 검사 반응특성. 서울여자대학교 특수치료전문대학원 석사학위논문.

장미연(2014). 아동의 자기효능감 수준에 따른 PPAT(사과나무에서 사과 따는 사람) 반응특성 연구. 영남대학교 환경보건대학원 석사학위논문.

정은애, 김선희(2012). 중년 여성의 갱년기 우울에 대한 PPAT(사과나무에서 사과 따는 사람 그리기) 검사 반응특성. 심리치료: 다학제적 접근, 12(1), 171-191.

최지은, 최선남(2010). 초기 성인의 우울과 자기효능감 수준에 따른 '사과 따는 사람 그림검사(PPAT)' 반응 연구. 미술치료연구, 17(5), 1165-1190.

최현(2011). PPAT(사과 따는 사람) 그림검사와 Holland 직업유형 및 MBTI 성격유형 간의 비교연구: 일반계 고등학생을 대상으로. 한양대학교 산업경영디자인대학원 석사학위논문.

최현진, 송현주(2009). 대학생의 우울 수준에 따른 '사과 따는 사람 그림검사(PPAT)' 반응연구. 심리치료: 다학제적 접근, 9(1), 264-265.

최혜린(2018). 학업스트레스가 높은 초등학교 고학년 아동의 자기효능감 수준에 따른 나무에서 사과 따는 그림(PPAT) 검사 반응특성. 서울여자대학교 특수치료전문대학원 석사학위논문.

Amos, S. (1982). The diagnostic, prognostic, and therapeutic implications of schizophrenic art. *The Arts in Psychotherapy, 9*, 131−143.

Anastasi, A., & Foley, J. (1944). An experimental study of drawing behavior of adult psychotics in comparison with that of a normal control group. *Journal of Experimental Psychology, 34*, 169−194.

Bat Or, M. (2014). FEATS Problem−Solving Scale in PPAT of children aged 5−6.5 as related to their executive functions and motivation. *The Arts in Psychotherapy, 41*, 27−35.

Bat Or, M., Ishai, R., & Levi, N. (2014). Validating PPAT's symbolic meanings of emotional and cognitive functioning among children. *The Arts in Psychotherapy, 41*, 309−319.

Bat Or, M., Ishai, R., & Levi, N. (2015). The symbolic content in adults' PPAT as related to attachment styles and achievement motivation. *The Arts in Psychotherapy, 43*, 49−60.

Betts, D. (2006). Art therapy assessments and rating instruments: Do they measure up? *The Arts in Psychotherapy, 33*, 422−434.

Bucciarelli, A. (2011). A Normative Study of the Person Picking an Apple From a Tree (PPAT) Assessment. *Journal of the American Art Therapy Association, 28*(1), 31−36. doi:10.1080/07421656.2011.557349

Buck, J. N. (1948). H−T−P technique: A quantitative scoring manual. *Journal of Clinical Psychology, 4*, 317−396.

Dawson, C. (1984). A study of selected style and content variables in the drawings of depressed and nondepressed adults. Unpublished doctoral dissertation, University of North Dakota, Grand Forks, ND.

Dax, E. (1953). *Experimental studies in Psychiatric art*. London: Faber & Faber.

Eytan, L., & Elkis−Abuhoff, D. (2013). Indicators of depression and self−efficacy in the PPAT drawings of normative adults. *The Arts in Psychotherapy, 40*, 291−297.

Gantt, L., & Mills, B. (2009). The Formal Elements Art Therapy Scale: A Measurement

System for Global Variables in Art. *Journal of the American Art Therapy Association, 26*(3), 124–129.

Gantt, L. (1990). A validity study of the Formal Elements Art Therapy Scale (FEATS) for diagnostic information in patients' drawings. Unpublished doctoral dissertation. University of Pittsburgh, Pittsburgh, PA.

Gantt, L. (1993). Correlation of psychiatric diagnosis and formal elements in art work(chapter 16). In F. Bejjani (Ed.), *Current research in arts medicine*. Pennington. NJ: A Cappella Books.

Gantt, L., & Anderson, F. (2009). The Formal Elements Art Therapy Scale: A Measurement System for Global Variables in Art. *Journal of the American Art Therapy Association, 26*(3), 124–129.

Gantt, L., & Tabone, C. (1998). *The Formal Elements Art Therapy Scale — The Rating Manual—*. West Virginia: Gargoyle Press.

Guttmann, E., & Maclay, W. (1937). Clinical observations on schizophrenic drawings. *British Journal of Mdical Psychology, 16*, 184–205.

Hammer, E. (1958). *The clinical application of projective drawing*. Springfield, IL: Charles C. Thomas.

Koch, C. (1952). *The tree test*. Bern: verlag Han Huber.

Kopytin, A. (2002). The Silver Drawing Test of Cognition and Emotion: Standardization in Russia. *American of Art Therapy, 40*(4), 223

Lehmann, H., & Risquez, F. (1953). The use of finger paintings in the clinical evaluation of psychotic conditions: A Quantitative and qualitative approach. *Journal of Mental Science, 99*, 763–777.

Lombroso, C. (1888). *The man of genius*. London: Walter Scott.

Lowenfeld, V. (1939). *The nature of creative activity*. New York: Harcourt, Brace.

Lowenfeld, V. (1947). *Creative and mental groeth*. New York: Macmillan.

Machover, K. (1949). *Personality projection in the drawing of the human figure* (A method of personality investigation). Springfield, IL: Charles C. Thomas.

Maclay, W., Guttmann, E., & Mayer−Gross, W. (1938). Spontaneous drawings as an approach to some problems of psychopathology. *Proceedings of the Royal Medical Society, 31*, 1337−1350.

Mattson, D. (2011). Standardizing the Formal Elements Art Therapy Scale(FEATS) rotation scale with computerized technology: A pilot study. *The Arts in Psychotherapy, 38*, 120−124.

Morrongiello, S. (1996). *Perseveration in art therapy: An image repeat*. Washington, DC: The George Washington University.

Munley, M. (2002). Comparing the PPAT drawings of boys with AD/HD and age−matched controls using the Formal Elements Art Therapy Scale. *Art Therapy: Journal of the American Art Therapy Association, 19*(2), 69−76.

Pianetti, C., Palacios, M., & Elliott, L. (1964). Significance of color in the drawings of chronic schizophrenics. *American Journal of Occupational Therapy, 18*, 137−140.

Reitman, F. (1947). The "creative spell" of schizophrenics after leucotomy. *Journal of Mental Science, 93*, 55−61.

Robertson, J. (1952). The use of color in the paintings of psychotics. *Journal of Mental Science(The British Journal of Psychiatry), XCVIII*, NO. 410, 174−184.

Rockwell, P., & Dunham, M. (2006). The utility of the Formal Elements Art Therapy Scale in assessment for substance use disorder. *Art therapy, 23*(3), 104−111.

Ulman, E., & Levy, B. (1968). An experimental approach to the judgment of psychopathology from paintings. *Bulletin of Art Therapy, 8*, 3−12.

Urban, W. (1963). *The draw−a−person catalogue for interpretive analysis*. Los Angeles, CA: Western Psychological Services.

Wadeson, H. (1987). *Dynamics of Art Psychotherapy*. England: John Wiley & Sons.

Wilkinson, A., & Schnadt, F. (1968). Human figure drawing characteristics: An empirical study. *Journal of Clinical Psychology, 24*, 224−226.

Williams, K., Agell, G., Gantt, L., & Goodman, R. (1996). Art−based diagnosis: Fact or fantasy? *American Journal of Art Therapy, 35*, 9−13.

제**7**장

다리 그림

- **개발자**: Hays와 Lyons(1981)
- **목 적**: 피검자가 변화의 과정에서 자신을 어떻게 지각하고 있는지에 관한 단서 파악
- **준비물**: 정해진 재료는 없음(흰색 용지, 연필 등)
- **지시어**: "한 곳에서 다른 곳으로 가는 다리를 그려 주세요(Draw a picture of a bridge going from some place to some place)."

  "다 그린 후 화살표로 진행 방향을 표시해 주세요(Indicate with an arrow the direction of travel)."

  "이 그림에서 당신의 위치를 점으로 표현해 주세요(Place a dot to indicate where you are in the picture)."

  "종이 뒷면에 당신의 나이와 성별을 기재해 주세요(On the reverse side of the paper, put your age and sex)."

  "당신이 원한다면 그림에 대한 설명을 써도 좋습니다(If you wish, you may describe your picture in words)."

1. 개요

다리 그림(Bridge Drawing: BD)검사는 Hays와 Lyons(1981)가 개발한 투사적 그림검사로, 변화를 경험하고 있는 사람에게 한쪽에서 다른 쪽으로 건너는 다리의 모습을 그리도록 하는 것이다. 이 검사는 그림에 나타난 반응을 통해 피검자가 변화의 과정에서 자신을 어떻게 지각하고 있는지에 대한 단서를 얻기 위한 목적으로 개발되었다. Hays와 Lyons(1981)의 연구에서는 다리를 그린 후 사람의 위치를 점으로 표시하도록 하였으나, Teneycke, Hoshino와 Sharpe(2009)의 연구에서는 다리 그림 어딘가에 인물을 그려 넣도록 하였다. 그 때문에 다리 위의 사람 그림 검사로 불리기도 한다.

다리(bridge)는 산등성이를 뜻하는 구어 rige에서 유래한 것으로, 'bridge'라는 뜻은 be-rige(산등성이가 되다), 즉 함몰된 땅에 높은 구조물을 세운다는 뜻이다(Hays & Lyons, 1981). 따라서 다리는 다리가 받쳐 주는 통로와 시설의 기능을 안전하게 유지하기 위해 충분한 강도와 내구성을 갖추어야 한다. 또한 다리는 왕래를 방해하는 장애물을 건너기 위해 만들어진 것으로, 인간이 왕래하기 위해 존재하는 것이다(De Mare, 1954; Hays & Lyons, 1981에서 재인용, p. 207). 인간이 사물을 이쪽과 저쪽으로 분할하고 있다고 인식하기 때문에 다리는 그것을 결합시키려고 하는 가장 단적인 사물이며 상징이다. 다리는 두 개를 결합함과 동시에 두 개가 갈라져 있음을 나타내는 경계이고, 인간이 무엇을 갈라놓고, 무엇을 결합하는가를 동시에 상징한다(奥村, 2008).

다리의 상징성은 심리치료적으로도 커다란 의미가 있다. 北山(1993)은 Freud(1990)가 『꿈의 해석(The Interpretation of Dreams)』에서 꿈으로 연결시키는 말을 '언어적 다리'(verbal bridge)라고 불렀고, 그 말이 치료의 전환점이 된다는 것을 지적한 사실에 주목하였으며, 이중의 의미를 가지는 말의 '매개기능'(bridging function)의 심리치료적 의의에 대하여 논하였다. 北山은 "이중의 의미를 가지는 말은 사람들에게 공유되기 쉬운 의미와 개인이 내면에 품고 있는 개성적 의미 사이의 매개기능을 완수하고 있다."라고 하였다(田中 외, 2016에서 재인용, p. 77). 이렇듯 다리는 한 공간에서 혹은 의식의 정신 상태에서 다른 곳으로 이행하는 일반적인 상징으로(Fontana, 2002), 사회와 각 개인을 연결하는 고리로서의 상징적 의미를 가지고, 문제를 해결하는 수단인 동시에 성취와 도전, 정복의 상징으로 여겨진다(Hays & Lyons, 1981). 따라서 다리를 구축하는 방법(의사소통)은 사람들의 성장과 발달에 중요하다.

Hays와 Lyons(1981)는 신체적·정서적 변화의 문제에 직면한 청소년을 대상으로 연구를 시작하였다. 청소년들은 아동기에서 성인기로 이동하는 변화의 과정에 있는 역동적 시기로, 한 곳에서 다른 곳으로 가고 있기 때문에 BD는 일반청소년들이 어떻게 어려운 변화를 통과하는지 지표를 얻기 위한 목적으로 연구가 시작되었다. Hays와 Lyons(1981)는 이 연구를 통하여 상징으로서의 다리와 예술에서의 다리의 역사와 존재, 그리고 투사적 그림과 치료적인 목적으로 다리의 사용에 대해 설명하고자 하였다. 연구결과, 다리에 관한 연상과 다양한 관점을 발견하였고, 다리가 문제를 해결하고 장애를 정복하거나 극복하는 방법으로 활용될 수 있음을 발견하였다.

BD는 내담자의 과거와 현재의 삶의 경험뿐만 아니라 미래의 목표와 바람에 대한 내담자의 지각을 표현하는 이미지를 만들어 내는 잠재력을 가진다. BD는 발달상의 이동이나 침체에 대한 내담자의 지각에 치료사의 통찰을 제공하고(Hays & Lyons, 1981; Teneycke et al., 2009), 내담자로 하여금 개인적인 삶의 갈등과 장벽을 탐색하게 할 뿐 아니라 자신의 강점과 약점을 인식하도록 하며(Stepney, 2001), 내담자의 정신건강(김갑숙, 이지현, 전영숙, 2012)과 자살사고를 평가하는 도구로 활용될 수 있다(허소임, 2006; Hays & Lyons, 1981; Darewych, 2013에서 재인용, p. 86). 또한 발달적 과도기에 있는 청소년들의 진로에 대한 자신의 지각을 파악(최은우, 어은경, 김갑숙, 2014)하는 데에도 활용할 수 있음을 제시하고 있다.

2. 실시방법

1) 준비물

검사를 위한 준비물은 특별한 제한은 없으나 초기에는 연필을 사용하는 경향이었고, 최근에는 마커나 크레파스 등 채색도구를 사용하고 있다.

- Hays와 Lyons(1981)의 연구에서는 재료에 대해서는 제한을 두지 않았지만 용지와 연필을 사용하였다.
- Teneycke, Hoshino와 Sharpe(2009)의 연구에서 색상을 사용하는 것으로 수정되어 12″ × 18″ 크기의 흰색 종이와 크레욜라(Crayola)의 마커 8색(노란색, 주황색, 빨간색, 파란색, 녹색, 보라색, 검정색, 갈색)을 사용하였다.
- 김갑숙, 이지현, 전영숙(2012)의 연구에서는 8절 켄트지와 기본 18색의 크레파스를 사용하였다.

2) 지시어

지시어 역시 연구자에 따라 차이가 있었다.

- BD를 개발한 Hays와 Lyons(1981)의 연구
  - "한 곳에서 다른 곳으로 가는 다리를 그려 주세요."
  - "다 그린 후 화살표로 진행 방향을 표시해 주세요."
  - "이 그림에서 당신의 위치를 점으로 표현해 주세요."
  - "종이 뒷면에 당신의 나이와 성별을 기재해 주세요."
  - "당신이 원한다면 그림에 대한 설명을 써도 좋습니다."
- Teneycke, Hoshino와 Sharpe(2009)의 연구
  - "당신이 지금 있는 곳과 있고 싶은 곳을 연결하는 다리를 그려 주세요(Draw a bridge connecting where you are now to where you would like to be)."
  - "당신 자신을 그림의 어느 곳에 배치하세요(Place yourself somewhere in the picture)."
  - 그림을 그린 후 그림 뒷면에 자신의 생각을 적게 한다.
- 김갑숙 등(2012)의 연구
  - "한곳에서 다른 곳으로 가는 다리를 그리고, 이 그림에서 당신의 위치를 표시해 주세요."

　　－ "다 그린 후 화살표로 진행 방향을 표시하고, 종이 뒷면에 그림을 보며 연상
　　　되는 이야기를 적어 주세요."

3. 평가기준 및 해석

　　검사의 평가기준은 일반청소년을 대상으로 실시한 Hays와 Lyons(1981)의 연구
에서 사용한 12개의 평가요소(진행 방향, 피검자의 위치, 다리 양쪽에 그려진 장소, 다
리 연결 부위의 강도, 강조 부분, 다리의 재료, 다리 아래의 사물, 다리의 종류, 시점, 용지
의 방향, 형태의 조합, 그림에 대한 연상과 설명)를 중심으로 설명하고자 한다.

① 진행 방향

　　진행 방향은 과거에서 미래로의 움직임을 상징적으로 나타내는 것으로, 피검자
가 과거와 미래 중 어느 방향으로 진행하는지를 파악하고자 하는 것이다. Hays와
Lyons(1981), Martin과 Betts(2012)의 연구에서는 75%가 왼쪽에서 오른쪽으로 진
행하였고, 田中 등(2016)의 연구에서는 전체의 64%가 왼쪽에서 오른쪽으로 진행
하는 것으로 나타났다.

② 피검자의 위치

　　피검자의 위치는 다리를 건너는 과정에서 앞으로 남은 거리와 이미 건넌 거리를
나타낸다. 이것은 목표와 문제의 해결책에 대한 관계에서 자신을 어떻게 보고 있
는가를 나타낸다. 청소년은 자기상을 다리의 전반부에 위치시키는 경우가 많았으
나(Hays & Lyons, 1981; 田中 외, 2016), 정신건강 상태가 건강집단에 소속된 학생들
은 자기상을 다리의 중간 지점에 그리는 비율이 높았다(김갑숙 외, 2012).

③ 다리 양쪽에 그려진 장소

　　다리 양쪽에 그려진 장소는 그 장소가 어떤 곳인지를 알아보는 것으로, 자신이

이루고자 하는 목표와 현재의 심리 상태를 보여 준다. 다리만 그리는 경우도 있고, 다리 양쪽의 장소를 구체적으로 그리는 경우도 있다. 다리 양쪽에 장소를 그린 경우에는 현재 상황에서 벗어나 가고 싶은 장소를 나타내는 경우(허소임, 2006)가 많았다. 김갑숙 등(2012)의 연구에서는 일반 고등학교 학생들은 대학교를 그린 경우가 많았으나, 전문계 고등학교 학생들은 상대적으로 놀이동산, 친구를 만나러 가는 모습, 학교에서 집으로 가는 모습 등이 많았다.

④ 다리 연결 부위의 강도

다리 연결 부위의 강도는 다리 양쪽이 얼마나 단단하게 연결되어 있는지를 파악하는 것이다. 연결 부위의 강도는 견고함, 약함, 연결되어 있지 않음의 세 가지로 평가하는데, 청소년의 그림에서는 다리의 양쪽이 어딘가에 연결되지 않고 다리의 일부분만 확대해서 그린 그림이 많았다(Hays & Lyons, 1981). 김갑숙 등(2012)의 연구에서도 피검자의 50% 정도가 다리의 양쪽이 어딘가에 연결되지 않았다.

⑤ 강조 부분

강조 부분은 과거, 미래, 혹은 다리 자체에서 어느 위치가 가장 강조되고 있는지를 나타낸다. 대부분의 경우에는 다리 자체가 강조되는 경우가 많다. Hays와 Lyons(1981)의 연구에서는 95%가 다리 자체를 강조하였다.

⑥ 다리의 재료

다리의 재료는 어떤 재료로 만들었는지를 살펴보는 것으로, 다리의 강도를 보여 주는 동시에 상호소통을 유지하겠다는 신념을 나타낸다. Hays와 Lyons(1981)의 연구에서는 피검자의 65%가 강철이나 금속 다리를 그렸으며, 15%는 나무 다리를 그렸다. 그 외 소재는 시멘트, 밧줄, 돌 혹은 재료들을 섞은 것이었다.

⑦ 다리 아래의 사물

다리 아래의 사물은 다리 아래에 있는 것이 어떤 것인지를 평가하는 것으로, 다리 아래의 사물을 위협적으로 인식하는지 혹은 비위협적으로 인식하는지를 평가한다. Hays와 Lyons(1981)의 연구에서는 여성의 70%, 남성의 56%가 물을 그렸으며, 피검자의 60%는 다리 아래의 사물을 비위협적인 것으로 그렸다. 거친 파도, 가파른 절벽 등이 그려졌다면 위협적인 것으로 볼 수 있다.

⑧ 다리의 종류

다리의 종류는 형태에 따라 현수교, 아치교, 거더교, 트러스교 등으로 나눌 수 있다. 여성의 60%가 아치형 다리를 묘사(Hays & Lyons, 1981)하는 것으로 나타났다.

⑨ 시점

시점은 눈높이(일반적인 시점), 위에서 내려다본 시점, 아래에서 올려다본 시점 등으로 분류할 수 있는데, 눈높이 시점에서 그린 경우가 대부분이다.

⑩ 용지의 방향

용지의 방향은 용지를 세로로 두고 그렸는지, 가로로 두고 그렸는지를 평가하는 것이다. 대부분 용지를 가로로 두고 그린다. Hays와 Lyons(1981)의 연구에서는 피검자의 84%가 용지를 가로로 하여 그렸으며, 세로로 그린 경우는 다리의 끝이 어디에도 연결되지 않았다.

⑪ 형태의 조합

형태의 조합은 그림의 구성요소들이 잘 어울리는지, 일관성이 있는지를 평가하는 것이다. 그림의 형태가 조화롭다, 조화롭지 못하다의 두 가지 하위변인으로 평가한다.

⑫ 그림에 대한 연상과 설명

그림을 그린 후 추가로 그림에 대해 이야기하고 싶은 것을 쓰게 하는 것이다.

이후 연구에서는 Hays와 Lyons(1981)의 평가요소를 바탕으로 하여 수정·보완하여 사용하였다. Teneycke, Hoshino와 Sharpe(2009)의 연구에서는 Hays와 Lyons(1981)의 연구와 진단적 그림 시리즈(Diagnostic Drawing Series: DDS), 형식적 요소 미술치료 척도(Formal Elements Art Therapy Scale: FEATS)의 형식적 특성을 선택하여 16개의 요소로 구성했다. Martin과 Betts(2012)는 BD 평가를 위해 양적 평가 척도와 질적 평가 척도를 사용하였다. 양적 평가 척도는 FEATS에 근거하여 3점으로 구성된 15개의 요소(채색 정도, 색의 적절성, 에너지, 공간, 통합성, 논리성, 사실성, 발달 수준, 다리와 환경의 세부묘사, 다리 연결의 강도, 다리의 구조, 위험 정도, 다리 아래의 사물, 희망의 정도, 단어 삽입)와 명명척도로 구성된 2개의 요소(문제해결력, 선의 질)를 사용하였다. 또한 정량화에 도움이 되지 않는 그림의 다른 측면을 설명하기 위하여 7개의 질적 요소(인물의 위치, 화살의 방향, 강조, 시점, 다리 양쪽에 그려진 장소, 다리의 종류, 용지의 방향)를 사용하여 글로 적도록 하였다. 田中 등(2016)은 Martin과 Betts(2012)의 평가요소를 바탕으로 15문항의 PDI를 활용하였다.

⊙ 그림을 그린 후의 질문 내용(Post Drawing Inquiry: PDI)

① "어떤 다리를 그린 것인지 설명해 주시겠습니까?"

② 다리의 기본적 이미지: "이 다리의 길이는 어느 정도입니까? 건너는 데 어느 정도의 시간이 걸립니까? 이 다리의 넓이와 높이는 어느 정도입니까? 이 다리는 튼튼합니까?"

③ "다리의 이쪽은 어떤 곳이라고 생각합니까? 다리의 건너편이 어떤 곳인가에 대해서도 말해 주세요."

④ "이 다리에 필요한 것이 있습니까?"

⑤ "이 다리에는 어떤 날씨가 어울린다고 생각합니까? 바람이 불고 있습니까?"

⑥ "당신은 무엇을 하고 있습니까? 당신 외에 다른 사람이 있습니까?"

⑦ "당신은 이 다리를 건너고 싶습니까?"

⑧ "만약 당신이 이 다리를 건넌다면 건너편으로 가져가고 싶지 않은 것과 이쪽에 남겨 두고 싶은 것은 무엇입니까? 건너편으로 가져가고 싶은 것은 무엇입

니까?"

⑨ "만약 당신이 이 다리를 건넜다면 무엇을 하고 싶습니까?"

⑩ "다리 외에 그리고 싶었던 것은 무엇입니까?"

⑪ "이 다리를 보고 뭔가 떠오르는 것이나 생각나는 것이 있습니까?"

⑫ "다리 그림을 그리는 것이 간단했습니까? 어려웠습니까?"

⑬ "뭔가 달리 첨가하고 싶은 것이 있습니까?"

⑭ "이 그림에 제목을 붙여 주세요."

한국의 허소임(2006)은 Hays와 Lyons(1981)의 12개의 평가요소에 '그림 상황의 위험 여부'를 추가하여 13개의 평가요소를 사용하였다. 김갑숙 등(2012)의 연구에서는 '다리의 소재'를 제외하고 '다리 자체의 강도'를 추가하였고, 그림에 대한 설명 유무보다는 이야기 내용을 중심으로 분석하였다. 또한 그림을 그리는 데 색상을 사용하였으므로 색상요소, 즉 '채색의 필압' '채색의 안정성' '사용 색상 수'를 추가하여 총 15개 평가요소를 구성하였다. 구체적인 내용은 다음의 〈표 7-1〉과 같다.

〈표 7-1〉BD의 평가지표

Hays & Lyons (1981)	허소임 (2006)	Teneycke, Hoshino & Sharpe(2009)	김갑숙, 이지현, 전영숙(2012)	Martin & Betts (2012)
• 진행 방향 • 인물상의 위치 • 다리 양쪽에 그려진 장소 • 다리 연결 부위의 강도 • 강조 부분 • 다리의 재료 • 다리의 종류 • 다리 아래의 사물 • 시점 • 용지의 방향 • 형태의 조합 • 그림에 대한 연상과 설명	• 진행 방향 • 인물상의 위치 • 다리 양쪽에 그려진 장소 • 다리 연결 부위의 강도 • 강조 부분 • 다리의 소재 • 다리의 종류 • 다리 아래의 사물 • 시점 • 용지의 방향 • 형태의 조합 • 그림에 대한 설명 • 그림 상황의 위험 정도	• (진행) 방향성 • 인물상의 위치 • 미래의 배치 • 다리 연결 부위의 강도 • 정교함 • 다리의 재료 • 다리 아래의 사물 • 사람 • 통합성 • 색다른 배치 • 채색 정도 • 특이한 색 사용 • 단어 · 숫자 삽입 • 다리의 존재 • 개별 색의 사용 여부(기본색) • 단일색 사용	• 진행 방향 • 인물상의 위치 • 다리 양쪽에 그려진 장소 • 다리 연결 부위의 강도 • 다리 자체의 강도 • 다리의 종류 • 다리 아래의 사물 • 시점 • 용지의 방향 • 형태의 조합 • 그림의 이야기 내용 • 그림 상황의 위험 정도 • 채색의 필압 • 채색의 안정성 • 사용한 색상의 수	• 채색 정도 • 색의 적절성 • 에너지 • 공간 • 통합성 • 논리성 • 사실성 • 발달 수준 • 다리와 환경의 세부묘사 • 다리 연결의 강도 • 다리의 구조 • 위험 정도 • 다리 아래의 사물 • 희망의 정도 • 단어 삽입 • 문제해결력 • 선의 질 • 인물의 위치 • 화살의 방향 • 강조(정교함) • 시점 • 다리 양쪽에 그려진 장소 • 다리의 종류 • 용지의 방향

📷✏ **4.** 해석의 적용

[그림 7-1] 20대 남자의 그림

　[그림 7-1]은 20대 남자가 그린 그림이다. 이 남자는 그동안 성실하게 생활해 왔으나 대학 진학 후에 학교와 전공에 대한 갈등으로 현재 휴학 중에 있다. 그림에서 인물상은 다리의 중간 지점에 서 있으며, 오른쪽에서 왼쪽으로 진행한다고 하였다. 다리 난간과 인물상은 검정색으로 표현하였고, 인물상은 뒷모습만 표현하였으며 하체 부분이 생략되었다. 다리의 중간 지점에 멈추어서 그동안 걸어온 길과 앞으로 가야 할 길에 대해 다시금 생각하는 쉼의 모습이 현재의 내담자 상황과 닮아 있으며, 현재 피검자가 직면한 현실에 대한 불안과 이를 잠시 회피하고 싶은 우울한 정서가 드러나 있는 것으로 보인다. 또한 오른쪽에서 왼쪽으로 진행 방향을 설정한 것 또한 미래에 대한 불안의 세계로 나아가기보다 과거로의 안정적인 회귀를 무의식중에 바라고 있는 것으로 보인다.

　그림을 그린 뒤 이야기 내용을 살펴보면 그림 속의 인물은 30대 중반의 성실하고 평범한 회사원으로 퇴근을 하는 길에 다리에서 바라보는 노을이 너무 예뻐서 잠시 멈추어서 응시하고 있다. 퇴근을 의미하는 노을이 출근을 생각하게 하는 해돋이보다는 편하게 바라볼 수 있고, 매일 반복되는 삶과 지루한 일상들이 힘든 어느 날 잠시 돌파구를 찾은 느낌이다. 이 다리의 끝에는 친한 친구가 기다리고 있을 것 같고, 그 친구와 술을 한잔하면서 스트레스를 풀고 싶다고 하였다. 그리고 자신뿐 아니라 친구에게서 지금 잘하고 있으니 잘될 것이라는 칭찬을 주고받는 희망적인 모습을 기대한다고 하였다.

이야기를 통하여 자신이 직면한 현재의 일도 지는 노을처럼 아름답게 잘 마무리되기를 바라는 피검자의 기대심을 알 수 있었다.

[그림 7-2] 건강집단 여고생의 그림

*출처: 김갑숙, 이지현, 전영숙(2012). 청소년의 정신건강과 다리 그림 반응특성의 관계.

[그림 7-2]는 정신건강 검사에서 건강집단으로 나타난 여고생이 그린 그림이다. 인물상은 다리 앞에서 다리를 벌리고 안정감 있게 서서 먼 곳을 바라보며 걸어갈 준비를 하고 있다. 다리는 지면과 강하게 연결되어 있으며, 다리의 폭이 좁지 않아 안전하게 건널 수 있을 것으로 보인다. 전체적으로 안정감이 있고, 색상도 밝은 색상을 사용하였으며, 멀리 꽃과 밝은 태양이 빛나고 있는 점으로 보아 건강하고 미래가 희망차 보인다.

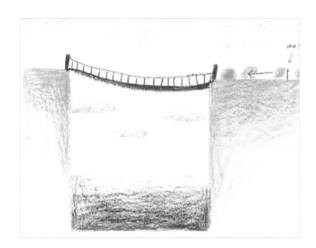

[그림 7-3] 고위험집단 여고생의 그림

[그림 7-3]은 정신건강 검사에서 고위험군으로 나타난 고등학생이 그린 그림이다. 그림의 중심에 깊고 푸른 강물이 흐르고 있고 그 위에 다리를 그렸다. 다리의 연결 상태는 양호한 것으로 보이나, 다리의 높이가 아주 높게 그려져 상황이 위협적으로 느껴진다. 피검자는 인물상을 다리의 오른쪽 입구에서 떨어진 가장자리에 보라색으로 아주 작게 그렸으며, 오른쪽에서 왼쪽으로 이동하는 것으로 표시하였다. 인물상이 다리 입구까지 가기 위해서는 시간이 다소 걸릴 것처럼 보인다. 오른쪽에서 왼쪽으로 이동한다는 것은 과거의 퇴행을 의미하는 것으로, 이 학생은 아직 변화에 대한 준비가 부족하며, 변화에 대한 두려움으로 과거로 퇴행하고자 하는 심리적 특성이 반영된 것으로 보인다.

🖊 5. 연구동향

1) 국외 연구동향

Hays와 Lyons(1981)는 만 14~18세의 일반청소년 150명(여학생 72명, 남학생 78명)

을 대상으로 연구를 실시하였다. 여기서 일반청소년은 심각한 정서장애, 지적 장애, 성격장애가 없는 사람을 말한다. BD는 언어적 표현을 촉진시키는 데 도움을 주는 비언어적 형태의 상징으로 사용되었다. 그들은 일반청소년을 대상으로 BD를 그리게 한 후 12개의 평가항목(진행 방향, 다리 양쪽에 그려진 장소, 강조 부분, 다리의 종류, 시점, 형태의 조합, 피검자의 위치, 연결 부위의 강도, 다리의 재료, 다리 아래의 사물, 용지의 방향, 그림에 대한 연상과 설명)을 중심으로 하여 얻은 정보를 치료장면에 활용하였다. 그들은 약물남용 환자들과 몇 가지의 진단범주로 구성된 환자 표본을 추출하여 일반청소년 BD에서 나타난 변인들을 바탕으로 환자들에게 질문을 하고 답하게 하였다. 그 자료를 분석한 결과, 청소년 표본에서 얻은 정보는 아주 유용한 것으로 판명되어, BD는 투사적 그림검사뿐만 아니라 치료장면에서도 활용할 수 있는 것으로 나타났다. 즉, BD 검사는 그림의 해석과 향후 환자들과의 의사소통을 위한 발판으로 활용되어 다른 사람들과의 연결성, 문제해결, 장애 극복에 도움을 주는 것으로 밝혀졌다.

　　Hays와 Lyons(1981)가 BD를 개발한 이래 몇 편의 연구가 진행되었다. Teneycke 등(2009)의 연구에서는 정신과 입원환자(34명), 정신건강센터 외래환자(26명)와 정신건강사회사업가(29명)를 대상으로 BD의 표현특성을 파악한 결과, 그림의 형식적인 특성으로 정신증을 파악할 수 있음을 시사하였다. 그림의 평가요소는 Hays와 Lyons(1981)의 연구와 DDS, FEATS의 형식적 특성을 참고하여 16개로 구성하였고, 채색 정도, 통합성, 다리 연결 부위의 강도와 단어와 숫자의 삽입은 세 집단 간에 차이가 있을 것이라는 네 가지의 가설을 설정하였다. 연구결과, 네 가지의 가설 중 하나의 가설, 즉 채색 정도에 대해서만 통계적으로 유의미한 차이가 있었다. 입원환자와 외래환자들이 비교집단보다 형태의 윤곽선에만 색을 사용하는 경향이 있었다. 그 외에 부가적으로 통합성, 단일색 사용, 개별 색의 사용 여부, 특이한 색의 사용 등에서 집단 간에 차이가 있었다. 즉, 방향성에서 비교집단은 왼쪽에서 오른쪽으로 이동하는 비율이 높은 반면, 환자 집단은 아직 결정되지 않은 비율이 높았으며, 환자 집단이 비교집단보다 특이한 색 사용은 적고 단일색 사용이 많았다. 또한 환자 집단은 비교집단보다 색 사용이 제한적이고, 노란색, 녹색, 파란색, 보라색, 갈색을 덜 빈번하게 사용하는 경향이 있었다.

　　Darewych(2013)는 사회로부터 고립되고 안전한 부모애착기반이 없는 우크라이나 고아들이 자신의 미래의 삶, 목표, 희망을 상상하고 그릴 수 있는 능력이 있는지를 평가하기 위해 BD를 사용하였다. 이 연구에서 BD는 심리적 및 이미지 반응을 장려하는 길(경로)을 포함시키는 것으로 수정되었다. 32개의 고아원 시설로부터 만 8~20세의 참가자 258명을 표집하여 그림을 그리게 하였다. 준비물은 연필과 용지이며, "한 곳에서 다른 곳까지 가는 다리를 그려 주세요. 다리는 길에 연결되어 있습니다. 길을 그리고 길이 당신을 어디로 이끄는지 적어 주세요(Draw a picture of a bridge going from some place to some place. The bridge connects to a path. Draw the path and write were the path leads you to)."라고 지시하였다. 참가자가 다리로부터 길로 가는 심리적인 변화를 강요하기 위하여 다리 그림에 길을 포함시키도록 하였다. 평가요소는 Hays와 Lyons(1981)의 12개 중 8개(용지의 방향, 진행 방향, 다리 연결 부위의 강도, 다리의 종류, 다리 아래의 사물, 시점, 피검자의 위치, 그림에 대한 연상과 설명)를 선택했으며, 새로운 요소 2개[길의 경로 사분면(path quadrant), 오른쪽 방향으로 길이 회전됨(right path rotation)]를 포함시켜 10개 요소로 구성하였다. 연구결과, 참가자의 44%가 미래의 삶으로 이끄는 용지의 오른쪽 사분면에 길을 그렸으며, 이들이 작성한 미래에 대한 내용의 86%가 고아원에서 사회로 나가기 위해 심리적으로 준비하고 있는 것으로 나타났다. 이 연구를 통하여 시설에 있는 고아들은 삶의 의미를 발견하는 능력이 있으나 소수의 참가자만이 목표지향적이라는 사실을 확인하였다. BD는 참가자들에게 안전하고 치료적인 환경에서 언어적, 시각적으로 고아원 밖에서의 미래의 목표뿐 아니라 그들의 과거와 현재의 삶을 반영하는 기회를 제공하였다. 이러한 결과를 통하여 BD는 변화를 위한 촉매제로 활용될 수 있음이 밝혀졌다.

　　田中 등(2016)은 BD의 일반적인 반응특성을 검토하고, 이를 바탕으로 개별 임상치료에서 BD의 사용방법을 탐구하고자 하였다. 이를 위해 Martin과 Betts(2012)가 작성한 평가요소를 기초로 하여 대학생 123명을 대상으로 집단조사를 실시하여 개별그림 사례를 검토하였다. 이 연구에서는 그림을 그린 후 2인 1조로 상호

PDI(15문항)를 실시하도록 하였다. 연구결과, 참가자 대부분이 그림에 채색을 하였으며 통합적으로 구성하였고, 다리와 약간의 부가물을 그렸으며 아치교를 많이 그렸고, 다리를 용지의 중심에 그리는 경향이 있었다. 또한 그림에 위험물이 그려진 비율은 낮았으며, 인물상은 다리의 전반부에 위치하고 있었다.

2) 국내 연구동향

국내 연구는 2006년에 허소임이 청소년의 자살사고 및 무망감에 따른 BD 검사 반응특성 연구에서 시작되었다. 연구대상은 고등학교 재학 중인 693명 중 자살사고가 높은 집단(64명)과 낮은 집단(64명), 총 128명을 선별하여 BD 검사 반응을 분석하였다. 그림검사는 연필을 사용하였으며, Hays와 Lyons(1981)가 제시한 12개의 평가요소에 '그림 상황의 위험 여부'를 추가하여 13개의 평가요소를 바탕으로 분석하였다. 연구결과, 자살사고 위험집단과 하위집단 간에 그림 상황의 위험 여부, 다리 연결 부위의 강도, 다리의 소재, 다리의 종류에서 차이가 있는 것으로 나타났다. 즉, 자살사고가 높은 집단에서 절벽이나 거센 바람, 혹은 높은 파도 등의 부정적인 요소를 표현하였고, 다리 자체의 강도가 약한 고가교와 징검다리를 표현하는 경우가 많았다. 반면, 자살사고가 낮은 집단에서는 다리를 그릴 때 견고한 소재를 이용하는 비율이 높았다. 이 결과를 통하여 BD가 자살사고를 평가할 수 있는 도구로서의 가능성을 제시하였다.

김갑숙, 이지현과 전영숙(2012)은 청소년의 정신건강과 BD 검사의 반응특성 간의 관계를 파악하기 위하여 고등학생 1, 2학년 267명(남학생 137명, 여학생 130명)을 대상으로 정신건강검사와 BD 검사를 실시하였다. 그림검사 재료는 8절 용지와 크레파스를 사용하였다. 연구결과, 청소년의 정신건강 상태에 따라 인물상의 위치, 다리 자체의 강도, 형태의 조합, 그림 상황의 위험 정도, 그림의 이야기 내용에서 유의미한 차이가 있었다. 즉, 고위험집단이 건강집단보다 인물상이 다리의 시작 지점에 위치해 있는 경우가 많았고, 다리 자체가 약하며, 그림의 상황이 위협적이며, 그림과 관련하여 부정적인 이야기를 기술하는 경우가 많았다. 이런 결과를 바탕으로 BD가 청소년의 정신건강 상태를 평가할 수 있는 도구로 활용될 수 있음을 알 수 있다.

최은우, 어은경, 김갑숙(2014)은 BD는 개인이 사회와 소통하고 연결하려는 태도, 환경과 변화에 대한 조절력, 자아의 성취와 도전 등과 같은 심리적 의미를 가지고 있으므로 BD 검사가 청소년들이 나아가야 할 진로발달과 관련성이 있을 것이라고 가정하였다. 이러한 가정하에 그들은 고등학생의 진로성숙도와 BD 검사 반응특성 간의 관계를 파악하였다. 연구대상은 고등학교 1학년 397명(남학생 273명, 여학생 124명)이고, 검사 재료로는 8절 도화지와 2B 연필, 지우개를 사용하였다. 연구결과, 진로성숙도 수준에 따라 진행 방향, 다리의 종류, 사람의 모습, 그림 상황의 위험 여부에서 유의미한 차이가 있는 것으로 나타났다. 즉, 진로성숙도가 높은 학생이 진로성숙도가 낮은 학생보다 왼쪽에서 오른쪽으로 이동하는 경향이 많았고, 다리의 종류는 구름다리를 많이 그렸고, 그림 상황의 위험요소가 적은 것으로 나타났다. 사람의 모습에서는 진로성숙도가 낮은 학생이 막대기 형태의 그림을 많이 그린 반면, 진로성숙도가 높은 학생들은 전체 모습을 그리는 경향이 많았다.

BD 검사의 신뢰도를 살펴보면 Darewych(2013)의 연구에서는 3명의 채점자(전문가, 기준 채점자, 초보자)가 다리 그림을 평가한 후 채점자 간 신뢰도 분석을 Cohen의 카파(k) 지수로 산출하였다. k지수가 .60 이상일 경우에는 일치도 수준이 좋다고 할 수 있다. 이 연구에서 3명의 채점자의 평균은 0.33(시점)에서 0.97(자신의 위치)의 범위에 있었으나, 전문가와 기준 채점자의 두 사람 간의 일치도는 모두 .60 이상으로 나타났다. 이는 초보자보다는 그림에 대한 훈련을 받은 사람들의 평가가 신뢰도가 있음을 의미한다. 김갑숙 등(2012)의 연구에서는 2명의 미술치료 대학원생들이 동일 그림 50부를 각각 채점하여 백분율을 구한 결과, 채점자 간 일치도는 82~100%로 나타났다. 최은우 등(2014)의 연구에서는 세 사람이 그림 100부를 채점하여 채점자 간의 일치도를 구한 결과, A와 B는 82.3% B와 C는 82.8%, A와 C는 86.0%로 나타났다.

이와 같이 Hays와 Lyons(1981)가 BD를 개발한 이래 검사도구의 타당도와 평가의 객관성을 확보하기 위하여 연구자들은 평가요소를 구체화하고 PDI를 마련하는 등 노력을 하고 있다. 지금까지의 BD 검사는 주로 청소년과 청년을 대상으로 한 양적 연구로 이루어졌으며, 그들의 정신건강과 진로를 파악하기 위한 목적으로 연구가 시도되었다. 연구결과, BD는 피검자의 심리평가뿐만 아니라 사용방식에 따라서는 심리치료의 도구로서도 유용하게 사용할 수도 있는 것으로 밝혀졌다. 그러나 연구자에 따라 BD 검사에서 사용한 매체와 지시어, 평가요소 등이 다르게 적용되고 있어 일관된 결과를 도출할 수 없었다. 따라서 이 결과를 바탕으로 해석을 할 경우에는 조심스럽게 접근해야 할 것이다.

실제 심리치료 장면에서 BD를 사용할 경우, BD는 자기가 가진 이중의 과제와 문제에 직면하도록 독촉하기 쉽기 때문에 신뢰감 형성이 불충분한 내담자와 자아가 취약한 내담자에게 적용할 경우에는 신중하게 고려할 것이 요망된다(田中 외, 2016). 또한 BD의 유용성을 뒷받침할 수 있는 반복된 결과를 도출하기 위해서는 향후에 양적·질적 분석을 병행한 지속적인 연구가 이루어져야 할 필요가 있다.

김갑숙, 이지현, 전영숙(2012). 청소년의 정신건강과 다리 그림 반응특성의 관계. 예술심리
　　치료연구, 8(4), 193-210.

허소임(2006). 청소년의 자살사고에 따른 Bridge Drawing 검사 반응의 특징. 석사학위논
　　문. 서울여자대학교 특수치료전문대학원.

최은우, 어은경, 김갑숙(2014). 청소년의 진로성숙도 수준에 따른 다리 그림검사의 반응특
　　성 연구. 미술치료연구, 21(2), 285-307.

奥村 隆(2008). ジンメルのアンビヴァレンツ. 応用社会学研究, 50, 19-35.

田中 勝博, 土田 恭史, 野沢 美紗, 菅谷 正史(2016). 橋画(Bridge Drawing) の描画特徴と
　　その評価に関する研究, 日本芸術療法学会誌. 47(1), 71-79.

北山 修(1993). 北山修著作集2 言葉の橋渡し機能およびその壁. 岩崎學術出版社.

Darewych, O. (2013). Building bridges with institutionalized orphans in Ukraine: An art
　　therapy pilot study. *The Arts in Psychotherapy, 40*, 85-93.

Hays, R. E., & Lyons, S. J. (1981). The Bridge Drawing: A projective technique for
　　assessment in art therapy. *The Arts in Psychotherapy, 8*, 207-217.

Martin, K., & Betts, D. (2012). *The Bridge Drawing Rating Manual* (2nd ed.).
　　Washington, DC: Department of art therapy, George Washington University.

Stepney, S. (2001). *Art therapy with students at risk*. Springfield, IL: Charles C. Thomas.

Teneycke, T., Hoshino, J., & Sharpe, D. (2009). The bridge drawing: An exploration of
　　psychosis. *The Arts in Psychotherapy, 36*, 297-303.

De Mare, E. (1954). *The bridges of Britain*. London: B. T. Balsford, Ltd.

Fontana, D. (2002). 상징의 비결(The secret language of symbols), (최승자 역). 경기: 문
　　학동네. (원전은 1993년에 출판).

Freud, S. (1900). *The interpretation of dreams. SE, 4-5*. London: Hogarth.

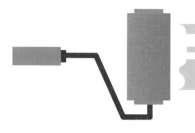

제3부

가족 관련 그림검사

제8장

동적 가족화

- **개발자**: Burns & Kaufman(1970)
- **목   적**: 자기개념과 가족의 역동성 및 대인관계 파악
- **준비물**: 8½″ × 11″(A4) 용지, 연필(No2, H)
- **지시어**: "당신을 포함하여 당신의 가족 모두가 무엇인가를 하고 있는 그림을 그려 주세요. 만화나 막대기 형태의 사람이 아니라 완전한 사람을 그려 주세요. 무엇이든지 어떠한 행위를 하고 있는 그림을 그려야 합니다(Draw a picture of everyone in your family, including you, DOING something. Try to draw a whole people, not cartoons, or stick people. Remember, make everyone DOING something – some kind of action.)."

1. 개요

동적 가족화(Kinetic Family Drawing: KFD)는 임상에서 자주 쓰는 그림검사로서, 피검자가 자기 자신뿐만 아니라 가족을 어떻게 이해하고 있는지를 파악하는 데 도움을 주는 검사이다. 실제로 KFD는 청소년을 평가하는 심리학자의 약 41%가 가장 많이 사용하는 상위 10개 검사 중 하나(Archer, Maruish, Imhof, & Piotrowski, 1991)이며, 아동 임상 심리학자의 81%가 성격측정을 위해 사용한다(Tuma & Pratt, 1982). 이것은 KFD가 아동의 가족에 대한 지각을 평가하는 데 가장 널리 사용된 투사적 방법이라는 것을 의미한다. KFD는 가족화 검사(Family Drawing Test: FDT)에 움직임을 첨가한 일종의 투사화로, Burns와 Kaufman(1970)에 의해 발전되었다. KFD는 가족화가 가지는 정적인 표현을 배제하고 움직임을 첨가하여 개인을 통해 가족의 역동성을 파악하는 데 있어 더욱 용이하다. 뿐만 아니라 아동의 적응기능과 방어기능에 대한 정보를 얻을 수 있다(Burns & Kaufman, 1972). KFD는 어떤 의미에서 TAT와 유사한 면이 많다. KFD가 그림검사로 자신의 가족을 그린다는 점, TAT는 언어검사 표현양식으로 불특정 인물을 소재로 하는 점 등에서 방법상의 차이는 있다. 그러나 동적인 상태의 자유를 포함하는 점과 인물상을 상호 관련 짓는 점에서는 본질적으로 같다고 할 수 있다(日比, 1985).

　　KFD는 비언어적 방법으로 보다 자유로운 자기표현을 허용하는 그림을 그리도록 한다. 그리고 상동적 표현, 연령순이나 사회적 지위순으로 그림을 그리는 가족화의 단점을 보완하여 가족구성원에 대한 감정이나 태도를 투사하게 한다. KFD는 누스(nous)이론, 정신분석이론, 장이론, 지각의 선택성과 같은 이론을 기초로 하고 있다. 특히 그림을 그리는 사람 자신의 눈에 비친 가족의 일상생활 태도나 감정을 그림으로 나타냄으로써 그림을 그리는 사람의 주관적 판단에 의존한다. 즉, 객관적·물리적 환경으로서의 가족인지라기보다는 자신이 주체적, 선택적으로 지각하는 주관적·심리적 환경으로서의 가족인지가 적용되는 것이다.

1) 동적 가족화의 이론적 배경

　　KFD는 Anaxagoras의 누스이론, Freud의 정신분석이론, Lewin의 장이론, 지각의 선택성 이론 등을 기초로 하고 있다. KFD의 창시자인 Burns와 Kaufman(1970)은 그리스의 철학자인 Anaxagoras의 누스의 개념에서 KFD의 이론적 기초를 확립하였다. Anaxagoras는 누스를 '불활성요소들에 운동, 통합 및 체계를 부여하는 것'이라고 정의했다. 즉, 운동을 가미함으로써 비활동적인 요소에 통일성과 체계성을 부여했다(Burns & Kaufman, 1970). 이러한 Anaxagoras의 사상에 매혹되어 Burns와 Kaufman(1970)은 아동을 '이해'하기 위해서는 운동(움직임)과 관련된 작업, 즉 동적 요소를 첨가한 지시를 제공해야 한다고 생각했다.

Burns와 Kaufman(1970)은 KFD 해석을 정신분석이론에 기반을 두고 있으며, 이와 함께 Lewin의 장이론을 근거로 하였다. Lewin의 장이론(field theory)은 '인간의 행동은 그를 둘러싼 환경(장)의 영향을 받는다'는 것이다. 즉, 개인은 자신을 둘러싼 생활공간(가족, 학교, 사회적 신념 등)에 개인적 의미를 부여하고 자신에게 일어나는 일들을 개인적으로 해석함으로써 마음(심리)을 구성해 나간다. 인간의 행동은 사람과 환경의 상호작용의 결과이며, 사람과 환경에 따라서 행동의 결과가 달라진다. KFD는 피검자가 의식적이든, 무의식적이든 그 자신의 입장에서 자신을 포함한 가족관계를 나타낸 것이다. 따라서 KFD 해석은 그림의 개별적인 다양성 속에서 통일성과 체계성을 발견하는 것이다.

KFD는 지각의 선택성(selectivity of perception)을 기초로 한다. 선택적 지각이란 피검자의 가족구성원에 대한 주관적 판단을 말한다. 검사자는 피검자에게 가족구성원이 어떠한 행위, 또는 동작을 하는 그림을 그리도록 요청하기 때문에 피검자는 자신의 눈에 비친 가족구성원의 일상생활 태도나 감정을 그린다. 이러한 그림들은 개인의 과거 경험, 현재의 상황, 미래에 대한 예견에 의존하고 있음을 알 수 있다. 결국, 우리는 객관적·물리적 환경에서 산다기보다는 자신이 주체적·선택적으로 지각하는 주관적·심리적 환경에서 살아가고 있는 것이다. 이러한 주관적·심리적 환경을 구성해 가는 한 개인의 개별적이면서도 역동적인 세계를 파악하는 양식이 지각의 선택성이다. 이것은 개인 고유의 주체적·심리적 장을 구성하는 데 기본이 된다. 피검자들에게 KFD를 그리라고 했을 때 한 가족구성원이 그린 KFD의 그림이 개별 가족구성원마다 다른 경우, 그리고 현재·과거·미래의 가족 중 어느 한 시점에서의 가족의 모습을 그린 것이 피검자마다 다른 것은 피검자의 선택적 지각 때문이라고 할 수 있다.

2) 동적 가족화의 특성

KFD는 다음과 같은 특성을 가지고 있다. 첫째, KFD는 한 사람을 그리는 대신에 가족을 그리게 함으로써 부모나 가족구성원 간의 관계를 파악할 수 있다. 가족은 인간과 가장 밀접한 환경이며, 가족화에는 가족구성원에 대한 피검자의 행동이나 반응으로서의 태도, 감정이 나타난다.

둘째, KFD는 FDT에 움직임, 즉 동적 요소를 첨가한 방식으로 가족구성원 간의 상호작용과 역동성을 파악할 수 있다. 가족화를 그리게 한 경우에(때로는 KFD를 그리게 한 경우에도) 부-모-자신-동생 등의 순으로 나열하는 것을 볼 수 있다. 이것은 연령순으로 정적 자세를 취한 그림이며, 대부분의 경우에 사회적·경제적 힘의 순서를 나타내며, 가족구성원에 대한 감정이나 태도는 거의 투사되지 않았다. KFD는 이러한 일상적인 심상표현을 배제하고, 있는 그대로 숨김없는 성격 표현의 접근을 위해서 '가족 모두가 무엇인가를 하고 있는' 그림을 그리도록 한다. 이때 피검자 자신이 이해하고 경험하는 가족과 상호작용하는 사람들의 집단으로서의 가족이 나타나게 된다. 그러므로 검사자는 KFD에 나타난 역동을 즉각 파악할 수 있고, 피검자가 인식하고 있는 문제(의식적이든지 그렇지 않든)를 탐색할 수 있어야 한다. 그림에 움직임을 넣음으로써 가족의 상호작용, 그들의 역할, 심리적 유형을 더 잘 파악할 수 있다.

셋째, KFD는 검사자와 피검자가 처음 만났을 때 생기는 '어색한 분위기(서먹서먹함)를 깨는' 효과적인 수단이 될 수 있다. 특히 아동은 그림 그리는 것을 즐거워하기 때문에 다른 심리평가에서 경험하는 '실패에 대한 두려움'에서 벗어날 수 있도록 한다(Harris, 1978).

넷째, KFD는 가족에 대한 분노, 적대 감정 등 억압된 감정을 표현하는 통로가 될 수 있다(Hulse, 1951, 1952). 그리고 그림을 그리는 동안에 피검자가 원하지 않으면 가족에 대한 어떠한 감정도 말하지 않아도 되며, 그림을 통하여 아동의 성격 형성에 매우 중요한 가족관계에 대한 많은 것을 밝힐 수 있다.

3) 동적 가족화의 발달배경

KFD를 만든 사람은 Burns와 Kaufman(1970)이다. KFD 이전에는 가족화 검사

(Family Drawing Test: FDT)가 있었다. FDT는 Hulse(1951)가 최초로 개발하여 가족관계를 이해하는 투사적 진단도구로 사용하였다. Hulse(1951, 1952)는 아동에게 한 사람을 그리는 대신에 자신의 가족을 그리도록 하면 아동의 가족에 대한 지각, 부모, 형제자매에 대한 지각, 자신에 대한 지각, 가족 안에서 자신의 위치에 대한 중요한 정보를 얻을 수 있다고 하였다. Hulse는 FDT를 볼 때, 단순한 특성만을 보는 것이 아니라 전체적으로 그림을 보다 폭넓은 안목으로 보아야 한다고 했다. FDT를 해석할 때 먼저 고려되어야 할 점은 인물의 상대적 크기, 여러 인물 간의 거리, 그림의 위치 등이다. 그리고 인물상의 확대, 가족구성원의 생략, 지움, 음영 그리고 등을 보인 인물 등이 중요한 정서적 지표가 된다.

Burns와 Kaufman(1970, 1972)은 두 권의 저서를, Burns(1982)는 한 권의 저서를 통해 KFD를 발전시켰다.

KFD를 다룬 첫 번째 책에서 Burns와 Kaufman(1970)은 Hulse의 FDT를 수정하여 활동성을 추가하였다. Hulse의 FDT에 나타난 그림들은 가족 초상화처럼 가족구성원이 보는 사람을 향해 일렬로 늘어서 있는 비교적 정적인 모습의 가족 그림이었다. 이러한 문제점을 극복하기 위하여 Burns와 Kaufman(1970)은 Hulse의 FDT에 움직임을 첨가하여 KFD를 개발하였다. KFD는 아동에게 자기 자신을 포함한 가족구성원 모두가 어떤 일을 하고 있는 그림을 그리도록 함으로써 각 인물에 움직임을 도입했다. 아동에게 만화나 막대기 같은 사람이 아니라 완전한 모습의 사람을 그리라고 요구하며 '모든 사람이 무엇이든지 어떠한 행위를 하고 있는 그림'을 그리라고 한다. 활동적인 그림에 움직임을 추가하는 것은 자기 자신뿐만 아니라 가족구성원과 가족 내 관계와 관련된 아동의 감정을 동원할 것이라는 가설에 기반을 둔다.

KFD를 다룬 두 번째 책에서 Burns와 Kaufman(1972)은 부분적으로 Freud의 학설에 기초하여 12년 동안 사례 연구법을 통해 10,000명이 넘는 환자의 그림에 대한 연구와 분석을 통해 KFD에서 나타나는 인물상의 특성(figure characteristics), 행위(actions), 양식(styles), 상징(symbols)의 특성에 초점을 맞춘 해석 지침을 내놓았다.

KFD를 다룬 세 번째 책에서 Burns(1982)는 KFD 해석에 관한 새로운 특징과 함께 KFD의 연구와 적용, 그리고 가족 속의 자기성장(self growth in families)을 강조했다. Burns(1982)는 KFD에서의 자기상과 DAP에서의 자기상은 다르다고 하였다. 즉, KFD에서의 자기상은 가족 간의 역동성에 의해서 초기에 형성되는 핵심적 자기(nuclear self)이며, DAP에서의 자기상은 환경적 자기(environmental self)라고 볼 수 있다. 성격이 원만한 사람의 경우에는 이 두 자기가 같을 수 있다. 그러나 대부분의 사람의 경우에는 핵심적 자기와 환경적 자기가 매우 다르다고 하였다. 또 다른 양식인 조감도 양식이 7개의 기본적인 KFD 양식에 추가되었으며, KFD 상징물에 달이 추가되었다. 그리고 색채의 사용도 중요한 문제로 부각되었다. 이 책에서 인물상의 행위, 인물상의 특성, 위치, 거리, 장애물, 양식, 가족과 함께 생활하고 싶음(like-to-live-in-family)과 같은 그림에 대한 일반적인 인상을 포함한 81개의 변인을 KFD를 통해 확인하였다. Burns는 이러한 변수 중 일부를 해석하기 위한 객관적인 점수 체계를 제안했지만, 자신의 책에서 그림의 객관적인 점수는 거의 사용하지 않았고 그림에 대한 사례에 대해서만 설명했다.

Burns와 Kaufman(1970, 1972)의 KFD에 대한 전문가의 반응은 다양하다. Gersten(1978)과 Harris(1978)는 경험적인 자료에 근거한 표준화된 접근의 부족, 이론적인 틀과 해석을 위한 진단적 작업에 대한 설명이 부족하다는 점을 들어 아주 비판적이었다. 그리고 O'Brien과 Patton(1974), Myers(1978)도 Burns와 Kaufman의 책에서 규범적인 자료가 부족하다는 점을 들어 비판하였다. 이러한 비판에도 불구하고, 일부 임상 모임에서는 KFD의 도입에 매우 긍정적인 반응을 보였다. Sobel과 Sobel(1976)은 아동·청소년 심리학자들이 KFD를 다양하게 사용하고 있음을 보고하였다. KFD의 대중성은 KFD의 타당도(Cummings, 1980), KFD의 실시가 쉽고, 빨리 그릴 수 있다는 점(Mostkoff & Lazarus, 1983)에 기인한다. 또한 정서장애아동의 원인과 치료에 있어서 가족 역동성의 중요한 역할을 인식하는 데 기여하였다.

이후 많은 학자가 KFD에 대한 후속 연구를 지속적으로 발전시키고 있지만 이 책에서는 지면의 부족으로 개발자를 중심으로 살펴보고자 한다.

2. 실시방법

　KFD의 실시방법은 Burns와 Kauman(1972)의 저서에 수록된 것을 표준으로 삼아 사용하고 있다. 현재 국내에서는 Burns와 Kaufman(1972)의 실시방법을 수정·보완한 日比(1985)의 실시방법을 주로 사용하므로 Burns와 Kaufman(1972)과 日比(1985)의 실시방법을 함께 제시하고자 한다.

1) Burns와 Kaufman(1972)의 실시방법

(1) 준비물
- 8½″ × 11″[1](A4) 용지, 연필(No2, H)

(2) 시행절차
① 용지를 가로 면이 되도록 놓는다.
② "당신을 포함하여 당신의 가족 모두가 무엇인가를 하고 있는 그림을 그려 주세요. 만화나 막대기 형태의 사람이 아니라 완전한 사람을 그려 주세요. 무엇이든지 어떠한 행위를 하고 있는 그림을 그려야 합니다."라고 지시를 내린다.
③ 이렇게 지시가 끝나면 검사자는 검사실 밖으로 나와 있으면서 가끔씩 체크하러 검사실에 들어가 본다.
④ 검사상황의 종료는 피검자가 말이나 행동으로 그림을 다 그렸다는 것을 표시하면 마치며, 제한시간은 없다.
⑤ 피검자가 검사자의 지시를 따르지 않는 경우는 거의 없지만, 만약 피검자가 그림그리기를 어려워하면 검사자는 피검자가 그림을 완성할 때까지 방에 함께 있으면서 자주 피검자를 격려해야 한다.

---

1) 216×280mm 용지

⑥ 그림은 개별적으로 실시하는 것이 좋다.

2) 日比(1985)의 실시방법

(1) 준비물
- 210 × 297mm(A4) 용지, 연필(HB, 4B), 지우개

(2) 시행절차
① "당신을 포함하여 당신의 가족 모두가 무엇인가를 하고 있는 그림을 그려 주세요. 만화나 막대기 형태의 사람이 아니라 완전한 사람을 그려 주세요. 무엇이든지 어떠한 행위를 하고 있는 그림을 그려야 합니다. 당신 자신도 그리는 것을 잊어서는 안 됩니다."라고 지시를 내린다.

② 피검자가 그림을 그리는 도중에 질문을 할 경우 "자유입니다. 그리고 싶은 대로 그리면 됩니다."라고 대답한다.

③ 지시가 끝난 후 검사자의 태도는 Burns와 Kaufman(1972)의 시행절차 ③~⑤와 동일하다.

④ 그림을 완성한 후, "그림 속에 있는 각각의 인물은 누구입니까?" "각각의 인물의 나이는 몇 살입니까?" "각각의 인물은 무엇을 하고 있습니까?"(행위의 종류)에 대해 질문하고, 용지의 여백에 기입해 두는 것이 바람직하다. 이것은 상세하지 않은 그림을 다시 확인하기 위한 절차이고, 기록의 산만함을 방지하고, 정확한 자료를 얻기 위한 것이다. 뿐만 아니라 이러한 질문은 피검자의 애매한 가족인지에 대한 통찰을 촉진하는 것과 같은 상담 효과를 수반하는 경우도 있다.

⑤ 임상장면에서는 1:1로 검사하는 것이 바람직하며, 시간제한을 설정할 필요는 없으나, 일반적으로 30~40분 이내에 완료한다.

이러한 질문 외에도 그림을 완성한 후 검사자는 다음과 같은 질문을 추가하는

것도 그림을 해석하는 데 도움이 된다. "그림 속에서 각각의 인물을 그린 순서는 어떻게 됩니까?" "가족 중 그리지 않은 사람이 있습니까?" "가족이 아닌데 그린 사람이 있습니까?" "그림을 보니 어떤 느낌이 듭니까?""

> **KFD 분석에 도움이 되는 질문들(Burns, 1982)**
>
> • "첫인상은 어떠한가? 누가 보이는가? 무엇이 보이는가? 무슨 일이 일어나고 있는가? 일어나고 있는 일에 대한 당신의 생각은 어떠한가?"
> • "신체적인 친밀감이나 거리는? KFD는 따뜻한가? 차가운가? 부드러운가? 딱딱한가? 유쾌한가? 불쾌한가?"
> • "인물들은 서로 접촉하고 있는가? 서로 떨어져 있는가? 대면하고 있는가?"
> • "인물들은 자신의 신체에 대해 어떻게 생각하는가? 과시하는가? 숨기고 있는가? 유혹하고 있는가? 자랑스러워하는가? 부끄러워하는가?"
> • "우월한 사람은? 열등한 사람은?"
> • "사람들은 행복한가? 슬픈가? 가학적인가? 고통스러운가? 공허한가? 지루한가? 강한가? 얽혀 있는가? 분리되어 있는가? 화가 나 있는가? 복종하는가? 신뢰하거나 만족스러운가?"
> • "인물들은 어떻게 관계를 맺고 있는가? 긴장된 상태인가? 편안한 상태인가? 그들이 서로에게 보내는 메시지는 무엇인가? 당신은 사랑이 있다고 느끼는가?"
> • "당신은 가족의 일원이 되고 싶은가?"

3. 평가기준 및 해석

KFD의 평가기준 및 해석방법은 초기 개발자인 Burns와 Kaufman(1970, 1972)이 소개한 사례분석방법과 KFD 변인들을 더 쉽게 수치화한 방법(Burns, 1982)들이 있다. 이후 Myers(1978), Cummings(1980), Layton(1984), 日比(1985), Osorio-Braña(1996), Knoff와 Prout(1985), Furry(1996) 등 많은 연구자에 의해서 연구가 이루어져 왔다. 현재 국내에서 가장 널리 알려지고, 많이 활용되는 기준은 Burns와 Kaufman(1970, 1972), 日比(1985), 그리고 Burns(1982)의 평가기준과 해석방법

이다. 따라서 이 장에서는 이러한 방법들을 중심으로 살펴보고, 한국판 KFD 평가 기준에 대해 살펴보기로 한다.

KFD의 개발자인 Burns와 Kaufman(1970, 1972)은 KFD의 해석에서 인물상의 특성(figure characteristics), 행위(actions), 양식(styles), 상징(symbols)에 대해 다음과 같은 해석을 하였다. 그리고 日比(1985)는 Burns와 Kaufman(1972)의 KFD 해석에 역동성(dynamics)을 추가하여 5개의 진단 영역에 대한 해석을 하였다.

1) 인물상의 특성

(1) Burns와 Kaufman(1970, 1972)의 해석기준

인물상의 특성(figure characteristics)을 팔을 길게 늘어서 그린 경우(arm extensions), 받침대 위에 올라가 있는 것으로 그린 경우(elevated figures), 지운 경우(erasures), 용지의 뒷면에 그린 인물(figures on the back of the page), 매달려 있는 경우(hanging), 신체 부분의 생략(omission of body parts), 인물상의 생략(omission of figures), 피카소의 눈(picasso eye), 회전된 인물상(rotated figures)의 아홉 가지로 분류하여 해석했다.

① 팔을 길게 늘어서 그린 경우

이러한 경우는 환경을 통제하려는 욕구를 나타내는 것이다. 그려진 팔 끝에 청소도구(막대걸레, 빗자루, 진공청소기, 먼지털이 등), 페인트 붓, 무기, 환경을 통제하는 보조물로 인식되는 다른 물건을 그려 팔을 길게 확장시키는 경우도 있다.

② 받침대 위에 올라가 있는 것으로 그린 경우

이러한 경우는 지배하려는 욕구를 나타내는 것이다. 지배적인 욕구가 강한 아동은 다른 가족구성원보다 더 크게 보이기 위해 상자 위에 서 있는 자신의 모습을 그림으로써 실제의 키보다 더 커 보이게 한다.

③ 지운 경우

이러한 경우는 양가감정을 나타내는 것이다. 지우기는 피검자의 갈등을 이해하는 데 매우 중요한 요인이다.

④ 용지의 뒷면에 그린 인물

이러한 경우는 용지 뒷면에 그린 인물과의 갈등을 나타내는 것이다.

⑤ 매달려 있는 인물

이러한 경우는 보통 긴장과 연관된다. 어떤 인물이 가끔은 위험한 위치에 그려져 있는 경우가 있다. 예를 들면, 지붕의 가장자리에 있는 사람, 지붕에서 떨어지는 사람, 가파른 언덕을 내려오는 자동차 등이 해당된다. 매달려 있게 그려진 그림들과 비슷한 것으로 경사지게 그려진 그림이나 넘어지는 것처럼 그려진 그림(leaning or falling)이 있다.

⑥ 신체 부분의 생략

이러한 경우는 생략된 신체 부분과 관련된 피검자의 갈등을 나타내는 것이다.

⑦ 인물상의 생략

이러한 경우는 가족구성원의 거부감이 반영된 것이다. 이러한 현상은 아기가 태어났을 때 자주 나타나며, 이 아기를 거부함으로써 아기의 존재를 인정하지 않으려는 아동의 심리적 측면을 반영한 것이라고 할 수 있다.

⑧ 피카소의 눈(정면상에 그려진 가늘고 긴 하나의 눈)

이러한 경우는 피검자의 양가감정과 분노를 나타내는 것이다.

⑨ 회전된 인물상

이러한 경우는 가족 내에서 소외되고 있다는 피검자의 감정을 반영한 것으로,

가족의 주의와 관심을 끌려는 욕구를 나타낼 수 있다. 가족을 그릴 때 다른 가족 구성원과 비교하여 어떤 한 사람만 그 형태가 왜곡되어 나타나는 경우(공중에서 쳇바퀴를 돌거나 기울어져 있음)가 있다.

(2) 日比(1985)의 해석기준

KFD의 인물상의 특성을 음영이나 휘갈기기, 그물코(윤곽선의 형태), 신체 부분의 과장, 신체 부분의 생략, 얼굴 표정, 의복의 장식, 크기, 회전된 인물상, 정교한 묘사, 필압의 열 가지로 분류하여 해석했다. 이 중에서 신체 부분의 생략과 회전된 인물상은 Burns와 Kaufman(1972)의 연구와 중복되는 부분이지만 해석에서는 약간의 차이가 있다.

① 음영이나 휘갈기기

이러한 표현은 불안이나 공격의 지표를 나타내는 것이다. 음영이 그려진 그 신체 부분에의 몰두(preoccupation), 고착(fixation), 불안을 시사한다. 예를 들면, 신체의 음영은 정신신체적(psychosomatic) 증상의 호소와 관련된다.

② 그물코(糸岡目)[2]

그물코는 '통제된(controlled)' 음영이며 강박적 사고와 관련된 것으로 생각된다. 즉, 그 부분을 단순히 빈틈없이 칠할 수 없을 정도로 과도하게 집착된 태도가 투사된 것이다.

③ 신체 부분의 과장

이러한 경우는 그 부분의 기능에 대한 집착을 나타내는 것이다. 예를 들면, 확대된 귀는 청각이나 다른 사람의 말을 받아들이는 것에 대한 집착과 관련된다. 긴 목은 의존성을 의미한다. 큰 손은 공격적 태도를 나타내고, 절도 등의 비행 아동

---

2) 그물코처럼 어느 한 부분에 과도하게 반응함.

과 청소년의 그림에서 나타난다.

④ 신체 부분의 생략

이러한 경우는 그 신체 부분의 기능의 거부와 그 부분에 집착하는 불안을 나타내는 것이다. 예를 들면, 약시 아동이 눈을 그리지 않기도 하고, 도벽을 가진 아동이 팔을 그리지 않기도 한다.

⑤ 얼굴 표정

얼굴 표정을 통해 직접적으로 여러 가지 감정을 나타내는 것이므로 해석을 할 때 확실한 지표가 된다.

⑥ 의복의 장식

의복의 단추 모양이나 액세서리의 강조는 의존성 혹은 애정욕구의 불만을 의미한다.

⑦ 크기

아주 큰 인물상은 내적 통제의 부족이나 미성숙함의 지표가 된다. 아주 작게 그린 아동은 소심, 우울(염세적), 혹은 극단적인 정서불안정인 경우가 많다. 이들은 또 상대적으로 그려진 해당 인물에 대해서 과장된 혹은 축소된 자신의 견해를 시사하는 것이다. 즉, 해당 인물에 대한 자신의 관심도와 연결된다.

⑧ 회전된 인물상

인물상이 기울기도 하고 옆으로 누워 있는 경우이다. 주로 공격적이거나 소심한 아동과 도벽 아동에게서 보인다. 보편적으로 강한 불안과 정서통제가 되지 않는 아동에게서 나타난다.

⑨ 정교한 묘사

그림이 아주 정교하고 정확하며, 질서가 있는 경우는 환경구성에 대한 피검자의 관심이나 욕구를 반영하는 것이다. 과도한 표현은 강박적이고 불안정한 심리 상태를 의미한다.

⑩ 필압

필압은 충동이 향하는 방향을 시사한다. 선이 굵고 강하게 나타나는 경우에는 충동이 밖으로 향하고 공격적이고 활동적인 사람에게서 나타난다. 반대로 약하고 가는 선은 우울하고 소극적인 사람에게서 나타난다.

2) 행위

Burns와 Kaufman(1972)는 전체 가족구성원과 자신의 상호관계를 움직임이나 에너지의 흐름으로 다양하게 표현한 것을 행위(actions)라고 명명하였다. 그리고 KFD에 나타난 행위를 통해서 사람과 사물 사이의 에너지의 흐름과 가족의 역동성을 알 수 있다고 하였다. 가족관계에서 나타나는 에너지의 수준은 낮은 강도(낮선 사람과의 관계)에서부터 높은 강도(경쟁관계, 연인관계)에 이르기까지 다양하다.

| 낯선 사람 | 자기 | 연인 | 자기 |

[그림 8-1] 낯선 사람과의 낮은 에너지 수준　　**[그림 8-2] 연인 사이의 높은 에너지 수준**

경쟁관계([그림 8-3] 참조)에서 에너지의 흐름은 공과 같은 물체를 가운데 놓고 경쟁감을 압축시키거나 상징화하여 나타낸다. 즉, 힘과 경쟁심은 공을 통해 나타나곤 한다. 비경쟁관계인 경우, 장애를 가진 형제, 아기와 같이 경쟁을 하고 싶지만 할 수 없는 경우 에너지의 방향을 전혀 다른 곳으로 고정시키거나, 에너지 전달을 정지하는 것으로 나타난다. 예를 들면, 자신의 머리 위에 공을 그리거나, 하늘에 떠 있는 공을 그린다. 갈등관계([그림 8-4] 참조)에서 에너지의 표현은 '×'자 모양과 같은 그림을 금기시하는 곳에 직접적으로 그리며, 접근과 회피라는 에너지의 갈등을 갖고 있는 것으로 나타나기도 한다. 불안 상태([그림 8-5] 참조)에서의 에너지는 자신에게서 나타내거나 내면화시키게 된다. 즉, 자신에게 음영을 그리거나 자신의 주변에 음영과 선을 그어 표현하기도 한다. 회피하고 싶은 상황([그림 8-6] 참조)에서 에너지의 표현은 장애물(물건이나 인물 사이에 위치하거나 벽이나 선으로 그려짐)을 그려 넣는다. 그리고 에너지는 따뜻함을 나타내는 불, 통제를 나타내는 전기와 같은 그림으로 그려지고 상징적으로 묘사된다. 조화를 이룬 관계([그림 8-7] 참조)에서 사랑은 모든 장벽, 갈등, 불안을 극복할 수 있게 한다.

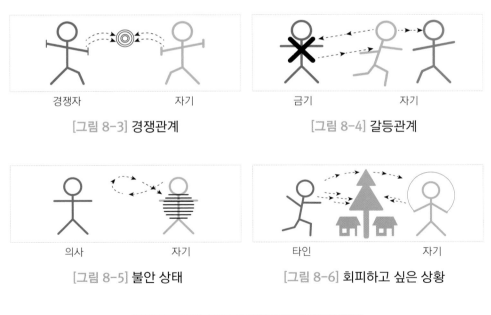

[그림 8-3] 경쟁관계　　　　　　　　[그림 8-4] 갈등관계

[그림 8-5] 불안 상태　　　　　　　　[그림 8-6] 회피하고 싶은 상황

[그림 8-7] 조화

Burns와 Kaufman(1972), 日比(1985)는 각 인물상의 행위를 아버지상, 어머니상, 자기상을 중심으로 분석하였다. 그 이유에 대해 日比(1985)는 이 세 사람이 공통되는 가족구성원이며, 자녀에게 있어서 부모는 성격 형성의 중요한 장을 만들어 주기 때문에 이들을 중심으로 가족 내 역할 유형 등을 알 수 있다고 하였다. 日比(1985)의 연구에서 아버지상은 TV 보기, 일하는 모습, 신문 보는 모습 등으로 그려지고, 어머니상은 부엌일이나 청소 등과 같은 가사를 하고 있는 모습으로, 자기상은 공부, TV 보기, 노는 모습 등으로 그려졌다.

3) 양식

Burns와 Kaufman(1972)은 양식(styles)을 구분, 포위, 하부의 선, 인물하선, 가장자리, 상부의 선, 종이접기 구분 등 7개의 양식으로 분류하였으며, 1982년에 Burns가 조감도를 추가하였다. 그러나 日比(1985)는 본인의 임상경험과 Burns와 Kaufman(1972)의 양식에 일반적 양식을 포함시켜 총 8개의 양식으로 분류하였다. 일반적 양식은 보통의 신뢰감이 가득 찬 가족관계를 체험하고 있는 피검자의 KFD에서 그려지는 것으로, 복잡하거나 명백한 장벽을 나타내지 않고 온화하고 우호적인 상호관계를 암시하는 그림이다. Burns와 Kaufman(1972)은 양식에 일반적 양식을 포함시키지 않았으나, 잘 적응된 아동이 그린 KFD에는 가족구성원 사이에 장애물이 없고, 신체적으로 친밀한 상태를 보이며, 가족구성원 사이에 어떠한 장애요소도 그려지지 않아 가족 간의 친밀감을 반영한다고 하였다.

(1) 구분(compartmentalization)

구분은 선을 사용하여 가족구성원을 의도적으로 분리시키는 경우이다(Burns, 1982). 피검자들은 구분을 통해 다른 가족구성원에게서 자신과 그들의 감정을 고립시키려 한다. 피검자들은 가족구성원 간에 칸막이를 쳐서 고립시켜 그리기도 한다. 사회적으로 고립된 아동들이 가족구성원 간의 정서적 요소를 차단시키려 나타내는 전형적인 모습이다. 이러한 양식은 위축되었거나 성격장애의 초기 단계에서 나타난다(Burns & Kaufman, 1970, 1972).

(2) 포위(encapsulation)

포위는 한 명 혹은 그 이상의 인물을 사물이나 선으로 둘러싸는 경우이다. 이 인물은 줄넘기 줄, 자동차, 비행기, 의자, 그네 등과 같은 사물이나 선으로 둘러싸일 수 있다. 만일 전체 그림이 구분으로 나누어져 있다면 포위보다는 구분으로 채점한다(Burns, 1982; Burns & Kaufman, 1972). 日比(1985)는 가족 간의 관계에서 자기 자신이 개방적인 감정적 태도를 가지지 못할 때, 가족구성원 혹은 자기 자신을 닫아 버리는 양식으로 포위를 설명하였다. 포위 양식은 강한 공포나 불안의 표현으로, 사물을 이용하여 교묘하게 표현하는 경우가 많다고 하였다(日比, 1985).

(3) 하부의 선(lining on the bottom of the paper)

하부의 선은 하나 이상의 선이 전체적으로 용지의 하단을 따라서 그려진 경우이다(Burns, 1982). 자신의 상황이 불안하여 넘어질 것 같은 피검자는 용지 하단에 탄탄한 기저선을 그어 놓음으로써 안정감을 갖기도 한다. 하부의 선은 가정환경으로 불안정감에 시달리는 피검자들이 전형적으로 보이는 반응이다. 용지의 하단을 따라 그려진 선이 두터울수록, 음영이 강할수록 장애가 심각하다고 볼 수 있다. 이러한 양식을 사용한 그림은 이혼한 가정이나 스트레스가 매우 높고 불안정한 측면을 지니고 있는 가족의 피검자에게서 전형적으로 나타난다(Burns & Kaufman, 1970, 1972). 하부의 선은 붕괴 직전에 놓여 있는 가정이나 스트레스하에 있는 아동이 안정을 강하게 필요로 하고, 또 구조받고 싶은 욕구가 강할 때 나타난다(日北, 1985).

(4) 인물하선(underlining individual figures)

인물하선은 하부의 선 양식과 매우 비슷하다. 그러나 서 있는 인물상(한 명 혹은 여러 명) 바로 아래에 선을 긋는다는 점에서 차이가 있다. 앉아 있거나 누워 있는 것은 이 양식으로 분류할 수 없다(Burns, 1982). 대인관계에서 어떤 사람에 대하여 불안정감에 휩싸이게 되면 그 사람 아래에 선을 그린다(Burns & Kaufman, 1972).

(5) 가장자리(edging)

가장자리는 모든 가족을 용지의 가장자리를 따라 그리는 방식이다. 때때로 여러 인물이 잘려진 채 표현되기도 한다. 적어도 용지 두 면의 가장자리에 가족이 위치해 있어야 한다. 일반적으로 피검자들이 이 양식으로 그리기 위해서는 여러 방향으로 종이를 돌려 그려야만 한다(Burns, 1982). 이러한 양식을 그리는 피검자는 매우 영리하고 현학적인 경우와 논쟁이나 토론 참여에 대해 저항하면서 방어적인 성향을 보이는 경우이다(Burns & Kaufman, 1972). 또한 친밀한 관계를 맺는 것에 대한 강한 저항을 나타내는 경우이기도 하다(日比, 1985).

(6) 상부의 선(lining at the top of the paper)

상부의 선은 하나 이상의 선이 전체적으로 용지의 상단을 따라 그려진 것이다(Burns, 1982). 이러한 양식은 주변 상황이 무섭고, 어둠과 근심으로 가득 차 있는 피검자에게서 나타난다(Burns & Kaufman, 1972). 즉, 불안, 걱정, 공포가 존재함을 의미한다(日比, 1985).

(7) 종이접기 구분(folding compartmentalization)

용지를 접어서 몇 개의 사각 형태를 만들고 각각의 칸 속에 각 가족구성원을 그리는 것이다. 이러한 양식을 그리는 피검자는 강한 불안이나 공포를 나타내는 것으로 해석된다(Burns & Kaufman, 1972).

(8) 조감도(bird's eye view)

이 양식은 모든 사물, 탁자 등의 윗부분에 서서 새가 하늘에서 보는 것처럼 그려져 있는 경우이다(Burns, 1982). Burns는 조감도에 대한 해석은 제시하지 않았으나, HTP에서는 조감도를 피검자가 환경에 전적으로 개입하지 않으려는 태도를 나타낸 것으로 설명하였다(김동연, 공마리아, 최외선, 2006).

4) 상징

Burns와 Kaufman(1972)은 KFD에서 흔히 나타나는 36개의 항목[3]에 대한 해석을 했으며, 1982년에 Burns가 여기에 '달' 항목을 추가하여 총 37개 항목에 대한 해석을 했다. KFD에 대한 모든 상징(symbols)을 나열하기에는 어려움이 있으므로 기본적인 상징과 빈번하게 등장하는 상징을 Burns와 Kaufman(1972)과 日比(1985)를 참고로 영역화해서 제시하면 다음과 같다. 상징에 대한 좀 더 상세한 해석은 Burns와 Kaufman(1972), 日比(1985)의 저서를 참고하기 바란다.

(1) 공격성, 경쟁심과 관련된 상징
던질 수 있는 물체와 공, 축구공, 빗자루, 먼지떨이 등
① 공: 힘과 경쟁심을 상징한다.
② 빗자루, 먼지떨이: 지배 및 통제의 역할을 담당하고 있는 인물을 상징하거나 공격과 거부의 감정을 의미한다. 그리고 가족관계의 본질보다는 가정생활의 외면이나 체제에 대한 강한 관심을 의미한다(日比, 1985).

(2) 애정, 양육과 관련된 상징
① 램프: 따뜻함과 사랑을 상징한다.
② 전구: 사랑과 온정을 받고 싶은 욕구의 상징이다.
③ 태양: 어린 아동이 그린 태양 그림은 일반적인 것으로, 특별한 의미가 없으나 때로는 개인의 의미 있는 특성을 반영하기도 한다.
 • 우울한 아동: 태양을 어둡게 그린다. 만약 얼굴로 그렸다면 표정은 인물화에

---

3) 'A'자 모양의 사물, 침대, 자전거, 빗자루, 나비, 고양이, 어릿광대, 아기 침대, 더러운 것, 북을 치는 것, 전기, 불, 꽃, 쓰레기, 열, 다리미 받침대, 줄넘기, 연, 사다리, 램프, 잔디 깎는 기계, 나뭇잎, 전구, 통나무, 페인트 붓, 비, 냉장고, 스킨다이빙, 뱀, 별, 멈춤 표시, 태양, 기차, 나무, 진공청소기, 물

서 표현하는 것과 같은 방식으로 해석한다.

- 따뜻함과 수용 받고자 하는 욕구를 지닌 아동: 태양을 바라보거나 그쪽으로 기울어져 있는 모습으로 그린다.
- 거부감을 갖고 있는 아동: 태양에서 멀리 떨어져 있게 그림을 그리거나, 얼굴을 태양의 반대 반향으로 돌리고 있는 모습으로 그린다.

④ 전기: 따뜻함과 사랑에 대한 강한 욕구를 반영한다. 전기는 통제적 측면을 가지고 있는데, 만약 전기에 과도한 집중을 보인다면 이는 조현병 상태에서 나타나는 것과 같은 현실검증의 취약함과 연관된다고 볼 수 있다.

⑤ 불: KFD에 그려진 불은 두 가지 의미를 지닌다. 하나는 따뜻함과 사랑에 대한 욕구를 지니는 경우이고, 다른 하나는 사랑이 미움으로 바뀌는 경우로, 대부분 수동–공격적인 성격 유형의 소유자로서 성적인 만족과 뒤얽힌 많은 퇴행적 분노를 가진 남아들이 불 그림을 자주 그린다.

⑥ 다리미: 다림질하고 있는 어머니의 행위에 수반해서 그려진다. 다림질하는 행위 자체는 가장 어머니다운 것의 하나이고, 어머니의 따뜻한 애정을 의미하는 경우가 많다. 그러나 다리미는 뜨거운 것이고, 닿으면 화상을 입게 된다. 따라서 어머니의 과잉 혹은 적절하지 못한 애정 표현, 관심 등을 피검자가 인지하는 것으로 해석하는 것이 적절하다(日北, 1985).

⑦ 요리하는 어머니: 자녀의 양육적 욕구를 충족시키는 어머니상을 반영한다(日北, 1985).

(3) 분노와 관련된 상징

① 북치기: 이러한 행위는 전이된 분노의 상징이다. 북치기를 포함해 뭔가를 두드리는 주제는 분노를 밖으로 표출시키는 데 어려움이 있거나 분노를 북에 전이시키는 아동에게서 흔히 나타난다.

② 칼(괭이, 톱, 삽, 도끼, 낫, 부엌칼, 바늘 등): 공격, 거부, 거세공포 등에 관련되고, 반사회적 부적응 행동을 하는 남아에게서 흔히 나타난다. 피검자의 파괴적·파멸적 감정의 강도는 그려진 칼의 수와 실물의 크기, 그리고 그림에 있어서

의 상대적 크기 등과 관련하여 예측할 수 있다(日北, 1985).

(4) 힘과 관련된 상징

① 자전거: 자전거를 타는 것은 정상아동이 하는 평범한 활동이지만, 자전거가 지나치게 강조되어 그려진 경우에는 남성다움을 갈구하는 것으로, 청소년기 남아의 그림에서 많이 나타난다.

② 기차: 대부분의 아동 그림에서 그려지는 기차는 정상적인 것이지만, 경우에 따라 강박증의 상징이 될 수도 있다. 남아들은 기차를 힘의 상징으로 동일시한다. 기차에 대한 지나친 관심은 오토바이나 경주용 자동차 등과 같은 힘의 상징에 관한 지나친 관심과 관여를 하게 되는 전조로 볼 수 있다.

③ 오토바이, 차, 기차, 비행기 등은 의존적 요소에 의한 힘의 과시(최외선 외, 2006)이다.

(5) 우울감과 관련된 상징

① 비, 물(바다, 호수, 강): 심한 우울증적 상태에서는 물에 대해 지나친 관심을 가진다.

② 스킨다이빙: 위축이나 우울증적 경향과 관련된다(특히 남자의 경우).

③ 냉장고: 박탈이나 박탈로 인한 우울증적 반응과 관련된다.

④ 달: 눈(snow)과 차가움(coldness)은 우울, 자살과 연관되며, 달은 우울과 연관되어 있다. 달은 전통적으로 원하지만 존재하지 않는 것, 즉 응답없는 기도, 결실 없는 사랑, 깨진 서약을 담고 있는 상징이었다. 차갑고 어두운 달빛 아래에서는 아무것도 자라지 못한다. 보통 부모인 아버지에 대한 짝사랑을 가진 아동들은 병적인(morbid) 달의 매력에 끌려 그에 관한 그림을 자주 그린다. 달 그림은 아버지로부터 수용되거나 동일시되는 데 어려움이 있음을 의미한다.

(6) 기타

① 빗자루: 빗자루는 자주 등장하는 상징으로, 어머니가 빗자루를 들고 있는 그림은 특히 집안 청결을 강조한다. 빗자루를 들고 있는 어머니는 '마녀' 같은 어머니와 연결시킬 수 있다.

② 진공청소기: 진공청소기는 강력하고 통제적이며 빨아들이는 특성을 상징하는 것으로, 청소하는 어머니나 가족구성원은 이러한 성향을 보인다.

③ 청소하는 어머니: 이러한 그림은 집안에 있는 사람들보다 집 자체에 더 많이 집착하는 강박적인 어머니를 나타낼 수 있다.

④ 잔디 깎는 기계: 자름의 상징으로, 보통 거세하는 인물과 연관된다. 대부분 아버지가 이 상징물을 가지고 있는 것으로 그려진다.

⑤ 사다리: 긴장이나 균형을 잘 잡지 못하는 불안이나 불안정감과 연관된다.

⑥ 침대: 성적 주제나 우울증적인 주제와 연관된다. 아기 침대는 다른 형제들의 질투를 이끌어 낸다.

⑦ 쓰레기통: 집안에 원치 않는 것이 있거나 더러운 부분을 제거하는 의미로, 가족 내에 신생아가 있을 때 흔히 나타난다. 유아가 없는 경우에는 어린 형제에 대한 양가감정이나 경쟁의식과 연관된 죄책감을 반영한다.

⑧ 더러운 것: 흙을 파내거나 무엇인가를 삽으로 떠내는 주제와 관련된 것으로, 부정적인 의미를 지닌다. KFD에서 어떤 인물과 흙이 연관되어 그려져 있다면 부정적인 애착감정을 지니고 있다고 볼 수 있다.

⑨ 고양이: 어머니와의 동일시에서 생기는 갈등을 상징한다(소녀들의 그림에서 많이 나타남). 이빨이나 발톱과 함께 그려진 복슬복슬한 털을 갖고 있는 고양이 그림은 양가적인 감정이나 갈등과 연관된 상징을 드러낸다.

⑩ TV: 안식이나 오락을 의미한다. 그림에서 TV를 보고 있는 사람이 한 명인지, 두 명인지가 중요하다. 두 명 이상일 경우에는 가족의 공통 관심이나 상호작용이 시사되기 때문이다. TV는 외계의 정보와 자극이 가정 내에 전파되는 미디어이다. 결국 가족의 외계지향을 의미하는 것이고, 따라서 가족의 독자성이라고 하는 관점에서 본다면 반대의 모습이기도 하다. 정신적인 장애가 없

는 피검자의 KFD에 비교적 잘 나타나는 그림 중 하나이다(日比, 1985).

⑪ 신문: 신문은 읽는 사람의 사회에 대한 관심을 의미한다. 더욱이 신문을 읽는 사람은 가족 내에서 사회적 책임의 대표적 수행자임을 의미한다. 그리고 신문이 읽는 사람을 숨기려고 상대적으로 크게 그려지는 때에는 포위의 양식이 되고, 그 인물에 대한 불안감과 거부감을 투영하는 것이 되기도 한다(日比, 1985).

⑫ 책상: 의자와 함께 그려지는 경우가 많고, 해석도 의자와 같이한다. 그러나 의자보다는 포위 양식으로서 채점되는 일이 많고, 그 인물의 고립, 격리 등을 나타낸다. 해당 인물상이 등을 보이고 있는 경우, 이러한 경향이 더욱 강조된다. 책상은 부적응 아동이 적응 아동의 경우보다 2배 이상 많이 그리는 그림이다(日比, 1985).

⑬ 의자: 의자의 크기, 등받이, 팔걸이로 해당 인물상을 교묘하게 둘러싸 버리는 경우에는 고립과 소외감을 나타낸다. 그리고 의자에 등받이 부분이 그려진 경우, 인물상은 후두 부분만 보이게 되는데, 이것은 그 인물에 대한 거부감을 표시한다(日比, 1985).

⑭ 가구: 가정 내의 물질의 중요성이 도형으로 표시된 것이다. 가족 내의 따뜻한 마음의 연결이 부족하다고 느끼는 피검자의 KFD 그림에서 많이 보인다. 외적 측면을 기대하려는 경향이 강함을 반영한다(日比, 1985).

5) 역동성(dynamics)

Burns(1982)는 '위치, 거리, 장애물' 영역에서 인물상의 우월성, 장애물의 수, 인물상의 방향, 인물상 간의 거리, 인물상 간의 방향에 대한 양적 측정을 위한 채점 방법을 설명하였다. 역동성이라는 용어는 日比(1985)가 사용하였으며, 가족 간의 감정을 용지의 전체적 맥락에서 파악할 수 있는 영역이다. 여기에는 인물상의 순서, 위치, 크기, 거리, 방향, 생략, 타인의 묘사 등이 속한다.

(1) 인물상의 순서

피검자는 자신이 중요하다고 생각하는 사람과 힘이 세다고 생각하는 사람의 순으로 인물을 그린다. 따라서 인물상의 순서는 피검자에게 심리적으로 중요한 사람과 가족 내에서 힘이 센 사람의 순서를 반영한다. 특정 인물이나 자기상이 가장 먼저 그려진 경우에는 내담자의 가족 내의 정서적 위치에 대해서 특별히 고찰해 보아야 한다. 가족 이외의 인물을 가장 먼저 그린 경우에는 가족 내 소속감이나 유대감이 형성되어 있지 않을 가능성이 많으므로 아동의 문제에 중요한 단서가 될 수 있다(신민섭, 2003).

(2) 인물상의 위치

용지를 상하로 구분했을 때, 위쪽에 그려진 인물상은 가족 내에서 지도자의 역할이 주어지는 인물을 묘사한 것이다. 가족 전체가 위쪽에 그려진 경우는 가족 전체의 현재 상황에 대한 피검자의 불안이나 불안정감을 의미한다. 아래쪽은 억울함이나 침체감과 관계가 있다. 아래쪽으로 위치하는 인물상이 그린 순서의 제일 마지막이거나 자고 있는 모습인 경우에 이 경향은 더욱 강하다. 용지를 좌우로 구분했을 때, 우측은 외향성 및 활동성과 관련이 있으며, 좌측은 내향성 및 침체성과 관련이 있다. 적절히 적응하는 사람들은 남녀 모두 자기상을 우측에 그리는 일이 많다. 중앙에 그려진 인물상은 가족의 중심 인물인 경우가 많다. 만약 아동이 중앙에 자기상을 위치시켰을 경우에는 자기중심성이나 미성숙한 인격을 의미할 수 있다.

(3) 인물상의 크기

인물상의 크기는 가족구성원에 대한 관심의 정도를 반영한다. 부정적이든, 긍정적이든 관심이 큰 인물이 크게 그려진다. 전반적으로 인물이 현저하게 큰 것은 공격적 성향이나 과장, 부적절한 보상적 방어의 감정, 과잉행동을 의미한다. 반면, 현저하게 작은 인물은 열등감, 무능력감, 혹은 부적절한 감정, 억제적이고 소심함을 나타낸다. 인물상의 크기는 가족구성원의 실제 크기를 반영할 수도 있으며, 피검자가 각 가족구성원에 대해 지니고 있는 감정과 태도를 나타낼 수도 있다. 뿐만 아니라 인물상의 크기는 자존감을 직접적으로 나타내기 때문에 매우 중요하다(Arnheim, 1956; Buck, 1981; DiLeo, 1983; Hammer, 1980; Jolles, 1971; Koppitz, 1968, 1984; Machover, 1949; Ogdon, 1981; Thomas & Silk, 1990; Wohl & Kaufman, 1985). 그러나 더 중요한 것은 그려진 전체적인 인물의 크기가 아니라, 그려진 팔다리의 크기이다(Allik & Laak, 1985; Freeman, 1980). 부모상의 손이 크게 그려진 경우에는 부모가 적대적이고 위협적이라는 것을 나타낸다. 손이 작거나 생략된 경우에는 무능한 부모를 나타낸다(DiLeo, 1973).

(4) 인물상 간의 거리

인물상 간의 거리는 피검자가 본 구성원 간의 친밀성 정도나 심리적인 거리를 반영하는 것이라고 할 수 있다. 인물상이 겹치거나 접촉되어 있을 때에는 두 개인 간에 친밀함이 존재함을 의미한다. 반대로 거리가 먼 두 인물상 간에는 실생활에서도 상호작용이나 의사소통이 소원한 경우가 많다.

(5) 인물상의 방향

그려진 인물상의 방향이 '정면'일 경우에는 긍정적인 감정을, '측면'일 경우에는 반긍정, 반부정적인 감정을, '뒷면'일 경우에는 그 인물에 대한 부정적인 감정을 반영한다고 할 수 있다.

(6) 인물상의 생략

가족구성원의 생략은 그 가족구성원에 대한 적의나 공격성, 불안 등의 부정적인 감정을 표현한 것으로 볼 수 있다. 인물상을 지운 흔적은 지워진 개인과의 양가감정 또는 갈등이 있음을 시사할 수도 있고, 강박적이거나 불안정한 심리 상태일 때에도 나타난다. 또는 가족구성원의 일부를 용지의 뒷면에 그리는 경우는 그 개인과의 간접적인 갈등을 시사한다. 자기상의 생략은 드문 일이며, 부적절한 감정이나 소속감이 없는 아동의 그림에서 볼 수 있다. DiLeo(1973)는 어린 아동이 자신의 그림에서 중요한 타인을 생략하는 것 또한 드문 경우이며, 생략된 가족구성원은 대인관계의 어려움을 반영할 수 있다고 하였다.

(7) 타인의 묘사

타인의 묘사는 가족구성원도 아니고 동거인도 아닌 타인을 그리는 경우이다. 가족 내의 누구에게도 마음을 터놓을 수 없는 상태에 있을 때 타인이 묘사되는데, 그 대상은 주로 친구가 많다.

6) 양적 측정을 위한 채점기준(Burns, 1982)

Burns(1982)의 양적 측정을 위한 채점기준은 행위, 인물상의 특징, 위치, 거리, 장애물, 양식으로 점수 규준을 제시하였다. 양적 측정을 위한 KFD 변인과 각 변인의 점수범위는 〈표 8-1〉에 제시하였다. 상세한 채점기준은 최외선과 정현희(2004)를 참고하기 바란다.

〈표 8-1〉 양적 측정을 위한 KFD 변인과 점수범위

	변인	점수범위		변인	점수범위
행위	인물상의 활동 수준	0~8	인물상의 특징	팔 길이	0~6
	인물상의 의사소통 수준	0~6		신체	0~5
	인물상의 협동성	0~4		눈	0~2
	자기학대	0~8		얼굴	0~3
	인물상의 자기애	0~5		얼굴 표정	0~4
	인물상의 양육성	0~7		발	0~4
	인물상의 가학성	0~8		KFD에 나타난 형제의 수	0~8명 이상
	인물상의 긴장	0~3		부모 생략	1
				인물상의 크기	mm
				치아	0~1

위치, 거리, 장애물	인물상의 우월성	0~7	양식	구분	0~4
	장애물의 수	개		가장자리	0~4
	인물상의 방향	1~4		포위	0~4
	인물상 간의 거리	mm		종이접기 구분	0~4
	인물상 간의 방향	1		하부의 선	0~4
				상부의 선	0~4
				조감도	0~4
				가족과 함께 살고 싶은 욕구	0~4

7) 한국판 KFD 평가기준(이미옥, 2012a)

이미옥(2012a)은 국내의 연구자들이 KFD 연구에서 가장 많이 활용하고 있는 Burns(1982)의 수량화를 위한 평가기준을 기초로 하여 총 27개 변인의 한국판 KFD 평가기준을 만들었다. KFD에 대한 Burns(1982)의 평가기준은 명목척도와 서열척도가 섞여 있으며, 0점에서 8점까지 각 변인에 따라 다양한 점수 분포를 이루고 있다. 그리고 각 변인에 대한 점수를 채점하는 데 있어서 모호한 부분이 많아서 채점하는 데 어려움이 있다. 뿐만 아니라 채점 항목이 34개, 총 81개 변인으로 변인의 수가 많은 관계로 연구자들은 항목을 줄여서 사용하거나 각 항목 간의 채점방식을 변경하여 사용하고 있다. 연구자마다 항목 설정과 각 항목 간의 채점방식을 달리한다면 연구결과를 종합적으로 해석하는 데 있어서 어려움이 따른다. 따라서 이미옥(2012a)은 Burns(1982)의 이러한 단점들을 보완하여 각 변인별 점수 체계를 5점 리커트 척도로 통일하였으며, 채점방법 또한 구체적으로 제시하고, KFD 변인의 수를 재조정하여 KFD의 신뢰도와 타당도를 확보한 한국판 KFD 평가기준을 개발하였다.

이 검사는 0점에서 4점의 5점 리커트 척도로 되어 있으며, 한국판 KFD의 평가기준과 점수 체계는 〈표 8-2〉에 제시하였다(상세한 내용은 이미옥, 2012a, pp. 146-153 참조).

〈표 8-2〉 한국판 KFD 평가기준

평가기준	하위요인	점수 체계
인물상의 행위	아버지상의 활동 수준 자기상의 활동 수준	0 누워 있음 1 앉아 있음, 서 있음, 책을 읽고 있음 2 차를 타고 있음 3 뭔가 하고 있음 4 뛰고 있음, 던지고 있음, 치고 있음
	아버지상의 협동성 어머니상의 협동성 자기상의 협동성	0 협동성이 없음 1 함께 걷고 있음 2 돕고 있음 3 함께 놀고 있음 4 함께 일하고 있음
	아버지상의 양육성 자기상의 양육성	0 양육성이 없음 1 나무 심기, 채소 재배, 도와주기 2 단정히 하고 있음, 요리, 시장 보기, 식사 준비 3 접촉하고 있음, 안고 있음 4 식사(과일, 간식)하고 있음
	상호작용	0 3명 모두 다른 상황, 다른 행동 1 2명이 다른 상황, 다른 행동 2 동일 상황에서 세 명이 모두 마주보지 않음 3 동일 상황에서 한 명 이상이 마주보고 있음 4 동일 상황에서 세 명이 모두 마주보고 있음
인물상의 특징	아버지상의 신체 완전함	0 머리 1 머리, 목 2 머리, 목, 몸통 3 머리, 목, 몸통, 다리 4 머리, 목, 몸통, 다리, 발
	아버지상의 얼굴 어머니상의 얼굴 자기상의 얼굴	0 이목구비가 그려져 있지 않음, 가려짐 1 눈만 그려짐 2 뒷모습이 그려짐 3 눈, 코 혹은 입 4 눈, 코, 입이 다 그려짐
	아버지상의 눈 어머니상의 눈 자기상의 눈	0 그려져 있지 않음 1 가려짐 2 뒷모습이 그려짐

		③ 눈은 그려져 있으나 눈동자가 없음
		④ 완전함(눈과 눈동자가 다 그려져 있음)
	아버지상의 얼굴 표정 어머니상의 얼굴 표정 자기상의 얼굴 표정	⓪ 얼굴 내부 생략, 가려짐 ① 비우호적 ② 뒷모습이 그려짐 ③ 무관심(무표정) ④ 우호적
	아버지상의 크기 어머니상의 크기 자기상의 크기	⓪ 172~297mm ① 129~171mm ② 86~128mm ③ 43~85mm ④ 0~42mm
역동성	아버지상-어머니상 방향 아버지상-자기상 방향 어머니상-자기상 방향	
	아버지상-자기상 거리 어머니상-자기상 거리	⓪ 239~297mm ① 179~238mm ② 120~178mm ③ 60~119mm ④ 0~59mm
	인물상의 방향	

🖋 4. 해석의 적용

[그림 8-8] 30대 성인 여성의 그림

[그림 8-8]은 발달장애 1급으로 중증 자폐 증상을 보이는 아동(만 8세의 딸)을 둔 30대 중반의 어머니가 그린 그림이다. 그림 속의 가족구성원은 각자 떨어져서 서로 다른 활동을 하고 있다. 인물상의 특성을 보면 피검자는 장애아동인 딸의 양 팔과 아들의 오른쪽 팔을 더 길게 늘여서 그렸으며, 특히 아들의 오른쪽 팔을 지웠다가 다시 그렸다. 행위에서 남편은 책을 읽고 있고, 자신은 설거지를 하고 있으며, 피검자는 텀블링을 하고 있고, 아들은 장난감을 가지고 놀고 있다. 전체 가족구성원과 자신의 상호관계를 움직임이나 에너지의 흐름 측면에서 살펴보면 행위는 회피하고 싶은 상황의 에너지를 표현한 것이다. 피검자가 사용한 양식은 선으로 공간을 나눈 구분과 포위 양식이다. 역동성에서 자신, 남편, 장애아동인 딸, 아들 순으로 인물상을 그렸으며, 위쪽에는 딸과 자신, 아래쪽에는 남편과 아들, 좌측에는 딸과 남편, 우측에는 자신과 아들을 그렸다. 장애아동인 딸의 인물상의 크기가 가장 크고, 용지의 위쪽에 그렸으며, 동적인 활동을 하고 있는 모습이다.

피검자는 혼자 장애아동인 딸과 어린 아들을 양육하는 과정에서의 어려움과 스트레스를 자주 표현하였다. 이러한 피검자의 양육스트레스는 남편의 책 읽는 모습, 가족구성원이 각자 떨어져서 다른 활동을 하는 장면, 가족구성원 간의 상호작용이 전혀 이루어지지 않고 회피하는 상황의 표현 등에서 나타난다. 그리고 자신과 딸, 딸과 남편, 아들 사이에 선을 그린 구분 양식과 피검자의 뒷모습을 통해서도 알 수 있다. 피검자는 가족구성원 간의 정서가 차단되고, 가족 안에 고립되어 있는 자신의 모습과 장애아동을 양육해야 하는 어려운 상황으로부터 벗어나고 싶은 마음을 표현한 것으로 보인다. 특히 장애아동인 딸의 양팔과 아들의 오른쪽 팔을 더 길게 늘여서 그리고, 아들의 오른쪽 팔을 지웠다가 다시 그린 것으로 보아 피검자는 딸과 아들을 통제하려는 강한 욕구를 가지고 있으며, 이를 위해 열심히 노력하고 있는 것으로 보인다. 뿐만 아니라 장애아동인 딸의 양육으로부터 생기는 스트레스를 아들에게 표현한 것에 대해 미안해하면서도 그를 통제하려는 양가감정을 반영한 것으로 보인다.

장애아동인 딸의 인물상의 크기가 가장 크고, 용지의 위쪽에 위치하며, 포위 양식을 사용하여 동적인 활동(텀블링)을 하고 있는 모습으로 그린 것으로 보아 피검자가 딸에 대해 매우 관심이 많다는 것을 알 수 있다. 딸이 활동적이었으면 하는 바람을 표현하면서도 동시에 어디로 튈지 모르는 딸에 대한 불안 또한 표현된 것으로 보인다.

[그림 8-9] 앞의 30대 성인 여성의 3개월 후의 그림

[그림 8-9]는 동일한 피검자가 상담(3개월)을 받은 후에 그린 그림이다. 이 그림에 대한 전체적인 인상은 [그림 8-8]에서 느껴지는 고립, 소외감, 불안 등은 사라지고 화목하고 평화롭게 보인다. 그림에서 남편과 딸은 컴퓨터에서 흘러나오는 노래를 함께 부르고 있고, 피검자가 아들에게 책을 읽어 주는 모습을 하고 있어 화목한 가정의 모습을 보여 주고 있다. 즉, 남편과 딸, 자신과 아들 사이에 상호작용이 이루어지고 있으며, 웃는 모습을 표현하였다. 피검자 혼자서만 감당해야 했던 장애를 가진 딸의 양육을 남편이 도와주고 피검자를 많이 이해해 주어서 딸의 양육에 대한 스트레스와 불안이 감소되었다고 하였다. 남편이 이전에 비해 피검자에게 많은 도움을 주고 있지만, 남편과 딸의 머리 위에 있는 책상과 컴퓨터가 위에서 두 사람을 누르고 있는 것으로 보아 피검자는 남편에 대해 약간의 불안을 가지고 있는 것으로 보인다.

[그림 8-8]에서 피검자는 부업에서 설거지를 하고 있는 자신의 뒷모습을 그렸으나, [그림 8-9]에서는 아들을 안고 책을 읽어 주는 모습을 표현했다. 피검자는 두 개의 그림에서 모두 어머니의 역할에 충실한 자신의 모습을 표현했는데, 이것은 보통 KFD에서 어머니의 활동 내용으로 많이 나타나는 그림이다. 그러나 [그림 8-8]에서는 피검자 자신을 뒤돌아선 모습으로 표현하여 얼굴이 나타나지 않게 그렸다. 즉, 얼굴을 생략한 것은 아니지만 얼굴 내부가 보이지 않도록 그려진 것으로 보아, 현재 스트레스가 심하고 자신감이 없는 상태이며 이러한 자신의 모습을 가족에게 숨기려고 하는 것을 알 수 있다. 이러한 부분에 대해 상담 중에도 피검자는 자신의 잠재된 스트레스가 자녀에게 전달되는 것에 대한 불안감을 호소하였다. [그림 8-9]에서는 피검자 자신을 정면으로 표현하였으며, 아들을 안고 있는 모습으로 표현하였다. 부업에서 설거지하는 모습은 가정의 일차적인 기능과 관련되는 것이다. 한편, 아이를 안고 있는 모습은 어머니의 높은 양육성을 표현한 것으로, 어머니로서의 성숙된 피검자의 모습이라고 할 수 있다. 이러한 개인의 자아성장에 대한 변화 과정 또한 KFD의 자기상의 변화를 통해 볼 수 있다(Burns, 1982).

🖊 **5.** 연구동향

KFD에 대한 연구는 국내외 연구 모두에서 많이 이루어졌으므로 전체 흐름상에서 특징적인 연구만을 중심으로 살펴보고자 한다.

1) 국외 연구동향

KFD에 대한 연구는 1970년에 Burns와 Kaufman이 『동적 가족화(Kinetic Family Drawings(KFD)』를 출간하면서 이루어졌다. KFD에 대한 대부분의 연구는 통제된 경험적·반복적 연구(controlled empirical and replicated research)보다는 임상 실습과 사례 연구에서 발전했다. DiLeo(1970, 1973, 1983), Koppitz(1984), Hammer(1980)는 가족 병리를 조사할 목적으로 가족화 변수들(family drawing variables)을 개발했다. 이들의 연구에서 자연스럽게 가족화를 그린 아동은 자신의 감정을 숨기거나 위장할 필요가 없었기 때문에 한쪽 혹은 양쪽 부모 모두와 긍정적인 관계를 가질 가능성이 높다는 것을 밝혔다. 두 번째 책인 『KFD에 나타난 행위, 양식, 상징(Actions, Styles and Symbols in Kinetic Family Drawings)』에 관한 해설서가 출판된 이후, 많은 연구논문과 보고서에서 KFD의 타당도와 신뢰도에 대한 연구들이 발표되었다.

KFD의 타당도에 대한 연구자들의 연구결과는 약간의 차이가 있었다. Mcphee와 Wegner(1976)는 만 6~11세 사이의 정서장애아동 102명과 정상아동 162명의 그림의 양식을 비교·분석하였다. 그 결과, 성별에는 차이가 없었으나 정상아동의 그림에서 양식이 더 많이 나타나 정서장애아동의 그림에서 양식이 더 많이 나타난다는 Burns와 Kafman(1972)의 기초적 해석을 지지하지 못했다. Mcphee와 Wegner(1976)의 연구는 정상아동과 정서장애아동의 비교에서 연령, 지능 그리고 다른 잠재 변수의 영향에 대한 통제가 이루어지지 못했기 때문에 비난을 받았다.

Mcphee와 Wegner의 연구와 비슷한 것으로, Myers(1978)는 만 6~8세, 만 12~14세의 남아 116명(정서장애아 56명, 정상아 60명)의 KFD를 비교했다. 그는 Burns

와 Kaufman(1972), Mcphee와 Wegner(1976)의 채점 체계를 근거로 하여 21개의 변인, 7개의 요인으로 나누어진 KFD 채점 체계를 개발하였다. 7개의 요인 중에서 4개의 요인이 정서장애청소년 집단과 정상적인 청소년 집단 사이에서 유의미한 차이가 나타났다. Myers는 정서장애아동의 그림에 양식이 포함된다고 한 Burns와 Kaufman(1972)의 가설을 지지하였다.

Wright와 McIntyre(1982)는 교육 수준과 가족의 크기는 같지만 사회인구학적 변수가 다른 30명의 정상 집단과 41명의 우울증 환자를 대상으로 병원치료를 받기 전후에 KFD 검사를 실시하여 3명의 채점자가 가족화 우울척도(Family Drawing Depression Scale: FDDS)를 이용하여 분석하였다. 그 결과, 우울증 환자의 가족화가 정상인의 가족화와는 현저하게 다르다는 것을 발견하였다. 또한 FDDS가 우울증의 훌륭한 지표가 되며, 우울증 환자의 미술치료 평가의 보조물로 이용될 수 있다고 하였다. 그리고 우울증 환자들은 자기 그림을 가족과 관련된 것으로 묘사하고, 더 많은 에너지와 관심을 부여하며, 우울증이 호전되었을 때 다양한 색상과 많은 공간을 사용하는 것으로 밝혀졌다.

Sobel과 Sobel(1976)은 KFD를 이용하여 만 14~17세 사이의 남자 비행청소년 24명과 만 15~17세 사이의 남자 정상청소년 20명을 변별할 수 있는지를 조사하기 위해 KFD 검사에 나타난 16개 변인을 비교했다. 16개의 변인 중에서 3개의 변인이 두 집단을 구분하는 변인으로 나타났다. 비행청소년의 그림은 신체 부위의 생략이 많고, 가족구성원을 대부분 생략하는 경향이 있으며, 행동이 결핍된 무활동성의 특성이 있었다.

Sims(1974)는 만 5~15세에 해당하는 100명의 정서장애아동(남아 66명, 여아 34명)을 대상으로 실시한 KFD 검사와 가족구성원 간의 관계를 알아보기 위해 고안된 표준화된 투사기법인 KFD와 가족관계지표(Family Relations Indicator: FRI)를 비교하였다. KFD의 각 인물상을 긍정적 · 부정적 · 중립적으로 채점하여 KFD와 FRI로부터 얻은 응답을 비교하였다. 그림과 응답은 아버지상과 어머니상에서는 유의미한 관계가 있었으나 형제관계에 있어서는 유의미한 관계가 발견되지 않았다.

Lieberman(1992)은 만 8~17세 사이의 청소년 50명(남아 22명, 여아 28명)을 대상으로 KFD와 가족환경 척도, 부모양육 척도를 상관분석하였다. 그 결과, 부모 중 특히 어머니와의 관계가 양육적인 측면에서 중요한 관계로 나타났으며, 부모의 결혼관계가 안정되고 가족의 분위기가 정서적일 때 KFD에서 유의미한 관련성을 보였다.

Peterson과 Hardin(1995, 1997)은 질적 지표와 양적 지표에 대한 KFD 선별목록을 개발했다. 선별목록에는 빨간색, 노란색, 녹색 깃발이 있는데, 이러한 깃발을 통해 임상가가 표준에서 벗어난 그림을 구별하는 데 도움을 주었다. Veltman과 Browne(2003)은 학대받은 아동과 학대받지 않은 아동이 그린 KFD를 KFD 목록(Peterson & Hardin, 1995, 1997)을 사용하여 비교·평가하였다. 학대받은 아동은 학대받지 않은 아동보다 KFD에서 더 많은 정서적 고통의 지표를 나타낼 것이라는 가설을 세웠으며, 만 4~8세 사이의 신체적으로 학대를 받은 아동 6명(남아 3명, 여아 3명)과 학대받지 않은 아동 12명(남아 6명, 여아 6명)을 대상으로 하였다. 양적 결과, 학대 아동은 인물상 처치에서 더 높은 점수를 받았으며, 통제집단 아동에 비해 불완전한 인물상 변수에서 세부묘사의 생략이 훨씬 더 많았다. 이러한 결과는 학대 아동의 그림에서 가족과 자신을 불균형하게 그리고, 뚜렷한 왜곡이 나타나는 것으로 밝혀진 질적인 부분에서 양적 결과를 뒷받침하였다.

Bannon, Tirella와 Miller(2016)는 미국 내 국제 입양 아동 54명(여아 65%, 연령 8.57세)의 KFD와 인구 통계, 아동 역량(아동 행동검사: CBCL/6-18)과 부모의 입양 만족도(Adoption Satisfaction Questionnaire: ASQ)와의 관계를 조사했다. 그림 특성은 CBCL 하위척도(정서, 경계, 그림 합성: $r = -.43 \sim .31$)와 부모의 ASQ(경계: $r = .42$)에서 적절한 상관관계를 보였다. 성별, 입양된 후부터의 시간, 고아원 진료, 입양의 가시성에 따라 그림에서 유의미한 차이가 있었다.

Backos와 Samuelson(2017)은 친밀한 관계에서 파트너 폭력을 경험한 어머니 43명과 부모 사이의 폭력을 목격한 아동 56명을 대상으로 KFD와 정서장애 선별을 위한 DAP:SPED를 가지고 혼합된 분석방법(양적·질적 접근법)을 사용하여 분석했다. 그림에 대한 양적 분석은 외상 후 스트레스 장애(PTSD)가 있는 사람과 없는 사람 간에 차이가 없었으나, 근거이론 접근법에 따라 주제가 다름을 확인할 수 있었다. 따라서 그림에 대한 질적 해석이 트라우마에 노출된 내담자에게 유용한 도구임을 확인할 수 있었다.

Lee, Lim과 Chia(2017)는 사회적 존재(S)를 포함하는 세 가지 핵심 구성요소[가족 구성(C), 가족관계(R), 가족 행위의 역동성(D)]의 삼각형을 바탕으로 한 가족 단위의 맥락에서 KFD 인터뷰 질문지(KFD-IQ)를 소개하면서 구성, 관계, 역동성, 사회적 존재(Composition, Relationship, Dynamics and Social beings: CRDS) 틀을 만들었다. CRDS 틀 체제 내에서 KFD-IQ의 목표는, 첫째, 치료사에게 정서적·행동적 문제를 가진 아동·청소년과 함께 사용할 수 있는 추가 도구를 제공하고, 둘째, KFD(Burns & Kaufman, 1970, 1972)나 수정된 KFD(Spinetta et al., 1981)의 분석을 위한 채점 체계를 완성하는 것이다.

KFD에 대한 신뢰도는 채점자의 효과적인 평가와 잘 조직된 객관적인 채점 체계와 관련이 있다. McPhee와 Wegner(1976)는 정서장애아동을 대상으로 KFD를 연구한 결과, KFD 양식에 대한 채점방식의 신뢰도를 보고했다. 채점자 간 일치도는 신뢰도의 중앙치가 .87이고, 범위가 .65~1.00이었다. 만 6~8세, 만 12~14세의 정상적인 아동 60명과 정서장애아동 56명을 대상으로 한 Myers(1978)의 연구에서도 훈련받은 2명의 채점자 간 범위가 .81~1.0으로 나타났다.

Cummings(1980)는 행동장애아동 36명, 학습장애아동 38명, 일반아동 37명의 KFD를 가지고 채점자 간 신뢰도와 검사-재검사 신뢰도를 조사하였다. 채점방식에 대해 훈련받은 2명의 검사자가 McPhee와 Wegner(1976), O'Brien과 Patton(1974), Myers(1978)의 평가방법을 사용하여 5주간의 간격으로 채점하도록 하였다. 그 결과, 세 가지 방법 모두 높은 신뢰도를 보였다. 그러나 검사-재검사 신뢰도(test-retest reliability)는 일관성이 없었다. 이러한 일관성의 부족은 KFD가 아동의 일시적인 성격 상태에 아주 민감하거나 투사적 그림검사의 특성 때문인 것 같다.

Layton(1984)은 정상아동의 그림 119점과 문제를 가진 아동의 그림 99점을 가지고 건강한 가족기능을 나타내는 14개의 변인과 정서적 문제를 가진 가족기능을 나타내는 142개의 변인을 사용하였다. 2명의 채점자가 그림을 평가한 결과,

156개의 변인 중 133개 변인에서 높은 채점자 간 일치도를 보였다. Mostkoff와 Lazarus(1983)는 자신의 객관적인 KFD 채점 체계를 사용하여 20개 변인을 가지고 채점한 결과, 채점자 간 일치도는 2명의 채점자 간에 .86~1.00로 신뢰도가 높게 나타났다.

이와 같이 KFD는 정서장애, 우울, 비행청소년을 구분하는 데 유용하며, 국제 입양 아동의 자기인식과 가족기능 측정, 가족구성원과의 관계와 가족환경을 평가하는 데에도 유용한 도구임을 알 수 있었다. 최근에는 친밀한 파트너 폭력에 노출된 모녀의 그림과 학대 아동의 그림에 대한 질적 해석이 트라우마에 노출된 피검자에게 유용한 도구임이 강조되고 있다. 그리고 KFD-IQ를 통해 보다 심층적이고 질적인 관점에서의 KFD 분석과 색을 사용한 연구들이 이루어지고 있다. 그리고 KFD에 대한 체계적인 채점 체계와 채점방법에 대한 채점자 간의 높은 일치도로 보아 KFD가 신뢰도가 있는 도구임을 알 수 있다.

2) 국내 연구동향

한국의 경우 KFD에 대한 연구는 1980년대부터 시작되어 최근까지 활발하게 진행되고 있다. 국내에서 KFD에 대한 연구가 처음으로 이루어진 것은 1984년 양익홍이 '정상아동과 정서장애아동의 운동성 가족화 검사반응의 요인분석'에 대한 석사학위 논문을 발표하면서부터이다. 한국미술치료학회에서 발간되는『미술치료연구』에 게재된 투사기법(KFD, KSD, K-HPT, PSCD, DAS, BT, PPAT, LMT, SWT, 자유화 등) 중 KHD가 차지하는 비율이 41.2%를 차지하였으며(기정희 외, 2011), 가족 관련 그림검사 8개에 대한 국내 연구동향을 분석한 고은성(2017)의 연구에서도 KFD가 61.2%로 가장 높은 비율을 차지할 정도로 KFD에 대해 많은 연구가 이루어지고 있다. 이러한 연구의 축적을 기반으로 최근에는 KFD에 관한 연구동향분석이 시도되고 있다(이미옥. 2012a; 장성철, 이경순, 2001).

이미옥(2012a)은 1900년대 이후 KFD를 사용한 국내 연구를 가족 체계, 부부 체계, 부모-자녀 체계, 개인 체계, 기타로 나누어 살펴보았다. KFD와 가족 체계와의 관련성을 살펴본 연구로 가족지각, 응집성, 적응성, 가족정서, 가정생활만족도, 가족건강성, 가족탄력성, 가족형태와 문화생활을 다룬 연구(김갑숙, 최외선, 1998; 김혜숙, 2007; 서난경, 2004; 이영길, 2000; 정채영, 1999; 정혜원, 2010; 이해영, 2011; 이형옥, 2013 등)가 있다.

부부 체계에서는 부부갈등, 자녀가 지각한 부부(모)갈등, 부모지각과 특성, 결혼만족도에 대한 연구(송근진, 1997; 이재민, 1998; 이해영, 2011; 이형옥, 2010 등)가 있다. 부모-자녀 체계에는 부모자녀 유대관계, 부모의 양육행동과 태도, 부모에 대한 애착, 의사소통, 모-자 상호작용에 대한 연구(박지연, 2015; 박현미, 2003; 이영석, 1994; 전현옥, 유영달, 2016; 정현주, 원희랑, 2015 등)가 있다.

개인 체계에는 우울, 불안, 스트레스, 학교생활(부)적응, 문제행동, 성격, 자아개념, 자아정체감, 자아분화, 자아존중감, 사회적 지지, 정서·행동발달, 정서지능, 심리진단 및 특성, 몰입경험과 또래애착에 대해 초점을 둔 연구(권소희, 2014; 권혁례, 2012; 김갑숙, 전영숙, 2005; 김연정, 2010; 박미정, 2010; 송경은, 2009; 양소연, 2017; 이경순, 2005; 이정숙, 김윤희, 2000; 장은정, 2016; 정현희, 2014; 정혜원, 2010; 조진영, 2010; 지미진, 2009; 최선남, 1995; 최외선, 1996; 최외선, 전미향, 1996 등)도 있다.

기타에는 동화놀이, 가족치료에서의 활용(권오미, 2001; 이인숙, 2001), KFD 평가기준 개발과 타당화 연구(고연진, 2010, 김혜숙, 2007; 이소라, 2012; 이미옥, 2000; 이미옥, 2012a) 등이 있다. 그리고 KFD와 다른 그림검사와의 관련성을 파악한 연구에는 이야기 그림검사(주리애, 2010), 빗속의 사람 그림검사(이해영, 2011), 동그라미 중심 가족화(박미영, 2003) 등이 있다. 대상에 있어서도 유아, 아동(이혼·모자·조부모 가정의 아동, 학대경험이 있는 아동, 한국계 미국인 아동, 다문화가정의 아동, 방과후 보육교실, 사별경험, 정서장애아동, 틱 장애아동, 임상아동, 장애아동), 중·고등학생(비행·정신질환·행동장애·청각장애·지체장애학생), 성인[장애자를 둔 어머니, 기독교 신자(비신자), 취업모, 알코올중독] 등 매우 다양하다.

이러한 연구 주제 및 대상과 관련하여 1984년부터 2010년까지 진행된 국내 KFD 연구분석에 따르면, 가족 체계(45.3%), 개인 체계(34.2%), 부모-자녀 체계(13.7%) 순으로 연구가 이루어졌다. 연구대상에서는 아동(33,9%), 유아(23.5%), 청

소년(20.0%) 순으로 연구가 이루어졌으며, 그중에서도 일반군(89.6%)을 대상으로
한 연구가 대부분을 차지하였다(이미옥, 2012a).

　최근에는 많은 연구자가 KFD에 대한 객관적인 점수화 체계를 시도하고 있으며,
KFD의 타당도와 신뢰도에 대한 연구들도 많이 나오고 있다. 이미옥(2000)은 청소
년 자녀를 둔 128가족(총 384명)을 대상으로 가족 체계 진단도구로서의 KFD에 대
한 타당도를 연구하였다. KFD 변인 중 인물상 사이의 거리(아버지상과 어머니상 사
이의 거리, 아버지상과 자기상 사이의 거리), 인물상의 방향(아버지상과 자녀상, 어머니
상과 자녀상), 가족에 대한 만족 수준, 자녀상의 행위 수준, 어머니상의 협동성 변
인에서 가족 체계와의 관련성이 나타나 KFD가 가족 체계를 진단하는 타당한 도
구라는 점을 입증하였다.

　김혜숙(2007)은 KFD가 청소년의 가족지각이나 비행의 진단평가도구로 사용할
수 있는지에 대한 타당성을 검증하기 위해 고등학생 799명을 대상으로 분석하였
다. KFD에 나타난 가족지각에서 일반청소년과 비행청소년 간에 차이가 있는 것
으로 나타났고, KFD에서 측정된 가족지각을 요인화하여 비행 남녀 청소년을 비
교·분석할 수 있었다. 또한 KFD에 나타난 요인과 설문조사에서 측정한 비행 관
련 변인 간에 밀접한 관련성이 있어 KFD가 청소년의 가족지각과 비행을 측정하
는 타당한 도구임을 입증하였다.

　고연진(2010)은 간편하고 객관적인 KFD 평가기준을 개발하기 위해 Furry(1996)
의 평가기준과 Burns와 Kaufman(1972)의 평가기준을 수정·보완하여 유용성을
검증하였다. Furry(1996)의 평가기준은 가족지각을 평가하는 8개의 하위변인(활
동성-창조성, 가족자긍심-행복감, 취약성-상처받음, 정서적인 거리-고립, 긴장-불
안-화남, 남녀 역할 전환, 이상-분열, 포괄적 병리평가)으로 구성되었다. Furry(1996)
는 KFD의 전체적인 측면을 고려하여 각 변인에 따라 7점 척도의 기준을 제시하
였다. 고연진(2010)의 연구에서 대상은 초등학교 저학년 아동 108명이며, 가정적
자아존중감과 정서적 친밀도를 사용해서 수렴타당도, 공인타당도, 변별타당도를
검증하였다. 그 결과, KFD의 평가기준이 유용하다는 것을 밝혔다. 뿐만 아니라
Burns(1982)의 평가기준보다 간편하며, 객관적인 평가로서 1차적 평가도구로 아

동문제의 유무를 살펴보는 데 적합하다고 하였다.

오승근(2010)은 효율적인 KFD 사정평가 과정의 지원과 방대한 양의 KFD 그림 사정평가 자료의 관리를 위해 KFD 웹 데이터베이스 시스템(Web Database System)을 구축하였다. 이를 기반으로 가족미술치료사가 내담자의 행동을 분석할 수 있도록 지원하기 위한 온톨로지(ontology) 기반의 이벤트 분석 시스템을 구현하였다.

이미옥(2012a)은 초등학교 5~6학년 546명을 대상으로 한국판 KFD 평가기준을 개발하였다. 이를 위해 세 차례의 개발 과정을 거쳤고, 최종적으로 27개 변인의 5점 리커트 척도로 된 평가기준을 구성하였다. 한국판 KFD 평가기준인 가족건강성 척도를 사용하여 수렴타당도, 공인타당도, 변별타당도를 검증하였다. 그 결과, 타당도가 입증되어 가족건강성을 측정할 수 있는 도구로서 활용가치를 인정받았다.

KFD 검사가 국내에 소개된 이후로 KFD에 대한 신뢰도는 전반적으로 높게 나타났다. 양익홍(1984)의 연구에서 채점자 간 일치도는 .64~.10으로 나타나 채점자 간 높은 일치도를 보였다. 박혜련(1992)의 연구에서는 Burns의 채점 체계에서 $r=.98$, Myers의 채점 체계에서 $r=.97$, 최선남(1995)의 연구에서는 $r=.88$~.92로, 이영석(1994)의 연구에서는 $r=.57$~1.00으로, 이미옥(2000)의 연구에서는 $r=.88$~.91로 나타나 높은 채점자 간 일치도를 보였다. 이미옥(2012a)은 30점의 그림을 3명의 채점자에게 각각 평가하도록 하였다. 그 결과, 채점자 간 일치도는 $r=.97$~.98, 채점자 내 일치도는 $r=.99$, 평가기준 전체의 문항 내적 일치도인 Cronbach α 값은 .86으로 나타났다. 고연진(2010)의 연구에서 채점자 간 신뢰도는 $r=.91$, 채점자 내 신뢰도는 $r=.92$로, 이소라(2012)의 연구에서 채점자 간 일치도는 $r=.90$~.91로 나타나 높은 채점자 간 일치도를 보였다.

KFD에 대한 체계적인 채점 체계와 평가방법에 대한 채점자 간의 높은 일치도로 보아 KFD가 신뢰성이 있는 도구임을 알 수 있다.

이와 같이 최근에는 한국의 실정에 맞는 KFD가 개발되고 있으며, KFD의 전체적인 맥락에서 보다 간편하고 객관적인 평가기준을 개발하고자 하는 연구들 또한 진행되고 있다. 주어진 패턴을 사용하는 KFD를 위한 컴퓨터 미술치료 시스템 개발에 대한 연구 또한 주목할 만하다.

KFD에 대한 국내외 연구동향을 종합하면 다음과 같은 결론을 내릴 수 있다. 첫째, KFD에 대한 연구가 다양한 대상과 주제 영역에 걸쳐 많이 축적되고 있지만, KFD의 타당도에 대한 결과는 연구자에 따라 차이가 있다. 이러한 차이는 각자 다른 KFD 채점방식을 활용하고, 명확하지 않은 채점기준을 적용하고, 연구자마다 특정한 항목만을 사용하기 때문인 것으로 판단된다.

둘째, KFD에 대한 연구에서 초기에는 KFD의 반응특성을 파악하는 양적 연구가 주를 이루었다. 이후 타당성 검증에 대한 연구가 이루어졌으며, 최근에는 질적 연구와 컴퓨터를 활용한 연구가 진행되고 있다.

셋째, 국내 연구에서는 KFD에 색을 사용하는 연구가 아직 이루어지고 있지 않다. 그러나 Burns는 1982년에 자신의 저서에서 색 사용에 대해 설명하였으며, 외국의 경우에는 색을 사용한 연구들이 있으므로 국내에서도 색을 활용한 연구가 이루어지길 바란다.

넷째, KFD 해석 시 고려해야 할 변수들이 너무 많은 만큼 해석하는 데 걸리는 시간을 줄이기 위해 검사자가 표준에서 벗어난 그림을 구별하여 피검자의 문제 유무를 빨리 파악하도록 도움을 줄 수 있는 객관적이고 간편한 평가도구의 개발이 국내에서도 이루어지길 바란다.

고연진(2010). 동적가족화의 객관적 평가기준. 동의대학교 대학원 석사학위논문.

고은성(2017). 가족 관련 그림검사의 국내 연구 동향-1992-2017년 2월 발표 논문 중심
    으로-. 한세대학교 상담심리대학원 석사학위논문.

권소희(2014). 아동의 정서지능에 따른 동적가족화(KFD)의 반응특성 연구. 한양대학교
    이노베이션 대학원 석사학위논문.

권오미(2001). 가족치료에서 동적화의 활용에 관한 연구. 청주대학교 대학원 석사학위논문.

권혁례(2012). 동적가족화(KFD)에 의한 심리진단. 대한음악치료학회 세미나 자료집, 2012(1),
    23-30.

기정희, 이숙미, 김춘경, 정종진, 최웅용(2011). 한국 미술치료의 연구동향-한국미술치료
    학회지 게재논문(1994-2010)을 중심으로. 미술치료연구, 18(2), 463-483.

김갑숙, 전영숙(2005b). 여고생의 신경증과 동적가족화(KFD)의 관계. 미술치료연구,
    24(4), 781-800.

김갑숙, 최외선(1998). 동적가족화에 의한 청소년의 가정생활만족도 판별연구. 미술치료연
    구, 5(1), 113-124.

김동연, 공마리아, 최외선(2006). HTP와 KHTP 심리진단법. 대구: 동아문화사.

김연정(2010). 초등학생이 지각한 가족건강성과 자아존중감 수준에 따른 학교생활 적응
    의 차이. 계명대학교 교육대학원 석사학위논문.

김혜숙(2007). 청소년의 가족지각과 비행 평가척도로서의 동적가족화(KFD). 충북대학교
    대학원 박사학위논문.

박미영(2003) 미술치료에 있어서의 심리진단 연구: 아동의 동적가족화와 동그라미 중심
    가족화를 중심으로. 경남대학교 교육대학원 석사학위논문.

박미정(2010). 신세대 병사들의 자화상, 가족화에 나타난 심리 특성 연구, 원광대학교 동
    서보완의학대학원 석사학위논문.

박지연(2015). 모의 양육태도에 따른 아동의 동적가족화 반응특성 연구-미술치료센터 이
　　용자 중심으로. 대구한의대학교 보건대학원 석사학위논문.

박혜련(1992) 행동장애 청소년의 운동성 가족화 검사 반응특성. 한양대학교 대학원 석사
　　학위논문.

서난경(2004). 동적가족화(KFD)에 나타난 유아의 가족정서에 대한 연구: 안양지역의 6세
　　와 7세 유아를 중심으로. 경희대학교 교육대학원 석사학위논문.

송경은(2009). 초등학생의 스트레스와 동적가족화(KFD)의 반응특성에 관한 연구. 대전대
　　학교 보건스포츠대학원 석사학위논문.

송근진(1997). 동적가족화에 나타난 부부갈등에 관한 연구. 영남대학교 대학원 박사학위
　　논문.

신민섭, 김수경, 김용희, 김주현, 김향숙, 김진영, 류명근, 박혜근, 서승연, 이순희, 이혜란,
　　전선영, 한수정(2003). 그림을 통한 아동의 진단과 이해 - HTP와 KFD를 중심으로. 서울:
　　학지사.

양소연(2017), 성인애착유형에 따른 사회적지지 지각 및 동적가족화(KFD) 특성, 한양대
　　학교대학원 석사학위논문.

양익홍(1984). 정상 아동과 정서장애 아동의 운동성 가족화 반응의 요인분석. 서울대학교
　　대학원 석사학위논문.

오승근(2010). 동적가족화 사정평가를 위한 웹 데이터베이스 시스템의 설계 및 구현. 고
　　려대학교 대학원 석사학위논문.

이경순(2004). 동적가족화에 나타난 가족지각과 아동의 자아개념 및 부모에 대한 애착.
　　전북대학교 대학원 석사학위논문.

이미옥(2000). 가족체계 진단 척도로서의 동적가족화(KFD) 타당도 연구. 영남대학교 박
　　사학위논문.

이미옥(2012a). 한국판 동적가족화 평가기준 개발. 영남대학교 대학원 박사학위논문.

이미옥(2012b). 동적가족화 연구방법의 문제점과 해결방안. 미술치료연구, 19(3), 501-
　　516.

이소라(2012). 동적가족화 리커트 평가기준의 타당화 및 적용. 동의대학교 대학원 석사학
　　위논문.

이영길(2000). 가족형태와 문화생활정도에 따른 동적가족화(KFD)에 나타나는 반응특성: 미술치료 학문중심으로. 한국교원대학교 대학원 석사학위논문.

이영석(1994). 동적가족화에 나타난 청소년의 가족지각과 가족체계 및 의사소통과의 관계. 영남대학교 대학원 박사학위논문.

이인숙(2001). 동화놀이를 이용한 유아와 어머니의 동적가족화 변화: 대인문제 해결능력을 중심으로. 한양대학교 교육대학원 석사학위논문.

이재민(1998). 정상 및 정신질환 청소년의 동적가족화를 통한 부모지각에 대한 비교 연구. 부산대학교 대학원 석사학위논문.

이정숙, 김윤희(2000). 대학생의 자아분화와 동적가족화 반응 특성 연구. 한국생활과학회지, 9(2), 429-445.

이해영(2011). 아동이 지각한 부모갈등에 따른 동적가족화와 빗속의 사람 그림의 반응특성 연구. 영남대학교 환경보건대학원 석사학위논문

이행자, 김영혜, 최외선, 서지민(2007). 학대아동의 부모-자녀 유대관계와 동적가족화의 반응특성. 미술치료연구, 14(4), 627-647.

이형옥(2010). 여성결혼이민자의 결혼만족도와 동적가족화(KFD) 반응특성 연구. 영남대학교 환경보건대학원 석사학위논문.

장선철, 이경순(2011). 동적가족화에 관한 국내 연구동향 분석. 미술치료연구, 18(1), 173-193.

장은정(2016). 다문화가정의 부모양육태도, 동적가족화(KFD) 및 자녀의 정서·행동 간의 관계. 나사렛대학교 대학원 박사학위논문.

전현옥, 유영달(2016). 동적가족화(KFD) 반응에 나타난 기능적 가족과 역기능 가족의 모-자 상호작용 특성 비교. 한국가족복지학, 21(4), 803-821.

정미선(2005). 초등학생의 동적가족화에 나타난 우울과 문제행동. 한양대학교 대학원 석사학위논문.

정채영(1999). 문제행동아의 가족 응집성 및 적응성과 동작성 가족화 검사 반응 간의 관계 연구. 연세대학교 교육대학원 석사학위논문.

정현주, 원희랑(2015). 아동의 애착유형별 동적가족화(KFD) 반응특성 연구. 미술치료연구, 22(1), 67-87.

정현희(2014). 임상문제에 따른 청소년의 동적가족화 반응특성. 임상미술심리연구, 4(1), 1-15.

정혜원(2010). 초등학생의 가족건강성과 행복의 관계에서 몰입경험과 또래애착의 역할. 경남대학교 교육대학원 석사학위논문.

정희영(2008). 초등학생이 지각한 가족 건강성과 주의력 결핍/과잉행동 연구. 경희대학교 교육대학원 석사학위논문.

조진영(2010). 아동이 지각한 부모갈등 및 불안과 동적가족화(KFD) 반응특성과의 관계. 한양대학교 대학원 석사학위논문.

주리애(2010). 아동의 이야기그림검사와 동적가족화의 관련성 연구. 사이버교육연구, 4(1), 91-107.

주점숙(2004). 초등학생의 불안과 우울에 대한 가족화 반응 특성 분석. 여수대학교 교육대학원 석사학위논문.

지미진(2009). 초등학생의 동적가족화 반응특성과 학교적응과의 관계. 영남대학교 환경보건대학원 석사학위논문.

최선남(1995). 아동 우울에 영향을 미치는 가족 변인과 동적가족화에 의한 우울 판별 연구. 영남대학교 대학원 박사학위논문.

최외선(1995). 한국아동과 한국계 미국아동의 자아개념과 동적가족화에 의한 가족역동성과의 비교문화 연구. 미술치료연구, 2(1), 1-17.

최외선, 이근매, 김갑숙, 최선남, 이미옥(2006). 마음을 나누는 미술치료. 서울: 학지사.

최외선, 전미향(1996). 미술기법을 이용한 집단상담이 자아정체감에 미치는 효과와 동적가족화(KFD) 반응특성. 미술치료연구, 3(2), 101-115.

최외선, 정현희(2004). 동적가족화에 의한 심리진단. 대구: 중문.

현은민(2013b). 대학생이 지각한 가족탄력성과 한국판 동적가족화 반응특성 관계 연구. 예술심리치료연구, 9(4), 121-143.

日比裕泰(1985). 動的家族描畫法(KFD)-家族畫による人格理解-. 京都: ナカニシヌ出版.

Allik J., & Laak, T. (1985). The head is smaller than the body: But how does it join on?. In N. H. Freeman & M. V. Cox (Eds.), *Visual order*. Cambridge: Cambridge University Press.

Archer, R. P., Maruish, M., Imhof, E. A., & Piotrowski, C. (1991). Psychological test usage with adolescent clients: 1990 survey findings. *Professional Psychology: Research and Practice, 22*, 247−252.

Arnheim, R. (1956). *Art and visual perception: A psychology of the creative eye*. London: Faber and Faber.

Backos, A., & Samuelson, K. W. (2017). Projective Drawings of Mothers and Children Exposed to intimate partner violence: A Mixed Methods Analysis. *Art Therapy, 34*(2), 58−67.

Bannon, B. L., Tirella, L. G., & Miller, L. C. (2016). Children's drawings: Self−perception and family function in international adoption. *Early Child Development and Care, 186*(8), 1285−1301.

Buck, J. N. (1981). *The house−tree−person technique: A revised manual*. Los Angeles: Western Psychological Services.

Burns, R. C. (1982). *Self−growth in families: Kinetic family drawings (KFC) research and application*. New York, NY: Brunner/Mazel.

Burns, R. C., & Kaufman, S. H. (1970). *Kinetic Family Drawings (KFD): An introduction to understanding children through kinetic drawings*. New York: Brunner/Mazel.

Burns, R. C., & Kaufman, S. H. (1972). *Actions, styles and symbols in Kinetic Family Drawings (KFD): Research and application*. New York: Brunner/Mazel.

Cummings, J. A. (1980). An evaluation of objective scoring systems for kinetic family drawings. *Dissertation Abstracts International, 4*(6-B), 2313

DiLeo, J. (1970). *Young children and their drawings*. New York: Brunner/Mazel.

DiLeo, J. (1973). *Children's drawings as diagnostic aids*. New York: Brunner/Mazel.

DiLeo, J. (1983). *Interpreting children's drawings*. New York: Brunner/Mazel.

Fournier, D. G., Olson, D. H., & Druckman, J. M. (1993). Assessing marital and premarital relationships: The prepare−enrich inventories. In E. Filsinger (Ed.), *Marriage and Family Assessment: A sourcebook for family therapy* (pp. 229−250). Beverly Hills, CA: Sage.

Freeman, N. H. (1980). *Strategies of representation in young children*. London: Academic Press

Furry, G. (1996). The relation between infant attachment history and representations of relationships in school−aged family drawings. Doctoral dissertation, University of Minnesota.

Gersten, J. C. (1978). Kinetic family drawings. In O. K. Buros (Ed.), *The eight mental measurements yearbook Ⅰ*. Highland Park, NJ: Gryphen Press.

Hammer, E. (1980). *The clinical application of projective drawings*. Springfield, IL: Charles, C. Thomas.

Harris, D. B. (1978). A review of kinetic family drawings. In O. K. Buros (Ed.), *The eight mental measurements yearbook, Vol. Ⅰ*. Highland Park, NJ: Gryphen Press.

Hulse, W. C. (1951). The emotionally disturbed child draws his family. Quarterly *Child Behavior, 3*, 152−174.

Hulse, W. C. (1952). Childhood conflict expressed through family drawing. *Journal of Projective Techniques, 16*, 66−79.

Jolles, I. (1971). *A catalog for the quantitative interpretation of the house−tree−person*. Los Angeles, CA: Western Psychological Services.

Knoff, H. M., & Prout, H. T. (1985). The kinetic drawing system: A review and integration of the kinetic family and school drawing techniques. *Psychology in the Schools, 22*(1), 50−59.

Koppitz, E. (1968). *Psychological evaluation of children's human figure drawings*. New York: Grune & Stratton.

Koppitz, E. (1984). *Psychological evaluation of human figure drawings by middle school pupils*. London: Grune & Stratton.

Layton, M. C. (1984). *Specific features in the kinetic family drawing of children*. Doctoral Dissertation, University Microfilms.

Lee, B. M., Lim, B. H., & Chia, K. H. (2017). Kinetic Family Drawing Interview Questionnaire(KFD−IQ): A tool to learn about the family unit from a drawer's

Perspective. *European Journal of Special Education Research, 2*(5), 102-118.

Liberman, F. B. (1992). Validity of the kinetic family drawings as a measurement of the perception of family relationships and family dynamics(parental care). Doctoral Dissertation, University of Pace.

Machover, K. (1949). *Personality projection in the drawings of the human figure.* Springfield, IL: Charles C. Thomas.

McPhee, J., & Wegner, K. (1976). Kinetic family drawing styles and emotionally disturbed childhood behavior. *Journal of Personality Assessment, 40*, 487-491.

Mostkoff, D. L. M., & Lazarus, P. J. (1983). The kinetic family drawing: The reliability of an objective scoring system. *Psychology in the Schools, 20*(1), 16-20.

Myers, D. V. (1978). Toward an objective evaluation procedure of the Kinetic Family Drawings (KFD). *Journal of Personality Assessment, 42*, 358-365.

O'Brien, R. P., & Patton, W. F. (1974). Development of an objective scoring method for the kinetic family drawing. *Journal of Personality Assessment, 38*, 156-164.

Ogdon, D. P. (1981). *Psychodiagnostics and personality assessment: A handbook.* Los Angeles: Western Psychological Services.

Olson, D. H., Portner, J., & Lavee, Y. (1985). *FacesⅢ.* St. Paul, MN: Family Social Science, University of Minnesota.

Osorio-Braña, J. (1996). The kinetic family drawing as a measure of Minuchin's structural family concepts among Hispanic American Families with substance-abusing and nonsubstance-abusing adolescents. Doctoral dissertation, Texas Woman's University.

Peterson, L. W., & Hardin, M. (1995). Screening inventory for kinetic family drawing. In L. W. Peterson & M. Hardin (Eds.), *Children in distress: A guide for screening children's art.* New York: W. W. Norton & Company.

Peterson, L. W., & Hardin, M. (1997). *Children in distress: A guide for screening children's art.* New York: W. W. Norton & Company.

Sayed, A. T., & Leaverton, D. R. (1974). Kinetic family drawing of children with diabetes. *Child Psychiatry and Human Development, 5*, 40−50.

Sims, C. H. (1974). Kinetic family drawings and the family relations indicator. *Journal of Clinical Psychology, 30*, 87−88.

Sobel, H., & Sobel, W. (1976). Discriminating adolescent male delinquents through the use of kinetic family drawings. *Journal of Personality Assessment, 40*, 91−94.

Spinetta, J., McLaren, H., Fox, R., & Sparta, S. (1981). The kinetic family drawing in childhood cancer: A revised appreciation of an age−independent measure. In J. J. Spinetta & P. Dcasy−Spinetta (Eds.), *Living with childhood concer* (pp. 86−126). St. Louis: C. V. Mosby.

Thomas, G. V., & Silk, A. M. J. (1990). *An introduction to the psychology of children's drawings*. Hemel Hempstead, Herts: Harvester/Wheatsheaf.

Tuma, J. M., & Pratt, J. M. (1982). Clinical child psychology training and practice: A urvey. *Journal of Clinical Child Psychology, 11*, 27−34.

Veltman, M. W., & Browne, K. D. (2003). Trained raters' evaluation of Kinetic Family Drawings of physically abused children. *The Arts in psychotherapy, 30*(1), 3−12.

Wohl, A., & Kaufman, B. (1985). *Silent screams and hidden cries*. New York: Brunner/ Mazel.

Wright, J. H., & McIntyre, M. P. (1982). The family drawing depression scale. *Journal of Clinical Psychology, 38*(4), 853−861.

제9장

동그라미 중심 가족화

- **개발자**: Burns(1990)
- **목　적**: 내면화된 가족에 대한 인식 및 감정 파악
- **준비물**: 8½″ × 11″ 크기의 용지(중앙에 직경 7½″ × 9″의 동그라미가 그려짐), 연필, 지우개
- **지시어**:
  - "원의 중심에 어머니를 그려 주세요. 어머니에 대해 시각적으로 자유롭게 연상되는 상징물을 원의 주위에 그려 주세요. 인물은 막대기 형태라든가 만화 같은 그림이 아닌 전신의 모습을 그려 주세요(Draw your mother in the center of the circle. Visually free associate with drawn symbols around the periphery of the circle. Try to draw a whole person, not a stick or cartoon figure)."
  - 어머니에서처럼 아버지와 자신의 그림에도 반복하여 지시한다(These instructions are repeated, substituting father and self for mother.).

📝 1. 개요

　동그라미 중심 가족화(Family-Centered-Circle Drawing: FCCD)는 Burns(1990)에 의해 개발된 투사적 그림검사로, 내면화된 가족에 대한 생각이나 감정을 파악하고자 한 것이다. FCCD는 검사지의 중심에 원이 그려져 있는 용지를 사용하게 되는데, 빈 용지에 비해 편안한 마음으로 그림그리기를 시작할 수 있다. 그림은 원의 중심에 그려지는데, 원은 어느 방향에서나 같은 모양이면서 균형과 통일을 이루고 있어 인간의 이상, 원만한 성격을 상징한다. 원의 중심이라는 의미는 인생의 중심이 부모로부터 형성되고, 성장함으로써 자신이 중심이 되는 인간의 성장 과정과도 부합된다. 인간도 정서적으로 초점을 모으게 되면 인간에 대한 통찰이 생기고 치료가 된다(김동연, 정현희, 1997). 인격 형성에 있어서 중심화는 본질적으로 중요하다. 만다라는 대칭적 도형으로서 본질적으로 중심화의 상징이다. 만다라와 마찬가지로 FCCD 역시 그림이 원의 중심에 그려지는 중심화로서, 마음의 균형을 유지시키는 기능이 있다. Rorschach(1942)는 비대칭 잉크반점보다 대칭의 잉크반점이 더 생산적이고 무의식적 요소가 더 많이 발견됨을 알게 되었다. Burns는 이러한 배경을 토대로 원의 중심에 가족의 그림을 그리게 하는 FCCD를 창안하게 되었다.

　FCCD는 아버지상, 어머니상, 자기상을 각각 하나씩 따로 그리고, 원 테두리 주위에 상징물을 그리는 방법이다. 이와는 다르게 부모상과 자기상을 한꺼번에 원 안에 그리고, 그 인물의 주위에 인물상과 관련하여 떠오르는 상징물을 그리는 동그라미 중심 부모-자녀 그림(Parents-Self-Centered Drawing: PSCD)이 있다. PSCD는 부모와 자신의 관계를 파악하려는 방법으로서 부모-자녀관계에 대한 개인의 인식을 확인할 수 있다. 즉, 부모와 자신의 관계를 보고, 그 관계를 통해 자기 자신을 바라보도록 하는 방법이다. 개인의 문제는 많은 경우 인간관계의 문제이므로 부모와 자신을 하나의 원 안에 그리는 것이 부모와 자녀의 관계를 더 명확히 진단할 수 있고, 진단 시간도 절약할 수 있다. 보통의 경우에 자녀가 부모에 대해 부정적인 감정을 표현하는 것은 매우 어려울 뿐 아니라 죄의식까지 느끼게 할 수 있다. 그러나 PSCD는 그림에 의한 표현이므로 사회적으로 수용되며, 해롭지 않은 방식으로 분노와 적개심을 해소시킬 수 있는 정화의 기능을 주어 무의식적인 갈등과 정신역동을 파악할 수 있게 한다.

　FCCD와 PSCD는 원 안의 인물상 주위에 그 인물에서 떠오르는 상징물을 그리게 하는 것이 특징이다. 상징물은 시각적인 자유연상을 기본으로 하며, 이 상징물에서 추상화된 사고와 정서를 발견할 수 있다. 인물 주위에 그려진 상징물은 피검자 스스로가 창조한 것이므로 피검자로 하여금 내면에 보다 가까이 다가가게 한다. 이처럼 언어에 의한 자유연상을 통해 무의식을 의식화하고자 한 학자는 Frued이다(Burns, 1990). 그러나 언어는 발신자와 수신자의 친숙한 신호 체계에 한정되며, 객관적인 의미를 지니고 있다. Jung(1953)은 신호 체계의 한계를 인식하면서 상징 체계에 초점을 두었다. 상징은 주관적 감정을 나타내며, 의식의 여러 수준을 연결하는 기능을 지닌다. 신호 체계와 상징 체계 양쪽의 이해는 치료사에게 이상적이다. 상징, 은유, 메시지가 담긴 이미지는 각 개인의 독특성에 새로운 시각적 진실과 명확성을 준다(Burns, 1990).

FCCD나 PSCD를 그린 후, 상징중심탐색(Symbol-Centered Probe: SYM-C-P)을 실시한다. 이는 FCCD나 PSCD의 원 주위에 그려진 상징물 가운데 다시 하나를 뽑아 새로운 원의 중심에 두고 그 주위에 그것에서 연상되는 상징물을 다시 표현하게 하는 것이다. 상징을 탐색해 나가는 과정을 통하여 피검자는 상징에 내재되어 있는 추상화된 사고와 정서를 발견하게 된다. 즉, 상징의 표현이라는 비언어적인 방법을 통하여 부모에 대한 부정적인 생각이나 감추어진 감정까지도 정신적 손상 없이 드러나게 된다. 이와 같이 SYM-C-P는 짧은 시간에 심층의 마음을 드러나게 해 주며, 무의식을 자극하고 긍정적 에너지 또는 부정적 에너지를 노출하게 해 준다(Burns, 1990).

상징의 시각적 표현은 언어적 인식을 통하여 의미가 더욱 풍부해진다. 즉, 진단에서 그림의 비언어적 측면과 그림에 대한 피검자의 이야기를 통한 언어적 측면의 결합은 진단에 더 유용하다. 이러한 점에서 원의 중심에 가족 혹은 부모-자녀를 두고 인물의 주위에 마음에 떠오르는 시각적 연상을 그리게 하는 방법은 매우 유용한 진단도구로 활용되고 있다.

이처럼 동그라미를 중심으로 한 그림검사들이 가지는 장점을 열거해 보면 다음과 같다. 첫째, 가운데에 원이 있으므로 빈 용지일 때보다 편안한 마음으로 그림을 시작할 수 있고, 원으로 균형이 잡혀 있음으로 인해 통일과 균형감, 원만함을 준다. 둘째, 방법이 간접적이므로 검사를 받는다는 부담감을 줄여 주어 누구나 쉽게 사용할 수 있다. 셋째, 현실의 부모가 아니라 심리적 부모상과 심리적 자신을 보게 해 준다. 넷째, 인물상 주위의 상징물을 통해 이 연상을 기본으로 추상화된 사고와 감정의 탐색을 가능하게 해 준다. 다섯째, 이성의 검열을 덜 받기 때문에 반응이 자유롭고, 부모-자녀관계의 여러 측면을 동시에 잴 수 있어 특정 개인의 전체이면서도 하나인 부모-자녀관계의 역동이나 구조를 파악할 수 있다. 여섯째, 부모에 대한 분노, 적대 감정 등을 정신적 손상 없이 해소할 수 있는 정화의 기능을 제공한다. 일곱째, 작품을 통해 부모-자녀관계에 대해 이야기할 기회가 제공되며, 이미지를 언어로 인식할 수 있게 해 준다. 그리하여 지나간 상황을 보게 되고, 그 상황에 대한 다른 정의와 해석을 가능하게 해 준다.

2. 실시방법

1) 준비물

- 8½″ × 11″ 크기의 용지(중앙에 직경 7½″ × 9″의 동그라미가 그려짐), 연필(HB나 4B), 지우개

2) 시행절차

FCCD, PSCD, SYM-C-P의 지시어를 제시하면 다음과 같다.

- 동그라미 중심 가족화(FCCD): "원의 중심에 어머니를 그려 주세요. 어머니에 대해 시각적으로 자유롭게 연상되는 상징물을 원의 주위에 그려 주세요. 인물은 막대기 형태라든가 만화 같은 그림이 아닌 전신의 모습을 그려 주세요." 어머니에서처럼 아버지와 자신의 그림에도 반복하여 지시한다.
- 동그라미 중심 부모-자녀 그림(PSCD): "원의 중심에 부모와 자신을 그려 주세요. 부모나 자신에 대해 시각적으로 연상되는 상징물을 원의 주위에 그려 주

세요. 인물은 막대기 형태라든가 만화 같은 그림이 아닌 전신의 모습을 그려 주세요(Draw your parents and yourself in the center of the circle. Visually free associate with drawn symbols around the periphery of the circle. Try to draw whole people, not stick or cartoon figure)."

- 상징중심탐색(SYM-C-P): "당신이 선택한 상징물을 중심에 그리고, 그것에서 연상되는 상징들을 원의 주위에 그려 주세요(Center your chosen symbol and visually free associate with drawn symbols around the periphery of the circle)."

유아나 아동의 경우에는 쉬운 말로 바꾸어서 지시할 수 있으며, 그림을 완성한 후 그림 속의 인물상이 누구인지 기록하고, 무엇을 하고 있는지를 확인하여 용지 여백에 기입해 두는 것이 좋다. 시간제한은 두지 않지만 일반적으로 30~40분 정도가 소요된다. 지시어 이외의 질문에 대해서는 "자유입니다."라고 대답하여 그림에 대한 어떠한 단서도 주지 않는다.

🖊 **3.** 평가기준 및 해석

1) FCCD

(1) 평가요소

- 인물상의 상대적 크기는 각각의 심리적 크기나 인물이 가진 에너지를 반영한다.
- 신체상의 일부가 생략되었거나 지나치게 강조되었는가?
- 얼굴 표정은 누가 웃고 있는가 아니면 찌푸리고 있는가, 행복한가 아니면 슬픈가, 인물상에 눈이 그려져 있는가 아니면 그들은 보고 있는가?
- 인물상 바로 위의 상징물은 종종 이 사람에게서 연상되는 주된 감정과 관련된다. 인물 바로 위의 하트는 사랑을 의미하며, 인물 위의 칼은 분노를 암시한다.

- 자기상 주위의 상징이 부모의 그림에서 반복적으로 나타나는가?
- 부, 모, 어느 그림에서 자기의 상징이 반복되는가?
- 어느 인물상이 애착을 암시하는 단서를 가졌는가?
- 인물상을 둘러싸고 있는 상징물들이 긍정적인가, 부정적인가?

(2) 해석방법: 특수한 생략과 과장

- 눈이나 눈동자의 생략은 사람을 보지 않으려는 것(보살피지 않으려는 것)을 나타낸다.
- 코의 생략은 분노를 밖으로 드러낼 수 없는 것을 나타내고, 대개 분노가 수용되지 않는 가정, 이를테면 "여기서 싸워서는 안 돼."라고 하는 가정에서 양육된 사람들에게서 나타난다.
- 입의 생략은 이를테면 "다 큰 아이들은 울어서는 안 돼."라고 하는 것처럼 의존성과 약함을 표현할 수 없는 것을 나타낸다.
- 목의 생략은 의지가 강한 사람들에게서 보이는 '완고함'을 나타낸다.
- 팔의 생략은 힘에 대한 불안을 나타낸다.
- 허리 아랫부분의 생략은 성에 관한 부정을 나타낸다.
- 발의 생략은 불안정과 '집시(gypsy)' 같은 성격을 나타낸다.
- 눈의 과장은 과도한 경계를 의미한다.
- 코의 과장은 외부로 향한 분노이다. 황소나 돼지 같은 콧구멍을 나타낸다.
- 입의 과장은 의존성을 나타낸다.
- 기린의 목과 같이 길게 늘인 목은 의존성을 의미한다.
- 길게 늘어진 팔은 힘과 통제에 대한 욕구를 나타낸다.
- 길게 늘어진 발은 안전성 및 안정성에 대한 욕구를 나타낸다.

2) PSCD

(1) 평가요소

- 누가 중심에 있는가?
- 부모상과 비교한 자기상의 상대적 크기는 자기상을 어린아이처럼 그렸는가 아니면 성인처럼 그렸는가?
- 자기상은 누구와 가장 가까운가?
- 어떤 신체언어가 나타나는가? 누가 누구를 밀어내는가? 누구의 몸이 왜곡되었는가?
- 두 사람이나 한 사람을 그렸는가? 그리지 않은 사람은 누구인가?
- 얼굴 표정은 웃고 있는가, 찡그리고 있는가, 사랑하고 있는가?
- 자기상이 중심에서 벗어났는가?
- 부모상이 중심에서 벗어났는가? 중심에는 아무도 없는가?
- 인물상 바로 위에 있는 상징물은 어떤 것인가? 바로 아래에 있는 상징물은 어떤 것인가?
- 그림에서 남성적 혹은 여성적 에너지 중 두드러진 것은 무엇인가?
- 부모상은 보고 있는가? 아니면 눈동자가 그려져 있지 않은가?
- 각 인물상에서 생략된 것은 무엇인가? 눈, 코, 몸통, 발인가?
- 각 인물상에서 지나치게 강조된 것은 무엇인가? 눈, 목, 코, 입, 팔인가?

(2) 해석방법

① 건강하게 내재화된 부모-자녀 그림의 특성

- 전체의 인물상은 어느 곳도 생략되거나 왜곡되어 있지 않다.
- 아버지상, 어머니상, 자기상과 신체 각 부위가 적당한 크기로 균형을 이룬다.
- 부모상과 자기상에 눈, 코, 입이 그려져 있으며 우호적인 얼굴 표정이다.
- 자기상이 중심에 있고, 통제되어 있다.
- 구성원이 지나치게 밀착되지 않고 적당히 떨어져 서 있다.

- 신체언어는 개방성을 나타내고, 밀어내려고 하지 않는다. 부모는 대칭을 이루며 자기상 가까이에서 왜곡이 없다.
- 이상적으로는 부모상이 자기상을 마주보고 있다.
- 주위의 상징물들, 특히 부모상이나 자기상 바로 위의 상징물이 긍정적이고 희망적이다.
- 살고 싶어 하는 세계를 묘사하고 있다.

② 불건강하게 내재화된 부모-자녀 그림의 특징
- 인물상 신체의 각 부위가 생략되었다.
- 어머니상, 아버지상, 자기상의 크기가 지나치게 크고 왜곡되었다.
- 얼굴 표정이 우호적이지 않거나 생략되었다.
- 아버지상과 어머니상이 중심부에 있거나 중심부가 비어 있다.
- 인물상들이 밀착되어 있거나 멀리 떨어져 있다.
- 신체언어가 부모나 자기를 밀어내거나 지나치게 보호(guarded)하는 것으로 보인다.
- 부모상이 자기상을 바라보지 않는다. 눈이 없거나 외면하고 있다.
- 주위의 상징물들이 부정적이다.
- 살고 싶지 않은 듯한 세계를 묘사하고 있다.

3) PSCD 채점기준

PSCD의 채점기준은 Burns(1990)의 평가요소를 바탕으로 정현희(1994), 김지연과 김갑숙(2007)의 연구와 인물화의 채점기준을 참고로 하여 김갑숙과 전영숙(2007)이 13개 평가 영역을 구성한 것을 제시하였고, 그 세부항목은 〈표 9-1〉과 같다.

채점기준은 신체 부위 생략과 전체 상징수, 긍정 상징수, 부정 상징수를 개수로 채점한 후 신체 부위 생략은 생략 없음, 1~2개 생략, 3개 이상 생략으로, 상징수는 상징 없음, 1개, 2~3개, 4개 이상으로 재분류하였다. 얼굴 표현은 얼굴 내부 전체를 생략한 경우, 이목구비 중 일부가 생략된 경우, 이목구비를 다 그린 경우의 세 단계로 분류하였으며, 신체 크기는 동그라미 원의 1/2 이하의 크기는 작다, 2/3 미만은 보통, 2/3 이상으로 그렸을 경우에는 크다로 채점한다. 신체 균형은 머리 크기를 중심으로 4등신 이하일 경우에는 불균형으로, 6등신까지는 중간, 그 이상은 균형으로 채점한다. 얼굴 표정은 울고 있거나 화를 내고 있는 경우에는 어두운 표정으로, 표정이 없는 경우에는 무표정으로, 웃고 있거나 미소를 띠고 있는 경우에는 우호적으로 채점한다. 인물상의 거리는 인물상이 중첩되고 어깨가 맞닿아 있을 때에는 밀착, 인물상이 자연스러운 자세에서 손이 닿을 정도의 거리일 때에는 적당 거리로, 그 이상은 분리로 채점한다.

〈표 9-1〉 PSCD 채점기준

영역	구분	아버지상	어머니상	자기상
신체 부위 생략	개수(눈, 코, 입, 몸, 팔, 다리, 손, 발): 생략 없음/1~2개 생략/3개 이상 생략			
얼굴 표현	내부 전체 생략/부분 생략/이목구비 다 그림			
신체 크기	작다(1/2 이하)/보통(2/3 미만)/크다(2/3 이상)			
신체 균형	불균형/중간/균형			
얼굴 표정	어두운/무표정/우호적			
인물상의 위치	왼쪽/오른쪽/중앙			
인물상의 방향	뒷면/옆면/정면			
인물 간 거리	밀착/적당 간격/분리			
그린 순서	첫 번째/두 번째/세 번째			
인물상 생략	생략/그림			
전체 상징수	개수: 상징 없음/1개/2~3개/4개 이상			
긍정 상징수	개수: 상징 없음/1개/2~3개/4개 이상			
부정 상징수	개수: 상징 없음/1개/2~3개/4개 이상			

출처: 김갑숙, 전영숙(2007). 여고생의 동그라미중심 부모-자녀 그림(PSCD) 반응특성과 부모-자녀 의사소통에 관한 연구.

🖊️ **4.** 해석의 적용

1) FCCD 사례

[그림 9-1] FCCD의 아버지상 [그림 9-2] FCCD의 어머니상 [그림 9-3] FCCD의 자기상(A)

　피검자 A는 17세로 고등학교에 다니는 여학생이다. A는 학교 적응이 어렵고 가출을 일삼는 학생이었는데, FCCD를 통하여 아버지의 폭력으로 붕괴 직전의 가정 분위기를 파악할 수 있었다. 앞서 제시한 그림들은 A의 FCCD로 각각 A의 아버지, 어머니, A 본인을 그린 그림이다. [그림 9-1]의 아버지상에서는 맨몸으로 근육을 드러낸 아버지의 모습을 그렸다. 특히 복근과 어깨와 무릎의 근육을 강조함으로써 매우 건장한 신체를 가지고 있음을 나타내고 있다. 얼굴 표정은 우호적이지 않고, 치켜뜬 눈과 이를 드러낸 입, 그리고 눈썹과 콧구멍이 강조되어 표현되었으며, 오른쪽 팔을 들어 올린 모습은 마치 주먹을 날릴 것 같은 위협감을 느끼게 한다. 주위에 그려진 상징물을 살펴보면 술과 담배와 다방이라는 글자가 새겨진 라이터가 그려져 모두 부정적임을 알 수 있다. 상징물에 대한 대화를 통하여 A의 아버지는 자주 술을 마시고 가족에게 폭력을 휘둘렀고 다른 여자와 바람을 피우는 등 가족을 힘들게 하는 일이 많았음을 파악할 수 있었다.

　[그림 9-2]의 어머니상에서는 얼굴 표정이 우호적이며, 장바구니를 들고 있는

어머니를 표현했다. 장바구니에서 가족을 돌보는 엄마의 따뜻함을 느낄 수 있고, '엄마'라는 글자 옆에 하트를 2개 그린 것으로 보아 피검자 A가 느끼는 엄마에 대한 감정은 매우 긍정적임을 알 수 있다. 특히 동그라미 아랫부분에 엄마에 대한 연상을 '포근함, 자상함, 착함, 잔소리'라고 적었는데, 여기서 A의 엄마에 대한 긍정적인 마음을 읽을 수 있다. [그림 9-3]의 자기상에서는 자신과 거의 비슷한 크기로 이성 친구를 그렸다. 그리고 원의 주위에 '현철이를 사랑하는 마음'이라는 글씨를 써 넣어 가족에 대한 관심보다 이성에 대한 관심에 집중되어 있음을 드러내고 있다. 한편 자기상 위쪽의 '나'라는 글자 양쪽에 하트를 2개 그렸는데, 이것은 어머니상에서도 똑같은 위치에 똑같은 모양으로 반복되고 있어 엄마와의 관계가 양호하며 동일시하는 모습을 파악할 수 있다.

이와 같이 FCCD는 A의 진정한 문제가 무엇인지를 발견하게 해 주었다. A는 겉으로 나타난 행동으로 공부하기 싫어하고 학교생활에 불성실한 학생으로 평가받고 있었다. 그러나 FCCD를 통하여 실제로는 화목하지 못한 가정 분위기로 인해 가정과 학교에 애정을 갖지 못하고 방황하는 청소년이라는 것을 확인할 수 있었고, 적절한 상담으로 연결할 수 있었다.

2) PSCD와 SYM-C-P 사례

[그림 9-4] PSCD   [그림 9-5] SYM-C-P(술) [그림 9-6] SYM-C-P(일기장)

피검자 B는 25세의 여성으로, 부모가 이혼한 가정의 자녀이다. [그림 9-4]는 피검자의 PSCD이며, [그림 9-5]는 피검자의 아버지상의 상징물인 '술'을 중심으로, [그림 9-6]은 피검자의 어머니상의 상징물인 '일기장'을 중심으로 한 SYM-C-P이다.

먼저 [그림 9-4]를 보면 아버지를 왼쪽에 그리고, 조금 떨어진 곳에 어머니와 자기상을 그리고 있다. 정중앙은 아니지만 가운데가 비어 있는 듯이 보이고, 어머니와 피검자 본인은 팔 부분이 겹쳐 있고, 손을 잡고 있는 듯이 보이기도 하며, 어머니 뒤에 숨으려는 듯한 모습을 보인다. 이러한 모습에서 어머니와 피검자는 매우 밀착된 관계로, 두 사람의 심리적 거리가 가깝다는 것을 짐작할 수 있다. 그러나 이 두 사람과 아버지는 다소 거리를 두고 있어 정서적으로 분리되어 있음을 엿볼 수 있다.

그림의 주위에 그려진 상징물을 살펴보면 아버지상 주위에 그려진 상징물은 술병과 술잔, 그리고 반짝거리는 자동차이다. 아버지는 늘 술이 지나쳤고, 다른 사람에게 과시하려는 면이 많아 차에 과도하게 집착하곤 하였다. 어머니상 주위에 그려진 상징물은 따뜻한 밥상과 뜨개실과 바늘, 그리고 일기장이다. 자기상 주위에는 눈물과 어린 시절에 아버지에게서 선물 받은 작은 액세서리를 그렸다. 아버지에 대한 이미지는 거의 부정적인 것인 반면, 어머니에 대한 이미지는 대부분 긍정적이다. 또한 피검자 본인은 가정불화로 인한 슬픔이 큰 가운데서도 아버지에 대한 양가감정을 드러내고 있다.

이와 같이 피검자의 PSCD를 보면서 부모와의 관계를 어느 정도 읽을 수 있었지만, 계속해서 SYM-C-P을 실시함으로써 피검자의 부모에 대한 감정과 고통스러운 경험들을 보다 구체적으로 관찰할 수 있었다. 검사자는 B에게 아버지상과 어머니상에 그려진 상징물 중에서 특히 의미 있다고 생각되는 상징물을 하나씩 선택하도록 하였고, B는 아버지상에 그려진 술병과 어머니상에 그려진 일기장을 선택하였다. [그림 9-5]는 아버지상의 상징물인 술병을 중심으로 연상되는 것을 다시 그리도록 한 것이다. 이에 폭력을 휘두르던 주먹, 폭력으로 부서진 가재도구, 아내와 자녀를 통제하기 위해 강제로 머리카락을 자르던 가위 등을 표현했다. 또한 [그림 9-6]에서는 어머니상의 일기장을 중심으로 다시 연상되는 것을 그렸는데, 어느 날 우연히 보게 된 엄마의 일기장에서 읽은 엄마의 인생을 떠올렸다. 아빠의 폭력으로 병원에 실려간 일, 2층에서 뛰어내려 자살하려고 했던 일들을 표현했다.

이와 같이 PSCD와 함께 SYM-C-P를 통하여 피검자가 인식하는 부모-자녀관계를 더욱 깊이 들여다볼 수 있었고, 그림을 통한 상징이라는 안전한 방법을 통하여 고통스러운 과거를 회상하고, 아버지에 대한 적개심, 어머니에 대한 연민을 확인할 수 있었다. 따라서 PSCD를 통한 부모-자녀관계 진단과 SYM-C-P를 통한 무의식의 탐구는 가족을 이해하기 위한 유용한 도구로 사용됨을 알 수 있다.

5. 연구동향

1) 국외 연구동향

Burns(1990)는 그의 저서에 동그라미 중심 가족화(FCCD)에 대한 검사를 소개하면서 많은 사례를 제시하며 검사의 특징을 설명하였지만, 구체적인 평가방법을 제시하지는 않았다. 이후 여러 학자에 의해 후속연구가 이루어졌고, 그중에는 실시방법을 변형시키거나 구체적인 평가방법을 제시한 연구도 있었다.

Thomas(1997)는 투사적 그림검사에서 전통적으로 사용하는 딱딱한 연필과 흰색 용지 대신에 부드러운 연필, 검정색과 회색이 포함된 16색 마커, 도화지(18″×24″)를 제시하였다. 그가 그렇게 한 이유에 대해서 딱딱한 연필은 음영이나 질감을 표현하기에 적합하지 않고(Gantt, 1990), 색을 사용하지 않는 것은 피검자의 표현 능력을 크게 제한하고(Betensky, 1977), 작은 용지는 창의적 반응을 억제한다(Gantt, 1990)는 견해를 수용하여 실시방법을 변형하여 적용하였다고 설명하였다. 또한 Thomas(1997)는 PSCD의 채점에 있어서 평가항목을 형태, 내용(상징 표현), 색상, 공간으로 구분하였고, 이를 4점 리커트 척도로 수량화하여 측정하였다. 각 항목은 세 가지 수준에서 평가되었고, 이는 해체와 화합, 감정 억제와 감정 표현, 지지와 갈등의 연속선에서 이루어졌다.

Thomas(1997)는 그의 박사학위논문에서 병원에 입원한 우울한 청소년과 우울하지 않은 청소년 각 40명의 가족환경과 PSCD를 비교하였다. 연구도구로는 Beck 등(1961)의 우울척도와 Moos(1981)의 가족환경 척도(Family Environment Scale: FES)와 Burns(1990)의 PSCD를 사용하였다. 그 결과, 두 집단은 가족관계에 대한 인식이 서로 다르다는 것을 알게 되었다. PSCD의 형태는 FES의 하위척도인 가족 결속력, 표현력, 갈등과 유의미한 차이가 있었고, PSCD의 모든 항목인 형태, 색상, 내용, 공간은 FES의 하위척도인 갈등과 유의미한 차이를 보였다. 그림의 특징으로는 80명 중 58명이 그림에 하트를 포함시켰는데, 우울하지 않은 집단은 빨간색, 분홍색의 깨어지지 않은 하트를 그린 반면, 우울한 청소년의 하트는 금이 가 있거나 산산조각이 났거나 번개 맞은 것과 같이 부정적인 방식으로 표현되었고, 두꺼운 검정색 선으로 구분을 하거나 '부정'의 상징으로 덮여 있었다. 색상도 검정색, 파란색을 쓰거나 불에 휩싸인 그림을 그렸다. 그의 연구에서 PSCD에 대한 채점자 간 일치도는 .55~.91로 나타났다.

Burns(1990)는 그의 저서에서 FCCD와 PSCD, 그리고 SYM-C-P를 소개했지만, 사례 중심으로 그림을 설명하고 있을 뿐 신뢰도를 제시하지는 않았다. 이후 연구에서도 주로 PSCD에 국한되어 다루어지는 경향이 있어 향후의 연구에서는 PSCD뿐 아니라 FCCD와 SYM-C-P에 관한 연구도 이루어질 필요가 있다. 또한 투사적 그림검사의 타당도와 신뢰도를 높이려는 노력에도 불구하고 여전히 창의적이고 비구조화된 미술작품을 객관화하고 구조화하는 것은 어려운 일이다. 따라서 앞으로도 보다 신뢰도를 확보할 수 있는 연구가 계속되어야 할 것이다.

2) 국내 연구동향

국내에서는 김동연과 정현희(1997)의 『동그라미 중심 가족화에 의한 심리진단과 치료』라는 저서에 Burns(1990)의 PSCD가 소개되면서 다양한 연구가 이루어졌다. 국내 연구에서도 국외 연구와 마찬가지로 FCCD나 SYM-C-P에 관한 연구보다 PSCD에 대한 연구가 대부분이었다. 즉, 동그라미 안에 부모와 자기상을 그리는 PSCD를 통해 부모와 자녀의 관계를 파악하려는 노력이 다각도로 이루어졌다. 그동안의 연구를 살펴보면 PSCD의 반응특성과 부모-자녀관계에 관한 연구(정현희, 장혜경, 1995a; 정현희, 1998; 정현희, 1999), 부모-자녀 친밀도에 관한 연구(정현희, 1994; 김지연, 김갑숙, 2007; 전원숙, 2007), 부모-자녀 의사소통에 관한 연구(김갑숙, 전영숙, 2007; 최명옥, 이명우, 2011), 부모-자녀 애착에 관한 연구(정영인, 2009; 진금회, 2011)가 있고, 한부모 가정과 양부모 가정 아동의 PSCD 반응특성을 비교한 연구(정영인, 2016)와 아동의 KFD와 PSCD를 비교한 연구(박미영, 2003) 등이 있다.

부모-자녀관계에 관한 연구를 살펴보면 PSCD를 통해 어머니-자녀관계 진단에 따른 자기역량 지각의 차이를 파악하고자 한 연구(정현희, 장혜경, 1995a)에서는 상징의 수가 많고, 자기상의 위치가 중심에 있으며, 인물상 간의 거리가 가까울수록 자아가치에 대한 자기지각이 높은 것으로 나타나 어머니-자녀관계가 아동의 사회적·정서적 면에 영향을 주고 있음을 밝혔다. 또한 신체 부위를 균형적으로 표현하고, 얼굴 표정이 긍정적이며, 상징수를 많이 그린 아동이 사회적 역량에 대한 자기지각이 높은 것으로 나타나 어머니-자녀관계가 또래와의 관계에 영향을 주는 것으로 나타났다. 이를 통하여 PSCD가 아동의 행동을 진단해 주는 척도로서의 가능성을 시사하였다. 그 외에 PSCD와 유아의 어머니 관계와 또래관계의 일반적 경향 및 관련성을 분석한 연구(정현희, 1998), PSCD와 유아의 어머니 관계와 유아의 자아개념에 대한 연구(정현희, 1999)가 있다. 여대생을 대상으로 한 PSCD 검사를 통해 부모-자녀관계 개선의 효과를 알아보기 위한 연구(정현희, 장혜경, 1995b)에서 보조자료 TAT 검사를 실시한 결과, PSCD에 투사된 부모-자녀관계와 TAT의 부모상의 공통점을 확인하였고, 언어만을 사용했을 때보다 PSCD를 통해 부모-자녀관계의 갈등의 원인을 직면하고 관계 개선의 노력을 시도하게 되었음을 보고하였다.

부모-자녀 친밀도에 관한 연구로는 초등학생을 대상으로 한 연구(전원숙, 2007)에서 부친밀도가 높은 경우, 남학생은 아버지상을 중간 크기로 그리고 부정 상징물의 수가 적었으며 적절하게 그렸다. 또한 모친밀도가 높은 경우, 남녀 모두 어머니상을 오른쪽에 밝게 그렸고, 남학생은 부정 상징물을 적게 표현하였으며, 여학생은 전체 상징수를 적게 표현하였다. 자기상 반응특성에서는 남학생의 경우에는 중간 정도의 신체 크기일 때 모친밀도가 높았고, 여학생은 인물 간 거리가 적절할 때 부친밀도가 높았다. 중학생을 대상으로 한 연구(김지연, 김갑숙, 2007)에서는 남녀 학생 모두 PSCD의 아버지상에서 얼굴 표정을 밝게 그렸고, 긍정 상징물을 많이 표현하였으며, 아버지와의 거리를 밀착되게 그린 경우에 부친밀도가 높았다. 그 외에 여학생의 경우에는 아버지상의 부정 상징물을 적게 표현하였고, 아버지상을 정면으로 표현한 경우에 부친밀도가 높았다. 모친밀도가 높은 경우, 남학생은 어머니상 반응특성에서 어머니상의 표정을 밝게 그렸고 전체 상징수가 많았으며, 방향을 정면으로 표현하였고 어머니와 밀착되게 그렸다. 여학생은 긍정 상징물을 많이 표현하였고, 부정 상징물을 적게 표현하였으며, 어머니상을 정면으로 밀착되게 그렸다. 또한 자기상 반응특성에서 남학생은 자기상의 표정이 밝고 정면으로 밀착되게 그린 경우에 부친밀도가 높았고, 자기상에 대한 긍정 상징물을 많이 표현하고 자기상을 분리되게 그린 집단은 모친밀도가 높았다. 여학생은 자기상의 신체적인 생략이 없거나 1개인 집단과 자기상을 밀착되게 그린 여학생이 부모친밀도가 높았고, 자기상을 웃게 그린 여학생이 모친밀도가 높았다.

부모-자녀 의사소통에 관한 연구로는 여고생을 대상으로 한 연구(김갑숙, 전영숙, 2007)에서 아버지와의 의사소통이 원활하게 이루어지고 있는 경우, PSCD의 아버지상에서 신체 생략이 없고 균형이 있으며 얼굴 표정이 우호적이고 긍정 상징물이 2~3개이거나 부정 상징물은 그리지 않았다. 어머니와 의사소통이 원활한 경우, 어머니상에서 얼굴과 신체 부위를 생략 없이 모두 그렸고 중간 정도의 신체 균형과 우호적인 얼굴 표정을 그렸으며 부정 상징물을 그리지 않았다. 또 자기상에서는 얼굴 표정이 우호적이고 인물 간 거리가 적당 간격일 때 부-자녀 간에 의사소통이 원활하게 이루어졌다. 자기상의 얼굴 표현에서 이목구비를 모두 그리고 신체 생략이 적은 경우, 모-자녀 간에 의사소통이 긍정적이고 개방적으로 이루어지고 있었고, 신체 크기가 용지의 1/2에서 2/3 정도의 크기로 그린 집단과 얼굴 표정을 밝고 우호적으로 표현한 경우에 모-자녀 간에 의사소통이 긍정적으로 이루어지고 있었으며, 인물 간에 밀착되게 그린 집단인 경우에 모-자녀 간에 의사소통이 원활하지 않음을 알 수 있었다. 또 고등학생을 대상으로 한 연구(최명옥, 이명우, 2011)에서 부-자녀 간에 의사소통이 원활한 경우, PSCD의 아버지상에서 얼굴 표정이 우호적이고 긍정 상징수가 1개나 2~3개 있으며, 부정 상징수가 없는 경우 또한 인물상 거리는 밀착되고 인물상 방향이 앞모습으로 나타났다. PSCD의 어머니상에서 모-자녀 간에 의사소통이 원활한 경우, 얼굴 표정이 우호적이고 무표정하거나 부정 상징물수가 없는 경우에 모-자녀 간에 의사소통이 원활한 것으로 나타났다. 또한 PSCD의 자기상에서 긍정 상징수가 1개인 경우에 부-자녀 간에 의사소통이 원활하였고 얼굴 표정이 우호적이며, 긍정 상징수가 1개이고 부정 상징수가 없는 경우에 모-자녀 간에 의사소통이 원활한 것으로 나타났다.

부모-자녀 애착에 관한 연구는 청소년을 대상으로 한 연구(진금회, 2011)에서 부애착이 높은 경우에 PSCD의 아버지 상징물이 긍정적이고 얼굴 표정이 우호적이었다. 모애착이 높은 경우에 어머니 상징물이 긍정적이고 얼굴 표정이 밝게 표현되었으며 상징수도 많은 것으로 나타났다. 자기상의 경우에 남학생은 자기상을 중앙에 그리고 얼굴 표정이 우호적이며 자기상징을 긍정적으로 표현한 경우에 부애착이 높았으며, 여학생은 자기상을 정면으로 그린 경우에 옆이나 뒷면을 그린 여학생보다 부애착 수준이 높았다. 또한 남학생이 자기상을 세 번째로 그리고 자신의 상징을 긍정적으로 표현하고 상징을 1개 이상 그린 경우에 모애착이 높았고, 여학생은 어머니상과의 거리가 가깝고 인물 방향이 정면이고 얼굴 표정을 우호적으로 표현한 경우에 모애착 수준이 높았다. 또 초등학생을 대상으로 한 연구(정영인, 2009)에서 부애착이 좋은 경우에는 남녀 모두 아버지상의 얼굴 표정을 우호적이고 긍정 상징물은 1개 있지만 부정 상징물은 없고 인물 간 거리는 적당 간격이었다. 모애착이 좋은 경우에는 남녀 모두 긍정 상징물이 많고 인물 간 거리가 적당 간격이며, 여학생의 경우에는 어머니상의 얼굴 표정이 우호적이고 부정 상징물이 없었다. 또한 자기상의 경우에는 남녀 학생 모두 자기상의 얼굴 표정이 우호적이고 부정 상징물이 없고, 인물 간 거리가 적당할 때 부모애착 수준이 높았다.

그 외에도 PSCD에 나타난 아동의 우울과 상징물에 관한 연구(정영인, 2010)에서 우울 수준이 높은 경우에 아버지상과 어머니상, 그리고 자기상의 반응특성에서 통계적으로 유의미한 차이가 나타나 PSCD가 부모와의 관계뿐만 아니라 우울을 평가할 수 있는 도구임을 검증하였다. 특히 부정 상징물은 부모상과 자기상 모두에서 우울과 관련이 있었고, 필압도 남학생의 자기상만 제외하고 모든 항목에서 우울과 밀접한 관계가 있었다. 또한 연구자는 우울한 아동과 우울하지 않은 아동에게서 주로 나타난 상징물을 제시하고 있다. 우울한 아동은 아버지상의 상징물이 컴퓨터, 일, 담배, 매, 술의 모습으로 가부장적인 엄격한 아버지의 모습으로 나타났고, 어머니상의 상징물은 요리도구, 일, 음식, 매, TV 등으로 나타났다. 반면 우울하지 않은 아동의 아버지상의 상징물은 사랑·하트, 일, 운동, 음식, 컴퓨터 순으로 나타나 가장의 모습과 가정적인 아버지의 모습을 동시에 보여 주었다. 어머니상의 상징물은 요리도구, 음식, 사랑·하트, 책, 웃음, 악기 순으로 나타나 우울한 아동들에게서 나타나는 게임과 TV와 맞는 행동 대신에 운동과 악기로 건강한 여가활동을 즐기는 것으로 나타났다.

김갑숙과 전영숙(2007)의 연구에서 채점의 신뢰도를 높이기 위하여 전체 표집 가운데 50명의 그림을 표집하여 2명의 채점자가 각각 채점하여 상관계수로 측정한 결과, 채점자 간 일치도는 $r = .91$로 나타났다. 또한 정영인(2009)의 연구에서의 신뢰도는 부애착은 Cronbach $\alpha = .912$, 모애착은 Cronbach $\alpha = .907$로 나타났다. 진금회(2011)의 연구에서 50명의 그림을 추출하여 상관분석을 실시한 결과 3명의 채점자 간 일치도는 A~B가 .945~1.0, A~C는 .979~1.0, B~C는 .982~1.0으로 나타났다.

이 연구결과에서 PSCD의 반응특성은 피검자의 심리적 특성에 따라 다르게 나타났지만, 그중에서도 얼굴 표정, 긍정 혹은 부정 상징수, 인물상의 거리가 주된 평가기준이 됨을 알 수 있었다. 이는 부모상과 자기상을, 그리고 원의 주위에 표현된 상징을 통하여 부모와 자신에 대한 개인의 인식을 확인하는 방법이 됨을 알 수 있다. 또한 인물 표정과 거리 등을 통하여 부모와 자신의 관계를 살필 수 있고, 이를 통하여 자신을 통찰할 수 있는 의미 있는 기회를 제공한다. 그러나 연구자마다 평가기준이 일정하지 않고, 평가항목도 연구자에 따라 5개, 6개, 7개, 11개, 13개 등 일관적이지 않아 연구결과를 단순하게 비교하기 어려운 점이 있다. 따라서 앞으로의 연구에서는 표준화된 평가기준이 마련되어야 할 필요성이 있다. 그리고 지금까지의 연구는 양적 연구가 대부분을 이루고 있지만 향후에는 질적 연구를 통해 보다 풍부하고 심층적인 연구가 이루어져야 할 것이다. 또한 연구에서 주로 사용된 그림검사는 PSCD인데, 향후에는 FCCD와 SYM-C-P에 관한 연구도 이루어질 필요가 있다.

참고문헌

김갑숙, 전영숙(2007). 여고생의 동그라미 중심 부모-자녀 그림(PSCD) 반응특성과 부모-자녀 의사소통에 관한 연구. 한국생활과학회지, 16(5), 921-932.

김동연, 정현희(1997). 동그라미 중심 가족화에 의한 심리진단과 치료. 대구: 대구대학교출판부.

김지연, 김갑숙(2007). 중학생의 동그라미 중심 부모-자녀 그림 반응특성과 부모-자녀친밀도에 관한 연구. 한국가족치료학회지, 15(1), 105-122.

박미영(2003). 미술치료에 있어서의 심리진단 연구: 아동의 동적가족화와 동그라미 중심 가족화를 중심으로. 경남대학교 교육대학원 석사학위논문.

전원숙(2007). 초등학생의 동그라미 중심 부모-자녀 그림(PSCD) 반응특성과 부모-자녀 친밀도 연구. 영남대학교 환경보건대학원 석사학위논문.

정영인(2009). 초등학생의 동그라미 중심 부모-자녀 그림(PSCD) 반응특성과 부모-자녀 애착에 관한 연구. 미술교육논총, 23(2), 219-239.

정영인(2010). 동그라미 중심 부모-자녀 그림(PSCD)에 나타난 아동의 우울과 상징에 관한 연구: 초등학교 5학년을 중심으로. 미술치료연구, 17(2), 189-204.

정영인(2016). 한부모 가정 아동과 양부모 가정 아동의 "동그라미 중심 부모-자녀 그림(PSCD)" 비교 연구. 미술과 교육, 17(3), 97-128.

정현희(1994). 동그라미 중심 부모 자녀 그림법을 통한 부모 자녀 친밀도 측정의 타당화 연구. 미술치료연구, 1(1), 39-46.

정현희(1998). 동그라미 중심 부모-자녀 묘화에 의한 유아-어머니 관계와 유아의 또래 관계. 미술치료연구, 5(2), 79-92.

정현희(1999). 동그라미 중심 부모-자녀 묘화에 의한 유아-어머니 관계와 유아의 자아 개념. 미술치료연구, 6(1), 73-87.

정현희, 장혜경(1995a). 동그라미 중심 부모자녀 묘화법에 의한 부모자녀 관계 측정 타당화 연구 I. 미술치료연구, 2(1), 51-63.

정현희, 장혜경(1995b). 동그라미 중심 부모-자녀 묘화를 통한 부모-자녀 개선. 미술치료연구, 2(1), 65-77.

진금회(2011). 청소년의 부-모 애착과 동그라미 중심 부모-자녀 그림(PSCD) 반응특성에 관한 연구. 영남대학교 환경보건대학원 석사학위논문.

최명옥, 이명우(2011). 고등학생의 동그라미 중심 부모-자녀 그림(PSCD) 반응특성에 따른 부모-자녀 간 의사소통 차이에 관한 연구. 예술심리치료연구, 7(1), 1-17.

Beck, A., Ward, C., Mendelson, M., Mock, J., & Erbaugh., J. (1961). An inventory for measuring depression. *Archives of General Psychiatry, 4*, 561-571.

Betensky, M. (1977). The phenomenological approach to art expression and art therapy. *Art Psychotherapy, 4*, 173-179.

Burns, R. C. (1990). *A Guide to Family-Centered Circle drawings* (FCCD) *with symbol Probes and Visual Free Association*. New York: Burnner/Mazel.

Gantt, L. (1990). A validity study of the Formal Elements Art Therapy scale (FEATS) for measuring diagnostic information through assessing formal variables in patients' drawings. Unpublished dissertation, University of Pittsburgh, PA.

Jung, C. G. (1953). *The Collected Works*. Vol.12, Psychology and Alchemy. London: Routledge & Kegan Paul.

Moss, R. (1981). *Family environment scale manual*. Palo Alto, CA: Consulting Psychologists Press.

Rorschach, H. (1942). *Psychodiagnostics*. Berne: Verlag Hans Huber.

Thomas, R. J. (1997). A comparison of depressed, hospitalized adolescents and non-depressed, not hospitalized adolescents on the family environment scale and the parents-self-circle drawing. United States International University. a doctoral dissertation.

제10장

새둥지화

- **개발자**: Kaiser(1993, 1996)
- **목 적**: 애착안정성 진단
- **준비물**: 8½ ″× 11″(A4) 용지, 연필, 지우개, 굵기가 가는 8색 마커펜
- **지시어**: "새둥지를 그려 주세요(Draw a bird's nest)."

1. 개요

새둥지화(Bird's Nest Drawing: BND)는 Kaiser가 애착안정성 진단도구로 개발한
그림검사로, 석사학위논문(1993)을 1996년에 학술지(The Arts in Psychotherapy)에
발표하면서 소개되었다. Kaiser(1996)는 BND가 애착 체계와 애착과 관련된 가족
역동성의 개인 내적 표상을 평가하는 데 도움이 되면서 애착유형에 대한 치료적
인 이해를 향상시키고, 더불어 개인 및 가족미술평가에서 가족화를 통해 얻을 수
있는 정보와 유사한 정보를 얻을 수 있다고 하였다.

한 인간의 성장에 있어서 가족의 영향은 지대하다. 치료장면에서도 내담자가
가족을 어떻게 인식하고 있으며, 가족관계는 어떠한지에 대한 내용을 파악하는
것은 매우 중요한 과정이다. 따라서 개인의 가족에 대한 지각 및 가족의 역동성을
평가하기 위한 그림검사로 동적 가족화(KFD), 동그라미 중심 가족화(FCCD), 동그

라미 중심 부모-자녀 그림(PSCD) 등이 사용되어 왔다. 그러나 이러한 그림은 사람을 직접 그리는 방식이라 사람의 묘사가 어렵기도 하거니와, 가족관계가 좋지 않거나 가족관계를 노출시키고 싶지 않은 내담자에게는 저항을 불러일으킬 우려도 없지 않다. Kwiatkowska(1978)에 의하면 가족화는 미술치료 평가과제 중에서 불안을 가장 많이 유발하는 것 중의 하나이며, 종종 방어기제가 작동한다. 이에 비해 BND는 쉽고 빠르게 과제를 수행할 수 있고, 세부적인 정보를 얻을 수 있으며, 사람을 직접 그리는 투사적 그림검사에 비해 정서적 거리를 제공하여 위협적이지 않고 방어가 적다(Holt & Kaiser, 1995; Kaiser, 1996; Kaiser, Holt & Francis, 2001, Kaiser & Deaver, 2009)는 장점이 있다.

새둥지는 상징적인 면에서 정서적인 측면과 인지적인 측면을 모두 가지고 있다. Kaiser(1996)에 따르면 새둥지는 정신적으로 애착경험뿐만 아니라 안전과 보호의 은유적인 인식을 나타낸다. Edinger(1972)는 새의 둥지는 담는 기능과 자궁과 같은 형태로 인해 모성애와 보호를 상징한다고 말했다. 따라서 BND를 실시함으로써 내담자의 돌봄, 보호, 양육의 경험을 이해할 수 있을 뿐만 아니라 그들의 근본적인 목표, 믿음, 애착 행동의 형성과 타인과의 상호 관계성을 인지할 수도 있다(Sheller, 2007). 또한 그림에서 안정애착과 불안정애착이 잘 묘사되는 것으로 나타났으며, 피검자의 애착 관계성과 친밀감에 대한 이해를 높이며 손상된 애착을 치료하는 데 도움을 준다. 이처럼 BND는 애착 체계와 애착과 관련된 가족역동성의 개인 내적 표상을 평가하거나 교정하는 데 도움을 주어 결과적으로 애착유형에 대한 치료적 접근을 용이하게 하는 검사도구라 할 수 있다.

2. 실시방법

BND 실시를 위한 준비물과 지시어는 검사의 발전과 함께 조금씩 수정되어 적용되었다. 여기서는 처음 Kaiser(1996)가 제시한 방법과 이후 Francis, Kaiser와 Deaver(2003)가 제시한 수정된 지시방법을 소개하고자 한다.

1) 준비물

(1) Kaiser의 방법
- 8½″ × 11″(A4) 용지, 연필, 지우개, 굵기가 가는 8색 마커펜

(2) Francis, Kaiser와 Deaver의 방법
- 9″ × 12″의 흰색 용지, 24색 크레파스, 24색 색연필, 굵기가 가는 10색 마커펜, 연필, 지우개, 이야기를 기록할 8½″ × 11″ 크기의 줄이 있는 용지
- 국내에서는 보통 8½″ × 11″ 용지와 크기가 비슷한 A4용지를 이용한 연구가 많고, 채색도구로 마커 외에 크레파스나 색연필 등이 사용되거나 색상의 수도 12색이나 18색 등이 사용되기도 한다.

2) 시행절차

(1) Kaiser의 방법
- 지시어: "새둥지를 그려 주세요."
- 유의점: 연령은 제한이 없으며, 지시어 이외의 질문에 대해서는 "자유입니다."라고 대답하여 그림에 대한 어떠한 단서도 주지 않는다.

(2) Francis, Kaiser와 Deaver의 방법
- 지시어: "새둥지가 있는 그림을 그려 주세요(Draw a picture with a bird's nest)." 그림을 다 그린 후에는 2~5문장의 이야기를 적어 주세요.

📝 3. 평가기준 및 해석

BND의 애착지표는 초기에 Kaiser(1996)에 의해 14개의 평가지표가 제시되었다.

그 후 Francis, Kaiser와 Deaver(2003)의 연구에서 18개의 평가지표가 제시되었다. 국내에서는 여러 연구자에 의해 평가지표가 수정되어 사용되었지만, 여기서는 김 갑숙과 김순환(2008)이 제시한 평가지표를 제시하고자 한다.

1) Kaiser의 애착평가지표

Kaiser(1996)는 초기에 9개의 애착평가지표(Attachment Rating Scale: ARS)를 제시 하였고, 그 후 개정판에서 5개 항목을 추가하여 총 14개 항목의 평가지표를 제시 하였다. 〈표 10-1〉의 1~4항목은 둥지의 담는 기능과 관련이 된다. 5~9항목은 정신건강 혹은 병리학과 관련이 된다(Jolles, 1964). 새로 추가된 10~14항목은 주

〈표 10-1〉 Kaiser의 애착평가지표

요소		애착지표	채점기준
둥지의 담는 기능	1	내용(contents)	둥지에 내용물이 있는가?
	2	나무(tree)	둥지는 나무에 의해 지지받고 있는가?
	3	바닥(bottom)	둥지에는 바닥이 있는가?
	4	담을 가능성(able to contain)	어떤 내용물이 들어 있든지 떨어지지 않도록 둥지가 기울어지지 않았는가?
정신 건강/ 병리학 관련	5	공간(space) 사용	용지의 1/3 이상 사용하였는가?
	6	둥지의 위치(placement)	둥지를 중심에 두었는가?
	7	색상(color)	3~5개의 색상을 사용하였는가?
	8	선의 질(line quality)	선은 적절한가?
	9	둥지의 크기(size)	여백이 1/3 이하인가?
새	10	아기 새(baby birds)	아기 새가 들어 있는가?
	11	부모 새(parent birds)	부모 새가 들어 있는가?
	12	아기 또는 부모 새(either baby or parent birds)	아기 또는 부모 새가 들어 있는가?
	13	두 부모 새(two parent birds)	두 부모 새가 들어 있는가?
	14	알(only eggs)	(새는 없고) 단지 알만 들어 있는가?

출처: Kaiser, D. H. (1996). Indications of attachment security in a drawing task.

로 새들에 관한 내용을 포함하고 있다. 각 항목에서 특성이 나타나는지의 여부에 따라 '예' '아니오'로 채점한다. 구체적인 내용은 〈표 10-1〉과 같다.

2) Francis, Kaiser와 Deaver의 애착평가지표

Francis, Kaiser와 Deaver(2003)의 BND 애착평가지표는 Kaiser(1996)의 ARS를 확장한 것으로, 그림에서 빈번하게 등장하는 새로운 주제를 포함시켜 18개 항목을 제시하였다. 각 항목에서 특성이 나타나는지의 여부에 따라 '예' '아니요'로 채점한다. 구체적인 내용은 〈표 10-2〉와 같다.

〈표 10-2〉 Francis, Kaiser와 Deaver의 애착평가지표

	애착지표	채점기준
1	새와 새의 활동	새가 그려져 있는가?
2		새가 날고 있는가?
3		둥지에 새가 있는가?
4		전체 새 가족이 그려져 있는가?
5		부모 새가 뚜렷하게 구별되는가?
6		양육활동이 있는가?
7	둥지	둥지에 알이 있는가?
8		위에서 본 둥지 모습인가?
9		둥지가 기울었는가?
10		옆에서 본 둥지 모습인가?
11	나무	전체 나무가 그려져 있는가?
12		둥지가 나무에 있는가?
13		나무가 죽었거나 죽어가고 있는가?
14	기타	예상치 못한 요소가 포함되어 있는가?
15	선의 질	희미한 선으로 그려져 있는가?
16	색 사용	그림에 색을 사용하였는가?
17		네 가지 이상의 색을 사용하였는가?
18		녹색이 다른 색보다 두드러지게 많이 사용되었는가?

출처: Francis, D. M., Kaiser, D., & Deaver, S. P. (2003). Representations of attachment security in Bird's Nest Drawings of clients with substance abuse disorder.

3) 김갑숙과 김순환의 애착평가지표

김갑숙과 김순환(2008)의 BND에 대한 애착평가지표는 Kaiser(1996)와 Francis 등(2003)의 연구를 참고로 수정·보완하여 14개의 평가지표를 구성하였다. 이는 앞의 연구들은 '예' '아니오'로 대답하도록 한 것에 비해 좀 더 구체적으로 평가할 수 있도록 한 점에서 차이가 있다. 애착평가지표의 구체적인 내용은 〈표 10-3〉과 같다.

〈표 10-3〉 김갑숙과 김순환(2008)의 BND의 애착평가지표

	애착지표	채점기준
1	둥지 내용	빈 둥지, 알만 있음, 새만 있음, 알과 새가 있음
2	둥지 모습	위에서 본 모습, 옆에서 본 모습
3	둥지 위치	중심, 가장자리
4	둥지 기울기	예, 아니오
5	둥지 바닥 유무	있다, 없다
6	둥지 지지 유무	지지대 있음, 지지대 없음
7	둥지 크기	용지의 2/3 이상, 용지의 2/3~1/3, 용지의 1/3 미만
8	공간 사용	용지의 2/3 이상, 용지의 1/2~2/3, 용지의 1/2 미만
9	나는 새	예, 아니오
10	양육활동	있다, 없다
11	부모 새와의 거리	한 둥지, 떨어져 있음, 부모 새 없음
12	선의 질	약하다, 보통, 강하다
13	나무 유무	있다, 없다
14	색의 수	사용한 색의 수를 세어 조정(1~3색, 4~6색, 7색 이상)

출처: 김갑숙, 김순환 (2008). 초등학생의 모애착과 새둥지화 반응특성에 관한 연구.

📝 **4.** 해석의 적용

1) 애착 수준에 따른 BND 사례

BND가 애착안정성을 파악하는 도구임을 밝히는 연구가 주로 이루어져 왔다. 여기서는 애착 수준이 높은 그림과 낮은 그림의 사례를 비교하여 어떤 차이가 있는지를 살펴보고자 한다.

[그림 10-1] 높은 애착 수준 1　　　　[그림 10-2] 높은 애착 수준 2

[그림 10-1]은 부애착 수준이 높은 청소년의 BND이고, [그림 10-2]는 부모와의 애착 수준이 높은 청소년의 BND(김갑숙, 전영숙, 2008)이다. 두 그림 모두 둥지 안에는 아기 새나 알들이 그려져 있으며, 부모 새가 함께 그려져 있다. 내용으로는 부모 새 혹은 어미 새가 먹이를 물어다 새끼에게 먹이고 있으며, 새끼를 돌보거나 양육하는 모습이 평화롭고 행복하게 보인다. 또한 둥지가 나뭇가지에 안정되게 자리 잡고 있으며, 기울어지거나 위험하지 않게 묘사되어 있다.

한편, [그림 10-3]과 [그림 10-4]의 경우에는 애착 수준이 낮은 청소년의 BND이다. 이들 둥지는 모두 나뭇가지의 지지를 받고 있지 못하며, 둥지의 바닥이 비어 있어 담는 기능에 문제가 있음을 볼 수 있다. [그림 10-3]은 바닥이 뚫려 있을 뿐 아니라 둥지가 비어 있고 알이나 새가 보이지 않는다. [그림 10-4]의 경우에는 뱀이 둥지를 습격하여 알이 깨어지고 아기 새가 죽어 있는 모습이다. 가장 안전하고 따뜻하게 보호받아야 할 둥지에는 부모 새가 보이지 않고 무방비 상태로 폭력과 공격에 노출되어 있다.

애착이 높은 집단은 그림에 아기 새와 부모 새, 그리고 알들이 포함되어 있고 (Kaiser, 1996), 활력이 있다(Goldner, 2014)고 하였다. 한편, 애착이 낮은 집단은 둥지의 바닥이 없고(Kaiser, 1996; Walker & Kaiser, 2015), 둥지가 경사지게 표현되었으며(Kaiser, 1996; Francis, Kaiser & Deaver, 2003), 색 사용이 적고(Francis, Kaiser & Deaver, 2003), 위에서 본 모습으로 표현하는 경향(Francis, Kaiser & Deaver, 2003)이 있다. 또한 불안정애착의 경우에는 유기에 대한 내용이 자주 등장하고, 가족과 먹이의 주제가 공격성과 분노의 내용과 연결되며(Francis, Kaiser & Deaver, 2003), 세상은 위험하고 고통스러운 곳이라는 생각을 하고 있다(Sheller, 2007). 이러한 선행연구의 결과들은 [그림 10-1]부터 [그림 10-4]의 해석을 뒷받침해 주는 근거가 된다.

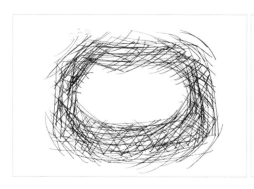

[그림 10-3] 낮은 애착 수준 1

[그림 10-4] 낮은 애착 수준 2

2) 상담장면에서 활용된 BND 사례

[그림 10-5] 가족의 응원

　[그림 10-5]는 40대 성인 여성의 BND이다. 피검자는 두 자녀를 둔 어머니로 남편은 직장 때문에 다른 지방에 떨어져 지내고 일주일에 한 번씩 가족을 보러 오는 주말 부부이다. 그림을 다 그리고 난 뒤 그림에 대한 설명을 피검자가 직접 적도록 하였다. 피검자가 기술한 이야기의 내용은 '작고 편하게 지어 놓은 새둥지에서 아기 새들이 자라 날기를 연습하고 있다. 아빠는 멀리서 지켜보며 격려하고 있고, 엄마는 조금 걱정스럽지만 믿는 마음으로 응원한다.'이고, 제목은 '가족의 응원'이다. 왼쪽에서 둥지 안의 새를 바라보고 있는 새가 엄마새이다. 맨 위쪽 하늘에서 둥지를 내려다보는 새가 아빠새이다. 오른쪽의 둥지 가까이에서 날개를 펼치고 있는 새는 이제 막 날 수 있게 된 어린 새이고, 둥지 가운데에 앉아 있는 새는 아직 날지 못하지만 가족의 격려를 받으면서 날 준비를 하고 있는 아기 새이다.

　[그림 10-5]는 그림으로만 보면 평화롭고 평범해 보이는 새 가족의 그림이다. 그러나 피검자가 기술한 이야기를 중심으로 한 대화의 내용에서 피검자 가족의 모습이 그대로 드러나고 있음을 알 수 있다. 피검자의 큰딸은 정상적인 성장을 하고 있지만, 동생인 아들은 발달상의 문제로 원활하게 걷지 못하는 어려움을 안고 있었다. 그림에서 아들은 아직 날지 못하는 아기 새로 표현되었고, 온 가족이 아기 새를 바라보면서 어서 힘을 내기를 응원하고 있다. 특히 둥지 가까이에 그려진

엄마와 딸과는 달리 멀리서 날아오는 아빠새의 모습은 일주일에 한 번씩 가족의 품으로 달려오는 현실의 상황을 그대로 반영하고 있다.

애착평가지표에 따라 그림을 평가하면 새둥지에는 전체 새 가족이 그려져 있고, 서로 응원하고 격려하는 지지적인 환경이 묘사되었다. 새 가족은 용지의 중심에 그려져 있고, 둥지는 비교적 튼튼한 나뭇가지의 지지를 받으면서 안정적으로 자리 잡고 있다. 선의 질은 보통이며, 다섯 가지 색상을 사용하였다. 전체 새 가족의 표현과 선의 질, 나무 지지 등은 부모와의 애착 수준이 높은 경우에 나타나는 특징(김갑숙, 전영숙, 2008)이다. 전체 새 가족이 표현되었고, 네 가지 이상의 색을 사용하였으며, 옆모습의 둥지 표현의 경우에는 안정애착의 특징임(Francis, Kaiser & Deaver, 2003)을 볼 때 피검자의 가족은 애착 형성이 잘된 가족임을 알 수 있다.

피검자가 처음 그림을 그릴 때에는 자기의 가족과 관련하여 그린다는 생각이 전혀 없었음에도, 무의식적으로 가족에 대한 투사가 이루어지고 있음을 발견할 수 있었다. 그림을 통해 이야기를 해 나가는 과정에서 피검자는 본인의 가족을 연상하면서 다리가 불편한 자녀에 대한 아픔을 떠올리며 울먹였다. 평소 씩씩하게 아들의 장애를 극복해 나가고 있다고 생각했는데, 그림을 그리고 보니 생각보다 아들에게 마음을 많이 쓰고 걱정을 하고 있다는 느낌이 든다고 하였다. 그림에 대한 깊이 있는 대화를 통해 피검자는 날지 못하는 새에 비유되는 아들이 안쓰럽고 안타깝지만 시간이 걸리는 일이고, 자기가 가진 조건에서 나름대로 최선의 방법을 찾을 수 있을 것이라는 생각을 하게 되었다. 또한 멀리서 지지해 주고 있는 남편에 대한 고마움과 동생을 이해하고 잘 보살피는 딸에 대해 고마운 마음을 갖게 되었다.

이와 같은 그림에서 피검자는 새둥지와 함께 표현되는 새 가족의 모습을 통해 피검자의 가정과 가족사에 대한 인식을 재해석하게 되었다. 또한 위협적이지 않은 그림의 사용과 그림에 나타난 투사를 통해 내담자의 가족관계, 가족에 대한 감정, 가정의 안정성과 애착 성향 등 가족에 대한 가치 있는 정보를 파악할 수 있었다.

📝 **5.** 연구동향

1) 국외 연구동향

BND는 Kaiser(1993)가 석사학위논문을 1996년에 학술지에 발표하면서 소개되었는데, Bowlby의 애착이론과 접목시켜 애착행동의 연구에 사용되는 질적 평가 도구로 개발하게 되었다. Kaiser(1996)의 연구는 만 21~38세에 해당하는 여성 41명을 대상으로 하였으며, 모애착이 높은 집단($n=20$)과 낮은 집단($n=21$)으로 분류하였다. 연구도구는 Armsden과 Greenberg(1987)의 부모-또래애착척도(parent and peer attachment scale) 중 모애착척도를 사용하였고, BND에 나타나는 안정 혹은 불안정애착을 측정하기 위한 ARS를 구축하여 사용하였다. 그 결과, 모애착이 낮은 집단은 둥지의 바닥이 없고 둥지가 경사지게 표현된 반면, 모애착이 높은 집단은 그림에 새가 포함되어 있으며 아기 새와 부모 새, 그리고 알들의 존재가 포함되어 있어 BND가 애착안정성의 유용한 임상적 진단도구로서의 가치가 있음을 검증하였다. 또한 Kaiser, Holt와 Francis(2001)도 실제 미술치료 장면에서 애착이론을 적용시켜 애착유형에 따른 BND 반응 차이를 연구하였다.

Francis, Kaiser와 Deaver(2003)는 약물남용집단과 약물장애가 아닌 비교집단은 새둥지의 그림이 다를 것이라는 가설을 세우고, 재향군인병원의 만 25~68세에 해당하는 약물남용장애를 가진 성인 43명과 약물장애가 아닌 비교집단 27명을 대상으로 BND에 나타난 애착안정성에 대한 연구를 하였다. 연구도구는 Bartholomew와 Horoxitz(1991)의 관계질문지(Relationship Questionnaire: RQ)와 BND를 사용하였고, 2~5문장의 BND에 대한 이야기를 쓰도록 하였다. 그 결과, 약물남용장애를 가진 집단은 불안정애착 비율이 높게 나타났으며, 색 사용이 적었다. 또 둥지가 경사지고, 위에서 본 모습으로 표현하는 경향이 있었다. 반면 안정애착집단은 새, 전체 새 가족, 네 가지 이상의 색 사용, 옆모습의 둥지, 녹색의 표현이 많았다. 이야기의 내용을 분석했을 때 5개의 주제, 즉 가정과 가족(home and family), 먹이와 배고픔(food and hunger), 유기(abandonment), 자연의 경이로움(wonder of nature),

개인적 경험에서 오는 일화(anecdotes from personal experience) 등으로 요약되었다. 약물장애가 없는 안정애착집단에서는 가정과 가족, 먹이와 배고픔에 대한 내용이 나타났고, 자연의 경이로움이나 삶의 회복에 대한 이야기가 등장했다. 그러나 약물남용집단에서는 유기에 대한 내용이 자주 등장했고, 가족과 먹이의 주제가 공격성과 분노의 내용과 연결되었다.

Overbeck(2002)은 사회경제적 지위가 보통이거나 낮고, 배우자와 안정된 관계가 부족하며, 원하지 않은 임신을 한 여성 32명을 대상으로 연구를 실시하였다. 연구결과, 피검자들은 전반적으로 그림에서 최소한의 공간을 사용하였고, 새둥지 환경을 포함하지 않았으며, 적은 수의 색을 사용하였다. 이야기의 내용은 가정과 가족, 먹이와 배고픔, 유기, 알에 대한 것이었고, 그림을 잘 그리지 못하는 것에 대한 불평과 이야기 대신 간단한 그림을 묘사하는 경향이 있었다. 이렇게 이야기를 하도록 한 이유는 새둥지화를 더 잘 이해할 수 있는 수단이 되고, 그림에 나타나지 않은 또 다른 내면을 드러나게 하기 때문이다. 즉, 이야기를 만드는 것은 자기보고식 애착척도와 BND 간의 불일치를 설명해 줄 수 있기 때문에 내담자의 방어수준에 대해서도 이해할 수 있는 근거를 제공한다.

Trewartha(2004)의 연구에서는 위탁보호 청소년 14명을 대상으로 BND를 그리고 그림의 제목과 이야기를 쓰도록 하였다. 연구결과, 환경이나 지지가 없이 떠있는 새둥지만 그림, 적은 공간 사용, 색의 부족, 연필만 사용하거나 연필과 갈색마커 사용, 70% 이상이 새가 없음, 새를 그린 그림에서는 부모 새가 없고 아기 새만 있는 그림이 많았다. 이야기 내용으로는 6개의 주제로 열거할 수 있는데, 유기, 삶의 회복, 자신의 경험에 대한 이야기, 그림 능력에 대한 관심, 이야기 대신 그림 묘사, 기다림에 대한 내용이었다. Overbeck(2002)이나 Trewartha(2004)의 연구에서는 자신을 긍정적이고 건강하게 보이려고 하는 피검자에게는 자기보고식 애착척도가 애착안정성을 측정하는 데 타당한 도구가 되지 못한다는 것을 지적하면서 BND 평가 시 그림을 그린 후에 이야기 만들기를 함께 실시할 것을 제안했다.

Sheller(2007)는 불안정애착을 가진 4명의 아동이 부모보호를 어떻게 경험하고 있는지를 현상학적인 방법으로 연구를 진행하였다. Sheller는 새둥지를 그리게(BND) 하고 새둥지에 살고 있는 새를 조소(Bird's Nest Sculpture: BNS)로 작업한 후 인터뷰를 하였다. 이는 '여러 형태의 미술매체를 통하여 개념이나 대상을 생각 (상상)하게 하는 것은 아동의 같은 생각의 다른 측면에 초점을 두도록(Smilansky, Hagan, & Lewis, 1988)' 하기 위해서이다. 또한 초기 언어 전 애착경험을 이야기하기 위해 BND, BNS를 사용하였는데, 이러한 경험의 본질은 미술을 창조하는 것이 아동에게 즐거움을 준다는 것이다. 작품을 만든 다음 보호, 양육, 양육자와의 관계에 대한 경험과 지각에 대해 이야기하도록 하였다. 아동들은 '세상은 위험하고 고통스러운 곳이다.'라는 생각을 표현하였고, 현상학 연구의 결과 도출된 경험 이야기의 구체적인 내용은 가정의 기반 내에서 안정감이 부족함, 부정적이고(이거나) 유기된 경험, 세상을 위험한 곳으로 바라봄, 안정감 부족으로 전략을 수립함, 밤에 안정감을 경험함, 작품을 만드는 것은 의사소통을 향상시키도록 이끄는 데 긍정적인 경험이었음 등을 표현하였다.

Goldner(2014)는 이스라엘 중간 계층의 초등학교 아동 81명(남학생 33명, 여학생 48명)을 대상으로 BND와 가족화, 그리고 애착질문지를 사용해서 그 관련성을 파악하고자 하였다. 연구도구로는 가족화, Kaplan과 Main(1986)의 애착분류를 활용하여 그림을 코딩하였고, 또한 Fury, Carlson과 Sroufe(1997)의 전체 지표 8개와 Kaplan과 Main(1986)의 네 가지 애착범주(안정, 회피, 양가적, 혼란)로 분류하였다. BND는 Kaiser(1996)와 Francis, Kaiser와 Deaver(2003)의 지표와 이를 바탕으로 하여 연구자가 전체 지표 4개[활력(생명력), 일반 병리, 기괴함, 낙관성]를 사용하여 분류하였다. 그 결과, 아동의 자기보고식 애착척도 점수와 BND 지표와 가족화 지표는 서로 상관관계가 있었으며, 가족화의 포괄지표와 BND의 포괄지표 간에도 상관이 있음을 보고하였다. 또한 혼란하고 양가적인 애착집단에 비해 안정애착에서 활력(생명력)과 낙관성 수준의 점수가 높다는 것을 밝혔다.

Walker와 Kaiser(2015)는 대학생 138명(남학생 55명, 여학생 83명)을 대상으로 BND의 개별그림지표와 전체인상평가지표의 채점자 간 신뢰도와 구성타당도를 알아보는 연구를 하였다. 연구도구로는 BND와 부모-또래애착척도(Inventory of Parent and Peer Attachment: IPPA), 친밀한 관계경험 질문지(Experiences in Close

Relationships Questionnaire: ECRQ)를 사용하였다. BND의 개별그림지표는 새 포함, 새 가족 포함, 환경 포함, 네 가지 이상의 색 사용, 녹색이 지배적, 갈색이 지배적, 둥지가 기울어짐, 둥지가 상처받기 쉬운 위치에 있음, 다시 그림, 지우기, 이상하고 혼란한 요소가 있음이며, 전체 인상평가지표는 안정, 회피, 집착, 두려움이다. 연구결과, 애착이 높은 집단에서 새 가족을 포함하고 있었고, 친밀한 관계경험이 낮은 집단은 둥지의 바닥이 없는 그림이 많았다. 또한 전체 인상평가지표와 모애착이 관련 있는 것으로 나타났다. 이러한 결과는 전체적인 인상을 평가하는 시스템이 이론을 기반으로 하는 그림평가와 함께 미술을 기반으로 하는 평가가 증가하는 경향을 시사하고 있다.

전체 인상에 대한 네 가지 범주의 특징은 다음과 같다. 첫째, 안정은 전체적 인상이 생기가 있고 사실적이며 차분하다. 이미지가 조직화되어 있고 사실적인 환경이 묘사되어 있으며, 새가 그려져 있고 녹색이 지배적으로 사용되었다. 둘째, 회피는 전체 인상이 고립되고 텅 빈 느낌이다. 둥지는 비어 있고, 알이 포함되어 있으나 새가 없음, 환경이 묘사되지 않음, 둥지가 기울어졌거나 바닥이 없는 그림이 많다. 셋째, 집착은 전체 인상이 연약하다. 둥지가 불안정하며 가장자리 끝에 묘사되어 있다. 둥지가 나무나 다른 지지대의 꼭대기 혹은 노출된 방식의 지면에 묘사되고 갈색이 지배적으로 사용되며 둥지나 그 내용물이 몹시 크거나 작다. 넷째, 두려움의 전체 인상은 비논리적, 혼란, 불길함 혹은 불길한 예감이다. 그림은 불안한 특성을 나타내고, 용지의 다른 면이나 새 종이에 다시 그림을 그리기도 한다. 과도하게 지우거나 이상한 표시, 비논리적인 요소, 완성되지 않은 대상, 대상을 지우기, 의미 있는 요소가 용지의 가장자리에 표현되는 등의 특징이 있다.

Goldner, Gazit와 Scharf(2017)는 성인에 대한 BND의 확대 적용 가능성을 파악하고자 하였다. 38쌍의 출산을 앞둔 이스라엘 부모를 대상으로, BND와 태아와의 친밀과 분리, 그리고 부부관계의 관련성을 조사하였다. 검사도구로는 출산 전 모성-부성 애착척도(Maternal and Paternal Antenatal Attachment Scales: MAAS, PAAS), 태아관계에서의 분리성(Separateness in relationships with the unborn child), 부부관계의 애착 수준을 평가하기 위한 친밀한 관계경험-단축형(Experiences in Close

Relationships–Short Form: ECR–S), 부부관계의 분화 수준(Psychological Separation Inventory: PSI)과 BND를 사용하였다. 그 결과, 활력과 낙관성과 같이 긍정적인 부양 특징과 출산을 앞둔 아버지와 태아의 분리 간에 관련성이 있음을 보였다. 출산을 앞둔 엄마의 태아에 대한 거부는 그림의 부정적인 부양 표현과 관련이 있었다. 태아에 대한 친밀은 남성의 그림에서 낮은 수준의 병리와 관련이 있었다. 부부관계에서의 분화는 높은 수준의 활력과 낙관성과 관련이 있고, 여성의 그림에서 낮은 수준의 병리와 관련이 있었다. 이야기에서도 활력과 낙관성이 있는 BND는 아기 새에 대한 보호와 분리 사이에 충분한 부양과 만족감, 그리고 균형에 대한 내용이 포함되어 있었다. 반면, 높은 수준의 병리와 관련된 BND 이야기에서는 유기나 위험이라는 주제를 가지면서 제한적이거나 부정적이었다.

이 같은 연구들에서 BND는 주로 애착과 관련된 주제의 연구가 거의 대부분임을 알 수 있다. 이 대부분의 연구에서 BND는 애착안정성의 유용한 임상적 진단도구로서의 가치를 검증하였다. 그러나 소수의 연구결과이기는 하지만, BND가 애착을 나타내는 도구라는 기존의 연구결과와는 달리 BND의 반응특성에서 애착지표의 확실한 근거를 찾아내지 못한 연구도 있다. Overbeck(2002)은 32명의 임부를 대상으로 한 연구에서 애착척도와 BND는 유의미한 차이가 없다는 결과를 도출했고, 49명의 아동을 대상으로 한 Hyler(2002)의 연구에서도 안정애착 아동들이 주로 녹색을 사용한다는 것 이외에는 유의미한 차이가 없었다. 이러한 불일치한 연구의 결과는 대상의 특징에 따른 차이일 수도 있지만, 연구대상이 적다는 점에서 충분히 신뢰도 있는 연구결과를 얻지 못한 것임을 지적할 수 있다.

연구방법에 있어서도 초기에는 Kaiser(1996)가 척도를 개발하였고, 이후 Francis, Kaiser와 Deaver(2003)의 연구에서 척도에 의한 분석 외에도 그림의 이야기를 기술하도록 발전하였다. 특히 Sheller(2007)의 경우에는 아동이 애착에 대해 어떻게 경험하고 있는지에 대해 현상학적 방법으로 접근하여 질적 분석을 실시하였다. 또한 그림의 각 요소를 개별적으로 평가하던 방법에서 전체적인 인상을 평가하는 방법으로 변화하는 발전을 보였다. 연구대상은 아동, 청소년, 성인 등이었고, 대상의 특징은 일반아동 및 대학생, 애착문제를 가진 아동, 위탁보호청소년,

약물남용 성인, 임신부, 예비부모 등 다양하다. 문화적으로는 주로 미국을 중심으로 한 연구가 이루어졌으나 이스라엘을 배경으로 한 연구도 이루어지고 있다. 애착에 대한 관점은 문화적인 차이가 있을 수 있어 앞으로 비교문화적인 연구의 필요성이 요구된다.

2) 국내 연구동향

BND에 대한 국내 연구는 이미애(2004)의 논문에 소개되면서부터 이루어졌다. BND의 국내 연구도 주로 부모애착을 중심으로 이루어져 왔다(김갑숙, 김순환, 2008; 김갑숙, 전영숙, 2008; 박주원, 김선희, 2011; 신유림, 2011; 박민선, 2011; 김용환, 이근매, 2011; 김보애, 2013; 박정아, 2013). 또한 부모애착뿐 아니라 또래애착과의 관계를 파악한 연구(안인아, 이미옥, 2010), 부모애착과 관계중독에 관한 연구(이혜란, 2015), 애착 유형 및 인지적 정서조절전략에 관한 연구(김희경, 2016)가 이루어져 왔다. 애착과 관련된 것 이외의 연구로는 BND와 부모 양육 태도에 관한 연구(정지영, 전순영, 2012), 아동발달 및 정신병리에 관한 연구(이소연, 2009) 등이 있고, 성별에 따른 BND의 반응특성을 비교한 연구(김현지, 2009)도 있다. 연구대상으로는 학령 전 아동, 초등학생, 시설 거주 아동, 청소년, 대학생 등인데, 주로 아동을 대상으로 한 연구가 주를 이룬다.

애착에 관한 연구에서 BND의 반응특성을 살펴보면 이미애(2004)는 바닥, 담을 가능성, 선의 질, 알은 애착문제의 가능성 정도를 해석하는 준거로서 가능성이 있음을 밝혔다. 즉, 애착 수준이 낮을수록 바닥이 없거나 담을 가능성이 적고, 선의 질이 분명하지 못하고, 알만 그려져 있는 경향이 있었다(이미애, 2004). 반면, 학령 전 아동의 애착이 안정적인 경우에는 둥지가 빈 둥지가 아니었고, 둥지의 위치가 중심이며, 둥지의 바닥이 있고, 둥지가 지지받고 있었다. 새 표현에 있어서는 나는 새가 많고, 양육활동을 하며, 부모 새가 있고, 새 가족 표현이 많았다. 또한 부모 새와 한 둥지에 있는 경우가 많았고, 세 가지 이상의 색을 사용하는 경우가 많았다(김용환, 이근매, 2011). 또한 또래애착에 관한 연구에서는 또래애착 수준이 높은 집단에서 위험요소가 없는 그림을 그렸고, 갈색을 주된 색으로 사용하였다(안인아, 이미옥, 2010).

부모애착의 경우를 살펴보면 초등학생의 모애착 수준이 높은 집단은 BND의 공간을 크게 사용하며, 부모 새와 함께 있는 경향이 높고, 나무를 그리며, 나무와 다른 지지물에 의해 지지받고 있는 비율이 높았다(김갑숙, 김순환, 2008). 모애착 수준이 높은 초등학생 집단은 둥지에 알과 새를 동시에 그리는 비율이 높았으며, 둥지 바닥을 그리고, 둥지의 지지가 나타나며, 부모 새와 함께 있는 그림을 그리고, 양육 활동을 표현하며, 공간을 2/3 이상 사용하고, 보통 수준의 선의 질로 그리며, 네가지 이상의 색을 사용하였다(신유림, 2011). 부애착 수준이 높은 대학생 집단에서는 나는 새를 그리는 비율이 높았다. 또한 모애착 수준이 높은 대학생 집단에서는 둥지 속에 알과 새를 모두 그리는 경향이 높았고, 양육활동의 표현이 많았다(박주원, 김선희, 2011).

애착 이외의 변인에 대한 연구에서는 대학생의 관계중독 수준에 따른 BND의 반응특성에는 유의미한 차이가 나타나지 않았고(이혜란, 2015), 공격성이 높은 집단의 경우에는 둥지를 위에서 본 모습을 그렸다(박정아, 2013). 초등학생의 BND와 부모 양육 태도와의 관계를 살펴본 연구(정지영, 전순영, 2012)에서는 둥지의 담는 기능 영역, 정신건강 혹은 병리학 관련 영역, 새들에 관한 영역 모두 부모 양육 태도와 유의미한 차이를 보여 BND는 애착을 진단하기 위한 도구일 뿐 아니라 부모의 양육 태도를 파악할 수 있는 도구임을 밝혔다.

김갑숙과 전영숙(2008)은 청소년을 대상으로 한 BND의 부모애착 수준 타당화 연구에서 판별분석을 통하여 BND의 애착지표들이 부모의 애착 수준을 판별할 수 있다고 밝혔다. 남학생의 경우에 BND의 애착지표들이 부애착을 판별할 수 있는 판별력은 71.3%이고, 모애착 판별력은 67.2%였다. 또한 여학생의 경우에는 BND의 애착지표들이 부애착을 판별할 수 있는 판별력은 64.1%이고, 모애착 판별력은 70.8%였다. BND는 남학생의 경우에 부애착을, 여학생의 경우에는 모애착을 더 잘 설명해 줄 수 있는 것으로 볼 수 있다.

이러한 연구들은 대부분 BND의 애착안정성 진단도구로서의 타당도를 검증하기 위한 양적 연구임을 알 수 있다. 반면에 쉼터 청소년들의 BND 수행경험을 중심으로 그 의미를 알아보고자 van Manen의 해석학적·현상학적 방법을 적용한 질적 연구(김현진, 김갑숙, 2018)가 있어 연구의 방법이 다양해지고 있음을 알 수 있다. 여기서 도출된 본질적 주제는 '수행 거부 없이 그림을 그림' '새둥지에서 살아가는 새들의 삶을 이야기함' '새들의 삶에서 현실의 나를 바라봄' '내 역사의 아픈한 조각을 드러냄' '미래의 새로운 삶을 다짐함'이다. 그림의 이야기를 통해 그린 사람의 과거와 현재의 삶뿐만 아니라 미래의 바람이 나타나기도 하며, BND의 수행경험을 파악함으로써 가족과 집에 대한 인식과 그들의 삶을 깊이 이해할 수 있다는 점을 볼 때 질적 연구방법의 의의를 발견할 수 있다.

앞으로의 연구에서는 투사적 그림검사로서의 새둥지화를 표준화하기 위해 일관된 지시방법, 매체 사용과 함께 타당도 있고 구체적인 해석기준을 마련하기 위한 노력이 지속되어야 할 것이다. 또한 피검자의 삶을 탐색하고 생생하게 이해하기 위한 질적 연구의 노력 역시 확대되어야 할 것이다.

김갑숙, 김순환(2008). 초등학생의 모애착과 새둥지화 반응특성에 관한 연구. 미술치료연구, 15(3), 431-444.

김갑숙, 전영숙(2008). 새둥지화를 통한 청소년의 부모애착 수준 타당화 연구. 한국생활과학회지, 17(6), 1065-1077.

김보애(2013). 시설거주아동의 새둥지화 반응특성에 관한 연구: 애착관계를 중심으로. 한양대학교 교육대학원 석사학위논문.

김용환, 이근매(2011). 학령 전 아동의 애착유형에 따른 새둥지화 반응차이 연구. 예술심리치료연구, 7(3), 113-136.

김현지(2009). 성별에 따른 초등학생의 새둥지화 반응특성 비교. 대구대학교 석사학위논문.

김현진, 김갑숙(2018). 쉼터청소년의 새둥지화(BND) 수행경험에 관한 현상학적 연구. 예술심리치료연구, 14(1), 97-125.

김희경(2016). 애착유형과 인지적 정서조절 전략 및 새둥지화의 반응특성 연구. 한양대학교 예술디자인대학원 석사학위논문.

박민선(2011). 초등학교 저학년 아동의 애착유형에 따른 새둥지화 반응특성 연구. 평택대학교 사회복지대학원 석사학위논문.

박정아(2013). 청소년의 부모애착 및 공격성에 따른 새둥지화(BND) 반응특성 연구. 서울불교대학원대학교 석사학위논문.

박주원, 김선희(2011). 부모 애착 수준에 따른 새둥지화(BND) 반응특성 연구. 심리치료: 다학제적 접근, 11(1), 147-168.

신유림(2011). 초등학생의 모 애착 수준과 새둥지화 반응특성 연구. 경기대학교 미술·디자인대학원 석사학위논문.

안인아, 이미옥(2010). 초등학생의 부·모·또래 애착 수준에 따른 새둥지화 반응특성. 미술치료연구, 17(4), 861-878.

이미애(2004).미술치료가 불안정애착 아동의 애착안정성과 사회적 능력에 미치는 효과. 경상대학교 대학원 박사학위논문.

이소연(2009). 아동의 발달 및 정신병리에 대한 그림검사도구로서 새둥지화(BND) 연구: 한국아동인성검사(KPI-C)를 사용하여. 한양대학교 교육대학원 석사학위논문.

이혜란(2015). 대학생의 부모애착과 관계중독 및 새둥지화의 연관성 연구. 한양대학교 예술디자인대학원 석사학위논문.

정지영, 전순영(2012). 초등학생의 새둥지화 반응특성과 부모 양육태도와의 관계. 미술치료연구, 19(2), 207-229.

Armsden, G., & Greenberg, M. (1987). The inventory of parent and peer attachment: Individual differences and their relationship to psychological well-being in adolescence. *Journal of Youth and Adolescence, 16*(5), 427-453.

Bartholomew, K., & Horoxitz, L. M. (1991). Attachment styles among young adults: A test of a four-category model. *Journal of Personality and Social Psychology, 61*, 221-244.

Edinger, E. F. (1972). *Ego and archetype*. Harrisonburg, VA: R. R. Donnelly & Sons.

Francis, D. M., Kaiser, D., & Deaver, S. P. (2003). Representations of attachment security in Bird's Nest Drawings of clients with substance abuse disorder. *Art therapy Journal of American Art Therapy Association, 20*(3), 125-137.

Fury, G., Carlson, E. A., & Sroufe, L. A. (1997). Children's representations of attachment relationships in family drawings. *Child Development, 68*, 1154-1164.

Goldner, L. (2014). Revisiting the Bird's Nest Drawing assessment: Toward a global approach. *The Arts in Psychotherapy 41*, 391-399.

Goldner, L., Gazit, O., & Scharf, M. (2017). Separateness and closeness as expressed in Bird's Nest Drawings: Relationships with partners and with the unborn child among expectant parents. *The Arts in Psychotherapy, 53*, 1-11.

Holt, E. S., & Kaiser, D. H. (1995). *Attachment security in the imagery of addicts and implications for treatment*. San Diego, CA: Paper presented at the 26th American Art Therapy Association Conference.

Hyler, C. (2002). *Children's Drawings as representations of attachment*. Norfolk: Unpublished master's thesis, Eastern Virginia Medical School.

Jolles, I. (1964). *A catalog of the qualitative interpretation of the house—tree—person*. Los Angeles, CA: Western Psychological Services.

Kaiser, D. H. (1993). Attachment organization as manifested in a drawing task. Norfolk: Unpublished master's thesis, Eastern Virginia Medical school.

Kaiser, D. H. (1996). Indications of attachment security in a drawing task. *The arts in psychotherapy, 23*(4), 333—340.

Kaiser, D. H., Holt, E. S., & Francis, D. (2001). *The Bird's Nest Drawing: Using attachment theory in art therapy practice*. Unpublished Paper presented at the 32nd *Annual Conference of the American Art Therapy Association*, Albuquerque, NM, November 7—11

Kaiser, D. H., & Deaver, S.P. (2009). Assessing attachment with the Bird's Nest Drawing: A review of research. *Art Therapy, 26*, 26—33.

Kaplan, N., & Main, M. (1986). *Instructions for the classification of children's family drawings in terms of representation of attachment*. Berkeley, CA: University of California.

Kwiatkowska, H, Y. (1978). *Family therapy and evaluation through art*. Springfield, IL: Charles C. Thomas.

Overbeck, L. (2002). *A pilot study of pregnant women's drawing*. Norfolk: Unpublished master's thesis, Eastern Virginia Medical School.

Sheller, S. (2007). Understanding insecure attachment: A study using children's bird nest imagery. *Art therapy*: *Journal of the American Art Therapy Association, 24*(3), 119—127.

Smilansky, S., Hagen, J., & Lewis, H. (1988). *Clay in the Classroom: Helping Children Develop Cognitive and Affective Skills for Learning*. New York: Teachers College Press.

Trewartha, S. (2004). *Attachment strategies of adolescents in foster care: Indicators and implications*. Norfolk: Unpublished master's thesis, Eastern Virginia Medical School.

Walker, G. H., & Kaiser, D. H. (2015). The Bird's Nest Drawing: A study of construct validity and interrater reliability. *The Arts in Psychotherapy, 42*, 1−9.

제11장

모자화

- **개발자**: Gillespie(1989)
- **목 적**: 자기와 타인의 관계양상 이해
- **준비물**: 8½″ × 11″(A4) 용지, 연필(HB~4B), 지우개
- **지시어**: "어머니와 아이를 그려 주세요(Draw a mother and child)."

1. 개요

1) 개발의 목적

모자화(Mother-and-Child Drawings: MCD)는 1989년에 미국의 임상심리학자 Gillespie가 그림을 매개하여 자기와 타인의 관계양상을 이해하기 위하여 개발한 것이다.

Gillespie(1994)에 따르면 MCD의 이론적 배경은 대상관계이론을 비롯하여 대인관계이론과 자아심리학 및 자기심리학이며, 그중에서도 특히 대상관계이론에 기초를 두고 있다. MCD의 배경이 되는 주요 이론들의 가설에 따르면 그림에서의 투사는 자기의 특수한 묘사(special portrait of the self)를 가능하게 한다(Gillespie,

1994). 여기서의 자기는 사회적 자기나 사적인 자기에서 인식할 수 있는 자기가 아니라, 어머니와 아이의 연결을 통한 인생의 가장 어린 시기의 상호작용에 의한 것이다. 이 자기는 자기인식과 대인관계양상의 기원이 되는 것으로, 장래에 성숙한 성인의 성격을 형성한다. 가장 어린 시기의 모자관계는 아이의 정서발달에서 특히 중요한 역할을 하며, 이 관계는 이른 시기에 형성되어 그 후의 관계를 좌우한다. 이러한 관계체험이 누적되는 가운데, 어린 시기에 체험한 어머니는 점차 개념으로 추상화되어 이론적 구축물로서의 어머니가 된다. 관계를 가지는 내적 표상 혹은 대상은 외부 세계에서의 인물과 그 인물의 체험을 정확하게 나타내는 것처럼 구축되어 있다. 거기에는 양육된 체험과 양육되지 않은 체험에서 생긴 자기와 타인을 둘러싼 내적 감각에 대한 영향도 포함되어 있다. 그런 만큼 MCD에는 개인의 타인과의 독특한 관계양상이 반영된다.

MCD에는 인생에서 가장 어린 시기의 관계가 나타난다. 아기는 태내기 동안에 어머니와 불가분의 친밀한 관계가 형성되고, 이것은 아이에게 세상에 나갈 출발점이 되어 서서히 어머니라는 개념이 세계를 이해하는 기초로 형성되어 간다. 이 시점에서 아이에게 세계는 자기의 연장이고, 어머니는 그 생명을 유지하기 위한 영양 공급과 안락함의 원천이 된다. 그러나 어머니는 항상 아이가 원하는 곳에 있는 것은 아니어서, 아이는 고통을 느끼며 스스로 대처해야 되는 경우도 있다. 어머니는 좋은 측면과 나쁜 측면이라는 양 측면으로 아이에게 체험되며, 이를 중심으로 타인과의 체험과 자기인식이 길러진다. 이와 같이 대상관계이론에서는 특히 가장 어린 시기의 관계에 잠재하는 능력을 매우 중요시한다. 가장 어린 시기의 관계에서 파생된 자기인식이 그 이후의 모든 관계의 기초가 되고, 이러한 체험을 통하여 아이는 자기와 타인에 대한 최초의 환상을 발전시킨다. 여기서의 타인은 실제 어머니에 대한 내적·주관적 표상이고, 직접 체험할 수 없는 대상이며, 후에 여기서 타인 전반이 파생된다. 대상관계이론의 대상은 외부 세계의 현실이 아니라 체험에 의해 형성된 내적 이미지이다. 이러한 관점에서 타인에 관한 현실의 지각은 존재하지 않는다. 모든 지각은 일부 선택된 기억과 바람으로 걸러진다. 이러한 최초의 내적 대상 형성은 대부분이 전언어적 수준에서 무의식적으로 행해지며,

후의 의식적 사고 과정에 계속 영향을 미치게 된다(Gillespie, 1994).

요컨대, MCD에 그려진 어머니상과 아이상에는 그림을 그린 사람의 대상관계가 투사되고, 투사된 어머니상과 아이상의 교류는 현실의 대인관계를 이해할 수 있게 한다. 이런 점에서 MCD는 자기를 투사하여 자기상을 그리는 인물화나 가족구성원을 그려서 가족 내의 역동을 읽어 내는 가족화와 다르다. MCD는 "어머니와 아이를 그려 주세요."라는 지시어로 실시되는 것으로, 2명의 인물을 그려 어머니와 아이의 관계양상을 이해하는 데 중점을 둔다. MCD의 지시어는 피검자 자신의 어머니를 그리도록 요구하진 않지만, 거기에는 의존과 분리 및 개별성과 같은 발달의 문제들이 내포되어 있다. MCD를 통하여 대상관계에서의 자기와 초기의 모자관계를 이해할 수 있고, 모자의 분리 수준을 측정할 수 있으며, 자기의 체험과 중요한 사람과의 관계를 통한 체험에 대한 메시지의 전달을 파악할 수 있다. 이와 같이 MCD는 양자관계에 주목하는 최초의 그림검사로서, 자기와 타인의 관계를 시각화하는 데 매우 중요한 공헌을 하였으며, 특히 대상관계이론의 기본개념이 체계적으로 구성된 유일한 투사적 그림검사라고 할 수 있다(Leibowitz, 1999).

2) 투사와 발달 수준

앞서 언급했듯이, 특히 대상관계이론을 배경으로 개발된 MCD는 투사를 촉진시켜 자기와 타인을 어떻게 파악하는지를 이해할 수 있도록 설계되어 있다. "어머니와 아이를 그려 주세요."라는 지시어는 어떤 형태의 묘사를 선택하게 함으로써 MCD는 정서적 내용을 투사할 수 있는 좋은 기회를 제공하는 장이 된다. MCD에서의 투사는 발달단계에 따라 다르게 나타난다. 대상관계가 적절하게 발달한 아이는 연령에 따른 발달단계에 상응하여 진보한다. 분리·개별화 단계에서 발달이 중단되면 동일시 현상이 나타나며, 이것은 그후 인생의 모든 단계에서 재현될 수 있다.

가장 어린 아이들은 그림을 그릴 때 자신과 어머니를 거의 동일하게 그린다. 어머니상을 조금 더 크게 그린다는 점에서는 분리되어 있지만, 어머니와 아이가 일종의 쌍둥이라고 말할 수 있을 정도이다. 그러나 아이가 성장하면 어머니상과 아이상은 완전히 분리되어 개별화가 진행된다. 아이의 성격이 어머니와의 원초적 공생관계에서 분화되는 시기는 정상적으로는 만 3세 정도이다. 그러나 MCD의 경우, 만 5~7세의 경우에도 미숙하거나 퇴행하는 아이의 그림에서 쌍둥이 양식은 드물지 않게 나타난다. 이러한 현상은 무의식에서의 대상표현이 표면에 나타난 행동에서 추측되는 것보다 더 오랫동안 미분화된 단계에 머물러 있음을 말해 준다(Mahler, Pine, & Bergman, 1975).

10대 소녀와 소년의 그림은 다르게 나타난다. 10대 소녀의 MCD에서 전형적으로 나타나는 것은 의식적이든 무의식적이든 어머니상과의 동일시이다. 10대 이전에는 매우 상세하게 표현된 아이상과 여성적이지 않은 어머니상을 그렸으나, 10대가 되면 어머니상은 10대와 같은 모습이 되고, 아이상은 종종 팔에 안겨 있는 작은 아기상인 경우가 많다. 실제로 이러한 변화가 10대 여성의 심리학적 성숙 수준을 결정하는 데 중요한 경계점이 된다. 반면에 10대 소년에게 MCD는 매우 곤란한 것이다. 아이상을 자신이라고 인정하고 싶지 않고, 어머니상도 자신이라고 인정하고 싶지 않다. 소년이 어머니와 아이를 동물 혹은 사람의 이미지가 아닌 다른 것으로 그리는 것도 바로 이 연령에서 나타난다. 실제로 성숙한 대상관계가 형성되어 소년에서 젊은이로 성숙할 경우, 어머니를 젊은 여성으로, 아이를 팔에 안긴 아기로 그리게 된다. 남성들의 경우, 어머니와 아이를 그리는 것은 어려운 일이 될 수도 있으나, 이 일은 긍정적인 대상으로서의 여성을 내면화하는 것에 따르는 일종의 어려움이라고 할 수 있다(Gillespie, 1994).

성인의 MCD에서 어머니상은 크게 표현되며, 이것은 어머니상이 성숙한 자아를 나타내고 있음을 시사한다. 반면에 아이상의 성장은 매우 저조한데, 이것은 아이의 내면(child within)이 문자 그대로 아이의 범위 내(within)에 머물러 있음을 시사한다. 따라서 10대나 성인이 MCD에 두 명의 아이를 그렸다면 그것은 매우 부적절하고, 발달에서의 미숙이나 퇴행을 시사한다. 뿐만 아니라 지금까지 극진하게 보호를 받아 온 성인 여성이 사춘기 이전 소녀의 그림과 매우 닮은 그림을 그리는 경우가 종종 있다. 예를 들어, 50대 부인이 그린 MCD에 머리에 리본을 단 어린 여자아이 두 명이 그려져 있다면 여기에는 명백하게 의존의 문제가 있다. 성인 중

한쪽 배우자를 상실한 사람은 한 사람 혹은 두 사람의 이미지를 스케치풍으로 그
리거나 왜곡하여 그리는 경우가 많은데, 이것은 지금까지의 대상관계에서의 상실을
의미한다. 이러한 환경에서는 자기의 이미지도 결함을 나타낸다.

　이와 같이 MCD에는 발달 과정에 따라 다른 표현이 나타난다. 그리고 긍정적인
관계로 묘사된 MCD는 따뜻하고 명랑한 느낌을 주지만, 불행한 관계에서의 모자
표현은 자기와 타인에 대한 부정적 인식을 나타내며, 평가와 치료에서 해석이 요
구되는 여러 가지 상황을 제공한다.

📝 2. 실시방법

1) 준비물

　8½″ × 11″(A4) 용지, 연필(연필의 종류에 대한 제한은 없으나, 대개 HB~4B연필),
지우개

2) 시행절차

- 피검자에게 연필(HB~4B연필)과 A4 용지를 세로로 건네주고는 "어머니와 아
  이를 그려 주세요."라고 지시한다.
- 용지의 경우, 피검자가 가로로 놓고 그리기를 원할 경우에는 그렇게 하도록
  한다. 인물화의 경우에는 용지의 방향이 중요할 수도 있으나, MCD는 2명의 인
  물을 균등하게 그리기 위하여 용지를 가로로 놓고 그리는 경우가 많다.
- MCD의 지시어가 의미하는 것은 특정한 대상의 어머니나 자녀를 지칭하는 것이
  아니라는 점에 주의할 필요가 있다(Gillespie, 1989).
- 지시어에 대한 질문에 대해서는 "자유입니다."라고 대답한다. 연령에 따라 질
  문에 대한 대답이 다를 수가 있으나, "나의 어머니?"나 "사람이 아니면 안 돼?"

등의 질문에 대해서도 "자유입니다."라고 대답한다.

3. 평가기준 및 해석

1) MCD의 해석지침

Gillespie(1994)에 따르면 MCD 해석은 융합과 분리, 개별화 등 성격발달을 둘러싸는 정신역동적 견해(psychodynamic view)에 준거한다. Gillespie(1994)가 제시한 MCD의 해석지침은 다음과 같다.

- MCD에는 피검자의 현재 기분이 표현되어 있고, 최근에 체험한 것과 오랫동안 변하지 않는 성격의 모든 것이 반영되어 있다. 따라서 MCD는 그림에 표현되어 있는 관계의 양상(mode)에 초점을 맞춘다. 관계의 양상은 일시적인 것이나 부분적인 것에 의해 규정될 수 있으며, 거기에는 감정적 갈등도 표현되어 있다.
- MCD에는 모든 종류의 자기인지와 타인을 수용하는 양상이 반영되어 있다. 이러한 인지는 이해하기 쉬운 것도 있지만, 이해하기 매우 어려운 것도 있다. 그것들은 시대에 따라 변하고, 제각기 특이한 스트레스의 영향을 받는다. 그러나 다른 자기표현과 마찬가지로, 개인의 성격을 반영한 그림양식에는 일반적으로 중심으로서의 일관성이 있다. 따라서 MCD는 모자관계에 대한 많은 정보를 제공하고 있고, 그중 많은 것은 쉽게 이해할 수 있다. 긍정적인 관계를 제시하는 것과 부정적인 관계를 제시하는 것이 있다.
- MCD에는 개인을 중심으로 하여 자기와 타인의 관계양상인 의사소통의 사고방식에 가까운 것이 나타나 있다. 대상관계이론에서는 내면화된 모자관계가 표상으로서의 중심적 역할을 하는 모자 이외의 관계 형성에도 커다란 영향을 미치는 것으로 간주된다. 그러한 시각에 따르면 최초의 양육체험에서 파

생된 관계양상이 성격장애의 형성에도 결정적인 역할을 한다. 따라서 최초의 관계에 대한 내적 개념이 개인에게 어떤 역할을 하는가를 이해하기 위해서는 MCD에서의 개인뿐만 아니라 전반에 걸친 의사소통의 특성에 대하여 탐구하는 것이 유용하다. MCD에서의 전형적이지 않은 표현은 가장 어린 시기의 관계에서 왜곡된 측면이나 현재의 관계에서 계속되고 있는 측면에 대해 가치 있는 정보를 제공해 준다. 투사는 인생의 내적·주관적 측면을 외부 세계 상황을 통해서 보여 주는 방법이다. MCD는 투사적 그림검사로서 자기의 체험과 중요한 인물과의 관계를 통한 체험이라는 양자에 대한 메시지를 전달하는 것이다. 따라서 MCD의 해석을 통하여 자기와 타인의 관계양상을 이해할 수 있다.

2) 상징의 해석

MCD에서의 상징은 MCD의 내용을 해석하는 데 필수적인 것이다. MCD에서 특히 주목해야 할 상징은 어머니상과 아이상의 관계와 결합의 양상, 혹은 결합의 결여에 대한 강조와 관련되어 있다. 이와 관련된 것으로 미소, 눈맞춤, 신체 접촉, 손 뻗침 등을 들 수 있다. 이것들은 모두 관계의 긍정적 측면을 묘사하는 것으로, 이것들이 표현되어 있는 MCD는 긍정적인 의사소통을 나타낸다. 그러나 그렇지 않은 경우들이 있는데, 이 경우에는 신중하게 검토할 필요가 있다. 여기에 대하여 Gillespie(1994)가 제시한 구체적인 내용은 다음과 같다.

① 미소
미소는 사회에서 접촉하는 최초의 지표로서 인간의 상호관계로서의 매우 기본적이고 평범한 상징이다. 그러나 미소는 예상되는 공격을 피하거나 내적인 적의의 감정을 속이기 위한 방어로 사용될 수도 있다. 사람은 새로운 만남에서 자동적으로 미소를 보내며 인사하는 것에 익숙하다. 그래서 대부분의 인물화에는 미소가 그려져 있는데, 예외인 경우에는 신중하게 검토할 필요가 있다.

② 눈맞춤

눈맞춤은 긍정적 의사소통을 나타내는 표상이다. 대상관계이론의 입장에서 보면 서로 응시하는 모자상은 성숙한 어머니인 내적 자기와 자기 안에 존재하는 아이와의 친밀한 정서적 교류나 상호적인 신뢰관계의 상징적인 표현이다. 현실생활에서의 대인관계가 내적으로 표상된 모자관계를 기초로 이루어지고 있다면 MCD의 어머니와 아이가 따뜻하고 친밀한 관계로 그려지는 것은 피검자의 현실의 대인관계를 반영하고 있는 것이다.

③ 신체 접촉

신체 접촉도 긍정적 의사소통의 표상이다. 신체 접촉에서 촉각은 시각이나 청각에 비해 정서적인 분위기를 가장 잘 전달하는 수단이며, 피부 접촉은 마음의 성장을 위한 최초의 자극이다(Anzieu, 1985). 따라서 모자상의 신체 접촉은 피검자의 마음에 모자상을 신뢰하는 기분, 나아가 자신에게 피해를 주지 않을 것이라는 피검자의 기본적인 신뢰감이 표현된 것이다. 그리고 모자상의 각각이 개인의 내적 대상이라고 할 경우, 두 개의 상이 신체 접촉에 의해서 연결되는 것은 내적 대상이 결합되어 전체 대상으로 정리되고 있음을 의미한다(馬場, 2003). 뿐만 아니라 신체 접촉은 어떤 형태로 접촉하고 있는가에 따라 의미가 다르다. 특히 어머니가 아이를 안는 것은 Winnicott(1986)의 안아 주기(holding)나 Bion(1962)의 용기(container)와 그 안에 포함된 물건의 표상일 수도 있다.

④ 손뻗침

손뻗침은 기본적으로 긍정적 의사소통의 표상이지만, 반드시 긍정적이지 않을 수도 있다. 어떤 방향으로 움직인다는 것은 일종의 반발일 수도 있다. Gillespie(1994)는 필사적으로 정상을 향하여 손을 뻗치는 인물을 예로 들어 MCD는 양육과 도움뿐만 아니라 공격과 경쟁 및 지배의 문제를 나타낼 수 있음을 지적하였다. 때때로 길어서 할퀼 것 같은 손가락이 어머니상이나 아이상 혹은 양쪽에 그려진 경우에는 그 공격적인 손이 어떤 적의를 표현한 것인지, 어떤 갈등을 내포한 것인지,

어떤 투사인지를 파악할 필요가 있다. 또한 입을 크게 벌려 날카로운 소리를 내는 것으로 묘사된 경우에는 분노나 고통을 시사하는 것으로, 내면의 갈등이 무엇인지를 파악할 필요가 있다. MCD에서 어머니가 공격적으로 그려져 있는 경우는 실제 상황에 대한 명백한 증거이다. 뿐만 아니라 내적 표상으로서의 공격적인 어머니는 권위적 관계의 형성에 영향을 주어 곤란을 초래한다. 내면화한 비판적 어머니는 그 후 타인과의 관계에서 계속 문제를 야기한다. 요컨대, 관계는 친밀함의 추구와 회피의 문제이다. 친밀함으로 향하는 움직임은 긍정적이고 애정으로 가득차 있으나, 그렇지 않은 경우에는 파괴적이고 적대적이며 거리를 두고 싶다는 욕구를 의미한다. 실제의 관계에서는 다양한 감정이 혼합되어 앞서 언급한 형태들을 취하거나 접촉이 완전히 결여된 것이다. MCD는 이러한 문제에 대한 개인의 익숙한 태도에 관한 것을 말해 주고 있다.

3) MCD의 평가지표

MCD의 평가지표에 대해서는 Gillespie(1994)의 MCD 연구결과와 그것을 수용한 馬場(2003)의 MCD 해석가설 및 양자의 견해를 참고로 구성한 기정희(2018)의 평가지표를 소개하고자 한다.

(1) Gillespie(1994)

Gillespie(1994)는 모자상의 크기, 미소, 눈맞춤, 신체 접촉, 손뻗침을 중시하였으며, 특히 모자상의 크기를 통하여 어머니상과 아이상의 관계를 읽어 내는 것으로 피검자의 대상관계를 추측하여 어머니상은 성숙한 자아, 아이상은 내면아이를 나타낸다는 가설을 제시하였다.

(2) 馬場(2003)

馬場(2003)은 Gillespie의 견해를 수용하여 어머니상, 아이상, 어머니와 아이의 관계상이라는 관점에서 MCD에서 7개의 평가지표와 PDI에서 5개의 평가지표, 즉 총 12개의 평가지표를 설정하였다. 즉, MCD 평가지표는 모자상의 종류, 아이상의 수, 형태, 크기, 표정, 신체 접촉, 눈맞춤이고, PDI의 평가지표는 다음과 같다. ① 당신이 그린 아이의 성별은 무엇입니까? ② 아이와 어머니는 몇 살입니까? ③ 어머니와 아이는 무엇을 하고 있습니까? ④ 아이와 어머니는 무엇을 생각하고 있습니까? ⑤ 어머니와 아이 중 어느 쪽에 친밀함을 느낍니까? (〈표 11-1〉 참조)

〈표 11-1〉 MCD 평가지표

	평가지표	표현형	
MCD 평가지표	모자상의 종류	인간/동물 · 추상적 표현	
	아이상의 수	단수/복수	
	형태	전신/반신/얼굴/숨어 있음	
	크기	작음/보통/큼	
	표정	웃는 얼굴/웃지 않는 얼굴/뒷모습/이목구비가 없음	
	신체 접촉	안음/손을 잡음/아이가 접촉/접촉 없음	
	눈맞춤	모자 상호 응시/어머니가 아이 응시/아이가 어머니 응시/눈 맞춤 없음	
PDI 평가지표	아이상의 성별	동성/이성	
	모자상의 연령	수치(단위: 세)	
	모자상의 행위	자유롭게 기술	
	모자상의 생각	서로 상대의 것/어머니만이 아이 것/아이만이 어머니 것/각자 다른 것	
	친밀함을 느끼는 대상	어머니/아이/상호 느낌/상호 못 느낌 · 미기입	

또한 馬場(2003)은 MCD 평가지표의 표현형을 수량화하여 다음과 같이 그림양식의 점수화를 시행하였다. 즉, 그림양식에 표현되는 표정, 신체 접촉, 눈맞춤의 표현형은 기초자료의 출현빈도와 종래의 그림해석 및 가설, 대상관계이론으로부터의 의미 부여 등을 기준으로 서열척도로 수량화하였다(〈표 11-2〉 참조). 수량화한 3개의 그림지표의 점수를 합한 것을 MCD 점수로 하였다. MCD 점수는 낮을수록 양호하고, 높을수록 대상관계에 문제가 있음을 의미한다.

 〈표 11-2〉 MCD 표현형의 점수

그림지표	표현형의 점수	
	구분	점수
표정	모자가 함께 웃는 얼굴	1
	어머니는 웃는 얼굴 · 아이는 웃지 않는 얼굴 / 어머니는 웃지 않는 얼굴 · 아이는 웃는 얼굴	2
	모자가 함께 웃지 않는 얼굴	3
	어머니는 웃는 얼굴 · 아이는 뒷모습 / 어머니는 뒷모습 · 아이는 웃는 얼굴	4
	모자 모두 이목구비가 없는 얼굴 / 모자 모두 뒷모습 / 어머니는 웃는 얼굴 · 아이는 이목구비가 없는 얼굴 / 어머니는 웃지 않는 얼굴. 아이는 이목구비가 없는 얼굴 / 어머니는 뒷모습 · 아이는 웃지 않는 얼굴	5
	어머니는 공백의 얼굴 · 아이는 뒷모습 / 어머니는 공백의 얼굴 · 아이는 웃지 않는 얼굴	6
	어머니는 공백의 얼굴 · 아이는 웃는 얼굴	7
	어머니는 공백의 얼굴 · 아이는 뒷모습 / 어머니는 뒷모습 · 아이는 공백의 얼굴	8
신체 접촉	안음	1
	손을 잡음	2
	접촉 없음	3
	아이로부터의 접촉	4
눈맞춤	모자 상호 응시	1
	어머니만 아이를 응시	2
	눈맞춤 없음	3
	아이만 어머니를 응시	4

(3) 기정희(2018)

기정희(2018)는 Gillespie(1994)의 연구와 馬場(2003)의 해석기준을 참조하여 총 13개의 평가지표, 즉 어머니상 평가지표 4개(어머니상의 신체 형태, 얼굴 형태, 얼굴 표정, 신체 부위 생략), 아이상 평가지표 4개(아이상의 신체 형태, 얼굴 형태, 얼굴 표정, 신체 부위 생략), 모자상 평가지표 5개(모자상의 크기, 모자상의 크기 비교, 눈맞춤, 신체 접촉, 손뻗침)를 설정하였다(〈표 11-3〉 참조). MCD 평가지표는 점수가 낮을수록 안정애착 등 긍정적인 것과 관련된다.

〈표 11-3〉 MCD 평가지표

MCD	평가지표	구분	점수	MCD	평가지표	구분	점수
어머니상	신체 형태	전체	1	모자상	크기	큼	1
		부분	2			보통	2
		그리지 않음	3			작음	3
	얼굴 형태	전체	1		크기 비교	어머니>아이	1
		부분	2			어머니≦아이	2
		그리지 않음	3			비교 불가능	3
	얼굴 표정	미소	1		눈맞춤	상호 응시	1
		미소 없음	2			한쪽만 응시	2
		이목구비 없음/뒷모습	3			없음	3
	신체 부위 생략	없음	1		신체 접촉	상호	1
		1개	2			한쪽만	2
		2개 이상	3			없음	3
아이상	신체 형태	전체	1				
		부분	2				
		그리지 않음	3				
	얼굴 형태	전체	1				
		부분	2				
		그리지 않음	3				
	얼굴 표정	미소	1				
		미소 없음	2		손뻗침	상호	1
		이목구비 없음/뒷모습	3			한쪽만	2
	신체 부위 생략	없음	1			없음	3
		1개	2				
		2개 이상	3				

🖼 **4.** 해석의 적용

  앞에서 언급한 MCD의 해석지표를 아동과 성인의 MCD 그림해석에 적용한 결과는 다음과 같다([그림 11-1] [그림 11-2] 참조).

[그림 11-1] 초4 남자아이의 그림

  [그림 11-1]은 초등학교 4학년에 재학 중인 남자아이의 MCD이다. 이 아동은 통제적인 양육환경에서 자라 평소 자기주장이 약하고, 대인관계가 소극적인 편이다. 그림의 내용은 아동이 원하는 것을 사기 위하여 가게 안으로 들어가려고 하지만, 어머니는 아동이 들어가지 못하도록 강제로 제지하고 있는 상황을 재현한 것이다. 매우 작게 그려져 있는 모자상의 크기와 어머니에게 끌려가고 있는 아이상의 모습에서 피검자의 낮은 자존감이나 자기주장의 약함을 엿볼 수 있다. 어머니상과 아이상은 전체가 표현되어 있으나, 한쪽 눈맞춤(어머니상만 아이를 쳐다보고 있음)과 미소 없음 등 모자관계의 긍정적인 면은 찾아볼 수 없으며, 특히 손의 표현을 강조함으로써 아이가 가진 불만과 부적절한 감정이 노골적으로 표현되어 있다. 뿐만 아니라, 특히 이 그림에서 주목해야 할 것은 어머니상과 아이상의 손뻗침이다. 손뻗침은 긍정적 의사소통이나 친밀함의 대표적 표상이지만, 여기서는 어머니와 아이가 서로 손을 잡고 있다기보다는 아이가 어머니의 손에 끌려가고 있는 상황이 표현되어 있다. 통제적이고 강압적인 어머니와 그에 따를 수밖에 없

는 아이의 관계가 노골적으로 표현되어 있는 것이다. 따라서 이 사례를 통하여 통제적이고 강압적인 양육환경과 그에 따른 아이의 대인관계 양상을 확인할 수 있다.

[그림 11-2] 51세 여성의 그림

[그림 11-2]는 51세 여성이 그린 MCD이다. 이 여성은 비교적 자유롭고 긍정적인 사고를 가진 부모님, 특히 어머니에게서 양육되었다. 많은 기대를 받고 성장하였으며, 자기주장이 강할 뿐만 아니라 본인이 주변의 모든 일을 처리해야 한다는 다소의 강박관념을 가지고 있다. 이 그림은 여성이 아이였을 때의 자신과 어머니를 그린 것으로, 아이의 등교 전 가정의 아침 모습을 표현한 것이다. 어머니는 아이의 교복치마를 다림질하고 있고, 아이는 이미 책가방을 다 챙긴 후 어머니가 다림질을 끝내기를 기다리고 있으며, 어머니의 뒤에는 늘 부산하셨던 어머니의 아침 활동 모습이 그려져 있다. 어머니는 즐거운 마음으로 다림질을 하고 있으나, 아이는 기다리며 어머니의 표정과 달리 다소 불만스런 표정을 짓고 있다. 이 그림의 경우, 인물의 크기나 상호 눈맞춤을 통하여 피검자의 높은 자존감과 모녀 간의 친밀한 관계가 나타나 있다. 그러나 어머니의 미소와 아이의 불만스런 표정, 손뻗침을 포함한 신체 접촉이 없어 어머니와 아이의 관계에서 정서적 친밀감과 소통이 부족함을 시사하고 있다.

📝 **5.** 연구동향

MCD는 1989년에 Gillespie가 개발한 투사적 그림검사로서, MCD의 기초적 연구는 개발자인 Gillespie의 저서 『모자화의 투사적 사용(The Projective Use of Mother and Child Drawings)』(1994)에서 행해졌다. 그러나 영어권에서는 더 이상 MCD 연구는 진행이 되지 않았고, 일본에서 다수의 연구가 행해졌다. 따라서 MCD의 연구동향은 Gillespie의 연구와 일본에서의 국외 연구동향을 살펴본 후, 국내 연구동향을 살펴보고자 한다.

1) 국외 연구동향

(1) Gillespie의 연구

MCD의 개발자 Gillespie는 1989년의 논문「투사적 모자화에서 관찰된 대상관계(Object relations as observed in projective Mother-and-Child Drawings)」에 MCD를 발표하였고, 그 후 이를 더욱 체계화하여 MCD에 대한 기초적 연구로서의『모자화의 투사적 사용』을 발표하였다. 여기서 Gillespie는 발달 과정과 성별에 따라 MCD의 표현이 상이하게 나타난다는 사실을 추측하여 만 6~71세에 이르는 네 집단의 피검자를 대상으로 MCD를 수집해서 발달단계별 그림의 특징을 기술하였다. 즉, 피검자는 아동 집단 52명(만 6~9세), 사춘기 이전 집단 43명(만 10~12세), 사춘기 집단 47명(만 15~18세), 성인 집단 40명(만 19세 이상)이다. Gillespie는 특히 MCD의 크기에 주목하여 어머니상과 아이상의 크기를 밀리미터 단위로 측정해서 성별에 따른 MCD 크기의 차이를 검토하였다. 그 결과는 다음과 같다. 아동 집단에서는 어머니상과 아이상에서 성별에 따른 크기의 차이는 나타나지 않았다. 사춘기 이전 집단에서는 소년의 MCD에서는 어머니상과 아이상의 크기가 매우 작아졌으나, 소녀의 MCD에서는 아동 집단의 MCD 크기와 거의 동일하게 나타났다. 사춘기집단의 경우, 소녀의 MCD에서는 어머니상과 아이상의 크기가 작아졌는 데 반해, 소년의 MCD에서는 아동 집단의 크기와 비슷하게 나타났으며, 이러한 경향은 성인집단의 MCD에서 훨씬 더 강하게 나타났다. Gillespie에 따르면 사춘기 이전 단계에서 소년의 MCD 크기가 작은 것은 규칙이나 자기통제학습이라는 행동규제가 영향을 미친 결과이지만, 이것들이 동일한 연령의 소녀에게는 그다지 영향을 미치지 않았다고 보았다. 여기서 Gillespie는 MCD에서 일반적인 남녀의 자기개념의 발달을 추측할 수 있음을 주장하였다. 그리고 아동에서 성인으로 발달함에 따라 어머니상이 크게 그려졌다는 결과를 통해 어머니상이 성숙한 자아를 나타내고 있다는 가설을 제시하였다. 더구나 아이상도 어머니상과 함께 크게 그려졌지만, 아이상은 성별이나 연령에는 그다지 영향을 받지 않는다는 견해를 제시하였다. 이를 통하여 Gillespie는 아이상은 내면아이(inner child), 즉 과거에 상처받은 내면아이의 마음을 나타내고 있다는 가설(Bradshaw, 1990)을 제시하였다.

요컨대 Gillespie(1989)의 연구에서는 발달 과정과 성별에 따라 MCD에서 상이한 표현이 나타나고, 어머니상이 성숙한 자아를 나타내는 반면 아이상은 내면아이를 나타낸다는 가설을 제시하였다. 그러나 馬場(2003)이 지적하였듯이, Gillespie가『모자화의 투사적 사용』에서 제시한 양적 자료는 모자상의 크기뿐이다. Gillespie는 MCD에 투사되는 것이 어머니상과 아이상의 관계성, 또는 관계성의 결여라고 말하였지만, 관계성이 결여된 MCD의 출현율은 분명하게 제시하지 않았으며, 바로 이 점에서 Gillespie 연구의 한계를 찾아볼 수 있다. 그리고 이러한 Gillespie(1989) 연구 이래, MCD 연구는 영어권에서는 더 이상 진행되지 않았다.

(2) 일본에서의 MCD 연구동향

일본의 경우, 2001년에 松下와 石川에 의해 Gillespie(1994)의 저서가 소개·번역된 이래, 10여 편의 연구(http://ci.nii.ac.jp)가 행해졌으며, 그 연구들은 다음과 같은 세 가지 유형으로 구분할 수 있다. 첫째, MCD의 기초적 연구(馬場, 2003; 早川, 2006)이다. 여기서는 모자상의 형태, 표정, 신체 접촉, 눈맞춤 등 MCD의 해석 가설과 어머니상과 아이상에 나타난 세 가지 표현의 모자상이 도출되었다. 둘째, MCD의 양적 연구(南里, 谷, 2006; 松下, 石川, 1999; 塩崎, 2004; 鴫原, 2009; 馬場, 2015 등)이다. 여기서는 알코올 의존자, 정신장애자, 조현병 환자의 MCD 특징이 도출되었고, MCD를 모성의식에 관한 질문지 검사와 성인애착척도 및 양육 태도에 관한 질문지 검사 등과 비교·검토하였으며, 발달적 관점에서 MCD의 신체 접촉의 문제를 다루었다. 셋째, MCD의 임상연구(馬場, 2008, 2009)이다. 여기서는 심리치료 과정에서 MCD를 실시하여 MCD의 변화를 검토하였고, MCD에 동적 요소를 가미한 동적 MCD를 연구하여 동적 MCD의 장점과 의미를 시사하였다. 이 내용들을 구체적으로 살펴보면 다음과 같다.

① MCD의 기초적 연구

馬場(2005)은 MCD를 정신역동적인 심리치료를 전제로 한 심리평가의 수단으로서 크게 기대할 수 있는 기법으로 간주하여 일본에서는 처음으로 MCD의 기초적 연구를 수행하였다. 그는 대학생 597명(남학생 179명, 여학생 418명)을 대상으로 3B 연필과 가로 방향의 A4 용지를 제공한 후 "어머니와 아이를 그려 주세요."라고 지시했다. 게다가 그린 후에 5개로 구성된 질문지(PDI)를 구성하여 실시한 것이 특징이라고 할 수 있다. MCD의 분석 결과, MCD의 기본적 패턴으로서 어머니상과 아이상이 손을 잡고 정면을 향해 있는 그림과 모자상의 표정이 모두 웃고 있는 그림이 도출되었다.

馬場은 MCD와 성인애착유형척도, 문장완성검사, 에고그램을 실시하여 비교·검토한 결과, 다음과 같은 MCD의 해석가설을 제시하였다. 첫째, 모자상의 형태는 전신이 표준이고, 모자상의 얼굴만 그린 사람은 어머니에게서 안정된 애착체험이 결여되고, 타인에 대한 공감적인 태도를 가지기 어렵다. 모자상을 크게 그리는 사람은 어머니에게서 공감적인 생각과 동정심이 있는 태도로 양육되어 자존심과 활동성이 높다. 모자상을 작게 그리는 사람은 자신과 타인에게 비공감적이다. 둘째, 모자상의 표정에서 모자가 함께 웃고 있는 경우에는 타인에 대한 신뢰감과 상호의존적·친화적 관계를 기대하는 내적 작동모델이 존재한다. 모자가 모두 웃지 않는 경우에는 타인으로부터의 비난을 부인함과 동시에 자신의 공격성도 인정하지 않는다. 어머니상은 웃고 있지만 아이상은 웃지 않는 경우에는 피검자의 심적 세계가 쾌의 감정과 불쾌의 감정이 혼재한 불안정한 상태일 가능성이 있다. 셋째, 모자상의 얼굴 표정이 일치함과 동시에 신체 접촉이 있는 경우에는 기본적으로 안정된 양육환경에서 양육되어 자기와 타인에 대한 신뢰감과 긍정적인 감정이 키워진다. 넷째, 눈맞춤은 모자가 마주보고 있는 경우에는 풍부한 상호적·순환적 교류를 체험하고, 어머니의 양육적 태도를 받아들인다. 뿐만 아니라 馬場은 얼굴 표정과 신체 접촉 및 눈맞춤의 MCD의 해석지표를 설정하여 그것들을 점수화하고 합산하여 그 점수로 모자관계의 정도를 평가하였다. 즉, 얼굴 표정과 신체 접촉 및 눈맞춤의 점수를 합산하여 점수가 낮을수록 모자관계가 양호한 것으로 해석하였다.

이 외에도 MCD의 기초적 연구로는 루天(2006)의 연구가 있다. 그는 MCD를 아기와 그 어머니의 그림(Drawing of a Baby and its Mother: DMB)로 명명하고, 137명의 여대생을 대상으로 연구를 수행하였다. 거기서는 "아기와 어머니를 그려 주세요."라고 지시하고, 그려진 아기와 어머니의 관계성을 명확하게 제시하였다. 또한 내재화된 대상관계가 투사되기 쉬운 투사적 검사의 가능성을 검토하기 위하여 가설을 만 1~2세 아이와 그 어머니에게서 표출되는 모자상이 피검자 본인의 내적 표상을 투사한다고 보았다. 분석의 결과, 전형적 예로서 어머니가 아기를 안고 있는 유형, 어머니는 웃는 얼굴이고 아기는 웃거나 잠자는 얼굴의 유형, 어머니는 상반신이나 전신이고 아기도 대부분 전신의 유형이라는 세 가지 유형의 모자상이 도출되었다.

② MCD의 양적 연구

MCD의 양적 연구는 다음의 세 가지로 구분된다. 첫째는 MCD의 그림 특징에 대한 연구, 둘째는 MCD에 그려진 내용을 질문지 검사결과와 조합하여 검토한 연구, 셋째는 MCD를 보조적으로 사용하여 질문지 검사의 결과를 검토한 연구이다.

첫째, 다양한 부류의 사람에게 MCD를 실시하여 그림의 특징을 제시한 연구로는 馬場(2005)의 연구와 南里와 谷(2006)의 연구를 들 수 있다. 馬場(2005)은 학생 집단과 정신장애자 집단을 비교하여 그림의 특징을 검토하였으며, 소년원에 입소 중인 비행청소년과 학생 집단을 비교·검토하여 그림의 특징을 도출하였다. 南里

와 슈(2006)은 조현병 환자들을 대상으로 MCD를 실시하여 조현병 환자 MCD의
특징을 도출하였다.

둘째, MCD에 그려진 내용을 질문지 검사결과와 조합하여 검토한 연구로는 松
下와 石川(1999)의 연구와 馬場(2003)의 연구 등을 들 수 있다. 松下와 石川(1999)
은 중학생과 대학생을 대상으로 모성의식에 관한 질문지 검사와 MCD를 실시하
여 모성의식과 MCD에 그려진 대인표현의 관련성을 연구했다. 馬場(2003)은 MCD
에는 개인의 대상관계가 투사된다는 가설을 검증하기 위하여 대학생을 대상으로
MCD와 성인애착유형척도검사를 실시하여 개인의 내적 작업모델을 측정하고, 그
것이 MCD에서 어떻게 표현되는가를 검증했다.

셋째, MCD를 보조적으로 사용하여 질문지 검사의 결과를 검토한 연구로는 塩
崎(2004)과 鴫原(2009)을 들 수 있다. 塩崎(2004)는 양육자의 모자분리관이 양육에
주는 영향을 검토한 것이며, 鴫原(2009)은 어린아이를 가진 어머니의 양육에 대한
불안을 검토한 것이다.

③ MCD의 임상연구

여기에 해당되는 것은 임상장면에서 MCD를 이용한 馬場(2008)의 연구와 馬場
(2009)의 동적 MCD 연구를 들 수 있다. 2008년도 연구에서는 심리치료 과정에서
MCD를 실시하여 MCD의 변화에 대한 검토를 통해 대인관계의 이미지와 타인에
대한 신뢰감의 양상을 확인한 후 비로소 심리치료의 지침이 된다고 정리하였다.
2009년도 연구에서는 MCD에 동적 요소를 가미하면 모자의 관계성이 더 풍부하
게 표현되어 피검자를 더 잘 이해할 수 있을 것이라는 생각으로 동적 MCD를 연구
하였다. 여기서는 학생을 대상으로 "어머니와 아이가 무엇인가를 하고 있는 것을
그려 주세요."라고 지시하고, 그렇게 그려진 그림을 일반적 MCD와 비교한 후, 성
인애착유형척도와 동적 MCD를 비교·검토하였다. 그 결과, MCD를 동적 MCD로
발전시키면서 동적 MCD는 확실하게 많은 정보를 제공하는 한편, MCD에서 중요
시되던 객관적 지표의 하나인 모자의 신체 접촉의 의미는 사라질 가능성이 시사
되었다.

이와 같이 살펴본 일본에서의 MCD 연구에 내포된 문제점과 향후 과제는 다음과 같다. 첫째, 연구 수에 관한 문제이다. 지금까지 검토했듯이, MCD에 관한 연구는 10여 편으로 매우 적은 편이다. 이것은 Gillespie가 MCD를 개발한 이래 기간이 짧은 것과도 관계가 있다. 그러나 대인관계 등의 문제로 조기의 모자관계에 관심이 주어져 있는 현대에서는 MCD를 이용할 수 있는 영역이 확대될 수 있으므로 향후 그에 따른 많은 연구가 행해질 필요가 있다. 둘째, 양적 연구의 문제이다. MCD가 투사적 그림검사로서 널리 이용되기 위해서는 다수의 양적 연구가 행해져서 발달단계에 따른 MCD의 전형적인 예가 제시될 필요가 있다. 그런 만큼 향후 연구에서는 조사 대상자의 충분한 확보와 해석지표와 해석방법의 검토 등이 필요할 것이다. 셋째, MCD의 타당도에 관한 문제이다. 지금까지의 연구에서는 질문지를 이용하여 MCD의 내용과 타당도를 검토하였다. 사람의 의식적인 면을 측정할 수 있는 질문지에 의해 MCD의 내용과 타당도를 검토하는 것은 물론 중요하지만, 다른 투사적 그림검사와의 비교・연구를 통하여 MCD의 타당도를 검토하는 것도 필요할 것이다. 넷째, 신뢰도의 문제이다. 대부분의 MCD 연구에서는 검사자 본인만이 MCD를 평가하고 있다. 그러나 향후 연구에서는 MCD 평가를 복수로 행함으로써 MCD의 신뢰도를 검토하는 것도 필요할 것이다. 다섯째, 사례연구가 적다는 것을 들 수 있다. 임상장면에서 MCD 연구에 대한 사례연구의 수가 매우 적다. 향후 MCD 연구에서는 임상장면에서 MCD를 활용한 MCD 유용성의 검토가 필요할 것이다.

2) 국내 연구동향

MCD에 대한 국내 연구동향을 개관하면 다음과 같다. MCD에 관한 연구는 2012년에 이근매와 최외선에 의해 馬場의 저서(2005)가 번역・출간된 이래, 현재까지 9편의 학위논문과 19편의 학술지 논문이 있다. 먼저, 학위논문의 경우에는 4편의 박사논문과 5편의 석사논문이 있으나, 이 논문들은 거의 모두 학술지 논문으로 발표되었고, 그런 만큼 학위논문과 학술지 논문의 내용이 상당 부분 중복

된다고 할 수 있다. 다음으로, 학술지 논문의 경우에는 19편의 논문이 발표되었으나, 연구대상으로는 성인(김선현, 김현숙, 2012; 최진숙, 이근매, 2014, 2015; 조병삼, 최외선, 2013a, 2013b; 이정임, 이연기, 2014; 이정임, 최외선, 2013; 이정임, 정재원, 2013; 정영인, 2015, 2016)이 가장 많고, 연구문제는 주로 MCD 반응특성과 애착, 대인관계, 자아탄력성, 심리적 안녕감, 우울 등과의 관계에 관한 것이다. 그 외에 대학생을 대상으로 한 MCD의 반응특성과 우울(조주원, 2013), 애착(최진숙, 이근매, 2014; 조주원, 기정희, 최외선, 2015; 조주원, 2013), 자아탄력성(정영인, 2015)과의 관계에 관한 연구들이 있다. 청소년을 대상으로 한 MCD 연구로는 청소년의 MCD 반응특성과 정서행동 수준(정세진, 김상인, 2015), 애착 수준(기정희, 2018), 자기효능감(강효련, 정영인, 2017)의 관계 등이 있다. 아동을 대상으로 한 MCD 연구로는 아동의 MCD 비교(장서빈, 이근매, 2014), 아동의 애착 수준과 MCD 반응특성의 관계(기정희, 2017), 그리고 유아의 정서행동과 MCD 반응특성의 관계(이정원, 이근매, 2013) 등이 다루어졌다. 이와 같이 국내 연구에서는 대부분이 MCD 반응특성이나 타당화 문제를 다루었다. 여기에 나타난 MCD의 신뢰도는 Cohen의 카파(Kappa) 지수는 .81~1.00(기정희, 2018), .87~1.00(기정희, 2017), Cronbach α＝.87~1.00(조주원, 기정희, 최외선, 2015), .95~1.00(정세진, 김상인, 2015), .94~1.00(이정임, 이연기, 2014) 등으로 나타나 비교적 높은 수준의 신뢰도를 보여 주고 있다.

이와 같이 살펴본 MCD 국내 연구의 특징은 다음과 같다. 첫째, MCD에 대한 기초적 연구의 부족이다. 국내 연구에서는 많은 경우에 馬場(2005)을 참조하여 해석지표를 설정하고 거기에 근거한 반응특성을 연구한 것으로, MCD 자체에 대한 연구가 거의 없다. 따라서 향후 연구에서는 MCD의 이론적 배경에 대한 깊이 있는 연구나 해석기준, PDI 그리고 실시방법 등 MCD에 대한 기초적 연구가 요구되는 상황이다. 둘째, 연구대상이 비교적 한정되어 있다. 국내 연구에서는 MCD의 연구대상이 대학생을 포함하는 성인에게 집중되어 있으며, 아동이나 청소년을 대상으로 한 연구는 상대적으로 소수이다. 그런 만큼 향후 연구에서는 다양한 연령층을 대상으로 한 연구가 요청되는 상황이다. 셋째, 연구내용의 문제이다. MCD에 관한 대부분의 연구는 일종의 타당화 연구, 다시 말해 MCD의 활용 가능성에 관한 양적 연구들이다. 즉, MCD를 애착이나 대인관계 등 평가도구로서의 활용 가능성을 탐색하기 위하여 MCD와 질문지 검사를 비교·검토한 것이다. 그런 만큼 향후 연구에서는 MCD와 다른 투사적 그림검사와의 비교 등 다양한 측면에서의 타당화 연구, 나아가 MCD를 임상에 적용한 연구 등이 요청된다. 요컨대, MCD에 대한 국내 연구에서는 MCD의 기초적 연구와 연구대상의 확대 및 임상에의 적용 등 연구내용의 확대가 연구과제로 주어져 있다고 할 수 있다.

참고문헌

기정희(2017). 아동의 애착수준 평가도구로서의 모자화의 활용가능성. 미술치료연구, 24(4), 987-1005.

기정희(2018). 청소년의 애착수준 평가도구로서의 모자화의 활용가능성. 미술치료연구, 25(3), 271-287.

강효련, 정영인(2017). 청소년의 모자화(Mother and Child Drawings) 반응특성과 자기효능감에 관한 연구. 미술치료연구, 24(5), 1165-1186.

김선현, 김현숙(2012). 정상 산모와 산후 우울 산모의 모아(母兒) 애착 및 모자화(母子畵)의 특성. 임상미술치료학연구, 7(2), 11-17.

이정원, 이근매(2013). 유아의 정서행동에 따른 모자화 반응특성. 미술치료연구, 20(5), 925-942.

이정임, 이연기(2014). 재직자와 실직자 기혼남성의 모자화 반응특성에 따른 애착에 관한 연구. 미술치료연구, 21(1), 21-38.

이정임, 정재원(2013). 직장 남성의 모자화 반응특성에 따른 애착에 관한 연구. 미술치료연구, 20(5), 885-902.

이정임, 최외선(2013). 직장인의 모자화 반응특성과 대인관계문제에 관한 연구. 미술치료연구, 20(6), 1091-1112.

장서빈, 이근매(2014). 한부모가정 아동과 양부모가정 아동의 모자화 반응특성 연구. 예술심리치료연구, 10(1), 197-215.

정세진, 김상인(2015). 청소년의 정서행동 수준에 따른 모자화 반응특성 연구. 예술심리치료연구, 11(2), 205-229.

정영인(2015). 모자화에 나타난 자아탄력성에 관한 연구: 대학생을 중심으로. 미술치료연구, 22(6), 1855-1974.

정영인(2016). 기독교인과 비기독교인의 모자화 반응특성에 따른 심리적 안녕감 비교연

구: 20~30대 미혼을 중심으로. 기독교교육정보, 49, 167-201.

조병삼, 최외선(2013a). 유아기 자녀를 둔 어머니의 애착유형에 따른 대인관계와 모자화 반응특성. 미술치료연구, 20(2), 307-331.

조병삼, 최외선(2013b). 유아기 자녀를 둔 어머니의 애착유형에 따른 삶의 만족도와 모자화 반응특성. 미술치료연구, 20(4), 689-709.

조주원(2013). 여대생의 우울과 모자화 반응특성과의 관계. 미술치료연구, 20(1), 85-101.

조주원, 기정희, 최외선(2015). 대학생의 모자화 반응특성과 애착에 관한 연구. 미술치료연구, 22(3), 683-704.

최진숙, 이근매(2014). 성인의 애착유형에 따른 모자화 반응특성 연구. 미술치료연구, 21(5), 919-939.

최진숙, 이근매(2015). 성인의 모자화 타당화 연구. 미술치료연구, 22(3), 705-729.

岡林 睦美(2011). 母子画の検討. ヒューマンサイエンス, 14, 83-85.

髙松 優貴, 石田 弓(2014). PAC分析を用いた母子画における描画体験の検討. 広島大学心理学研究, 14, 141-156.

南里 裕美, 谷 直介(2006). 統合失調症患者における母子画の研究: 事例を通して. 教育科学セミナリー, 37, 101-107.

藤井 優子(2010). 母子画を利用した面接法の検討. 山口大学大学院教育学研究科附属臨床心理センター紀要, 1, 51-61.

藤井 優子, 山根 望, 河合 可南子, 切田 祐子, 澤谷 拓哉, 平峯 朋子, 名島 潤慈(2010). 母子画に関する諸研究の概観. 山口大学教育学部研究論叢, 59, 261-267.

馬場 史津(2003). 母子画の基礎的研究－成人版愛着スタイル尺度との関係から－. 臨床描画研究, 18, 110-124.

馬場 史津(2005). 母子画の基礎的・臨床的研究. 이근매, 최외선 역(2012). 서울: 시그마프레스.

馬場 史津(2008). 母子画による心理療法過程のアセスメント―3枚の母子画の比較. 臨床描画研究, 23, 196-211.

馬場 史津(2009). 動的母子画の試み－動的母子画と母子画の比較－. 中京大学心理学研究科・心理学部紀要, 8(2), 9-16.

馬場 史津(2010). 母子画と人物二人法の比較. 中京大学心理学研究科・心理学部紀要, 9(2),

19-24.

馬場 史津(2015). 母子画における身体接触: 発達的視点からの文献研究. 中京大学心理学
　　研究科・心理学部紀要, 14(2), 21-26.

西田 江里, 松下 姫歌(2009). 母子画に関する理論的検討. 広島大学大学院心理臨床教育研究
　　センター紀要, 8, 107-120.

成田 小百合(2011). 母子画と空間象徴. 新島学園短期大学紀要, 31, 169-176.

松木 邦裕(1996). 對象關係論を学ぶ. 東京: 岩崎学術出版.

松下 姫歌, 岡林 睦美(2009). 青年期における愛着スタイルと母子イメージとの関連-質
　　問紙と母子画を用いての検討. 広島大学心理学研究, 9, 191-206.

松下 恵美子, 石川 元(1999). 母性意識と母子画に描かれた対人表現との関連について. 臨
　　床描画研究, 16, 43-45.

櫻井 薫, 和田 佳子, 河野 千佳(2014). I-3 妊婦および褥婦による母子画の特徴. 女性心身
　　医学, 19(1), 100.

櫻井 薫, 和田 佳子, 河野 千佳, 横田 正夫(2015). E-4 妊娠期および産褥期における母子
　　画の特徴と心身の状態との関連. 女性心身医学, 20(1), 76.

塩崎 尚美(2004). 保育者の母子分離に対する意識: 母子画を用いた保育研修の内容から.
　　相模女子大学紀要. A, 人文・社会系 68, 47-54.

鴫原 依子(2009). 母親の育児不安に関する母子画を用いての研究. 桜美林大学院修士論文.

早川 滋人(2006). 母子画(DBM)の基礎的研究. 滋賀女子短期大学研究紀要, 31, 35-48.

Anzieu, D. (1985). *Le moi-peau*. Paris: Bordas.

Bion, W. R. (1962). *Learning from experience*. London: Maresfield Reprurts.

Bradshaw, J. (1990). *Homecoming, reclaiming and championing your inner child*. 新里
　　里春 訳(1993). インナーチャイルド -本当のあなたを取り戻す方法-. 東京: NHK出版.

Gillespie, J. (1989). Object relations as observed in projective Mother-and-Child
　　Drawings. *The Arts in Psychotherapy, 16*, 163-170.

Gillespie, J. (1994). *The projective use of Mother-and-Child Drawings a manual for
　　clinician*. 松下 恵美子, 石川 元 訳(2001). 母子画の臨床応用: 対象関係論と自己心理
　　学. 東京: 金剛出版.

Leibowitz, M. (1999). *Interpreting projective drawings: A self psychological approach*. New York: Brunner/Mazel.

Machover, K. (1949). *Personality projection in the drawing of human figure*. Springfield, IL: Charles C. Thomas.

Mahler, M. S., Pine, F., & Bergman, A. (1975). *The psychological birth of the human infant*. New York: Basic Books.

Simon, R. (1988). Marion Milner and the psychotherapy of art. In J. Fielding & A. Newman (Eds.), *Winnicott studies 3*. London: Squiggle Foundation.

Winnicott, D. W. (1986). *Holding and interpretation: fragment of an analysis*. London: Hogarth Press.

김갑숙(Kim Gabsook)

영남대학교 대학원 가정학과 졸업(가정학 박사)

전 한국미술치료학회 회장

현 영남대학교 환경보건대학원 미술치료학과 교수

　　한국미술치료사협회 회장

　　한국미술치료학회 수련감독 임상미술심리전문가

저서

미술치료기법(공저, 학지사, 2006)

마음을 나누는 미술치료(공저, 학지사, 2006)

미술치료 열두달 프로그램 I-VI(공저, 학지사, 2010~2016) 등

역서

풍경구성기법(공역, 학지사, 2012)

집단미술치료 – 주제와 활동에 대한 안내서(공역, 학지사, 2013)

미술치료와 신경과학(공역, 학지사, 2018) 등

전영숙(Jeon Youngsook)

영남대학교 대학원 가정학과 졸업(생활과학 박사)

전 한국동서정신과학회 회장

현 대구사이버대학교 미술치료학과 교수

　　한국미술치료학회 이사 및 학술위원장

저서

미술치료 개론(공저, 동아문화사, 2004)

작은 심리이야기(공저, 이문출판사, 2004)

정신치료의 철학적 지평(공저, 철학과현실사, 2008) 등

역서

미술치료에서 본 마음의 세계-풍경구성법과 나무그림검사를 활용한 정신분열병 치료사례(공역, 이문출판사, 2008)

발테그 그림검사(공역, 이문출판사, 2011) 등

기정희(Ki Junghee)

영남대학교 대학원 철학과 졸업(철학 박사)

영남대학교 대학원 미술치료학과 졸업(미술치료학 박사)

전 영남대학교 강의전담 객원교수, 연구교수

현 동의대학교 산업문화대학원 예술치료학과 외래교수

저서

빈켈만 미학과 그리스 미술(서광사, 2000)

미술치료학개론(공저, 학지사, 2011) 등

역서

미의 법문: 야나기 무네요시의 불교미학(공역, 이학사, 2005)

풍경구성기법(공역, 학지사, 2012) 등

이미옥(Lee Miog)

영남대학교 대학원 가정학과 졸업(가정학 박사)

영남대학교 대학원 미술치료학과 졸업(미술치료학 박사)

전 영남대학교 환경보건대학원 미술치료학과 특임객원교수

　　대구한의대학교 아동복지학과 초빙교수

　　한국 사이코드라마 · 소시오드라마 학회 회장

현 동아대학교 아동학과 교수

　　한국미술치료학회, 예술심리치료학회 등의 이사

저서

마음을 나누는 미술치료(공저, 학지사, 2006)

미술치료기법(공저, 학지사, 2006) 등

역서

트라우마 생존자들과의 심리극(공역, 학지사, 2008)

삶을 변화시키는 예술심리치료(공역, 학지사, 2010) 등

그림을 통한
심리진단 및 평가 **I**

Psychological Diagnosis and
Assessment based on Drawing I

2019년 3월 20일 1판 1쇄 발행
2021년 3월 25일 1판 2쇄 발행

지은이 • 김갑숙 · 이미옥 · 전영숙 · 기정희
펴낸이 • 김진환
펴낸곳 • **(주)학지사**
　　　　04031 서울특별시 마포구 양화로 15길 20 마인드월드빌딩
대표전화 • 02)330-5114　　팩스 • 02)324-2345
등록번호 • 제313-2006-000265호

홈페이지 • http://www.hakjisa.co.kr
페이스북 • https://www.facebook.com/hakjisabook

ISBN 978-89-997-1807-6 93180

정가 24,000원

이 도서의 국립중앙도서관 출판시도서목록(CIP)은 서지정보유통지원
시스템 홈페이지(http://seoji.nl.go.kr)와 국가자료공동목록시스템
(http://www.nl.go.kr/kolisnet)에서 이용하실 수 있습니다.
(CIP 제어번호: CIP2019009705)

출판 · 교육 · 미디어기업 **학지사**

간호보건의학출판 **학지사메디컬** www.hakjisamd.co.kr
심리검사연구소 **인싸이트** www.inpsyt.co.kr
학술논문서비스 **뉴논문** www.newnonmun.com
원격교육연수원 **카운피아** www.counpia.com